PLANOS DE NEGÓCIOS VENCEDORES

Preencha a **ficha de cadastro** no final deste livro
e receba gratuitamente informações
sobre os lançamentos e as promoções da Elsevier.

Consulte também nosso catálogo
completo, últimos lançamentos
e serviços exclusivos no site
www.elsevier.com.br

Rhonda Abrams

PLANOS DE NEGÓCIOS VENCEDORES

5ª EDIÇÃO
Segredos e estratégias para atingir o sucesso

Tradução
Ana Beatriz Rodrigues

Do original: *Successful Business Plan*
Tradução autorizada do idioma inglês da edição publicada por The Planningshop
Copyright © 1991, 2000, 2003, 2010, by Rhonda Abrams

© 2011, Elsevier Editora Ltda.

Todos os direitos reservados e protegidos pela Lei nº 9.610, de 19/02/1998.

Nenhuma parte deste livro, sem autorização prévia por escrito da editora, poderá ser reproduzida ou transmitida sejam quais forem os meios empregados: eletrônicos, mecânicos, fotográficos, gravação ou quaisquer outros.

Copidesque: Ivone Teixeira
Revisão: Mariflor Brenlla Rial Rocha e Edna Rocha
Editoração Eletrônica: Estúdio Castellani

Elsevier Editora Ltda.
Conhecimento sem Fronteiras
Rua Sete de Setembro, 111 – 16º andar
20050-006 – Centro – Rio de Janeiro – RJ – Brasil

Rua Quintana, 753 – 8º andar
04569-011 – Brooklin – São Paulo – SP – Brasil

Serviço de Atendimento ao Cliente
0800-0265340
sac@elsevier.com.br

ISBN 978-85-352-3571-5
Edição original: ISBN 978-1-933895-14-7

Nota: Muito zelo e técnica foram empregados na edição desta obra. No entanto, podem ocorrer erros de digitação, impressão ou dúvida conceitual. Em qualquer das hipóteses, solicitamos a comunicação ao nosso Serviço de Atendimento ao Cliente, para que possamos esclarecer ou encaminhar a questão.
  Nem a editora nem o autor assumem qualquer responsabilidade por eventuais danos ou perdas a pessoas ou bens, originados do uso desta publicação.

CIP-Brasil. Catalogação-na-fonte
Sindicato Nacional dos Editores de Livros, RJ

A14p Abrams, Rhonda M.
  Planos de negócios vencedores : segredos e estratégias para atingir o sucesso / Rhonda Abrams ; tradução Edson Furmankiewicz. – Rio de Janeiro : Elsevier, 2010.

  Tradução de: The successful business plan, 4th ed
  ISBN 978-85-352-3571-5

  1. Empresas novas – Planejamento. 2. Empresas novas – Administração. 3. Empresas novas – Finanças. I. Título.

10-6106.   CDD: 658.4012
                                                 CDU: 005.51

Aos meus clientes, que compartilharam comigo meu entusiasmo pelo espírito empreendedor e me mostraram que o mundo empresarial pode ser um lugar de pessoas íntegras, inteligentes e honradas.

Aos meus empregados, que me ajudaram a construir um negócio substancial e que compartilham comigo sua inteligência, comprometimento, idéias, dedicação e contínuo bom humor.

À memória de Eugene Kleiner, meu mentor e amigo, que me ensinou muito mais do que apenas o que seria um bom negócio e um bom plano de negócio.

À minha família, que me acompanha a cada etapa do meu caminho. Vocês são mais do que uma família – são meus amigos.

À memória dos meus pais, que teriam ficado orgulhosos.

A autora

Empresária e escritora, Rhonda Abrams é amplamente reconhecida como uma das maiores especialistas em empreendedorismo e pequenos negócios. Sua coluna no *USAToday*, "Successful Strategies", é a mais popular coluna sobre pequenas empresas e empreendedorismo nos Estados Unidos, chegando a dezenas de milhares de leitores por semana.

Os livros de Rhonda foram usados por milhões de empresários. Seu primeiro livro, *Successful Business Plan:* Secrets and Strategies, é o mais vendido guia para elaboração de planos de negócios dos Estados Unidos. Foi considerado um dos 10 melhores livros de negócios para empresários pelas revistas Forbes e Inc. Além disso, ela escreveu também mais de uma dezena de livros sobre empreendedorismo e vendeu mais de um milhão de cópias de seus livros. Outros livros de Rhonda são eternos best-sellers; três deles foram incluídos na lista dos 50 livros de negócios mais lidos do país.

Rhonda não só escreve sobre negócios – ela os vive! Como fundadora de três empresas de sucesso, Rhonda acumulou extraordinária experiência e compreensão da vida real dos desafios que os empreendedores enfrentam. Inicialmente, Rhonda fundou uma empresa de consultoria em administração de negócios trabalhando com clientes desde *start-ups* de uma única pessoa até empresas que faziam parte da *Fortune 500*. Rhonda foi pioneira na área de internet, fundando um site para pequenas empresas que vendeu posteriormente. Em 1999, Rhonda abriu uma editora – que hoje se chama The Planning Shop – focada exclusivamente em temas sobre planejamento de negócios, empreendedorismo e desenvolvimento de novos negócios. A The Planning Shop é a principal editora acadêmica dos Estados Unidos focada exclusivamente em empreendedorismo.

Palestrante e conferencista famosa, Rhonda é regularmente convidada a dar palestras em associações setoriais e comerciais, faculdades de administração, convenções e eventos corporativos. Formou-se por Harvard e pela UCLA. Rhonda hoje mora em Palo Alto, Califórnia.

Os colaboradores

John Doerr
Sócio, Kleiner, Perkins, Caufield & Byers
Famoso investidor de capital de risco, John Doerr é sócio da Kleiner, Perkins, Caufield & Byers, maior empresa de capital de risco do país. Doerr começou sua carreira com um emprego de verão em 1974 em um pequeno fabricante de chips na época, chamado Intel, e juntou-se à KPCB em 1980. Na KPCB, Doerr financiou algumas das mais inovadoras empresas do mundo, entre elas Google, Amazon, Intuit e Symantec. Apaixonado por sustentabilidade e problemas globais, Doerr apoia empreendedores que trabalham no combate ao aquecimento global, à pobreza e à melhoria das condições de saúde. John atua ativamente na área de políticas públicas, lidando com questões que vão do financiamento de escolhas públicas à preparação para a pandemia de gripe. Doerr faz parte do PERAB, President's Economic Recovery Advisory Board. É também membro do Conselho de Administração da Google.

Eugene Kleiner
Sócio-fundador, Kleiner, Perkins, Caufield & Byers
Eugene Kleiner é um mito – no setor de capital de risco e no Vale do Silício. Mr. Kleiner foi um dos primeiros investidores de capital de risco nos Estados Unidos: em 1972, ele fundou o que viria a ser a principal empresa no setor de capital de risco dos Estados Unidos, a Kleiner Perkins Caufield & Byers. Foi um dos primeiros investidores de empresas como Intel e Genentech. Kleiner é um dos chamados "Traitorous Eight", os oito jovens que romperam com William Shockley, ganhador do Prêmio Nobel, para formar, em 1957, a Fairchild Electronics – sendo por isso considerados os "pais" do Vale do Silício.

Andrew Anker
Vice-presidente executivo de desenvolvimento corporativo, Six Apart
Como veterano de duas *start-ups*, Andrew Anker é cofundador e CEO da Wired Digital, Inc., uma organização pioneira de notícias e mídia na internet que lançou o primeiro site patrocinado por anúncios (www.hotwired.com) em outubro de 1994. Anker dirigiu a Wired Digital desde sua fundação até 1998 e a transformou em uma das 20 maiores redes de sites. Antes de se juntar à Six Apart, Anker foi da August Capital – uma das empresas de capital de risco mais respeitadas dos Estados Unidos – onde se concentrou em investir em novas mídias, e-commerce e outras empresas de internet.

Damon Doe
Gerente-geral, Montage Capital
Damon Doe tem longa experiência em serviços financeiros, *corporate banking*, gestão de fundos e investimentos. Antes de trabalhar em cargos de alta gerência em diversos bancos da região de San Francisco, Doe foi cofundador da Sand Hill Capital, fundo de capital de risco de US$150 milhões localizado em Menlo Park, Califórnia, onde administrou grande parte do portfólio de capital de risco da empresa, e também atuou como CFO. Antes disso, Doe financiou empresas de alta tecnologia em estágio inicial no Silicon Valley Bank e no Bank of the West. Entre os antigos clientes de Damon Doe estão a Advanced Fiber Communications e a JDS Uniphase.

Nancy Glaser
Consultora em administração, The Glaser Group
Nancy Glaser é fundadora e presidente do Glaser Group, uma empresa de consultoria especializada em estratégias de negócios iniciantes e recuperação de empresas em crise. Seu foco é o varejo especializado e empresas de serviços baseados no consumidor. Anteriormente, Glaser foi sócia da empresa de capital de risco U.S. Venture Partners. Algumas das empresas em que ela investiu e ajudou diretamente são Gymboree, Fresh Choice e PetsMart. Mas anteriormente em sua carreira, Glaser ajudou a transformar em menos de cinco anos a The Gap de uma cadeia com 35 lojas em uma com 350 lojas, e trabalhou na Macy's e Lord & Taylor. Glaser desempenhou um papel ativo no setor de capital de risco internacional na Polônia e também foi fundadora da Apparel Innovation Center em São Petersburgo, Rússia.

Mark Gorenberg
Sócio, Hummer Winblad Venture Partners
Mark Gorenberg teve o raro privilégio de ser um dos juízes em três das principais competições universitárias de plano de negócios dos Estados Unidos: Massachusetts Institute (MIT), Stanford University e Haas School of Business, da Universidade da Califórnia,

Berkeley. Como um dos sócios da Hummer Winblad Venture Partners, uma das empresas de capital de risco mais conhecidas nos Estados Unidos, Gorenberg investe em empresas de tecnologia de ponta e integra os conselhos de administração de *start-ups* e empresas de capital aberto. Gorenberg tem mais de 20 anos de experiência em desenvolvimento de software, incluindo a posição de gerente sênior na Sun Microsystems e experiência de mais de uma década como investidor de capital de risco. Também é membro do Corporation Development Committee do Massachusetts Institute of Technology.

Larry Leigon
Fundador, Leigon Associates
Como presidente da Leigon Associates, Larry Leigon é instrutor corporativo e coach de executivos. Prestou consultoria à Hewlett Packard globalmente durante seis anos durante a época da fusão da empresa com a Compaq. Antes, foi cofundador da Ariel Vineyards em 1985, comercializando e fabricando vinhos finos sem álcool. Nos seus quatro primeiros anos de operação, a Ariel cresceu e se tornou a maior de 95% de todas as vinícolas nos Estados Unidos. Larry Leigon foi um dos quatro executivos fundadores da Ariel e foi seu primeiro presidente, sendo o principal responsável por todas as estratégias de marketing e distribuição – um desafio excepcional, uma vez que a Ariel estava criando uma nova categoria de produtos. Na época de sua saída, Larry Leigon havia obtido uma valorização de US$15 milhões para a Ariel Vineyards.

Pauline Lewis
Proprietária, oovoo design
Pauline Lewis, proprietária da oovoo design queria montar uma empresa socialmente responsável que melhorasse a vida das mulheres. Depois de desistir do mundo corporativo, viajou de volta à Ásia, onde encontrou sua paixão. Observando um grupo de mulheres no Vietnã trabalhando na confecção de artesanato em rendas e bordados, ela teve a ideia de montar um negócio. Em 2004, associando sua visão de negócios aos talentos criativos do designer vietnamita Hong Tu, Lewis fundou a oovoo design, empresa que cria bolsas bordadas artesanais, únicas, que hoje são vendidas em centenas de butiques e lojas ao redor do mundo. Atualmente, a oovoo emprega mais de 600 mulheres no Vietnã, em troca de um bom salário.

Robert M. Mahoney
Ex-diretor executivo de Corporate Banking, Bank of Boston
Nessa posição de liderança, Robert Mahoney foi responsável pelos serviços de empréstimos comerciais do Bank of Boston no estado da Nova Inglaterra; o banco ganhou a reputação de ser um dos mais receptivos dos Estados Unidos a empresas empreendedoras. Durante as duas décadas em que trabalhou nesse banco, Mahoney foi presidente do Massachusetts Banking e vice-presidente de *corporate banking* no Reino Unido.

Deborah Mullis
Proprietária, D.A.M.E.'S Foods
Por 12 anos, Deborah Mullis ajudou a modelar e lançar produtos para algumas das maiores empresas no mundo como vice-presidente/diretora de criação associada da Lintas, uma agência de publicidade. Sua paixão por comida e seus conhecimentos de marketing a levaram a criar sua própria linha de produtos alimentícios, a D.A.M.E.'S Foods, em San Francisco.

F. Gibson "Gib" Myers, Jr.
Investidor de capital de risco, The Mayfield Fund
Gib Myers é famoso como sócio geral (emérito) do prestigioso Mayfield Fund, uma empresa de capital de risco com mais de US$1,5 bilhão de capital sob sua responsabilidade. Myers ingressou na Mayfield em 1970 e participou de praticamente todos os investimentos comerciais do portfólio da empresa, inclusive a 3Com Corporation. Orientou empresas em diversas áreas de tecnologia em cada fase do crescimento, da abertura à maturidade. Em 1997, Myers e o Mayfield Fund criaram a Entrepreneurs' Foundation, dedicada a levar o espírito empreendedor e engajamento a atividades sociais e comunitárias. A Entrepreneurs' Foundation é uma organização sem fins lucrativos que auxilia empreendedores e empresas jovens a desenvolver um plano de envolvimento comunitário e participar de programas filantrópicos únicos.

Premal Shah
Presidente, Kiva
Premal Shah começou a sonhar com "microfinanças pela internet" quando trabalhava na PayPal, empresa de pagamentos on-line. No final de 2004, Shah tirou uma licença de três meses da PayPal para desenvolver e tentar o conceito de microfinanças pela internet na Índia. Ao retornar ao Vale do Silício, conheceu outros sonhadores que pensavam como ele e largou o emprego na PayPal para ajudar a colocar em prática o conceito da Kiva. Hoje, a Kiva levanta mais de US$1 milhão por semana para trabalhadores pobres em mais de 50 países ao redor do mundo e seu site foi considerado um dos 50 melhores pela revista *Time* em 2009. Por seu trabalho como empreendedor social, Shah foi nomeado Jovem Líder Global pelo Fórum Econômico Mundial e selecionado para a lista dos "Top 40 under 40" (40 mais com menos de 40 anos) em 2009. Shah iniciou sua carreira como consultor em administração.

Andre S. Tatibouet
Fundador e ex-proprietário, Aston Hotels and Resorts
A primeira exposição de Andre S. Tatibouet ao setor hoteleiro no Havaí deu-se no hotel de 14 quartos dos pais em Waikiki, na década de 1940. Aos 19 anos, criou seu primeiro

hotel e desde então é uma força no setor hoteleiro. Aston é o maior operador de resorts e hotéis no Havaí, que também inclui propriedades na Califórnia e no México. Tatibouet foi nomeado um dos cinco melhores empreendedores no setor hoteleiro e participa ativamente de inúmeras organizações filantrópicas e cívicas. Atualmente, trabalha com outros proprietários de hotéis como consultor.

Bill Walsh
Ex-técnico e presidente, San Francisco 49ers
Quando Bill Walsh foi contratado em 1979 como o principal técnico da franquia de futebol americano San Francisco 49ers, o time quase não era levado a sério. Mas, no espaço de três anos, sob sua gestão inovadora, o 49ers ganhou um Super Bowl. Ele ganhou outros dois campeonatos mundiais e foi aclamado como "o técnico dos anos 80". Seu estilo de gestão foi marcado por um planejamento estratégico inteligente de cada detalhe e contingência. Ex-comentarista da NBC Television, Bill é palestrante frequente em audiências de negócios.

Ann Winblad
Sócia, Hummer Winblad Venture Partners
Nos círculos de alta tecnologia, Ann Winblad é uma famosa empresária e investidora de capital de risco no setor de software. Em 1976, foi cofundadora da Open Systems com um investimento de US$500 e vendeu a empresa em 1983 por US$15,1 milhões. Antes de abrir sua empresa de capital de risco com o sócio John Hummer, trabalhou como consultora para clientes como IBM, Microsoft, Apple, Price Waterhouse e inúmeras *start-ups*. Hummer Winblad investiu em empresas como a Central Point Software, Powersoft e Liquid Audio.

O que há de novo na 5ª edição

Esta edição leva em consideração muitas das novas realidades do atual mundo de negócios. Nesta nova edição, você vai encontrar:

- **Globalização** – Em *todas* as seções do plano de negócios, você encontrará novo conteúdo e novos roteiros que podem ajudar a prever os desafios e oportunidades da atuação global. Todo negócio, por menor que seja, e independente do setor em que atue, precisa considerar hoje os efeitos de vivermos em um mundo conectado.

- **Análise de viabilidade** – Para ajudá-lo a ter uma noção melhor da viabilidade do seu conceito de negócio, acrescentamos uma nova ferramenta que lhe permite realizar uma análise de viabilidade. Isso pode lhe poupar tempo e recursos antes da elaboração do plano de negócios em si.

- **Mídia social** – De todos os aspectos de um negócio, o que mais mudou desde a última edição foi o marketing, em grande parte devido à explosão das mídias sociais e do networking. Esta nova edição incorpora o planejamento voltado para mídias sociais como parte dos seus esforços de marketing como um todo.

- **Métodos de apresentação do plano** – A presente edição enfatiza ainda mais a apresentação eletrônica do seu plano, especialmente para fontes de financiamento. Inclui uma nova seção que aponta os slides mais importantes para uma apresentação a possíveis financiadores. A seção inclui ainda outras maneiras de se comunicar rapidamente com as pessoas que vão avaliar seu plano.

- **Responsabilidade social e empreendedorismo social** – Hoje, muitos empresários querem fazer o bem, além de se sair vencedores, por isso é ainda mais importante ter em mente considerações sociais (por exemplo, questões relacionadas ao meio ambiente) ao planejar o seu negócio. Há uma seção ampliada para ajudá-lo a planejar um negócio social ou incorporar a responsabilidade social ao seu plano de negócio.

Prefácio à 5ª edição

John Doerr
Sócio, Kleiner, Perkins, Caufield & Bryers

Ter ideias é fácil, mas a execução é tudo e as "equipes vencem"

Ter ideias é (relativamente) fácil

Adoro inovação, ideias e negócios novos e maravilhosos, e os empreendedores que os criam. Provavelmente, você também. A inovação é a fonte da posição de riqueza e liderança dos Estados Unidos e da melhoria de qualidade de vida ao redor do mundo.

A inovação está em toda parte. Está no mágico iPad ou em um medicamento revolucionário que pode salvar vidas. Ou pode estar em uma sorveteria melhor no bairro, na maneira como as imobiliárias anunciam os imóveis à venda ou nas centenas de milhares de aplicativos para smartphones.

Hoje, mais do que nunca, precisamos do poder das novas ideias, novos negócios e os empregos deles resultantes.

Relativamente falando, porém, é fácil ter novas ideias. Elas são necessárias, mas não suficientes. O mais difícil, e ainda mais importante, é a execução.

Execução é tudo

Thomas Edison foi um dos maiores inventores de todos os tempos. Inventou a lâmpada incandescente, o toca-discos e a câmera cinematográfica. Igualmente importante, porém, Edison entendeu a importância da execução. Uma de suas frases famosas foi: "Visão sem execução é alucinação."

Sobre essa questão, meu amigo Bill Campbell é simples e direto: "John, é preciso foco para alcançar excelência operacional. Execução é tudo."

Os melhores empresários são aqueles que realmente se esforçam ao máximo junto com as empresas, que estão sempre aprendendo. Eles não sabem o que não sabem, por isso tentam fazer o impossível. E geralmente conseguem.

Os empreendedores fazem mais do que acreditamos ser possível, com menos do que acreditamos ser possível.

As equipes vencem

A não ser que você seja Einstein ou um escritor, não trabalha sozinho. A maior parte das ideias que vale a pena testar exige trabalho em equipe.

Os grandes empreendedores são ótimos líderes de equipe. Motivam suas equipes com a promessa de algo além do dinheiro. Inspiram suas equipes com seus planos de vitória. O plano diz com clareza **quem** e **como** a equipe vence (o **quê**).

O plano

Para que redigir um Plano de Negócios? A pergunta aplica-se particularmente a esse mundo do Tweeter, mensagens 24/7, redes sociais e blogs? Será que uma apresentação rápida em PowerPoint ou uma apresentação-relâmpago não teriam o mesmo efeito?

Você pode pensar que os planos de negócios são documentos sobre levantamento de fundos destinados a investidores, e realmente são.

Mas os melhores planos são muito mais. São um mapa que ajudam sua equipe a executar com excelência. Redigir um plano de negócios disciplina o pensamento e define prioridades. Seu plano define com clareza e concisão a missão, os valores, a estratégia e outros fatores mensuráveis – objetivos e resultados principais. Se você não souber para onde está indo ou como e por que vai tomar esse caminho, não chegará lá.

Seu plano destina-se não apenas a investidores. Em 1974, meus sócios Gene Kleiner, Tom Perkins e Brook Byers investiram na Tandem Computers. O plano de negócios da Tandem foi redigido nos escritórios da Kleiner por um sócio júnior, Jim Treybig. Jim tornou-se CEO e aumentou o negócio, tornando-se um sucesso global. (A Compaq adquiriu a Tandem por US$3 bilhões em 1997.)

Treybig era excelente comunicador. Toda sexta-feira, realizava reuniões regadas a chope. E, uma vez por ano, Jim reunia todos os empregados da Tandem, acompanhados dos cônjuges e familiares, para um piquenique com hambúrguer e cerveja. Apresentava o plano de negócios da Tandem, integralmente, a todos eles. Jim dizia: "Não me importo se os concorrentes ficarem sabendo dos nossos planos. Quero ter certeza de que nossos executivos e suas famílias o conheçam."

Um plano para vencer

Nunca houve momento melhor para montar um novo negócio do que agora. A inovação está em toda parte – em como nos comunicamos, como compramos, como vendemos, como aprendemos e como vivemos. Vivemos hoje um momento excepcional para os empreendedores. E este livro pode ajudar você a transformar sua ideia em um grande negócio.

Boa sorte. Planeje-se.

Prefácio à 4ª edição

Eugene Kleiner
Sócio-fundador, Kleiner, Perkins, Caufield & Byers

No ambiente atual, um plano de negócios é o documento de negócios mais importante para um empresário. Nenhuma empresa conseguirá articular seus objetivos ou conseguir financiamento sem ter um plano de negócios bem concebido e bem apresentado. Sem um plano de negócios convincente, ninguém levará sua ideia de negócio a sério.

Isso nem sempre foi assim. O primeiro plano de negócios que desenvolvi como empresário não era absolutamente um plano de negócios; era simplesmente uma carta. Oito de nós no Shockley Laboratories queriam, por várias razões, abrir uma empresa de semicondutores por conta própria e precisávamos de dinheiro para tornar isso possível. Escrevemos uma carta, com umas quatro ou cinco páginas, descrevendo o que nos propúnhamos a fazer e a enviamos junto com nossos currículos a um banco de investimentos.

Felizmente para nós, essa carta chegou à mesa de um jovem recém-saído da pós-graduação em administração chamado Arthur Rock que acreditou em nosso potencial. Resultado: conseguimos o financiamento, e assim nascia a Fairchild Semiconductor. A partir de Fairchild, oito de nós diversificaram as atividades e foram em frente para formar ou financiar empresas como Intel, Tandem Computer e muitas outras empresas líderes no Vale do Silício.

Hoje, talvez, nossa carta não fosse lida completamente. Atualmente, os investidores estão muito mais estruturados e esperam um nível muito mais alto de qualificação e preparação dos empreendedores que escolhem financiar. Ao examinar uma proposta, eles querem ver muito mais do que simplesmente uma boa ideia e jovens inteligentes; querem ver um plano de negócios mostrando que o conceito foi rigorosamente avaliado e que o empreendedor considerou cuidadosamente todos os aspectos necessários para levar em frente a ideia e transformá-la em um negócio vencedor.

Na Kleiner, Perkins, Caufield & Byers, a empresa de capital de risco que cofundei em 1972, tínhamos um cuidadoso sistema para avaliar os planos de negócios. Um plano tinha de passar por um exame minucioso e por padrões extremamente rígidos. A maior parte dos planos, naturalmente, nunca passava da análise inicial. Apenas os planos mais interessantes e bem concebidos conseguiam a alocação dos recursos necessários para uma análise mais detalhada. Entre os que passavam da fase inicial, restringíamos ainda mais nossos critérios de seleção, dedicando bastante tempo à investigação dos méritos de cada plano. Por fim, antes de decidir investir em uma empresa, parte do pessoal atuava como "advogado do diabo", sugerindo todas as armadilhas. Apenas os planos que passavam por esse processo eram considerados candidatos adequados ao financiamento final.

Neste livro, Rhonda Abrams apresenta as ferramentas necessárias para criar um plano de negócios bem-sucedido. Trabalhando com Rhonda ao longo dos anos, desenvolvi um forte apreço e respeito pela sua perspicácia em relação ao processo de planejamento de negócios. Realizamos várias sessões para avaliar o que é necessário para tornar uma empresa bem-sucedida e a vi levar em consideração aquilo que compartilhei com ela sobre planejamento estratégico e de longo prazo e também ampliar esse conhecimento, utilizando com eficácia sua experiência pessoal com clientes e sua abordagem inteligente e prática do processo de empreendedorismo.

Introdução

Se você não souber para onde está indo, como vai saber se está perdido?

Ao longo das duas últimas décadas, *Planos de negócios vencedores* vem sendo usado pelos empreendedores para montar centenas de milhares de novos negócios. Tenho grande orgulho de ter ajudado essas pessoas a concretizar seus sonhos – e, igualmente importante, a gerar novos empregos. Este é o objetivo da minha vida.

Meu trabalho me proporciona momentos maravilhosos na vida. Como a vez em que, ao ministrar uma palestra em uma conferência em Pittsburgh, um homem, cercado por um grupo de empregados, contou-me ter sido muito pobre, ter encontrado o livro em uma biblioteca e o utilizado para montar uma pequena empresa, que acabou crescendo e que, naquela época, já contava com mais de 100 empregados.

> *"Na primeira edição do seu plano, você nem deve pensar em ganhar dinheiro. Utilize o processo de planejamento para avaliar se o negócio é realmente bom como você imagina. Pergunte-se se quer passar cinco anos da sua vida fazendo isso. Lembre-se, isso corresponde a mais ou menos 10% da sua vida profissional; portanto, analise com seriedade se o empreendimento realmente vale a pena para você."*
> **Eugene Kleiner**
> **Investidor de capital de risco**

Ou do caso da mulher que, ao me reconhecer na rua, saiu correndo de dentro de uma loja em Boise, Idaho, e me arrastou para dentro de uma bela loja de artigos para casa. "Montei esta loja seguindo seu livro – dê uma olhada." Foi o que fiz – observando não apenas os belos livros que ela vendia e os empregados que trabalhavam na loja, mas o imenso orgulho que ela tinha pelas suas conquistas.

Ou de alguns entre as centenas de milhares de estudantes que usaram este livro para melhor entender as possibilidades e oportunidades do empreendedorismo. Muitos deles, na verdade, usaram um dever de casa como pontapé inicial para montar o próprio negócio.

É extremamente gratificante ouvir empresários das mais diversas classes sociais, ao redor do mundo, narrando histórias de empresas que montaram, de como levantaram recursos para montar o próprio negócio, dos empregos que criaram – e saber que este livro fez parte de tudo isso.

A elaboração de um plano de negócios o ajudará a:

- Refletir sobre o negócio como um todo
- Entender melhor suas verdadeiras necessidades financeiras
- Buscar recursos financeiros
- Atrair gerentes eficientes
- Desenvolver mensagens e material de marketing
- Identificar clientes e parceiros estratégicos

Lembre-se: o que realmente importa é o PLANEJAMENTO, não o PLANO em si. É o processo de desenvolver um plano de negócio que o ajudará a vencer. Os maiores benefícios virão da análise de todos os aspectos essenciais do seu negócio, da investigação dos fatores e das tendências que podem afetar o seu sucesso ou ameaçar sua sobrevivência, e da formulação de perguntas difíceis.

Durante o processo de desenvolvimento de um plano de negócios, você certamente vai modificar algumas facetas do seu negócio – talvez até alguns de seus principais componentes. E é muito melhor cometer seus erros no papel, antes de ter investido seu tempo e seus preciosos recursos.

Espero sinceramente que este livro o ajude a realizar seus sonhos.

Rhonda Abrams, Palo Alto, Califórnia

> "*A intensidade no futebol resume, em uma temporada, o que uma corporação precisa ter ao longo de mais ou menos cinco anos. Você lida com pessoas sob estresse; o desempenho é medido pelo resultado final; o sucesso é o que o grupo alcança. Para ser bem-sucedido, você precisa estabelecer objetivos, definir papéis, reconhecer a excelência, perceber fracassos, recuperar-se de decepções e manter-se à frente da concorrência. É preciso sempre evoluir sistematicamente, aprimorar os mecanismos para desenvolver o progresso e incorporar novos jogadores ao time.*"
> **Bill Walsh**
> **Ex-técnico e presidente, S.F. 49ers**

Sumário

A autora	vii
Os colaboradores	ix
Prefácio à 5ª edição	xv
Prefácio à 4ª edição	xvii
Introdução	xix
Exemplos	xxiii
Roteiros, exemplos, quadros e tabelas	xxiv

PARTE I
Iniciando o processo

1	O negócio bem-sucedido	3
2	Dando início ao seu plano	17
3	Tornando o seu plano convincente	37

PARTE II
Componentes do plano de negócios

4	O sumário executivo	51
5	Descrição da empresa	65

6	Análise e tendências setoriais	81
7	Mercado-alvo	99
8	A concorrência	117
9	Posição estratégica e avaliação de riscos	137
10	Plano de marketing e estratégia de vendas	155
11	Operações	189
12	Plano de tecnologia	219
13	Gerência e organização	229
14	Envolvimento comunitário e responsabilidade social	253
15	Desenvolvimento, marcos e plano de saída	265
16	Finanças	283
17	O anexo do plano	329

PARTE III
Colocando o plano em funcionamento

18	Preparação, apresentação e distribuição do plano	335
19	Buscando investimentos	347
20	Utilizando seu plano para aulas e competições	365
21	Planejamento interno para negócios e corporações existentes	377
22	Dicas para otimização do tempo	387

PARTE IV
Referência

Esboço de um Plano de Negócios	395
Glossário de termos de negócios	398
Fontes de Financiamento	402
Fontes de Pesquisa	404
Fontes para Empreendedores	407
Índice	408

Exemplos

EXEMPLO: Sumário executivo conciso 60
EXEMPLO: Sumário executivo narrativo 63
EXEMPLO: Descrição da empresa 79
EXEMPLO: Análise e tendências setoriais 96
EXEMPLO: Mercado-alvo 114
EXEMPLO: A concorrência 132
EXEMPLO: Posição estratégica E análise dos riscos 152
EXEMPLO: Plano de marketing 185
EXEMPLO: Operações 216
EXEMPLO: Plano de tecnologia 227
EXEMPLO: Gerência e organização 250
EXEMPLO: Responsabilidade social e sustentabilidade 263
EXEMPLO: Desenvolvimento e plano de saída 280
EXEMPLO: Projeção de demonstrativo de resultados para três anos 321
EXEMPLO: Demonstrativo do resultado anual 322
EXEMPLO: Projeção de fluxo de caixa 324
EXEMPLO: Balanço 326
EXEMPLO: Fontes e utilização de fundos 327
EXEMPLO: Premissas 328
EXEMPLO: Carta de apresentação 364

Roteiros, exemplos, quadros e tabelas

Conceito básico do negócio 5
Os quatro fatores da satisfação pessoal 16
Questões relacionadas com a pesquisa 22
Roteiro para análise de viabilidade 34
Exemplos de gráficos a utilizar em um plano de negócios 46
Roteiro para preparação do sumário executivo conciso 56
Roteiro para preparação do sumário executivo narrativo 58
Declaração de missão 68
Questões de natureza jurídica 72
Globalização: Questões de natureza jurídica 74
Formulário para preparação da descrição da empresa 77
Crescimento passado e futuro do setor 82
Setor(es) em que sua empresa atua 83
Crescimento passado e futuro do seu setor 84
Características de maturidade do seu setor e oportunidades/riscos associados ... 84
Tabela de maturidade do setor 85
Efeitos das condições econômicas sobre seu setor e seu negócio 87
Como fatores sazonais afetam seu setor 88
Mudança tecnológica no seu setor ao longo dos últimos cinco anos ... 89
Qual é o grau de sensibilidade do seu setor à regulamentação governamental? ... 90
Canais de suprimento e distribuição no seu setor 91
Globalização: Preocupações setoriais 93
Padrões financeiros 94
Roteiro para preparação do plano de análise setorial 95
Descrição demográfica 103
Descrição geográfica doméstica 104
Globalização: Mercado-alvo internacional 104

Descrição do estilo de vida/estilo de negócio 106
Descrição psicodemográfica. 107
Descrição dos padrões de compra 108
Descrição da suscetibilidade de compra 109
Mercado doméstico: Tamanho e tendências 112
Globalização: Tamanho e tendências 112
Formulário para preparação do plano do mercado-alvo 113
Análise da concorrência: Fatores da percepção dos clientes 120
Análise da concorrência: Fatores operacionais internos 121
Globalização: Concorrência. 125
Distribuição da participação no mercado 128
Concorrência futura e barreiras à entrada 130
Formulário para preparação do plano da concorrência 131
Avaliação do risco 148
Globalização: Riscos globais 149
Análise SWOT: Pontos fortes/Pontos fracos/Oportunidades/Ameaças .. 150
Formulário para preparação do plano de posição estratégica 151
Os cinco Fs 159
Veículos de marketing 161
Táticas tradicionais de marketing 163
Táticas de marketing on-line 170
Globalização: Marketing 172
Força de vendas 174
Processo de vendas e produtividade 176
Globalização: Vendas internacionais 179
Orçamento de marketing 180
Projeções de vendas 182
Formulário para preparação do plano de marketing e estratégia de vendas 184
Instalações 193
Produção 196
Relação de equipamentos 198
Controle de estoque 201
Abastecimento e distribuição 203
Atendimento de pedido e serviço de atendimento ao cliente 205
Globalização: Operações 207
Pesquisa e desenvolvimento 208
Controle financeiro 211
Outras questões operacionais 212
Custos da abertura de um negócio 214
Formulário para preparação do plano de operações 215
Globalização: Preocupações com tecnologia 224
Orçamento de tecnologia 225

Formulário para preparação do plano de tecnologia 226
Avaliação dos empregados-chave 232
Remuneração e incentivos 235
Conselho de administração/comitê consultivo 237
Serviços profissionais 240
Membros-chave da gerência a serem contratados 241
Exemplos dos organogramas de fluxo 243
Estilo de gerência 245
Globalização: Gerência 248
Formulário para preparação do plano de gerência 249
Globalização: Responsabilidade social global 259
Formulário de preparação do plano de responsabilidade social 260
Visão da empresa 267
Prioridades 269
Marcos alcançados até agora 272
Marcos futuros 273
Globalização: Desenvolvimento futuro 275
Opções do plano de saída 278
Formulário para preparação do plano de desenvolvimento 279
Globalização: Considerações financeiras 287
Método de Abrams de transferência de dados financeiros 288
Orçamento para contratação de pessoal 298
Projeções de faturamento mensal 300
Demonstrativo de resultados: Anual por mês 302
Demonstrativo de resultados: Anual por trimestre 304
Demonstrativo de resultados: Anual para cinco anos 305
Projeção de fluxo de caixa: Anual por mês 308
Projeção de fluxo de caixa: Anual por trimestre 310
Balanço 311
Fontes e uso de financiamentos 314
Análise do ponto de equilíbrio 317
Roteiro de premissas 318
Observações 320
Contrato de confidencialidade 338
Principais diferenças entre investidores anjos e investidores de capital de risco 352
Sua apresentação-relâmpago 361
Fontes de financiamento por endividamento 362
Fontes de financiamento com capital próprio 363
Lista de verificação do trabalho em equipe 375
Divisão de tarefas 376
Análise dos indicadores-chave 384
Análise de cliente-chave 386

PARTE I

Iniciando o processo

1. **O negócio bem-sucedido**
2. **Dando início ao seu plano**
3. **Tornando o seu plano convincente**

1
O negócio bem-sucedido

Não basta apenas sobreviver; o objetivo é o sucesso.

Fatores que determinam o sucesso de um negócio

O objetivo final da criação de um plano de negócios é o sucesso do negócio. No longo prazo, de nada adianta elaborar um plano de negócios capaz de levantar os recursos de que você necessita se o seu negócio tiver sido concebido de maneira tão inadequada que esteja fadado ao fracasso. Portanto, ao elaborar seu plano, não deixe de abordar as necessidades de longo prazo do seu negócio e definir estratégias que melhorem o desempenho geral da empresa e, ao mesmo tempo, aumentem sua satisfação pessoal.

Os fatores a seguir, discutidos detalhadamente neste capítulo, contribuem enormemente para o sucesso dos negócios e devem nortear seu processo de planejamento:

"Mesmo quando se tem todo o dinheiro necessário, ainda é preciso ter um plano de negócios. O plano mostra como você vai administrar seu negócio. Sem ele, você não sabe para onde vai e não pode avaliar seu progresso. Às vezes, depois de elaborar um plano de negócios, você conclui ser necessário mudar sua abordagem ou até mesmo decidir não entrar em determinado negócio naquele momento."
Eugene Kleiner
Investidor de capital de risco

- O conceito do negócio
- Conhecimento do mercado
- Saúde e tendências do setor
- Foco consistente nos negócios e posição estratégica clara
- Administração competente
- Capacidade de atrair, motivar e reter empregados

- Controle financeiro
- Capacidade de prever e adaptar-se a mudanças
- Valores e integridade da empresa
- Capacidade de reagir às oportunidades e ameaças globais

O conceito do negócio

Satisfazer as necessidades é a base de todos os negócios. Você pode criar uma nova máquina maravilhosa, mas, se ela não abordar desejos ou necessidades reais e importantes, as pessoas não vão comprá-la, e seu negócio fracassará. Até Thomas Edison reconheceu isso quando disse: "Não quero inventar nada que não seja vendável."

Em geral, os empreendedores extraem a inspiração original para um negócio de quatro fontes: 1) experiência de trabalho anterior; 2) educação ou treinamento; 3) hobbies, talentos ou outros interesses pessoais; ou 4) reconhecimento de uma necessidade ou oportunidade de mercado não atendida. De vez em quando, o ímpeto vem da experiência de negócios de um parente ou amigo.

> *Ao avaliar um conceito de negócios, de longe o ponto de partida mais fácil é: 'Eu gostaria de usar isso?' Se eu não 'comprar' a ideia de que eu gostaria de usar determinada coisa – se não conseguir olhar para meus sócios e dizer 'Sei que isso supre uma necessidade porque sei que ninguém mais faz isso; eu mesmo o utilizaria' –, esse conceito não irá a lugar nenhum.*
> **Andrew Anker**
> **Capitalista de risco**

Ao aperfeiçoar seu conceito de negócios, lembre-se de que os negócios bem-sucedidos incorporam pelo menos um dos elementos a seguir:

- **Algo novo.** Poderia ser um novo produto, serviço, recurso ou tecnologia.
- **Algo melhor.** Poderia ser um aperfeiçoamento de um produto ou serviço existente que abrange mais recursos, preço mais baixo, melhor confiabilidade, melhor velocidade ou conveniência aprimorada.
- **Um mercado mal atendido ou um novo mercado.** Trata-se, por exemplo, de um mercado para o qual a demanda existente excede a capacidade dos concorrentes atuais, de uma região mal atendida ou de uma pequena parte de um mercado geral – um nicho de mercado – que ainda não foi dominada por outros concorrentes. Às vezes, os mercados são mal atendidos quando grandes empresas abandonam ou negligenciam porções menores da sua atual base de clientes.
- **Novo sistema de entrega ou canal de distribuição.** Novas tecnologias, em especial a internet, permitem às empresas entrar em contato com clientes mais eficientemente. Isso criou muitas oportunidades para que as empresas forneçam produtos ou serviços de uma maneira menos dispendiosa a uma região geográfica maior, ou opções mais variadas.
- **Maior integração.** Ocorre quando um produto é fabricado e comercializado pela mesma empresa ou quando uma empresa oferece mais serviços ou produtos em um local.

Seu negócio deve incorporar pelo menos um desses fatores – se possível, mais de um. O ideal seria oferecer um produto ou serviço novo ou melhor para um mercado

Conceito básico do negócio

Utilizando esse roteiro como base, desenvolva uma versão inicial do seu atual conceito do negócio.

Seu negócio atua na área de varejo, serviços, indústria, distribuição ou de internet? _____
_____

Em qual setor sua empresa atua? _____
_____

Quais produtos ou serviços você vende? _____
_____
_____

Quem você identifica como seus potenciais clientes? _____
_____
_____

Descreva sua estratégia geral de marketing e vendas: _____
_____
_____

Em sua opinião, quais empresas e tipos de empresas são seus concorrentes? _____
_____
_____

Enumere suas vantagens competitivas nas áreas a seguir.

Novos produtos/serviços: _____
_____

Recursos/serviços aprimorados e valor agregado: _____
_____
_____

Mercados novos ou não atendidos alcançados: _____
_____
_____

Método novo/aprimorado de distribuição ou entrega: _____
_____

Métodos de maior integração: _____
_____
_____
_____
_____
_____

identificável, mas mal atendido, talvez utilizando um canal de distribuição mais eficiente. Avalie as maneiras pelas quais seu conceito de negócios aborda os elementos descritos anteriormente. Seu conceito deve ser forte em pelo menos uma área. Se não for, questione-se como a sua empresa será verdadeiramente competitiva. O roteiro para definição do Conceito Básico do Negócio apresentado a seguir ajuda a avaliar os pontos fortes e fracos da sua ideia básica sobre um negócio.

Conhecimento do mercado

Não basta ter uma excelente ideia ou inventar algo novo para montar um negócio; é preciso também ter um mercado suficientemente grande, acessível e responsivo. Se seu mercado não for suficientemente grande, se você não conseguir alcançá-lo com eficiência ou se ele não estiver pronto para você, seu negócio vai fracassar, por melhor que tenha sido o seu conceito de negócios. Considere o caixa eletrônico, que hoje vemos praticamente em todas as esquinas. Foi inventado há mais de 10 anos e demorou bastante para se popularizar, mas a empresa que o comercializou inicialmente não foi bem-sucedida – as pessoas ainda não estavam dispostas a confiar suas operações bancárias a máquinas.

> **"** O mais importante é sempre manter contato e conversar com as pessoas que utilizam o que você produz. Avalie se o que você produz é realmente útil para seus clientes. **"**
> **Larry Leigon**
> **Fundador, Ariel Vineyards**

Primeiro, avalie se a demanda de mercado é adequada para sustentar sua empresa. Por exemplo, se você estiver abrindo uma floricultura em um bairro onde atualmente não existem floriculturas, quais são as indicações de que os moradores do bairro estão interessados em comprar flores? Eles atualmente compram flores em um supermercado próximo? Dados nacionais sobre a demografia dos compradores de flores coincidem com a demografia do bairro? Talvez você deva fazer uma pesquisa sobre os moradores do bairro, levantando seus hábitos e preferências de comprar flores.

Em seguida, se estiver criando um novo produto ou serviço, quais são as indicações de que o mercado será receptivo a você? A prontidão do mercado é um dos aspectos mais imprevisíveis e mais difíceis de medir. Por isso as empresas investem tanto dinheiro em pesquisas de mercado antes de lançar um novo produto.

Talvez você não disponha de recursos para realizar uma pesquisa de mercado mais extensa, mas mesmo uma breve análise pode ajudá-lo a medir a receptividade de determinado mercado à sua ideia. Os métodos para a realização de uma pesquisa e avaliação de mercado de maneira prática e econômica são discutidos no Capítulo 2. Ao coletar informações para seu plano de negócios, dedique seu tempo a conhecer o mercado. Quanto mais você entende os vários fatores que afetam seu mercado, maior será a sua probabilidade de sucesso.

Saúde e tendências do setor

Seu negócio não opera em um vácuo; geralmente, sua empresa está sujeita às mesmas condições que afetam o setor como um todo. Se os gastos do consumidor caírem em todo o país, haverá uma boa possibilidade de que seu negócio no varejo – seja uma lojinha de bairro, seja um shopping center na internet – também sofra uma queda nas vendas.

Ao desenvolver seu plano, você precisa reagir a fatores gerais do setor que afetam o desempenho da sua empresa. Embora certamente seja possível ter lucros em um setor que passa por momentos difíceis, você só pode ter lucros se fizer um esforço consciente para posicionar apropriadamente sua empresa. Por exemplo, se sua empresa atuar no setor de construção e o número de lançamentos de imóveis residenciais estiver baixo, talvez seja mais apropriado almejar o setor de reformas ou o mercado de imóveis comerciais, em vez do mercado de construção de novos imóveis.

Investidores e financiadores são especialmente sensíveis a questões relacionadas com a saúde do setor. É muito mais difícil levantar dinheiro para montar ou ampliar negócios em setores que passam por problemas. Embora existam oportunidades nessas áreas, investidores e banqueiros estão preocupados com os riscos maiores que uma empresa enfrenta em um setor pouco saudável. Por outro lado, se seu negócio estiver em um setor saudável e em expansão, os investidores provavelmente serão mais receptivos.

Que rumo seu setor está tomando? É importante examinar as principais tendências que influenciarão a saúde do setor no futuro, bem como verificar as condições atuais. O setor se consolida à medida que grandes empresas se fundem para formar grandes conglomerados? O que está acontecendo com as pressões de preços, a demanda dos consumidores, a disponibilidade de peças e suprimentos e a competição global? Vários exercícios incluídos no Capítulo 6 ajudam a identificar e prever tendências no seu setor.

Se estiver buscando recursos externos, seu plano de negócios precisa reafirmar aos investidores ou banqueiros que você conhece os fatores setoriais que afetam a saúde da sua empresa e que os levou em consideração ao desenvolver sua estratégia de negócios.

Foco consistente nos negócios e posição estratégica clara

Um fator crucial para um negócio bem-sucedido é o desenvolvimento de uma posição estratégica clara que o diferencie dos seus concorrentes – e a manutenção desse foco. Muitas vezes, os negócios fracassam porque a gerência perde de vista o caráter central da empresa.

Definir uma posição estratégica clara permite capturar uma posição específica no mercado e distinguir-se dos concorrentes. Diferentes empresas podem vender um produto semelhante, mas cada uma pode ter uma ideia bem diferente do que o seu negócio realmente é.

Por exemplo, suponhamos que quatro empresas fabriquem jeans. A empresa A se define como uma empresa que vende roupas para trabalho; a empresa B se vê como fabricante de roupas esportivas; e a empresa C se define como uma empresa que atua no mercado de vender juventude e sensualidade. A empresa D, porém, nunca deixou claro qual era sua missão – ela apenas vende jeans.

Essas diferentes posições afetam a maneira como cada empresa define seus mercados, como molda seus jeans, que produtos subsequentes produz e até mesmo os empregados que contrata. As três primeiras empresas poderiam ser bem-sucedidas e raramente competir entre si. Mas é quase certo que a empresa D, que não tem uma visão abrangente, fracassará ao longo do tempo, pois terá dificuldade ao tentar competir com todas as outras empresas mais focadas.

Um segundo aspecto do posicionamento da sua empresa e manutenção do foco é o desenvolvimento de um estilo de empresa ou cultura corporativa. Criando um estilo consistente, que permeie todos os aspectos da sua empresa, do design do material de escritório a políticas de pessoal, você transmite aos clientes e empregados uma noção de confiança na sua empresa.

Imagine dois restaurantes diferentes na mesma rua, ambos basicamente com a mesma missão de negócios: oferecer refeições boas e rápidas a custo baixo.

> "Um sinal de que as empresas serão bem-sucedidas é a existência de um foco preciso naquilo que querem fazer e o fato de planejarem investir uma quantidade suficiente de esforços e dinheiro para fazer isso. Foco é essencial; é possível que a empresa se diversifique posteriormente, mas a primeira fase de uma empresa deve ser definida de maneira bem restrita."
> **Eugene Kleiner**
> **Investidor de capital de risco**

O primeiro restaurante é uma cadeia de lanchonetes de abrangência nacional. Seu estilo é caracterizado pela coerência, asseio e cordialidade impessoal. Uma imagem corporativa forte é importante, e é reforçada por meio da decoração, acondicionamento dos alimentos e uniformes dos empregados do restaurante. As refeições são preparadas de maneira padronizada, e cada cliente é saudado da mesma maneira.

O segundo é um restaurante pequeno e descontraído. A gerência caracteriza a cultura corporativa como de um vizinho simpático. Para ajudar a garantir que os empregados conhecem os nomes e preferências dos clientes em relação às refeições, a gerência planeja reter os empregados por muitos anos. Um quadro apresenta avisos sobre eventos locais. O mercado-alvo desse restaurante são clientes habituais do bairro que sabem que se sentirão em casa no local.

Com forte estilo corporativo, cada um dos restaurantes distingue-se claramente dos seus concorrentes e proporciona aos seus clientes-alvo uma compreensão clara do que podem esperar. Cada negócio tem de considerar seu estilo em relação à missão geral da empresa e incuti-lo em praticamente todas as suas atitudes.

Para ajudar a esclarecer a posição e o foco da sua empresa como parte do processo do plano de negócios, é preciso definir uma Declaração de Missão. A Declaração de Missão deve nortear as atividades de curto prazo e a estratégia de longo prazo da sua empresa, posicionar o marketing e influenciar as políticas internas. Você vai encontrar um roteiro para a elaboração da Declaração de Missão no Capítulo 5.

Administração competente

Talvez mais do que qualquer outro fator, a administração competente destaca-se como o ingrediente fundamental para o sucesso do negócio. As pessoas em cargos-chave são fundamentais para determinar a saúde e a viabilidade do seu negócio. Além disso, devido à importância da administração competente para o sucesso do negócio, muitos investidores e empresas de capital de risco atribuem grande ênfase a esse fator na avaliação de planos de negócios e nas decisões relacionadas com empréstimos ou investimentos. Avaliam a parte administrativa do plano de negócios com especial interesse. Seu plano de negócios deve inspirar confiança nas habilidades da sua gerência, e você deve montar cuidadosamente sua equipe administrativa.

Antes de apresentar seu plano de negócios aos investidores, realize uma análise da equipe gerencial. Avalie cada indivíduo (e você mesmo) para ver se ele se encaixa no perfil de gerente bem-sucedido. Algumas características compartilhadas por gerentes bem-sucedidos são:

> *É preciso ter uma missão. A missão servirá como farol e como filtro para todas as decisões de negócios que você tomar. Sua bússola moral será questionada se não houver uma missão.*
> **Pauline Lewis**
> **Proprietária, oovoo design**

- **Experiência.** Eles têm um longo histórico profissional no setor em que a empresa atua e/ou têm sólida formação na área de administração que se adapta bem às especificidades de qualquer negócio em que se envolvam.
- **Realismo.** Eles conhecem as muitas necessidades e desafios do negócio e avaliam honestamente suas limitações. Reconhecem a necessidade de um planejamento cuidadoso e do trabalho árduo.
- **Flexibilidade.** Eles sabem que as coisas dão errado ou mudam ao longo do tempo, e são capazes de adaptar-se sem perder o foco.
- **Capacidade de trabalhar bem com pessoas.** Eles são líderes motivadores, com a paciência necessária para lidar com várias pessoas. Podem ser exigentes, mas são justos.

Ao desenvolver seu plano de negócios, verifique se os membros-chave da sua equipe gerencial possuem essas características. Se não as possuírem, talvez seja necessário intensificar o treinamento, contratar pessoal ou tomar outras atitudes para aprimorar a eficácia da sua gerência. Por exemplo, se tiver pouca ou nenhuma experiência na área escolhida, talvez seja interessante você primeiro trabalhar em uma empresa existente nessa área antes de abrir o próprio negócio.

Além de avaliar as características de cada indivíduo, examine o equilíbrio geral da sua equipe de gerência. Há pessoas capazes e experientes nos vários aspectos do seu negócio – marketing, operações, tecnologia, finanças corporativas etc.? Alguns gerentes são melhores para lidar com questões internas e outros para tratar dos relacionamentos externos? Ou os talentos e as características dos seus gerentes são semelhantes?

Capacidade de atrair, motivar e reter empregados

O grau de sucesso de uma empresa é medido pela capacidade dos seus empregados. A capacidade de encontrar, atrair e reter empregados e gerentes talentosos é essencial para a viabilidade e competitividade de longo prazo de uma empresa.

As tendências demográficas indicam grande limitação de mão de obra qualificada nos Estados Unidos na primeira metade do século XXI. As empresas terão dificuldade de encontrar bons profissionais e competirão por número relativamente limitado de candidatos talentosos. A reputação da sua empresa de tratar bem os empregados aumenta diretamente tanto o número quanto a qualidade dos candidatos a uma vaga e também a capacidade da sua empresa de reter os empregados já contratados.

O moral dos empregados também tem um impacto significativo sobre a produtividade de uma empresa, sobre a qualidade dos seus produtos ou serviços e sobre sua capacidade de oferecer um excelente serviço de atendimento ao cliente. Empregados infelizes têm menos motivação de fazer um trabalho de qualidade. Empregados satisfeitos têm probabilidade bem maior de querer ver o sucesso da empresa e podem alterar significativamente seus resultados financeiros.

Avalie seu estilo e políticas gerenciais como parte do seu processo geral de planejamento do negócio. Desenvolva práticas gerenciais que tratem os empregados de uma maneira justa, ofereça oportunidades para promoções, proporcione segurança razoável no emprego, e remuneração e benefícios justos.

> *"Não queremos conceder empréstimos seguros; queremos conceder bons empréstimos. Um bom empréstimo tem alta probabilidade de ser pago integralmente a partir da fonte primária, como negócio, sem interromper o estilo de vida do tomador. Garantias tornam um empréstimo 'seguro', não necessariamente bom. Não é justo conceder um empréstimo se a garantia for boa e o plano de negócios questionável. Não estamos interessados em tomar as casas das pessoas; estamos interessados em negócios bem-sucedidos."*
> **Robert Mahoney**
> **Corporate banker**

Controle financeiro

O segredo de qualquer negócio está relacionado com a administração do dinheiro. Não prever os custos iniciais pode impor enormes pressões a um novo negócio. Uma gestão de fluxo de caixa ruim pode dissolver até mesmo um negócio aparentemente próspero. Uma das "regras de Rhonda" é: "As coisas levam mais tempo e custam mais do que o esperado." Separe uma parte dos recursos financeiros do seu plano para custos e atrasos imprevistos.

Ao desenvolver seu plano de negócios, busque continuamente informações para entender sua situação financeira. Qual é o custo de abrir as portas a cada mês? Qual a parte do seu negócio que mais gera lucros? Até que ponto é necessário expandir-se para manter o crescimento? Quais são os custos ocultos do marketing da sua empresa? Quais são as consequências das suas políticas de crédito?

Incorpore mecanismos para manter-se sempre informado à medida que seu negócio se expande. É mais fácil definir bons procedimentos financeiros logo no início do que esperar até que uma crise financeira ocorra. Com que frequência serão emitidas as faturas? Que tipo de políticas de crédito seu negócio seguirá?

Como você se manterá informado sobre os níveis de estoque?

Faça questão de receber extratos detalhados pelo menos uma vez ao mês e de saber interpretá-los. Examine nos relatórios financeiros quaisquer desvios em relação ao seu plano ou quaisquer sinais de problemas iminentes de fluxo de caixa.

Controlar e entender as finanças da sua empresa torna as decisões mais fáceis. Além disso, você terá melhores noites de sono.

Capacidade de prever as mudanças e adaptar-se a elas

A mudança é inevitável, e a velocidade das mudanças é cada vez maior. No mundo de hoje, sua empresa precisa prever e reagir rapidamente às mudanças e treinar os empregados para que eles também se adaptem a elas. Empresas que são ágeis e capazes de avaliar e responder rapidamente a condições em transformação terão maior probabilidade de ser bem-sucedidas.

Ao se programar para as mudanças, tenha em mente as condições que afetarão o futuro do seu negócio. Entre elas estão:

- **Mudanças tecnológicas.** É impossível prever os avanços tecnológicos exatos que afetarão seu setor, mas pode ter certeza de que você enfrentará essas mudanças. Mesmo se você fabricar biscoitos de chocolate à moda antiga, avanços no design de fornos, armazenamento de alimentos ou software de controle de estoque imporão pressões competitivas sobre seu negócio. Os avanços tecnológicos dos concorrentes poderiam impor reduções de preços significativas à sua empresa.

> **"** É preciso ser capaz de fracassar rápido e pensar para a frente. Na PayPal, nosso negócio começou como uma maneira de enviar dinheiro entre Palm Pilots, depois tivemos a ideia de enviar dinheiro por e-mail. Identificamos a necessidade de pagamentos eletrônicos, mas não ficamos ligados à ideia de uma coisa que não estava funcionando. **"**
>
> **Premal Shah**
> **Presidente, Kiva**

- **Mudanças sociológicas.** Avalie as tendências demográficas e de estilo de vida sob a luz da sua possível influência sobre seu negócio. No negócio de biscoitos, por exemplo, o interesse do consumidor por ingredientes naturais ou o número de crianças em idade escolar na população poderiam influenciar o número e o tipo de biscoitos que você vende. Que fatores sociológicos têm maior impacto sobre sua empresa? Preste atenção a tendências que representam a mudança real; procure não construir um negócio baseado em modismos passageiros.
- **Mudanças na concorrência.** Todos os dias são abertos novos negócios. Qual o grau de dificuldade de um novo concorrente para entrar no mercado e quais são as barreiras a essa entrada? A internet permitiu a empresas em todo o mundo competir umas contra as outras, aumentando o número e o tipo de concorrentes que talvez você enfrente.

Ao desenvolver seu plano de negócios, considere como sua empresa lida com essas mudanças externas. Preveja também as principais mudanças internas, como crescimento, chegada ou saída de empregados-chave e novos produtos ou serviços.

Nenhum negócio é estático. O planejamento de uma empresa responsiva a mudanças tornará as inevitáveis mudanças mais fáceis. O Capítulo 6 traz mais informações sobre a capacidade de prever mudanças.

Valores e integridade de uma empresa

Toda empresa precisa lucrar. Uma empresa só pode se manter no negócio se tiver lucro. Mas pesquisas sobre o sucesso dos negócios ao longo do tempo mostraram que as empresas que enfatizam objetivos além de buscar lucratividade têm mais sucesso e sobrevivem por mais tempo do que empresas cuja única motivação é monetária.

À medida que desenvolve seu plano de negócios, lembre-se dos valores que você quer que sejam caracterizados na empresa que você está abrindo ou ampliando. Esses valores podem ser buscados externamente (ao alcançar algum objetivo comercial, social ou ambiental) ou internamente (ao alcançar certo tipo de local de trabalho ou qualidade do produto ou serviço) ou ambos.

> **"** Paixão é fundamental. Se você não tiver paixão, não terá sucesso. O empreendedorismo não se baseia apenas em números. Mas não podemos deixar a paixão tomar conta de nós, sem pensar; temos que fazer o dever de casa. **"**
> **Damon Doe**
> **Sócio diretor – Montage Capital**

Articular os valores da sua empresa junto aos empregados, fornecedores e mesmo clientes pode fortalecer o comprometimento deles em relação ao seu negócio. Empresas baseadas em valores costumam ser mais bem-sucedidas em atrair e reter bons empregados e, normalmente, enfrentam melhor as adversidades financeiras no curto prazo porque os empregados e a gerência compartilham um compromisso em relação aos objetivos que vão além de recompensas financeiras.

De maneira análoga, uma empresa torna-se mais forte mantendo a integridade em todos os aspectos das suas transações – com empregados, clientes, fornecedores e a comunidade. Certamente você enfrentará situações em que parecerá estar em desvantagem se for mais honesto do que seus concorrentes ou mais justo do que outros empregadores. Entretanto, os benefícios de longo prazo advindos de ganhar e manter uma reputação de integridade excedem as desvantagens imediatas percebidas. Uma diretriz clara de honestidade e imparcialidade facilita a tomada de decisão em situações difíceis, inspira lealdade por parte dos empregados e clientes, e ajuda a evitar caros processos judiciais e multas trabalhistas. Também é a coisa certa a fazer.

Capacidade de reagir a oportunidades e ameaças globais

O atual mundo dos negócios é um mundo globalizado. Em todos os aspectos do seu negócio, você poderá encontrar oportunidades de trabalhar internacionalmente. Até mesmo uma empresa pequena, com presença on-line, pode vender internacionalmente seus produtos. Sua matéria-prima e seu estoque com certeza vêm de fontes globais. Você pode ter concorrentes, fornecedores, empregados e parceiros espalhados pelo mundo. Um negócio de sucesso que se proponha a atuar nesse ambiente precisa pelo menos avaliar oportunidades internacionais e considerar ameaças internacionais ao desenvolver um plano de negócios.

Algumas das considerações que você deve levar em conta ao desenvolver seu plano de negócios são:

- **Defina seu mercado-alvo.** Como hoje vivemos em um mundo eletronicamente conectado, é possível almejar um mercado do outro lado do mundo, o que pode ser uma maneira de expandir significativamente suas oportunidades de mercado. Se você tiver um produto de nicho, seus clientes podem estar distribuídos ao redor do mundo e talvez você precise ou queira atender a uma região geográfica mais abrangente. Mesmo que esteja planejando concentrar-se no mercado local ou nacional, é preciso abordar de que maneira atenderá os clientes internacionais que encontrar on-line. As

empresas bem-sucedidas de hoje pelo menos avaliam as oportunidades de mercado internacionais ao escolher seus mercados-alvo.
- **Concorrentes.** Hoje, o ingresso de concorrentes globais em mercados locais está mais fácil do que nunca. Certamente, se você está vendendo um produto – por mais comum que seja –, talvez encontre concorrentes internacionais na internet.
- **Fornecedores.** Seja de matéria-prima para produção/fabricação, seja de estoque para vendas, é provável que alguns de seus fornecedores venham de outros países. Não deixe de considerar fornecedores estrangeiros à medida que sua empresa for crescendo.
- **Mão de obra.** Seus empregados e/ou fornecedores não precisam mais trabalhar no mesmo escritório, na mesma cidade ou no mesmo país que você. Encontrar trabalhadores – em especial na área de tecnologia ou produção industrial – em outros países pode proporcionar reduções significativas no custo de mão de obra. Hoje, é comum as empresas contratarem mão de obra estrangeira em outros países para a realização de muitas tarefas, e as empresas flexíveis avaliam algumas dessas oportunidades. Obviamente, gerenciar uma equipe a distância tem seus desafios que você não pode deixar de considerar ao planejar os aspectos globais do seu negócio.
- **Questões legais.** Seja protegendo a propriedade intelectual, seja garantindo que você esteja seguindo corretamente todas as leis e regulamentos necessários, seja lidando com problemas fiscais ou financeiros internacionais, você certamente vai precisar entender as questões legais que o afetam ao trabalhar globalmente.
- **Parceiros.** Ao pensar em expandir internacionalmente o seu negócio, uma das abordagens seria encontrar empresas existentes nesses mercados e formar parcerias com elas. Isso pode facilitar enormemente sua entrada, ajudá-lo a entender costumes e práticas locais, e atender melhor ao seu mercado.
- **Responsabilidade social.** As melhores empresas globais zelam pela boa cidadania global. Ao trabalhar globalmente, não deixe de agir de maneira socialmente responsável – ao lidar com questões relacionadas com mão de obra, direitos humanos, meio ambiente, suborno ou corrupção.

> **"**Antes de tudo, é preciso ter paixão. Você precisa entender por que está no negócio, precisa entender por que será muito bem-sucedido e precisa ser capaz de vender isso para as pessoas. É muito fácil elaborar um plano de negócios com gráficos, diagramas e citações de pesquisas interessantes, mas, se você não conseguir apresentá-los aos colegas de trabalho, empregados, investidores e, por fim, aos clientes, não irá a lugar algum. É preciso haver uma pessoa apaixonada, que viva e respire a ideia.**"**
> **Andrew Anker**
> **Investidor de capital de risco**

O que o motiva? Satisfação pessoal:
Os quatro fatores da satisfação pessoal

Para empresas menores, com um único proprietário, ou para negócios nos quais um ou dois membros-chave da gerência detêm o controle, as questões relativas à satisfação pessoal podem ser determinantes do sucesso de longo prazo. Alguns negócios fracassam e outros passam por dificuldades porque seus fundadores, proprietários ou gerentes-chave não sabem o que realmente querem ou porque não estruturaram a empresa e as responsabilidades de maneira que satisfaça suas necessidades e ambições pessoais.

É útil avaliar e considerar seus objetivos pessoais ao decidir a natureza do desenvolvimento do seu negócio. Para a maioria dos empreendedores, esses objetivos podem ser resumidos nessas quatro palavras: controle, desafio, criatividade e dinheiro.

Controle

O grau de controle que você precisa exercer diariamente influencia o porte de sua empresa. Se preferir participar de toda e qualquer decisão de negócios ou se não estiver se sentindo à vontade para delegar ou compartilhar a autoridade, seu negócio deverá ser pequeno. De maneira análoga, se precisar de muito controle em relação ao seu tempo (em função de demandas pessoais ou familiares), um negócio menor, sem expansão rápida, será mais apropriado.

> *Escrever um plano de negócios força-o a pensar de uma maneira disciplinada se você fizer um trabalho intelectualmente honesto. Uma ideia pode parecer muito boa para você, mas, quando você revisa os detalhes e números, ela pode fragmentar-se.*
> **Eugene Kleiner**
> **Investidor de capital de risco**

Em uma grande empresa, você terá menos controle imediato sobre muitas decisões, e outros compartilharão a tomada de decisões. Estruture os sistemas de geração de relatórios gerenciais para assegurar que, à medida que a empresa cresce, você continuará tendo informação e controle sobre os desenvolvimentos suficientes para sua satisfação pessoal. Se estiver buscando financiamento externo, entenda a natureza que o controle por parte dos financiadores terá e pergunte-se se você está satisfeito com esses arranjos.

Desafio

Se estiver iniciando ou ampliando um negócio, você provavelmente é um empreendedor disposto a correr riscos e uma pessoa que gosta da tarefa de inventar soluções para problemas conhecidos ou de criar novos negócios.

É importante reconhecer a extensão da sua necessidade de novos desafios e desenvolver maneiras positivas de suprir essa necessidade, especialmente depois que sua empresa já se estabeleceu, e o desafio inicial de montar uma empresa foi superado. Do contrário, você ficará preso à situação de estar continuamente iniciando novos projetos que desviam a atenção dos objetivos gerais da sua empresa. Ao planejar sua empresa, defina objetivos pessoais que não só lhe proporcionem estímulos suficientes mas também promovam o crescimento do seu negócio.

Criatividade

Um empreendedor quer deixar sua marca. Suas empresas não são apenas um meio de ganhar a vida, mas um modo de criar algo que deixe sua marca. Por isso, muitas empresas têm o nome do fundador.

A criatividade assume muitas formas. Para alguns, é a criatividade envolvida em projetar ou criar algo novo – um designer de roupas que cria uma linha de produtos, um desenvolvedor de software que escreve um novo programa, uma incorporadora que constrói um prédio novo. Para outros, pode ser a criatividade envolvida na criação de um novo processo de negócio. A criatividade também desempenha um papel importante na descoberta de novos modos de vender, lidar com clientes ou recompensar empregados.

Se tiver grande necessidade de criatividade, não deixe de se envolver no processo criativo à medida que a empresa cresce. Você vai querer modelar o seu negócio de modo que ele não seja apenas um instrumento para geração de receita mas também um mecanismo para manter o estímulo criativo e fazer uma contribuição maior para a sociedade. Mas não exagere na personalização da sua empresa, especialmente se ela for grande. Deixe espaço para que outros, especialmente sócios e empregados-chave, participem do processo criativo.

Dinheiro

Entenda como seus objetivos financeiros pessoais têm um impacto sobre o plano de negócios. Por exemplo, se você atualmente precisar de receitas substanciais, talvez precise de investidores para poder ter dinheiro suficiente para conseguir passar pelo período de vacas magras do início das atividades. Isso significa que você vai compartilhar interesses de propriedade com outros, e o negócio precisa ser projetado para alcançar potenciais lucros substanciais, a fim de remunerar esses investidores apropriadamente.

Do mesmo modo, se seu objetivo for construir uma empresa muito grande e acumular riquezas ou receitas substanciais rapidamente, você precisará de investidores externos para financiar esse rápido desenvolvimento ou expansão. Mais uma vez, isso significa abrir mão de mais controle sobre a empresa.

Se, por outro lado, suas necessidades atuais de receitas forem menores ou seus objetivos financeiros gerais forem mais modestos, talvez você não precise conceder parte da sua empresa para os investidores, mas ampliar o negócio mais lentamente por meio de vendas ou linhas de crédito ou empréstimos. Lembre-se de que, às vezes, há uma relação inversamente proporcional entre objetivos pessoais: querer mais dinheiro muitas vezes significa ter menos controle.

Examine seus objetivos pessoais e os dos empregados-chave utilizando o roteiro "Controle, Desafio, Criatividade e Dinheiro", apresentado a seguir.

Resumo

Um plano de negócios bem-sucedido não só garante que você alcance seus objetivos de curto prazo, mas também ajuda a assegurar a viabilidade de longo prazo do negócio. Ao desenvolver um plano, lembre-se dos fatores subjacentes que afetam o sucesso dos negócios e a satisfação pessoal. Garanta que o conceito do negócio seja claro e focado, e que seu mercado esteja bem definido. Identifique as tendências do setor e crie procedimentos administrativos responsivos e disciplinados.

Os quatro fatores da satisfação pessoal

Cada fundador ou funcionário-chave em empresas pequenas ou novas deve preencher uma cópia deste roteiro. Assinale o nível de importância para você em cada área.

	Extremamente importante	Mais ou menos importante	Pouco importante	Nada importante
CONTROLE				
Sobre suas próprias responsabilidades profissionais	☐	☐	☐	☐
Em relação ao seu próprio tempo, horas de trabalho etc.	☐	☐	☐	☐
Sobre decisões e direções da empresa	☐	☐	☐	☐
Sobre produtos/serviços	☐	☐	☐	☐
Sobre outros empregados	☐	☐	☐	☐
Sobre o ambiente de trabalho	☐	☐	☐	☐
Sobre o impacto social/ambiental dos produtos/serviços	☐	☐	☐	☐
Sobre seu próprio futuro e o futuro do negócio	☐	☐	☐	☐

Outros:_____

DESAFIOS				
Solução de problemas de longo prazo	☐	☐	☐	☐
Solução de problemas críticos (apagar incêndios)	☐	☐	☐	☐
Tratar muito problemas de uma só vez	☐	☐	☐	☐
Lidar continuamente com novos problemas	☐	☐	☐	☐
Aperfeiçoar soluções, produtos ou serviços	☐	☐	☐	☐
Organizar projetos diversos e manter o grupo focado nos objetivos	☐	☐	☐	☐

Outros:_____

CRIATIVIDADE				
Definir o design ou a aparência dos produtos/embalagens	☐	☐	☐	☐
Criar novos produtos ou serviços	☐	☐	☐	☐
Elaborar novos procedimentos/diretrizes de negócios	☐	☐	☐	☐
Identificar novas oportunidades para a empresa	☐	☐	☐	☐
Criar material para o novo negócio	☐	☐	☐	☐
Elaborar novas maneiras de fazer coisas "velhas"	☐	☐	☐	☐

Outros:_____

DINHEIRO

Especifique faixas de valores aproximados para cada um dos itens a seguir. Meça o patrimônio como o valor das ações ou da empresa.

Faturamento necessário atualmente _____ Patrimônio desejado daqui a 2-5 anos _____
Faturamento desejado daqui a 12-24 meses _____ Patrimônio desejado daqui a 6-10 anos _____
Faturamento desejado daqui a 2-5 anos _____ Patrimônio desejado daqui a 10 ou mais anos __

2
Dando início ao seu plano

Você só encontra respostas fáceis fazendo perguntas difíceis.

O processo do plano de negócios

Depois de determinar se um plano de negócios é uma ferramenta necessária para sua empresa, você pode se perguntar: "Por onde começo?" Como um plano exige informações detalhadas sobre praticamente cada aspecto do seu negócio, inclusive setor, mercado, operações e empregados, o processo pode parecer algo além da sua capacidade.

O processo do plano de negócios envolve cinco passos fundamentais:

1. Traçar o conceito básico de negócios.
2. Coletar dados sobre a viabilidade e pormenores do seu conceito.
3. Focar e aperfeiçoar o conceito com base nos dados compilados.
4. Esboçar, em linhas gerais, as especificações do seu negócio.
5. Colocar seu plano em uma forma atraente.

> *"É preciso ter planos de contingência contínuos para levar em conta erros de cálculo, decepções e má sorte. As pessoas partem do pressuposto de que um líder não comete erros. Mas não é assim; se for decisivo, às vezes você calcula mal e às vezes não tem sorte. É preciso discutir abertamente a possibilidade de erros para que as pessoas estejam preparadas e não fiquem desanimadas quando eles ocorrerem. Você tem de testar seus planos de contingência."*
> **Bill Walsh**
> **Ex-técnico e presidente, S.F. 49ers**

O primeiro passo é traçar o conceito básico do negócio. No capítulo anterior, há um roteiro no qual você pode delinear os vários componentes do negócio. No caso de uma operação existente, talvez seja tentador pular essa etapa, mas se quiser desenvolver estratégias para vencer no futuro, primeiro você precisa examinar os pressupostos subjacentes aos seus esforços atuais.

O foco deste capítulo são as etapas 2 e 3: coletar e interpretar os dados necessários. Informações sólidas fornecem um quadro realista daquilo que acontece em negócios semelhantes ao seu, além de proporcionar uma compreensão melhor da sua própria empresa. Você pode então avaliar e focar novamente seu conceito sob a luz das informações recém-adquiridas; um roteiro apresentado ao final deste capítulo o ajudará nessa avaliação.

Depois de compilar informações suficientes e reavaliar o conceito do negócio, você pode começar a redigir o plano. Seguindo os capítulos deste livro e completando os formulários para preparação do plano, você pode transformar seu plano em um documento atraente.

O desenvolvimento de um plano de negócios tem mais a ver com um projeto de negócios do que com uma tarefa redacional. O próprio processo – não apenas o documento produzido – pode afetar positivamente o sucesso do seu negócio. Durante a operação diária do negócio, você raramente tem tempo para pensar em todos os tipos de problemas que examinará ao criar o plano de negócios; o processo de planejamento fornece uma oportunidade rara para aprimorar seu conhecimento de como a empresa, o mercado e o setor funcionam.

Coleta de dados

Conhecimento é poder. Com informações exatas na ponta dos dedos, você toma melhores decisões de negócios e também faz uma apresentação mais persuasiva do seu plano reunindo-se com o gerente de empréstimos corporativos de um banco, um possível investidor ou o presidente de uma divisão de uma grande empresa. Investidores inteligentes utilizam um plano de negócios não apenas para entender um novo conceito de negócio mas também como meio de avaliar se um empreendedor tem o conhecimento e exercita a due diligence necessária para gerir um negócio. Portanto, pare e faça a lição de casa. Um número suficiente de pesquisas evita que você inclua informações imprecisas no seu plano – um erro que pode impedir que você consiga o financiamento necessário – e permite que você tome decisões fundamentadas.

Se estiver começando em um setor ou na gestão de negócios, invista mais tempo em pesquisas e comece com informações básicas gerais. Utilize o projeto de pesquisa como uma oportunidade de adquirir conhecimento em questões-chave do seu setor, não como um modo de encontrar os detalhes específicos que você precisa para determinada empresa.

Para dar início aos seus esforços de coleta de informações, comece verificando os recursos listados mais adiante neste capítulo e nos capítulos ao final do livro. Primeiro, procure informações gerais sobre cada uma das áreas que você identificou no roteiro sobre conceito básico do negócio, no Capítulo 1. À medida que avança, foque a pesquisa em questões mais específicas, compilando os detalhes necessários para tomar decisões operacionais e financeiras. Os Capítulos 4 a 17 apresentam os dados necessários para você completar cada seção do plano de negócios e, em alguns casos, incluem sugestões de possíveis fontes para essas informações.

Qual é o volume de informações suficiente?

Com o advento da internet, tornou-se relativamente fácil conseguir informações; tornou-se também igualmente fácil sentir-se sobrecarregado com todo esse volume de informações. Inversamente, você também se sentirá frustrado porque alguns dados cruciais são patenteados e não estão disponíveis. O difícil desafio consiste em determinar quais informações são importantes e qual é o volume de informações suficiente para inserir no seu plano, especialmente se você estiver em busca de financiamento.

Não tente ser exaustivo nos seus esforços de pesquisa; isso não é necessário nem possível. Você está buscando informações que responderão a perguntas fundamentais sobre seu negócio. Ao mesmo tempo, sua pesquisa deve ser completa para que você, e aqueles que leem seu plano, tenha segurança de que as respostas são exatas e provenientes de fontes confiáveis.

Por exemplo, se for fabricante de bonecas, você pode identificar como mercado-alvo meninas na faixa etária de 4-10 anos. Uma das perguntas que você precisa abordar no seu plano é: "Qual é o tamanho do mercado?" Para isso, talvez seja necessário consultar uma única fonte, no caso do Brasil o IBGE, para encontrar uma resposta confiável. Entretanto, outras perguntas que aparecem, por exemplo, "Quais são as tendências em relação aos hábitos de compra de bonecas?" talvez exijam que você consulte três ou quatro fontes do setor ou faça sua própria pesquisa sobre o mercado para compilar informações em que possa confiar.

Comece sua pesquisa fazendo perguntas

Inicie sua pesquisa fazendo uma declaração geral que seja a base do seu negócio (ou uma parte do seu negócio). Por exemplo, se estiver planejando abrir uma lavanderia, a declaração pode ser: "Há necessidade substancial de uma nova lavanderia no bairro."

Em seguida, faça uma lista das perguntas que, do ponto de vista lógico, viriam a seguir e desafie essa declaração. Eis algumas questões que você poderia então fazer:

- Quantas lavanderias existem atualmente no bairro?
- Qual é a lucratividade das atuais lavanderias do bairro?
- De modo geral, os moradores estão satisfeitos com as lavanderias atuais?
- O volume de negócios é maior do que as lavanderias podem suportar?
- Quais são as tendências no setor de lavanderias no país?
- Quais são as tendências demográficas nessa região?
- Como a demografia da região se relaciona com as tendências e estatísticas nacionais no setor de lavanderias?

Como outro exemplo, sua declaração poderia ser: "Há um modo lucrativo de fornecer aconselhamento psicológico via internet." As perguntas e o desafio dessa declaração poderiam incluir:

- Quais empresas já fornecem esse serviço?
- Qual é o tamanho atual do mercado para aconselhamento psicológico?
- Quais são as indicações existentes de que os consumidores estariam dispostos a buscar aconselhamento via internet?
- Qual fatia do mercado de aconselhamento psicológico existente poderia ser transferida para o aconselhamento on-line?
- Quantos consumidores que atualmente não se consultam com psicólogos podem ser atraídos ao aconselhamento on-line?
- Quais são as principais questões relacionadas com a tecnologia necessária para oferecer com segurança esse tipo de serviço na internet?
- Quais leis ou regulamentações afetariam a capacidade de oferecer esses serviços?

Depois de formular sua lista de perguntas, procure as respostas. Você encontrará algumas das suas respostas pesquisando sites de associações comerciais e órgãos governamentais na internet. Você encontrará outras consultando material de referência em uma biblioteca ou órgãos e instituições voltados para o desenvolvimento de negócios, entrando em contato com associações do setor ou contratando serviços de pesquisa pagos. Para obter algumas respostas, você terá de realizar suas próprias pesquisas de mercado, conversando com possíveis clientes, outros proprietários de negócios ou observando o movimento de pedestres em estabelecimentos semelhantes ou próximos.

Ao iniciar o processo do plano de negócios, utilize o roteiro sobre perguntas relacionadas com a pesquisa a seguir para registrar as questões gerais que você tem nesse ponto e as questões que investigará. Procure não apenas os detalhes atuais específicos, mas também tendências e padrões.

O volume de informações que você coleta será, em grande medida, resultado dos seus recursos, tanto em termos de tempo como de dinheiro. Se estiver trabalhando em um plano de negócios para uma empresa de pequeno porte e, ao mesmo tempo, estiver trabalhando em tempo integral, você não precisará compilar o mesmo volume de informações apropriado para uma grande corporação com um orçamento e pessoal para fazer uma pesquisa de mercado.

Organizando o material

Durante o processo de planejamento, você acumulará muitas informações e muitos documentos. Defina um modo de organizar o material coletado sob a forma de notas, ideias e informações de contato assim que começar.

Crie arquivos específicos, no computador ou em arquivos de papel, para os diferentes tópicos que correspondem aos capítulos deste livro. Adicione informações aos arquivos à medida que prossegue. Do contrário, talvez você não consiga localizar os detalhes específicos necessários ao preparar seu documento escrito. Ao coletar dados, anote a fonte e a data das informações; do contrário, talvez você se encontre em uma situação em que os dados foram coletados mas não há como verificar ou atribuí-los.

O processo de planejamento também permite conhecer várias pessoas que podem ser úteis posteriormente na administração do negócio. É provável que você vá entrevistar possíveis clientes, fornecedores, concorrentes, parceiros estratégicos e também outras fontes do setor. Mantenha um arquivo de todos esses contatos ao fazer sua pesquisa para saber como contatá-los futuramente.

Fontes de informação

Se essa for a primeira vez que faz uma pesquisa de negócios, talvez você se surpreenda com o volume de informações existente. Há uma quantidade enorme de estatísticas e livros disponíveis em relação a praticamente todos os empreendimentos e atividades da vida dos cidadãos. É possível encontrar com facilidade dados que revelam o consumo médio em uma lanchonete, quantos computadores pessoais foram vendidos no ano passado e o provável número de novos imóveis que serão construídos na sua comunidade no próximo ano.

Você pode localizar a maioria das informações gerais de que necessita em fontes do governo, publicações especializadas em negócios e associações comerciais. Para encontrar informações mais específicas quanto ao seu negócio ou setor específico, talvez seja necessário fazer algumas pesquisas de mercado. Em um número limitado de casos, quando você mesmo não tem tempo para fazer a pesquisa ou está envolvido em um novo setor ou em um no qual a maioria dos dados é proprietário, utilize fontes pagas de informação.

As fontes de informações gerais estão listadas neste capítulo e nos capítulos sobre recursos, no final do livro. Fontes de informações mais específicas relacionadas com custos, equipamentos ou outras áreas específicas do seu negócio encontram-se nos capítulos apropriados deste livro.

Lembre-se de que as informações de contato, em especial endereços de sites, sofrem alterações frequentes.

On-line

O melhor lugar, e também o mais fácil e mais barato para começar sua pesquisa, é a internet. Muitos órgãos governamentais disponibilizaram ao público a maior parte dos dados coletados na internet. Há várias pesquisas ou publicações de associações ou setores disponíveis on-line para consulta gratuita ou por preços relativamente módicos. Há também serviços de pesquisa disponíveis para verificar instantaneamente artigos, estatísticas, levantamentos etc.

Questões relacionadas com a pesquisa

Enumere a seguir as perguntas que você examinará em cada área do seu negócio, utilizando as categorias abaixo como orientação.

Setor: _____
_____
_____
_____

Produtos/serviços: _____
_____
_____

Mercado-alvo: _____
_____
_____

Concorrência: _____
_____
_____

Estratégia de marketing e vendas: _____
_____
_____

Operações/tecnologia: _____
_____
_____

Considerações de longo prazo: _____
_____
_____
_____
_____
_____

A internet também facilita a obtenção de informações básicas sobre seus concorrentes, possíveis clientes, fornecedores e parceiros estratégicos. Comece examinando detalhadamente esses sites. Você pode encontrar informações adicionais sobre eles digitando os nomes em um mecanismo de busca.

Jornais e periódicos, muitas vezes, também arquivam edições anteriores nos sites, com informações úteis. Em alguns casos, pode ser cobrada uma pequena taxa para acessar alguns desses artigos.

Fontes governamentais e estatísticas

Como contribuinte, você já pagou para que o governo colete quantidade enorme de informações; por isso, você será capaz de obter mais dados gratuitos de fontes governamentais do que de serviços de pesquisa privados ou de outras fontes. Isso se aplica não apenas aos Estados Unidos como um todo mas também a vários outros países.

Uma excelente fonte de pesquisa sobre os setores de atividade econômica disponível na internet é o sistema de classificação NAICS (North American Industry Classification System – www.census.gov/epcd/www/naics.html). No Brasil, a classificação dos setores de atividade econômica correspondente é o CNAE (Classificação Nacional de Atividades Econômicas). A RAIS, do Ministério do Trabalho e Emprego, disponibiliza em http://www.rais.gov.br/cnae.asp a lista das atividades econômicas e seus respectivos códigos.

O U.S. CENSUS BUREAU E O IBGE
www.census.gov

O U.S. Census Bureau, parte do Departamento de Comércio dos Estados Unidos, é o órgão governamental norte-americano cuja responsabilidade principal é coletar e divulgar dados detalhados sobre todos os aspectos da vida americana. Talvez você já saiba que o U.S. Census Bureau coleta dados sobre população, renda, padrões de habitação, grau de escolaridade etc., nos Estados Unidos. Mas ele também coleta uma quantidade enorme de dados sobre atividades econômicas no país, inclusive número, tipo e vendas médias das empresas, por tipo de negócio específico, CEP por CEP.

Como os dados do Census Bureau abrangem um número enorme de pessoas e negócios, e como esses dados são bem detalhados, seus dados são considerados as informações mais confiáveis que se podem utilizar. Os leitores do seu plano de negócios (por exemplo, possíveis investidores ou gerentes de crédito de bancos) em geral podem considerar os dados do Census Bureau confiáveis e conservadores.

O Census Bureau fez um excelente trabalho de tornar a enorme quantidade de dados facilmente disponível na internet. E lembre-se: todos os dados são gratuitos.

No Brasil, o IBGE (Instituto Brasileiro de Geografia e Estatística – http://www.ibge.gov.br/home/), disponibiliza dados demográficos e indicadores que podem ser de grande utilidade para quem deseja montar um plano de negócios.

No Brasil há outros modos de acessar os dados na internet:

MINISTÉRIO DA FAZENDA
http://www.fazenda.gov.br/portugues/menu/estatisticas.asp

Apresenta quadros estatísticos dos boletins divulgados pelo Banco Central em diversas áreas, entre elas conjuntura econômica, vendas no varejo e dados contábeis do governo, estados e municípios, além de diversas outras estatísticas.

Estatísticas internacionais

A internet facilitou tremendamente a coleta de dados globalmente. A maior parte dos países desenvolvidos, e muitos dos países em desenvolvimento, disponibiliza na internet informações estatísticas substanciais, e as organizações econômicas internacionais também disponibilizam dados.

U.S. CENSUS BUREAU LIST OF FOREIGN STATISTICAL WEBSITES
www.census.gov/main/www/stat_int.html

O U.S. Census Bureau tem links que permitem localizar sites com estatísticas dos países do mundo inteiro.

BANCO MUNDIAL
www.worldbank.org

Essa organização internacional compila dados do mundo inteiro. Oferece dados gratuitos por tópico ou país, links para bancos de dados on-line e disponibiliza seus próprios relatórios financeiros.

EXPORT.GOV – COUNTRY AND INDUSTRY MARKET RESEARCH
www.export.gov/cntryind.html

Um recurso rico em informações. Destinado principalmente a países envolvidos no comércio internacional, o Export.gov fornece informações substanciais e detalhadas sobre mercados e setores econômicos em todo o mundo.

> "Inicialmente, comecei conversando com as pessoas. Visitei lojas para ver quais eram os produtos disponíveis. Fui ao Fancy Food Show e procurei produtos semelhantes ao meu. Procurei a Secretaria de Saúde da cidade para obter nomes das cozinhas comerciais, a fim de que eu pudesse conversar com as pessoas que fabricavam localmente produtos alimentícios. A partir dessas cozinhas, obtive muitas informações sobre aquilo que eu necessitava, bem como indicações de fábricas."
>
> **Deborah Mullis**
> **Empresária**

STATE DEPARTMENT COUNTRY BACKGROUND NOTES
www.state.gov/r/pa/ei/bgn/

O Departamento de Estado dos Estados Unidos prepara documentos sobre praticamente todos os países do mundo. Esses documentos incluem estatísticas e panoramas da economia de cada país, bem como links úteis.

INTERNATIONAL DATA BASE
www.census.gov/ipc/www/idbnew.html

A International Data Base (IDB) contém tabelas estatísticas dos dados demográficos e socioeconômicos de 200 países e regiões do mundo.

Recursos não governamentais on-line gratuitos
Além das fontes listadas a seguir, não deixe de usar mecanismos de busca, como o Google (www.google.com) e o Yahoo (www.yahoo.com), para localizar informações de diversas fontes sobre os tópicos de seu interesse. Outras boas fontes estão listadas a seguir.

SEBRAE
www.sebrae.com.br

O site do Sebrae (Serviço Brasileiro de Apoio às Micro e Pequenas Empresas) contém uma riqueza de informações que podem ser de grande utilidade para quem quer montar um plano de negócios.

FIRJAN
O link para Publicações e Pesquisas do site da Firjan (http://www.firjan.org.br/data/pages/2C908CE9215B0DC40121793A0FCE1E51.htm) apresenta pesquisas sobre desenvolvimento econômico, desenvolvimento municipal e comércio exterior que também podem ser de grande valia para empreendedores.

Você também pode encontrar informações sobre setores, tendências e empresas em publicações que podem cobrar uma taxa para consulta a matérias arquivadas. Entre elas estão:

WALL STREET JOURNAL
www.wsj.corn

BUSINESS WEEK
www.businessweek.com

RED HERRING
www.redherring.com

THE ECONOMIST
www.economist.com

FORBES
www.forbes.com

EXAME
www.exame.abril.com.br/revista-exame

Recursos on-line pagos

Alguns sites listados a seguir oferecem informações gratuitas, mas, para obter informações mais detalhadas, é preciso pagar.

LEXISNEXIS
www.lexisnexis.com

Esse serviço fornece várias informações e deve ser o primeiro lugar por onde começar quando você está pronto para pagar por elas. Ele é indispensável para pesquisadores, e inclui relatórios abrangentes de empresas, países, finanças, demografia, pesquisas de mercado e setores. O LexisNexis oferece acesso a centenas de bancos de dados, milhares de publicações no mundo todo, registros públicos e legislativos, dados sobre empresas e executivos. O pagamento pelo acesso ao banco de dados LexisNexis pode ser feito por artigo, dia, semana ou assinatura.

> *"Você precisa ter números. Se eu fizer uma pergunta, é melhor você saber a resposta. Se disser que vai vender sapatos para pessoas com pés muito grandes, é melhor você saber quantas pessoas têm pés muito grandes."*
> **Andrew Anker**
> **Investidor de capital de risco**

HOOVER'S ONLINE
www.hoovers.com

No Hoover's, é possível obter informações básicas gratuitas sobre empresas específicas, em especial empresas de capital aberto, bem como informações mais detalhadas mediante o pagamento de uma taxa. Examine as Hoover's Publications para mais informações relacionadas com o seu setor. O Hoover's também tem links para outras fontes de informações específicas sobre empresas, quase todas pagas.

DUN & BRADSTREET
www.dnb.com

O D&B mantém relatórios de crédito e informações financeiras sobre dezenas de milhares de empresas. Você pode comprar um relatório sobre um concorrente, cliente ou fornecedor. Pode também comprar listas de mala direta e relatórios do setor.

Para consultar estatísticas e tendências nos setores relacionados com tecnologia, os três sites Web a seguir são fontes para dados e relatórios de pesquisas pagas:

FORRESTER
www.forrester.com

GARTNER GROUP
www.gartner.com

JUPITER RESEARCH
www.jupiterresearch.com

Recursos de pesquisa off-line

Embora seja recomendável começar sua pesquisa on-line, você talvez descubra que alguns dados não estão disponíveis ou são excessivamente caros na internet. Algumas fontes do "mundo real" podem fornecer informações adicionais.

Bibliotecas

Muitas bibliotecas públicas e universitárias se inscrevem em vários serviços de pesquisa on-line pagos e/ou compram publicações caras de pesquisas estatísticas. Visitando uma biblioteca, você pode ter acesso gratuito a esses dados pagos. Escolha a maior biblioteca que lhe for conveniente; quanto maior a biblioteca, maior a probabilidade de ela estar inscrita nesses serviços ou de comprar essas publicações. Nos Estados Unidos, muitas universidades coletam seus próprios dados estatísticos sobre o desempenho econômico regional.

Pergunte ao bibliotecário se há acesso a algum dos serviços pagos on-line listados anteriormente, como o LexisNexis.

Associações comerciais e setoriais

Feiras comerciais setoriais (convenções, exposições etc.) são uma excelente fonte de informação e pesquisa de mercado. Em curto espaço de tempo, em um único local, você pode identificar potenciais concorrentes, clientes e fornecedores. Seminários que ocorrem juntos com feiras comerciais podem ajudá-lo a entender as tendências e questões mais importantes do seu setor. A maioria dos setores tem pelo menos uma importante feira comercial anual. Entre em contato com sua(s) associação(ões) setoriais para descobrir quando são realizadas as feiras e como você pode participar. Alguns setores realizam feiras comerciais regionais ou locais, bem como convenções nacionais.

Para encontrar sua associação setorial, além de utilizar os mecanismos de busca (www.google.com e www.yahoo.com), talvez você também queira examinar o site da TSNN.com (www.tsnn.com), banco de dados que lista mais de 15 mil feiras comerciais no mundo todo.

Serviços de pesquisa pagos

Em alguns casos, é recomendável utilizar uma empresa privada de pesquisas como fonte de dados. Empresas privadas coletam informações (às vezes confidenciais), fornecem estimativas de vendas mais detalhadas sobre concorrentes e realizam projetos de pesquisa de mercado. As pesquisas dessas empresas são relativamente caras, por isso você só deve utilizá-las quando seu tempo for muito limitado, ao responsabilizar-se por uma empresa excepcionalmente grande ou cara, ou quando as informações que você está procurando são difíceis de localizar, são reservadas ou nunca foram compiladas.

Verifique junto às associações do setor quais são as empresas de pesquisa bem informadas sobre seu setor. Cada empresa fornece diferentes serviços, e os custos variam significativamente. Às vezes, essas empresas têm relatórios ou levantamentos preparados para clientes corporativos privados que, depois de alguns meses, podem ser vendidos ao grande público. Esses relatórios podem ser uma boa fonte de informação, e seu custo pode ser baixo.

Desempenho histórico da sua empresa

Se seu negócio já existir há um bom tempo (ou seja, se não for uma empresa novata), você também terá de coletar dados históricos sobre sua própria empresa. Examine especialmente seus registros financeiros internos passados. Eis algumas informações financeiras que talvez você precise localizar:

- Registros de vendas passadas, divididos por linha de produtos, período de tempo, loja, região ou vendedor;
- Tendências passadas nos custos das vendas;
- Padrões de despesas gerais;
- Margens de lucro nas linhas de produtos; ou
- Variações em relação às projeções orçamentárias.

> *Testamos nosso produto em todos os lugares em que queríamos vendê-lo: hotéis e restaurantes. Queríamos ver o que nossos possíveis consumidores desejavam e investimos muito tempo em conversas com eles. Testamos em supermercados, festas, partidas de polo. Observamos como as pessoas reagiam fisicamente e também o que elas diziam. Modificamos o produto várias vezes nos primeiros poucos anos em resposta aos consumidores. Você precisa estar disposto a fazer modificações radicais.*
> **Larry Leigon**
> **Fundador, Ariel Vineyards**

Se não puder coletar essas informações facilmente, mude seu sistema de geração de relatórios para que no futuro você seja capaz de ter os dados necessários para um planejamento adequado.

Se já tiver criado planos de negócios ou especificado metas ou objetivos no passado, você também deve monitorar o desempenho do seu negócio em termos de concretização das metas. Seu desempenho esteve constantemente abaixo do ideal ou você excedeu suas metas? Você alcançou marcos-chave dentro do prazo definido originalmente? No Capítulo 15 você vai encontrar um roteiro para assinalar os marcos alcançados até a presente data.

Como conduzir sua própria pesquisa de mercado

Algumas das informações mais importantes de que você precisa não estarão disponíveis em nenhuma fonte publicada, em particular informações que são muito específicas ao seu mercado ou novo produto. Para obtê-las, você terá de realizar pesquisas próprias. Para a maioria das empresas, mesmo empresas muito grandes, essa pesquisa não tem de ser cara ou proibitivamente demorada.

Observação pessoal é um método fácil

Um modo fundamental de coletar informações – e também um dos mais fáceis – é a observação pessoal. Observar o que acontece em outros negócios ou a maneira como as pessoas compram proporciona uma noção dos fatores que afetam seu negócio. Você pode observar o padrão do tráfego de automóveis e de pedestres perto do local selecionado, a maneira como os clientes se comportam ao comprar em lojas semelhantes à sua ou produtos semelhantes, e como os concorrentes comercializam ou promovem seus produtos ou serviços. A observação pessoal é uma ferramenta vital no processo de planejamento, e aplicável a quase todos os negócios, grandes ou pequenos.

Entrevistas informativas podem ser estruturadas ou informais

O segundo principal método de pesquisa de mercado é a entrevista informativa. Como a quantidade de informações que você pode obter da observação pessoal é limitada e sujeita à sua própria percepção, você deve conversar com o maior número possível de pessoas que possam oferecer informações relacionadas com o seu negócio.

Algumas dessas entrevistas poderiam ser altamente estruturadas. Por exemplo, você pode marcar reuniões pessoais com aqueles que quer entrevistar e ter uma lista preparada das perguntas que serão feitas. Em outros casos, como ao visitar a loja de um concorrente e conversar com um vendedor, suas perguntas parecerão mais casuais.

Levantamentos ajudam a identificar tendências

Se concluir que precisa de informações referentes a um grande número de pessoas, é recomendável realizar uma pesquisa por telefone, por correio, pela internet ou pessoalmente. Os levantamentos são um bom modo de identificar tendências e especialmente úteis na avaliação das necessidades e dos desejos dos clientes. Você pode realizar os levantamentos pessoalmente, visitando um local apropriado e entrevistando voluntários. Crie um questionário dos assuntos mais importantes a avaliar junto às fontes de entrevista. Não torne seu levantamento longo demais, ou as pessoas não vão participar. Os levantamentos feitos pelo correio têm notoriamente baixa taxa de respostas; assim, se realizar um levantamento, uma boa ideia é incluir um incentivo, como descontos ou presentes para estimular as pessoas a responderem.

Grupos de discussão podem oferecer opiniões francas

Uma forma popular de pesquisa de mercado são os grupos de discussão, um pequeno grupo de pessoas que discutem um produto, assunto de negócios ou serviço detalhadamente. Por exemplo, algumas pessoas que praticam corrida podem ser convidadas a examinar e avaliar um novo par de tênis. Os participantes do grupo focal muitas vezes recebem uma pequena remuneração.

Empresas de pesquisa de mercado montam grupos de discussão para negócios, convidando os participantes e conduzindo a discussão em uma sala com um espelho de uma face, para que o profissional de negócios envolvido possa observar. Entretanto, mesmo que não tenha verba para contratar uma empresa de pesquisa de mercado, você poderá pensar em formar um grupo de discussão próprio, talvez um grupo de possíveis consumidores. Tente, porém, encontrar participantes que você não conheça pessoalmente para formar o grupo de discussão.

Fontes acessíveis para pesquisa de mercado

Eis algumas fontes a considerar para sua pesquisa de mercado:

- Possíveis clientes, tanto usuários finais como compradores ou distribuidores, se você estiver em um negócio por atacado;
- Possíveis fornecedores;
- Negócios relacionados geograficamente ou por linha de produtos;
- Negócios semelhantes que atendem diferentes cidades e outros no seu setor;
- Bancos, corretores de imóveis, universidades, câmaras locais ou regionais de comércio, grupos de comerciantes ou outros que observam a economia local;
- Seus concorrentes; ou
- Grupos de empreendedores.

Fornecedores, distribuidores e representantes de vendas independentes podem fornecer muitas informações sobre as tendências do setor e o que a concorrência está fazendo sem violar a confidencialidade. Como eles estão em contato com o mercado, conhecem quais produtos e serviços têm boa demanda.

Aprenda com outros negócios

As pessoas que atuam em negócios afins muitas vezes conhecem as condições que afetam sua empresa. Por exemplo, se você estiver pensando em abrir uma loja de varejo em um shopping center, gerentes de outros shopping centers podem lhe dar uma ideia realista do movimento de pedestres, períodos de baixo movimento e demografia dos consumidores.

Tente falar com as pessoas que atuam no mesmo setor ou negócio que o seu em uma cidade diferente; elas são uma excelente fonte de informação. Se estiver abrindo uma empresa de reparos de computador em San Antonio, Texas, por exemplo, você pode marcar uma reunião em uma empresa semelhante em Houston. Como você não estará competindo com as empresas em Houston, elas podem ser úteis para fornecer informações, fazendo considerações não apenas sobre o marketing mas também sobre as operações e aspectos financeiros.

Além disso, grandes bancos e universidades costumam manter informações sobre a saúde da economia local e de determinados setores. São uma fonte boa e razoavelmente confiável de previsões de crescimento futuro. Não negligencie os corretores de imóveis. Muitas vezes, eles têm informações mais atualizadas sobre as tendências do bairro do que qualquer outra fonte.

Converse com seus concorrentes

Às vezes, você pode até conversar com seus concorrentes. Em muitos setores e profissões, e em situações em que o volume de trabalho é maior do que o mercado suporta, seus concorrentes talvez estejam dispostos a conversar com você diretamente.

> *"Se você estiver criando algo realmente novo, ele não aparecerá nas tendências."*
> **Larry Leigon**
> **Fundador, Ariel Vineyards**

Em outros casos, você precisa utilizar meios menos diretos de se aproximar deles.

Mas procure não utilizar métodos ilegais ou antiéticos ao lidar com seus concorrentes; isso não só é errado como você também se surpreenderia ao saber como essas atividades podem voltar e assombrá-lo. O concorrente de hoje em dia pode ser uma futura fonte de indicações, um parceiro estratégico ou, possivelmente em uma fusão ou aquisição, o proprietário da empresa.

Como conseguir ajuda

Muitas pessoas acreditam realisticamente que precisam de ajuda ao pesquisar, desenvolver e preparar um plano de negócios. Talvez você também precise. Felizmente, há muitos lugares a que recorrer.

É recomendável começar com uma das muitas fontes de ajuda disponíveis gratuitamente ou de baixo custo. Em muitas comunidades, é recomendável começar com um órgão como o Sebrae, centros de desenvolvimento econômico voltados para o público feminino ou para minorias, ou agências locais de desenvolvimento econômico. Muitas universidades oferecem cursos de extensão ou cursos noturnos para auxiliar na formação de empresários.

Associações locais de empresários ou grupos de apoio do setor talvez sejam uma das melhores fontes de ajuda.

Talvez você possa também recorrer a um consultor capaz de lhe oferecer ajuda mais detalhada. Há consultores disponíveis nas áreas de planejamento de negócios, design gráfico e editoração eletrônica, serviços de pesquisa, gravação e edição, contabilidade e muitos outros campos.

Avaliação dos dados coletados

Depois de começar a compilar as informações, talvez você conclua que não consegue lidar com todos os fatos. Eis algumas dicas que você deve ter em mente sobre as informações que coleta:

- Utilize os dados mais recentes que você puder encontrar; informações impressas costumam ter pelo menos dois anos de idade, e muita coisa pode mudar nesses dois anos.
- Sempre que possível, converta os dados em unidades, em vez de dólares. Por causa da inflação, dólares talvez não forneçam informações consistentes de um ano para outro.

- Dê mais crédito à fonte mais respeitável. Geralmente, quanto maior o grupo do qual foram retiradas as amostras ou quanto mais respeitada a organização que realizou a pesquisa, mais confiáveis são os números coletados.
- Integre os dados entre uma fonte e outra antes de tirar conclusões. Mas lembre-se de que as informações devem se referir ao mesmo período de tempo e ser consistentes; pequenas variações podem levar a resultados significativamente imprecisos.
- Utilize os números mais conservadores. Naturalmente, você será tentado a pintar o quadro mais brilhante possível, mas essas informações muitas vezes levam a más decisões de negócios.

Uma rápida análise de viabilidade

Depois de concluir seus esforços iniciais de pesquisa, mas antes de expor os componentes específicos do plano, reexamine o conceito do negócio para verificar sua viabilidade. Obviamente, nessa etapa você não terá todas as informações de que necessita para saber se pode ou não colocar em prática o seu plano de negócios ou mesmo quanto pode esperar ganhar. Por exemplo, a essa altura você não terá realizado uma análise financeira, por isso não saberá quais serão seus prováveis custos e lucros. É por esse motivo que vai desenvolver um plano de negócios completo.

No entanto, uma análise de viabilidade é uma chance de começar a aperfeiçoar a sua ideia de negócio inicial, ver quais componentes já existem para torná-lo possível e quais não existem, e realizar uma rápida avaliação para saber se conseguirá levar seus planos adiante. Antes de desenvolver os componentes específicos do seu plano de negócios, analise sua viabilidade e identifique os obstáculos que pode encontrar pela frente.

A realização de uma análise de viabilidade é uma chance de abrir os olhos, de fazer-se perguntas difíceis e, em seguida, verificar se a ideia concebida originalmente precisa ser modificada, ter seu foco redefinido ou ser completamente alterada. (Ou, talvez, até mesmo eliminada por completo. É melhor descartar uma ideia inviável desde o início e buscar outras que possam ser mais bem-sucedidas.)

Quando a diferença entre uma análise de viabilidade é um plano de negócios? O desenvolvimento e o planejamento do seu negócio envolve alguns componentes:

1. **Visão.** Identificar e articular a ideia e o conceito do negócio.
2. **Análise de viabilidade.** Questionar o conceito, identificar os componentes que tornam realista sua execução, reconhecer os principais obstáculos que podem surgir ao longo do caminho.
3. **Plano de negócios.** Esclarecer os detalhes da sua estratégia de negócios, descrever como executará a visão, desenvolver os principais componentes do seu negócio, projetar previsões financeiras detalhadas.
4. **Planos de marketing/operações/tecnologia.** Descrever e desenvolver detalhadamente orçamentos para os aspectos específicos da administração do seu negócio no dia a dia.

O grau de detalhamento da sua análise de viabilidade depende da ideia e do mercado que pretende atingir. Quanto mais inovador o conceito ou menos comprovado seu canal de marketing e vendas, maior será a investigação necessária para ver se existem os elementos básicos dos quais você poderá partir para a construção do seu negócio ou se terá de criá-los também.

Digamos que você tenha ideia de um novo produto – refeições saborosas em embalagens dotadas de um mecanismo de autoaquecimento – e pretenda vender essas refeições aos passageiros das companhias aéreas, para que eles possam levar refeições quentes a bordo para comer durante o voo. É possível avaliar rapidamente vários fatores para testar a viabilidade da ideia. Tal tipo de embalagem já existe? Funciona? As companhias aéreas permitiriam tais embalagens nos aviões? Qual o custo de um espaço nos aeroportos para vender as refeições? E a pergunta mais importante: será que os passageiros vão se interessar por esse produto?

Mas, se você está fazendo algo que já existe – digamos que esteja abrindo um restaurante italiano em uma rua onde já existem vários outros restaurantes –, sua análise de viabilidade será muito mais superficial. Há espaço no bairro? O valor dos aluguéis é alto demais para permitir a geração de lucros? Você tem experiência no ramo para que seu restaurante seja um sucesso? É fácil encontrar um excelente cozinheiro especializado em culinária italiana?

Inicie cada análise de viabilidade avaliando-se. Você saberia administrar um negócio? Tem as habilidades e os conhecimentos necessários para colocar a ideia em prática? Saberia montar uma equipe vencedora?

A análise de viabilidade é o passo inicial do seu plano de negócios – e do questionamento e exploração necessários. É preciso questionar continuamente seus pressupostos. Os empreendedores mais dispostos a fazer a si mesmos as perguntas difíceis são os que têm maior probabilidade de sair vencedores.

O roteiro para a análise de viabilidade apresentado na página 34 ajuda a avaliar o conceito básico do negócio. No entanto, é importante preenchê-lo somente depois de concluir a investigação inicial.

Resumo

O processo de planejamento do negócio oferece excelente munição para quem deseja levantar recursos para um negócio e uma oportunidade excepcional de entender melhor seu negócio, mercado e setor, aumentando suas chances de sucesso. Lembre-se: esse processo é uma atividade de negócio, não exercício de redação. O processo em si – não apenas o documento que você produzir – pode afetar positivamente o sucesso do seu negócio.

Depois de ter concluído a sua pesquisa, mas antes de elaborar os detalhes do plano, dedique-se a realizar uma análise de viabilidade sobre o conceito. Isso economizará tempo e lhe dará uma ideia melhor dos tipos de obstáculos que você pode encontrar.

Roteiro para análise de viabilidade

Volte a esse roteiro depois de realizar sua pesquisa para identificar quais áreas do seu negócio são mais fortes e quais podem apresentar os maiores desafios. Atribua a cada uma delas uma nota de 1 a 10, sendo 1 "definitivamente não" e 10 "totalmente". Quanto mais altas as notas em cada área, menores os riscos que você provavelmente vai enfrentar. As áreas com notas muito baixas provavelmente dificultarão o desenvolvimento do negócio e, em última análise, seu sucesso. Você terá de dedicar mais tempo a essas áreas ao desenvolver totalmente seu plano de negócios.

Seu setor
_____ É economicamente saudável.
_____ É novo, está em expansão ou vem crescendo significativamente.
_____ Caracteriza-se por grande número de concorrentes e não por algumas grandes empresas com posições solidificadas.
_____ Consegue suportar os períodos de recessão econômica.
_____ Tem previsões de crescer significativamente no futuro imediato.

Seu produto/serviço
_____ É comprovado e não é único.
_____ Já existe demanda para seu produto/serviço.
_____ Se for único, há barreiras significativas que impedem a entrada de outros concorrentes.
_____ É desenvolvido atualmente ou pode ser desenvolvido no futuro próximo.
_____ Tem clara fonte de fornecedores dos materiais ou estoques necessários.
_____ Pode ser produzido por um custo significativamente inferior ao preço de vendas futuro.
_____ A conversão de novos clientes não exige muito tempo ou dinheiro.
_____ É consumível, ou seja, os clientes usarão repetidamente seu produto ou serviço.

Seu mercado
_____ É claramente identificável.
_____ É grande o suficiente para acomodar seu negócio.
_____ É pequeno o suficiente para ser alcançado por iniciativas de marketing a um custo razoável.
_____ Há demonstrações de interesse pelo seu produto ou serviço no mercado.
_____ Está crescendo.
_____ Tem previsões de crescer significativamente no futuro imediato.
_____ Tem canais de vendas existentes para vender aos seus clientes.

Sua concorrência
_____ Existe.
_____ É nitidamente identificável.
_____ Tem uma fatia do mercado amplamente distribuída e não é dominada por algumas grandes empresas.
_____ Não dispõe de muitos recursos para tentar tomar o seu lugar.

Roteiro para análise de viabilidade *(continuação)*

Suas operações
_____ Não envolvem investimento significativo de capital inicial.
_____ Não exigem a aquisição de estoques substanciais e caros.
_____ Não exigem tecnologias novas ou ainda não comprovadas.
_____ Não se baseiam em somente um ou dois fornecedores ou distribuidores.
_____ Não envolvem desafios operacionais ou de produção significativos.
_____ Contam com uma fonte de mão de obra especializada.
_____ Não exigem seguros caríssimos nem envolvem responsabilidade significativa.

Suas habilidades de liderança
_____ Você já montou ou administrou uma empresa antes.
_____ Tem treinamento em empreendedorismo ou administração de negócios.
_____ Tem experiência anterior no setor.
_____ Está aberto a sugestões e orientações de terceiros.
_____ Consegue ser flexível e mudar de curso se a situação exigir.
_____ Tem experiência anterior na liderança de equipes.
_____ Os outros o consideram um líder natural.
_____ Tem capacidade pessoal de desenvolver seu produto ou serviço.
_____ Tem a capacidade e a disposição pessoal de sair e vender seu produto/serviço.
_____ Tem um bom histórico de crédito.

Sua equipe gerencial
_____ Você identificou/contratou pessoas com habilidades para desenvolver seu produto ou serviço.
_____ Você identificou/contratou pessoas com habilidades em vendas.
_____ Você certamente identificou/contratou pessoas para fazer parte da sua equipe.
_____ Membros da sua equipe têm experiência anterior no setor.

Seu modelo financeiro/de negócios
_____ Você conseguirá arcar com todos os custos iniciais e tornar a operação lucrativa sem financiamento externo.
_____ Há fontes de financiamento ("anjos" – investidores de capital de risco) que investem ativamente no seu setor.
_____ O negócio não exige custos iniciais altos.
_____ O negócio não exige custos operacionais anuais altos.
_____ O negócio será lucrativo dentro dos 12 meses iniciais de operação.
_____ Você prevê crescimento significativo contínuo durante pelo menos 36 meses.
_____ Já existe um modelo claro e comprovado indicando como cobrar dos clientes pelo seu produto ou serviço.

3
Tornando o seu plano convincente

As pessoas não leem.

Os cinco minutos cruciais

O tempo é valioso para profissionais de negócios. Raramente eles podem dar a qualquer outro tema a atenção merecida. Isso se aplica especialmente a banqueiros, investidores de capital de risco e outros investidores que recebem muitos planos e propostas de negócios; um investidor típico provavelmente examinará mais de mil planos de negócios em um ano.

Embora você possa passar cinco meses preparando seu plano, a verdade nua e crua é que um investidor ou financiador pode rejeitá-lo em menos de cinco minutos. Se você não causar uma impressão positiva nesses cinco primeiros minutos cruciais, seu plano será rejeitado. Somente se passar por esse primeiro exame superficial é que seu plano será examinado detalhadamente.

Os aspectos mais importantes do seu plano devem se destacar até mesmo aos olhos do leitor mais casual. Mesmo se seu plano for utilizado apenas dentro da empresa, ele será mais eficaz se for apresentado de uma forma convincente e atraente. Destacar fatos, objetivos e conclusões específicos torna a análise do plano mais fácil, mais eficaz como documento de trabalho, e aumenta sua probabilidade de causar impacto positivo.

Ao iniciar seu processo do plano de negócios, lembre-se dos tipos de informações, estatísticas e elementos gráficos que os leitores esperam ver e que permitirão que seu

> **"** A primeira coisa que eu leio são os dois primeiros parágrafos do sumário executivo. Tudo precisa estar resumido nesses dois parágrafos. Se o plano não estiver descrito em dois parágrafos – se eu não me sentir atraído –, não há como cinco milhões de pessoas se envolverem. Decidir se um negócio é interessante não leva mais de um minuto. **"**
> **Andrew Anker**
> **Investidor de capital de risco**

plano tenha um impacto maior. Quando chegar o momento de colocar seu plano na forma final, essas informações serão úteis.

Como um plano de negócios é avaliado

Ao avaliar um plano de negócios, leitores experientes de planos de negócios geralmente passam os cinco primeiros minutos analisando-o na seguinte ordem: primeiro, o sumário executivo; segundo, os aspectos financeiros; terceiro, a seção sobre gerência; e depois, o plano de saída e/ou termos do negócio, quando aplicável.

> **"** Certamente, ao ler o plano pela primeira vez, não leio da primeira à última página. Passo os olhos pelas várias seções, muitas vezes lendo completamente apenas o sumário executivo. Não preciso de 10 razões para rejeitar um plano – só preciso de uma. Assim, a primeira coisa que analiso, depois do sumário, são os aspectos que parecem mais fracos. Se não conseguir encontrar uma solução para o problema, nem me dou ao trabalho de ler o resto. **"**
> **Eugene Kleiner**
> **Investidor de capital de risco**

Perguntas mais frequentes

As fontes de financiamento buscam essencialmente respostas às seguintes perguntas relacionadas com o âmago do plano:

- A ideia do negócio é sólida?
- Existe mercado para o produto ou serviço?
- As projeções financeiras são saudáveis, realistas e estão de acordo com os padrões de financiamento do investidor ou instituição credora?
- Os gerentes-chave descritos no plano são experientes e capazes?
- O plano descreve com clareza como os investidores ou instituições credoras vão recuperar seu investimento?

No espaço dos cinco primeiros minutos da leitura do seu plano de negócios, os leitores devem perceber que as respostas a todas essas perguntas são afirmativas.

Como aumentar o interesse dos leitores

Três seções – o sumário executivo, os aspectos financeiros e a descrição da gerência – devem atrair bastante interesse e inspirar confiança suficiente

> **"** Se tem uma coisa que aprendi é que é preciso examinar onde sua ideia tem tração orgânica – onde realmente entusiasma as pessoas. **"**
> **Premal Shah**
> **Presidente, Kiva**

para que o leitor decida se vale a pena dedicar seu tempo à leitura das outras seções do plano. Você pode ter feito um excelente trabalho ao descrever como sua empresa vai operar, mas é pouco provável que a seção sobre operações seja lida se o sumário executivo e os aspectos financeiros não motivarem o leitor.

Alguns investidores de capital de risco e outros investidores têm áreas de interesse específicas ou são conhecidos por atribuir mais peso a certos aspectos de um plano do que a outros. Se você estiver ciente disso, destaque as áreas compatíveis com os padrões de financiamento do investidor específico ao lhes enviar seu plano; faça isso no sumário executivo e na carta de apresentação.

Por exemplo, se souber que uma empresa de capital de risco está especialmente interessada em uma nova tecnologia, enfatize as patentes que você registrou e os aspectos da sua empresa que representam avanços tecnológicos revolucionários. Ou, se um membro da equipe gerencial (ou do conselho de administração) for conhecido e respeitado por determinado investidor, é recomendável apresentar a gerência no início do sumário executivo.

Você pode adaptar a ordem do sumário executivo, mesmo o plano todo, para a pessoa a quem vai apresentar o plano. Nos Capítulos 18 e 19, você vai encontrar informações adicionais sobre como pesquisar sobre as fontes de financiamento e como preparar seu plano.

Correção dos fatos

O pior erro que se pode cometer em um plano de negócios é cometer um erro. Se o leitor do seu plano souber que uma afirmação que você fez não é verdadeira, você perde a credibilidade, mesmo que esteja apenas equivocado e a inverdade tenha sido acidental. Verifique se os fatos apresentados estão realmente corretos.

Os fatos não devem estar apenas corretos, devem também ser provenientes de uma fonte respeitável. Ao fazer sua pesquisa e preparar seu plano, inclua suas fontes de informação. É recomendável indicar a fonte dos dados no seu plano; entretanto, mesmo não incluindo por escrito a fonte no plano, você terá de ser capaz de informar rapidamente a um leitor ou possível financiador de onde vieram as informações ali incluídas.

> **"** Como empreendedor, você precisa ser mais cético do que eu sou. É preciso questionar os números. Alguém vai questionar esses números; se ainda não os tiver questionado, você vai fazer papel de tolo. **"**
> **Andrew Anker**
> **Investidor de capital de risco**

O tamanho do plano

Qual é o tamanho ideal de um plano de negócios perfeito? Não existe uma resposta mágica, mas aqui estão algumas diretrizes:

- Limite o plano em si (sem incluir os aspectos financeiros e os anexos) a 15-35 páginas; 20 páginas são suficientes para praticamente qualquer negócio.
- Somente planos de negócios ou produtos mais complexos devem ultrapassar 30 páginas (sem incluir os anexos). Se precisar de 40 ou mais páginas, seu plano deve ser destinado a leitores bastante motivados e sofisticados ou usado apenas como documento interno.
- Se você tiver um negócio pequeno, com baixo grau de complexidade, talvez bastem 15 páginas, mas qualquer coisa com menos de 10 páginas parecerá pouco substancial aos olhos do leitor.
- Limite os anexos, no máximo, ao tamanho do próprio plano. Embora sejam um bom modo de apresentar informações adicionais, os anexos não devem ser tão extensos a ponto de o documento como um todo ficar pesado demais e difícil de ler e manusear.
- Procure elaborar um plano de negócios que caiba com facilidade em uma pasta; você não vai querer que ele seja esquecido quando um investidor viajar a negócios. Afinal, talvez ele queira avaliá-lo tranquilamente durante o voo.

> *Não gosto de planos muito longos. Para evitar que isso aconteça, insira os planos detalhados nos anexos, pois assim as pessoas poderão consultá-los apenas quando quiserem. Um plano bem escrito não deve ter mais de 25 páginas, em um total de 100, incluindo os anexos. Se um investidor estiver interessado, ele solicitará mais detalhes.*
> **Eugene Kleiner**
> **Investidor de capital de risco**

Essas diretrizes se aplicam à maioria dos planos de negócios. Mas, se você estiver seguro de que seu negócio exige uma configuração diferente, vá em frente!

Qual deve ser o horizonte de tempo de um plano de negócios?

Em geral, os planos de negócios devem ser projetados para um horizonte de tempo de três a cinco anos no futuro ou até você alcançar a estratégia de saída prevista, o que vier antes. Mas você só precisa incluir os aspectos financeiros referentes ao primeiro ou segundo anos, dependendo do tempo de desenvolvimento. Para o segundo e terceiro anos, aspectos financeiros trimestrais normalmente são adequados; projeções anuais são suficientes para o quarto e quinto anos.

Diretrizes semelhantes aplicam-se à quantidade de detalhes que você deve incluir ao descrever as operações do negócio. Apresente informações bem detalhadas para o primeiro ou segundo anos; para anos subsequentes, uma descrição de operações mais geral é aceitável.

Planos para os negócios existentes e uso interno da empresa devem incluir informações históricas sobre o desempenho nos últimos cinco anos ou até a duração do seu negócio, quando for inferior a cinco anos. Se seu negócio é de longa

> *Interesso-me em ver relatórios mensais detalhados para o primeiro ano e projeções trimestrais para os próximos dois a três anos. Depois de três anos, os números tornam-se menos significativos.*
> **Eugene Kleiner**
> **Investidor de capital de risco**

duração, é recomendável examinar as tendências ao longo da vida do negócio ou nos últimos 10 anos; isso lhe dá uma ideia dos padrões cíclicos e ajuda a prever os eventos que provavelmente ocorrerão.

Use uma linguagem apropriada para transmitir a ideia de sucesso

A linguagem que você utiliza no seu plano pode dar a impressão de que você é atencioso, bem-informado e prudente ou, inversamente, pode fazer você parecer ingênuo e inexperiente. O objetivo fundamental é transmitir a sensação de otimismo e entusiasmo com suas perspectivas empresariais.

Utilize um tom direto, até mesmo contido. Deixe que as informações que você transmite, em vez do idioma, levem à conclusão de que seu negócio será bem-sucedido. Evite o uso de linguagem formal e pomposa. Ao contrário, seja natural, como se estivesse falando pessoalmente com o leitor; no entanto, evite gírias e não seja prolixo. Seja sempre profissional.

A seguir, relacionamos outras sugestões para quem deseja redigir um plano de negócios.

Cuidado com os excessos

Os leitores são naturalmente céticos com relação à autopromoção excessiva. Evite o uso de palavras como "o melhor", "magnífico", "maravilhoso" ou mesmo "inigualável". Elas afetam sua credibilidade. Em seu lugar, utilize descrições factuais e informações específicas com o objetivo de causar impressões positivas.

Em vez de dizer "Nosso produto será o melhor no mercado, claramente superior a todos os outros", diga: "Nosso produto não apenas terá todas as funções dos equipamentos existentes como também adicionará os recursos x, y e z, e será vendido por US$3 a menos que o do nosso concorrente mais próximo. Nenhum dos nossos concorrentes oferece esses recursos a um preço tão baixo."

Ao tentar obter financiamento adicional para seu restaurante, não diga ao leitor que a comida e a atmosfera são "encantadoras". Em vez disso, forneça informações específicas que provam que você está fazendo a coisa certa: "Devido à popularidade do restaurante há, em média, 45 minutos de espera por uma mesa nas noites de sexta-feira e sábado, e uma espera entre 15-30 minutos em outras noites."

A única exceção a essa regra é quando os ditos "excessos" são utilizados como parte do seu objetivo em uma declaração de missão. Nesses casos, é apropriado afirmar:

> "O importante em um plano de negócios é a credibilidade. O plano como um todo precisa ter uma lógica simples. Quanto mais um plano se basear em extrapolações ou votos de confiança, menos verossímil parecerá."
>
> **Robert Mahoney**
> **Corporate banker**

"Pretendemos produzir ração canina de qualidade insuperável por qualquer outra marca nacional." Mesmo assim, é importante incluir os pormenores do que você tem em mente ao apresentar tal objetivo.

Use comentários positivos de terceiros

É de se esperar que você pense que seu produto ou serviço seja excelente; assim, seus comentários entusiasmados sobre sua empresa não farão sentido algum no seu plano de negócios. Por isso, ao fazer sua pesquisa, procure declarações de fontes externas que transmitam aos leitores confiança no seu negócio.

> *A parte mais difícil de montar um negócio é saber que você não sabe.*
> **Pauline Lewis**
> **Proprietária, oovoo design**

Por exemplo, um leitor do seu plano provavelmente será indiferente a um comentário como: "As roupas da Adeena são iguais às dos principais designers" ou "Nosso restaurante serve a melhor comida na cidade". Mas o mesmo comentário, quando feito por uma autoridade, tem grande impacto: "*Women's Wear Daily* afirma que as roupas da Adeena são iguais às dos principais designers" ou "A pesquisa anual do jornal avaliou nosso restaurante entre os 10 melhores na sua categoria de preços".

Não é preciso citar uma autoridade conhecida; basta alguém com experiência comprovada, em uma área afim, como este exemplo mostra: "O criador do vencedor da Feira Nacional de Cães do ano passado testou nossa ração para cães e concluiu que 'será a melhor comida para cães no mercado, superior a qualquer outra marca nacional'."

Use termos de negócios

Embora, com certeza, não seja necessário ter pós-graduação em administração para desenvolver um plano de negócios, você precisa conhecer e usar termos básicos de negócios. Não é bom ser desacreditado ou mal entendido ao utilizar palavras incorretamente. Se essa for sua estreia no ramo de negócios, consulte o Glossário de Termos de Negócios apresentado no final deste livro.

Informe-se também a respeito dos termos utilizados no seu setor e use essas palavras no seu plano quando lhe parecer adequado. Se ainda não conhece esses termos, terá contato com eles durante o levantamento de dados para a parte sobre análise do setor do seu plano. Mas não utilize uma quantidade exagerada de jargões técnicos na expectativa de causar impressão; há uma boa possibilidade de alguém pouco familiarizado com seu setor lê-lo, especialmente se você estiver buscando financiamento externo.

Certos termos e tendências são mais populares em dado momento do que em outro. Talvez seja útil incluir essas palavras da moda no seu plano. Ao fazer sua pesquisa, preste atenção aos termos e práticas que atualmente estão em alta entre investidores e líderes do setor. Procure informar-se sobre o que eles estão falando e o que estão lendo. Mesmo se não incluir esses termos da moda no plano, talvez alguém faça alguma pergunta sobre eles em uma reunião com potenciais financiadores.

Questões de estilo

Além de utilizar a linguagem mais útil e apropriada no seu plano, preste atenção aos elementos do estilo discutidos a seguir.

Use números para provocar impacto

As pessoas tendem a confiar muito nos números, e usá-los para dar suporte ao plano pode lhe conferir credibilidade. Se vierem de uma fonte respeitável, os números serão ainda mais poderosos.

Uma técnica particularmente boa para tornar seu plano mais robusto é afirmar "Nosso _____ é sustentado por/baseia-se em ... ", seguido por números específicos relacionados com demografia, crescimento de mercado, informações de outros negócios ou pesquisas de mercado. Por exemplo: "Nossas projeções quanto ao movimento de pessoas são sustentadas por números que mostram que as lojas do bairro têm, em média, 22 clientes por hora nos dias úteis e 43 clientes por hora nos sábados" ou "Nossa escolha do mercado de adultos jovens baseia-se nas estatísticas do IBGE, que projeta um crescimento de 32% nessa faixa etária ao longo dos cinco próximos anos".

> "O estilo mostra esmero. Utilize vários espaços em branco para que eu possa fazer notas nas margens. Apresente o documento em uma pasta, preferivelmente uma pasta na qual seja possível manter o documento aberto na página que está sendo lida no momento. Utilize marcadores. Use o alinhamento justificado dos parágrafos, em vez de deslocar a primeira linha. Não escreva meu nome errado e não se refira a mim como 'Sr.'. Imagine que você tem de entregar seu plano a um cliente. Portanto, se não souber como criar um documento com boa aparência, peça ajuda."
>
> **Ann Winblad**
> **Investidora de capital de risco**

É essencial incorporar dados financeiros ao texto do plano para indicar especificamente os motivos pelos quais você será capaz de alcançar certos objetivos. Por exemplo, especifique: "Nosso novo método de produção propiciará uma redução de 43% no custo de cada unidade (economia projetada atualmente: US$1,57 por unidade), permitindo assim oferecer recursos adicionais a um preço competitivo e ainda manter nossa margem de lucro." Não espere que o leitor capte esses tipos de pormenores somente examinando os aspectos financeiros do seu plano; as informações precisam ser incorporadas ao texto.

Use marcadores

Marcadores são símbolos que precedem o recuo das informações em relação ao texto (como os que aparecem antes das três frases a seguir). Os marcadores:

- Chamam a atenção para informações específicas.
- Tornam um material longo mais atraente à leitura.
- Eliminam a necessidade de escrever frases inteiras.

Marcadores utilizados em listas itemizadas são uma excelente maneira de transmitir informações e tornam a redação do seu plano um pouco mais fácil. Como são lidos mais rápido do que o texto e chamam logo a atenção do leitor, utilize os marcadores apenas com as informações que você deseja que o leitor perceba.

Procure não atravancar um plano com o uso excessivo de marcadores; utilize-os com parcimônia. Os marcadores funcionam melhor com itens curtos do que longos. Além disso, cada lista itemizada deve ser apresentada de maneira consistente, por exemplo, sendo iniciada com um verbo no infinitivo ou uma frase completa. Lembre-se de que as listas podem conter, no mínimo, um item ou no máximo 10, mas uma lista longa demais enfraquece a eficácia.

Os itens com marcadores também se tornam excelentes candidatos para slides em uma apresentação, como uma apresentação em PowerPoint, que você pode montar mais adiante para reuniões com possíveis investidores, chefes de departamento ou outras pessoas que leiam seu plano.

Saiba como e quando ser redundante

Redigir um plano de negócios lhe dá o direito, raramente concedido, de repetir-se. As pessoas não leem um plano do começo ao fim; elas passam primeiro para as partes que mais lhes interessam e depois dão uma folheada no documento inteiro. Por essa razão, talvez seja útil criar uma referência em uma seção para as conclusões que você alcançou em outra.

> "*A aparência física de um plano (diagramação, pasta etc.) não é um fator de peso para a decisão de investimento. Mas, quando nem é feita, favorece decisões positivas. E certamente é um ponto negativo quando malfeita.*"
> **Eugene Kleiner**
> **Investidor de capital de risco**

Por exemplo, ao abordar a questão do treinamento de pessoal na seção sobre operações, você pode criar uma referência para a importância do serviço de alta qualidade no seu mercado-alvo ou enfatizar a sabedoria de escolher esse mercado reafirmando as informações fornecidas anteriormente no plano: "Pesquisas indicam que um serviço de alta qualidade é uma exigência do nosso mercado-alvo – mulheres na faixa etária entre 35-49 que, como mostrou a análise de mercado, investem mais *per capita* no nosso produto."

Cabem aqui duas advertências em relação à repetição: 1) só repita informações que sejam importantes e impactantes; e 2) não repita informações dentro da mesma seção.

Como usar imagens em um plano

No caso do seu plano de negócios, uma imagem pode valer mais que mil palavras. Afinal, é mais provável que mil palavras não sejam lidas, mas uma imagem certamente será vista. Gráficos, diagramas e ilustrações também têm um efeito visual atraente; captam a atenção do leitor, explicam conceitos de maneira convincente e quebram a monotonia do texto.

Ao fazer sua pesquisa e preparar seu plano, procure itens que possam ter impacto intenso se apresentados de forma mais visual, como estatísticas positivas sobre o crescimento ou tamanho do mercado. Talvez você também queira mais adiante incluir alguns deles em uma apresentação de slides.

Uma apresentação eletrônica tornará seu plano mais convincente. Para ver instruções detalhadas sobre o que você pode incluir em uma apresentação eletrônica, consulte o Capítulo 18.

> "Quantidade não é uma virtude em um plano. O tempo dedicado à consideração do projeto é muito importante para um empresário. Mas, em alguns casos, há uma correlação inversa entre o tamanho e a qualidade de um plano."
>
> **Andrew Anker**
> **Investidor de capital de risco**

Fotografias e ilustrações

As fotografias podem ser extremamente eficazes, especialmente se a sua empresa fabricar um produto que seja incomum ou difícil de entender. Você pode incluir fotos das instalações, equipamentos especializados ou embalagens, mas não inclua fotos suas ou de membros específicos da equipe gerencial. As fotos devem ser inseridas apenas nos anexos.

Ilustrações ajudam a apresentar informações sobre produtos ou materiais de marketing ainda em desenvolvimento. Embora geralmente sejam inseridas nos anexos, pode-se inserir uma pequena ilustração no corpo do texto. Se uma ilustração não tiver boa qualidade, não a utilize; um plano de negócios não é o lugar para exibir arte amadora.

Gráficos e diagramas

Gráficos e diagramas são excelentes ferramentas para transmitir informações importantes ou impressionantes; por isso, encontre modos de incluir gráficos ou diagramas no seu plano. Insira os gráficos, especialmente aqueles com tamanho de meia página ou menos, no corpo do texto, e não no anexo; isso fará o leitor envolver-se mais com seu plano, e muitos leitores dão atenção mínima aos anexos.

Há vários softwares baratos para gerar gráficos e diagramas (o pacote de planilhas financeiras baseadas no Excel disponível em www.planningshop.com gera automaticamente gráficos profissionais com base nas suas projeções financeiras. Não desenhe gráficos e diagramas a mão. Os quatro exemplos apresentados a seguir ajudam a identificar os vários tipos de gráficos e a avaliar qual deles é mais apropriado para o plano de negócios.

Para causar ainda mais impacto, produza e reproduza alguns ou todos os gráficos e diagramas em cores.

Exemplos de gráficos a utilizar em um plano de negócios

Eis alguns tipos diferentes de gráficos que você pode utilizar para ajudar a transmitir informações específicas.

Gráficos de barras funcionam especialmente bem para comparações:

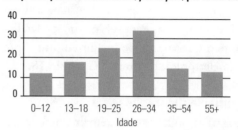

Gráficos de linha são úteis para demonstrar tendências ou fazer comparações:

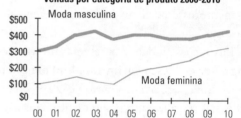

Gráficos de setores são ideais para mostrar a distribuição de produtos, mercados etc.:

Fluxogramas ilustram os padrões de desenvolvimento e a organização da autoridade.

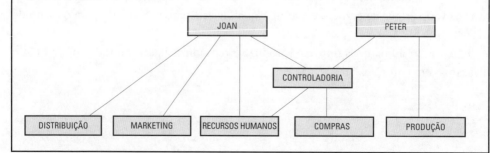

Resumo

Ao preparar seu plano, procure informações e estatísticas que permitam causar uma impressão mais positiva sobre o leitor em menos de cinco minutos. Descubra itens que serão visualmente interessantes e atraentes; use fotografias e imagens, gráficos e diagramas para chamar a atenção para as informações mais impactantes. O uso de marcadores em listas itemizadas torna mais legíveis passagens mais longas. Utilize números para embasar suas conclusões. Use uma linguagem apropriada e fundamente seus argumentos com informações provenientes de fontes confiáveis e consagradas. Seja sempre preciso e não cometa erros de informações factuais.

PARTE II

Componentes do plano de negócios

4. O sumário executivo
5. Descrição da empresa
6. Análise e tendências setoriais
7. Mercado-alvo
8. A concorrência
9. Posição estratégica e avaliação de riscos
10. Plano de marketing e estratégia de vendas
11. Operações

12. **Plano de tecnologia**

13. **Gerência e organização**

14. **Envolvimento comunitário e responsabilidade social**

15. **Desenvolvimento, marcos e plano de saída**

16. **Finanças**

17. **O anexo do plano**

4
O sumário executivo

Se não acertarem desde o início, nunca vão acertar.

O sumário executivo é essencial

Sem sombra de dúvida, o sumário executivo é a parte mais importante de um plano de negócios. Só um resumo claro e convincente do seu negócio, logo no início, poderá persuadir os leitores a prosseguirem a leitura do plano. Por mais benéfico que seja o produto, por mais rentável que seja o mercado e por mais inovadoras que sejam suas técnicas de produção, é o sumário executivo em si que persuade o leitor a investir seu tempo para conhecer seu produto, seu mercado e suas técnicas.

Faça o sumário executivo por último
Por isso, é fundamental que o sumário executivo seja a última parte do plano a ser preparada. Embora seja o primeiro a aparecer no seu documento final, o sumário executivo reflete os resultados de todo o seu planejamento e só deve ser elaborado depois da cuidadosa consideração de todos os outros aspectos do seu negócio.

Na verdade, o sumário executivo é tão importante que alguns investidores de capital de risco preferem receber apenas o sumário executivo e um relatório financeiro antes de revisar um plano inteiro. Se você quiser distribuir apenas um documento conceitual

> **"** Um bom sumário executivo me dá uma noção dos motivos pelos quais a iniciativa seria interessante. Busco uma declaração bem clara da missão de longo prazo, uma visão geral das pessoas, da tecnologia e da adequação ao mercado. Responda às seguintes perguntas: 'Qual é o seu produto/serviço? Quem vai desenvolvê-lo? Por que alguém iria comprá-lo?' Parafraseando o filme *Campo dos sonhos, queremos saber: 'Se os financiarmos, eles (os compradores) virão?'* **"**
>
> **Ann Winblad**
> **Investidora de capital de risco**

para avaliar o interesse de um investidor antes de apresentar seu plano de negócios completo, o sumário executivo deve servir como esse documento. Por mais importantes que sejam as considerações financeiras para investidores, é o sumário executivo que os convence de que seu plano é uma estratégia de negócios bem concebida e potencialmente bem-sucedida.

Mesmo que seu plano de negócios destine-se apenas a uso interno, o sumário executivo continua sendo essencial. É no sumário que você reúne as suas ideias, cria um todo a partir de partes discrepantes do seu negócio e resume tudo o que propõe. Portanto, se você ainda não concluiu as outras partes do plano, passe para o próximo capítulo e volte ao sumário executivo depois de terminar o restante do plano.

O que transmitir no sumário executivo

O sumário executivo dá ao leitor a possibilidade de entender rapidamente o conceito básico e as partes mais importantes do seu negócio, e também de decidir se vai ou não continuar lendo o plano inteiro. Portanto, o objetivo do sumário executivo é motivar e instigar o leitor.

Para tanto, você precisa transmitir uma noção de otimismo em relação ao seu negócio. Isso não significa fazer "alarde"; significa utilizar um tom positivo, confiante, e demonstrar que você está bem posicionado para explorar uma oportunidade de mercado atraente.

Em um curto espaço de tempo, você precisa fazer o leitor entender que:

- O conceito básico do negócio faz sentido.
- O negócio foi planejado detalhadamente.
- A gerência é capaz.
- Existe um mercado bem definido.
- O negócio incorpora vantagens competitivas significativas.
- Suas projeções financeiras são realistas.
- Os investidores têm uma excelente possibilidade de ganhar dinheiro.

> **"** Em um plano de negócios, quero saber as respostas para as seguintes perguntas: 'O que vender, para quem e como?' Em outras palavras, como será o marketing do negócio? Que equipe de vendas, propaganda e outras técnicas de marketing serão utilizadas? E, em segundo lugar, quais são os custos? Quero conhecer os custos de produção ou contratação de serviços. Esses custos são confiáveis e estáveis? Qual será o custo da comercialização dos produtos ou serviços? Quero ver custos verossímeis e preços verossímeis. **"**
> **Robert Mahoney**
> **Corporate banker**

Se a pessoa que lê seu sumário executivo concluir que todos esses elementos estão presentes no negócio, é quase certo que prosseguirá a leitura do restante do plano de negócios.

Definindo o público-alvo do sumário executivo

Pergunte-se: "Quem vai ler meu plano de negócios?" Você pode melhorar as possibilidades de o plano ter uma recepção positiva se souber a resposta a essa pergunta antes de preparar o sumário executivo. Como a primeira coisa que o leitor lerá será o sumário executivo (e talvez seja a única parte lida), tente descobrir quais "botões" pressionar. Será que o banco está interessado em gerentes que foram bem-sucedidos em outros negócios? A empresa de capital de risco está especialmente interessada em uma nova tecnologia patenteável? O diretor da divisão gosta de investigar novos mercados para produtos existentes?

Faça uma rápida lição de casa sobre seus possíveis destinatários (consulte os Capítulos 18 e 19) e depois organize o sumário executivo de modo a atribuir maior prioridade às questões mais importantes para cada destinatário.

Cuidado, porém, para não adequar o sumário executivo a uma única pessoa em um banco ou a uma empresa de capital de risco; provavelmente o plano acabará nas mãos de outras pessoas. Ao elaborar o sumário executivo, aborde questões institucionais e não preferências individuais.

Os dois tipos de sumário executivo

Dependendo da natureza do negócio e da capacidade do redator, o sumário executivo pode assumir duas formas: sumário executivo conciso ou sumário executivo narrativo.

Sumário executivo conciso

O sumário conciso é o mais simples: apenas relaciona, de maneira resumida, as conclusões de cada seção do plano de negócios final. Sua vantagem é que ele é relativamente fácil de ser preparado e menos dependente de um redator talentoso. A única desvantagem é que o sumário conciso tende a adotar um tom um pouco seco.

O sumário executivo conciso abrange todos os aspectos de um plano de negócios e trata cada um deles de maneira relativamente igual, mas breve. Além disso, informa ao leitor o que você está solicitando em termos de levantamento de recursos – o que também está expresso na carta de apresentação.

Sumário executivo narrativo

O sumário narrativo tem mais a ver com a narração de uma história ao leitor; pode conferir maior intensidade à apresentação do negócio e despertar

"Você precisa de um plano de negócios para funcionar como uma bíblia daquilo que fará no seu negócio, uma declaração clara da missão da sua empresa. O mais importante em um plano de negócios é dizer a verdade. Se houver um problema, nós (investidores de capital de risco), de qualquer maneira, vamos tomar conhecimento, por isso é melhor você não tentar ocultá-lo."
Ann Winblad
Investidora de capital de risco

o interesse do leitor. No entanto, exige um redator capaz de escrever um sumário narrativo que transmita as informações necessárias, gere entusiasmo e, mesmo assim, não se transforme em uma hipérbole.

Um sumário executivo narrativo é útil para empresas inovadoras que estejam apresentando um novo produto, um novo mercado ou novas técnicas operacionais que exijam considerável explicação. É também mais apropriado a empresas que têm um único elemento dominante – como uma patente importante ou a participação de um empresário conhecido – que pode ser destacado. Por fim, o sumário executivo narrativo funciona bem para empresas com antecedentes ou histórias interessantes ou impressionantes.

O sumário executivo narrativo tem menos seções do que o sumário conciso. Atribui-se maior ênfase ao conceito e às características específicas do negócio, dando menos atenção aos detalhes operacionais.

Em um sumário executivo narrativo, a intenção é causar uma boa impressão no leitor sobre sua empresa; para tanto, selecionam-se uma ou duas características mais impressionantes da empresa e faz-se o leitor entender como essas características o levarão ao sucesso comercial.

O sumário executivo narrativo pode construir melhor e mais detalhadamente o "cenário" – expondo as mudanças sociais ou tecnológicas que levaram ao desenvolvimento dos produtos ou serviços da sua empresa – do que o sumário conciso. Pode ter um tom mais pessoal, contando as experiências relevantes dos fundadores como motivação para abrir a empresa.

Você pode posicionar os temas de um sumário executivo narrativo em qualquer ordem, de preferência a que melhor exponha as características da sua empresa. Os tópicos não precisam ter o mesmo tamanho; o conceito do negócio pode ser descrito em três parágrafos, e a equipe de gestão em apenas uma ou duas frases. Não é necessário imprimir os títulos dos tópicos, embora você possa fazê-lo, se quiser.

Você também pode posicionar os temas de um sumário conciso na ordem que lhe seja mais vantajosa. Para a maioria das empresas, basta um sumário conciso, especialmente se o conceito do negócio for de fácil compreensão e as seções de marketing e operações forem relativamente comuns. Uma sinopse é uma abordagem muito prática, e leitores experientes de plano de negócios sentem-se à vontade ao examinar sumários executivos simples.

> "O que procuro em um plano de negócios é visão, paixão e experiência. O empreendedor com um sonho é uma pessoa que torna esse sonho realidade, mas, para isso, é necessário ter experiência. A melhor equipe de vendas para o varejo é composta por duas pessoas: uma com a visão, que é criativa e sabe como selecionar o produto, resultando em um conceito claramente diferenciado e focado, e outra que conhece bem a parte operacional e que pode avaliar, desenvolver e gerenciar pessoas."
>
> **Nancy Glaser**
> **Consultora de estratégias de negócios**

Escrevendo o sumário executivo

Vale a pena investir mais em uma redação clara e consistente em um sumário executivo do que em qualquer outra seção do plano de negócios. Um estilo de redação dinâmico e lógico pode fazer a diferença entre um plano que é considerado ou descartado.

Se você não estiver seguro quanto à sua própria capacidade de redação, pense em contratar um redator profissional para o sumário executivo ou peça ajuda a um amigo ou membro da família que saiba redigir bem. O estilo de redação é menos importante em um sumário conciso do que em um sumário narrativo; portanto, se sua capacidade de redação for limitada, opte pelo tipo conciso.

Tamanho e layout do sumário

A grande vantagem do sumário executivo para o leitor é que ele é breve. Um gerente de financiamento atarefado deve ser capaz de ler seu sumário executivo em menos de cinco minutos. Assim, seu sumário executivo não deve ter mais do que duas a três páginas. Um sumário executivo de uma página é perfeitamente aceitável.

Consulte, no Capítulo 18, dicas sobre o layout de página. Lembre-se de utilizar espaços em branco para tornar a página menos assustadora. Itens com marcadores também podem ser um bom recurso. Como você está limitado a algumas páginas, pode parecer frustrante abrir mão do espaço em nome do layout, mas essas técnicas tornam seu plano mais atraente aos olhos do leitor.

Utilize os Formulários para Preparação do Plano apresentados nas páginas a seguir para desenvolver o sumário executivo; há um para o tipo conciso e outro para o tipo narrativo. Apresentamos também um exemplo para cada tipo de sumário executivo.

Resumo

O sumário executivo é a parte mais importante do plano de negócios, pois resume rapidamente o conceito básico do seu negócio; além disso, ele deve motivar o leitor a considerar o plano como um todo. Saiba quem vai ler o plano e adapte-o a esse público específico. Use o estilo de sumário executivo – conciso ou narrativo – mais adequado ao seu negócio e à sua capacidade de redação. Embora o estilo conciso seja mais simples, o estilo narrativo pode causar mais impacto. Qualquer que seja o estilo escolhido, redija de maneira clara, dinâmica e lógica. E prepare o sumário executivo por último, depois que todo o plano tiver sido desenvolvido.

> "Um sumário executivo deve ser curto: no máximo, duas páginas; uma página, se possível. Explique claramente os objetivos da empresa, o que você planeja fazer. Não tente descrever os detalhes. Descreva a necessidade do produto e exatamente o que ele é. Informe as qualificações dos diretores e sua relação com o negócio."
>
> **Eugene Kleiner**
> **Investidor de capital de risco**

Roteiro para preparação do sumário executivo conciso

Selecione os pontos principais de cada seção do plano final e aborde as áreas apresentadas a seguir. Lembre-se de ser breve e claro. Aborde cada tema em três frases, no máximo. Descreva apenas as características mais importantes e impactantes do seu negócio. Depois dos dois primeiros tópicos, Descrição da Empresa e Declaração da Missão, arrume as seções restantes na ordem que possa causar a melhor impressão do negócio aos olhos do leitor. Para propiciar rápida compreensão, imprima os títulos dos temas no início de cada parágrafo (veja o exemplo no final deste capítulo). Se preferir um resumo que se assemelhe menos a uma lista, omita os títulos. Sinta-se à vontade para associar temas relacionados, como "Mercado-alvo" e "Estratégia de marketing", a fim de criar um documento mais fluido.

Descrição da empresa: Forneça o nome da empresa, tipo de negócio, localização e tipo de empresa; por exemplo, sociedade limitada, empresa de capital aberto, microempresa etc. _____

Declaração de missão: Coloque aqui a declaração concisa da empresa desenvolvida no Capítulo 5.

Estágio de desenvolvimento: Especifique se sua empresa é uma *start-up* ou um negócio existente, quando foi fundada, em que fase está a criação do produto ou serviço e se você já começou a vender ou distribuir o produto/serviço. _____

Produtos e serviços: Enumere os produtos ou serviços que sua empresa vende ou planeja vender; isso pode ser genérico, no caso de uma empresa com muitos produtos (por exemplo, roupas esportivas femininas) ou específico, no caso de uma empresa que comercialize apenas alguns produtos. _____

Mercado-alvo: Especifique os mercados que você pretende atingir e os motivos que o levaram a escolhê-lo; indique resultados de qualquer análise de mercado ou pesquisa de mercado. _____

Estratégia de marketing e vendas: Descreva resumidamente como pretende atingir seu mercado-alvo e a campanha publicitária, mala direta, feiras e outros métodos que você utilizará para promover as vendas.

Roteiro para preparação do sumário executivo conciso *(continuação)*

Concorrência e distribuição do mercado: Indique a natureza da concorrência e a atual divisão do mercado. _____
_____
_____

Vantagens competitivas: Mostre por que sua empresa será capaz de competir com sucesso; enumere características importantes, como patentes, contratos de peso ou cartas de intenção. ___
_____
_____
_____

Gerência: Descreva resumidamente as histórias e capacidades da sua equipe gerencial, em especial a história dos fundadores da empresa. _____
_____
_____

Operações: Apresente, em linhas gerais, os recursos operacionais mais importantes, como localização, principais distribuidores ou fornecedores, técnicas de produção para redução de custos etc. _____
_____
_____
_____

Finanças: Especifique o faturamento esperado da empresa e lucros daqui a 1-3 anos. _____
_____
_____
_____

Objetivos de longo prazo: Descreva as condições esperadas – por exemplo, vendas, número de empregados, número de instalações e fatia de mercado da empresa – daqui a cinco anos. _____
_____
_____

Volume de financiamento e estratégia de saída: Indique o volume de financiamento que você está buscando, quantos investidores planeja ter, como serão utilizados os recursos levantados e como os investidores recuperarão o investimento. _____
_____
_____
_____

Utilize essas informações como base para elaborar o sumário executivo conciso do plano de negócios.

Roteiro para preparação do sumário executivo narrativo

Este formulário proporciona a oportunidade de descrever, em linhas gerais, o sumário executivo do seu plano de negócios, se você optar pelo tipo narrativo.

A empresa: Descreva a organização da sua empresa, em que estágio de desenvolvimento ela se encontra, em que estágio se encontra a criação do produto, que tipo de empresa você pretende montar, sua localização e sua missão. _____
_____
_____
_____
_____
_____

O conceito: Apresente o histórico da empresa, descreva como foi criado o produto, como a oportunidade de mercado foi reconhecida, os produtos e os serviços. _____
_____
_____
_____
_____
_____

Oportunidade de mercado: Descreva o mercado-alvo, as tendências de mercado existentes, a razão de haver uma necessidade para a empresa, os resultados das pesquisas de mercado, os concorrentes e as oportunidades do mercado. _____
_____
_____
_____
_____
_____

Vantagens competitivas: Indique por que sua empresa pode competir com sucesso; enumere características importantes como patentes, principais contratos e cartas de intenção; especifique quais são as barreiras à entrada para novos concorrentes._____
_____
_____
_____
_____

Roteiro para preparação do sumário executivo narrativo *(continuação)*

Equipe gerencial: Descreva a formação e a capacidade dos seus gerentes-chave e relacione experiências passadas de negócios bem-sucedidos. _____

_____
_____
_____
_____
_____
_____
_____

Marcos: Liste os marcos por meio dos quais você medirá o sucesso e o prazo para sua concretização; entre esses marcos podem estar níveis específicos de faturamento ou lucros, o percentual da fatia de mercado alcançada, datas de entrega dos primeiros produtos e o número de empregados ou instalações. _____

_____
_____
_____
_____
_____
_____
_____

Finanças: Especifique o faturamento esperado da empresa, o número de prováveis investidores, o destino que será dado aos recursos levantados e como os investidores recuperarão o investimento – por meio de um plano de saída (aquisição, oferta pública de ações, fusão) ou garantias (caução) para um empréstimo. _____

_____
_____
_____
_____
_____
_____
_____

Utilize essas informações como base para elaborar o sumário executivo narrativo do plano de negócios.

EXEMPLO: SUMÁRIO EXECUTIVO CONCISO

SUMÁRIO EXECUTIVO

A empresa

A ComputerEase, Inc. oferece serviços de treinamento em softwares de computador e software como serviço (SaaS), principalmente para o mercado corporativo e de negócios. Além de oferecer treinamento local em suas instalações, a empresa oferece treinamento na empresa para grandes corporações localizadas na região da Grande Vespucci, Indiana. Oferece também versões on-line de seus cursos que podem ser acessadas pela internet. O setor de serviços para empresas de tecnologia é um dos que mais crescem nos Estados Unidos, e a ComputerEase pretende explorar as oportunidades desse crescimento. As ações da empresa atualmente pertencem ao presidente e CEO, Scott E. Connors, e à vice-presidente de marketing, Susan Alexander.

Apresenta tipo de empresa, localização, propriedade das ações e oportunidade no setor.

Missão da empresa

A missão da ComputerEase é aumentar a produtividade da comunidade corporativa, ajudando-a a tirar o máximo proveito do seu pessoal e dos seus computadores, por meio de treinamento em softwares. A ComputerEase dedica-se à criação de relacionamentos de longo prazo com clientes, por meio de treinamento e suporte de qualidade, a ser conhecida como a empresa líder em treinamento em software na Grande Vespucci, e a expandir as ofertas de cursos on-line globalmente para os países de língua inglesa. A meta é uma expansão constante, tornando-se lucrativa no terceiro ano de operações. A ComputerEase também se dedica a contribuir para a comunidade de Vespucci, oferecendo programas de treinamento para jovens carentes, para a população de baixa renda e para participantes de programas sociais.

Apresenta uma noção de como a empresa enxerga a si mesma e suas metas de longo prazo.

Produtos e serviços

A empresa oferece programas de treinamento em software voltados para o mercado corporativo, atualmente em um portfólio que abrange ampla gama de programas de computador para uso empresarial. O treinamento nas instalações do cliente é oferecido por meio de cursos presenciais, seja na empresa do cliente, seja no centro de treinamento corporativo da ComputerEase. O treinamento on-line é oferecido via internet. Além de oferecer treinamentos nos principais programas empresariais e baseados na Web, a ComputerEase também cria programas presenciais on-line personalizados mediante solicitações dos clientes corporativos por solicitação do cliente. Os programas de treinamento on-line incorporam, cada vez mais, pelo menos alguns segmentos de treinamento em vídeo, ampliando assim a experiência de aprendizado.

Estratégia de marketing e vendas

A ComputerEase diferencia-se em suas estratégias de marketing enfatizando as necessidades da empresa e não apenas os alunos que serão treinados. Localmente, a empresa emprega profissionais de venda altamente competentes, com sólidas ligações no mercado-alvo, que utilizam

EXEMPLO: SUMÁRIO EXECUTIVO CONCISO *(continuação)*

como método de vendas predominante o contato direto e pessoal. Para os clientes que utilizam o treinamento on-line da ComputerEase, a empresa tem uma agressiva estratégia de marketing on-line que inclui anúncios em importantes sites de treinamento, presença em feiras comerciais, publicação mensal de *newsletter* enviada por e-mail sobre as melhores práticas no treinamento corporativo e utilização de marketing nos mecanismos de busca, por meio de palavras-chave usadas nas compras. Como forma de apoiar sua base de clientes, a ComputerEase também mantém uma página de fãs no Facebook e uma no Twitter.

A concorrência

Ainda não surgiu nenhum líder de mercado no setor de treinamento corporativo em software – na região de Vespucci ou on-line. A concorrência é diversa e irregular, criando oportunidades de mercado substanciais. A ComputerEase mantém as seguintes vantagens em relação à concorrência existente: parcerias estratégicas com as principais empresas de software, reputação cada vez melhor por oferecer treinamento e suporte ao cliente altamente eficientes, um centro de treinamento de ponta, pessoal de venda com fortes ligações com os clientes-alvo e uma rede nacional de consultores terceirizados e varejistas da área de informática que oferecem os cursos da ComputerEase junto com seu pacote de produtos.

Mostra oportunidade de mercado.

Mercado-alvo

A ComputerEase atua na região da Grande Vespucci, Indiana, a 16ª maior cidade dos Estados Unidos, com economia diversificada e saudável. Calcula-se que existam na região mais de 10 mil organizações com mais de 50 empregados cada uma (principal mercado-alvo da ComputerEase). O mercado on-line da ComputerEase é composto por países falantes da língua inglesa, onde alto percentual dos negócios é automatizado ou está se automatizando. O mercado para treinamento em software on-line cresceu mais de 33% ao ano nos últimos cinco anos, e acredita-se que sustentará esse ritmo de expansão na próxima década.

Gerência

O presidente e fundador Scott E. Connors incorpora ao seu cargo experiência significativa em gerência na área de tecnologia, anteriormente como sócio de uma loja de produtos de informática. Antes de abrir a ComputerEase, Connors foi vice-presidente regional da Wait's Electronic Emporium, uma grande rede de vendas a varejo de computadores e produtos eletrônicos. Anteriormente, foi representante de vendas da IBM. A vice-presidente Susan Alexander incorpora experiência direta em marketing para o mercado-alvo em razão do seu cargo anterior, diretora de marketing assistente da AlwaysHere Health Care Plan, e também experiência em vendas para a SpeakUp Dictation Equipment.

Enfatiza bagagem empresarial anterior e experiência diretamente relacionada.

Operações

A ComputerEase tem seu próprio Centro de Treinamento Corporativo, com 20 computadores pessoais totalmente equipados com as recentes versões dos softwares empresariais

EXEMPLO: SUMÁRIO EXECUTIVO CONCISO *(continuação)*

mais populares. A empresa oferece sessões de treinamento corporativo nesse centro e também na empresa do cliente. Pretende abrir um segundo centro de treinamento com parte dos recursos que está tentando levantar. A ComputerEase utiliza a capacidade excedente do Centro de Treinamento para oferecer aulas noturnas e aos sábados para consumidores. Além disso, dispõe de três PCs dedicados à criação do conteúdo de cursos interativos baseado nos cursos e na documentação oferecidos pelos instrutores. Todos os equipamentos utilizados no treinamento são alugados, o que reduz as despesas com capital e garante a utilização de equipamentos de última geração o tempo todo. Todas as operações do centro de dados, inclusive o servidor que hospeda as aplicações de treinamento on-line e os dados dos alunos, são terceirizadas para o provedor de serviços local. A produção de vídeos é terceirizada para uma empresa local com experiência na criação de vídeos institucionais.

Estágio de desenvolvimento
A ComputerEase iniciou suas operações em janeiro de 2010 e inaugurou seu primeiro curso no centro de treinamento em software em agosto de 2010.

Finanças
A estratégia financeira da ComputerEase enfatiza o reinvestimento da receita visando o crescimento nos primeiros anos de operação, com a expectativa de começar a gerar lucro no terceiro ano. Projeções de receitas anuais para o ano corrente são US$466.000; para o ano dois, US$987.750; e para o ano três, US$1.637.230.

Informa aos investidores que não há retorno sobre o capital, pelo menos nos primeiros três anos.

Levantamento e uso dos recursos
A empresa atualmente está em busca de US$160.000 em financiamento. Esses recursos serão utilizados para atividades de expansão, incluindo a abertura de um novo centro de treinamento, contratação de novos empregados e intensificação das

Utiliza números específicos e usos para os recursos.

atividades de marketing. Para o longo prazo, a empresa planeja expandir agressivamente seu negócio on-line, trabalhar com clientes para desenvolver programas de treinamento customizados on-line para os empregados e desenvolver uma rede de franquias ou expandir-se, a fim de tornar-se uma cadeia regional, adicionando pelo menos um centro de treinamento por ano.

EXEMPLO: SUMÁRIO EXECUTIVO NARRATIVO

SUMÁRIO EXECUTIVO

O conceito
Serviços relacionados com tecnologia estão entre os setores com crescimento mais rápido nos Estados Unidos. A explosão do uso de computadores em praticamente todas as empresas forneceu oportunidades sem precedentes para empresas que oferecem serviços e treinamento a empresas, tanto na modalidade presencial quanto on-line. Como ainda não surgiram líderes de mercado nessa área, seja em Vespucci, Indiana, seja on-line, uma empresa bem concebida e bem administrada pode garantir uma posição de liderança no setor.

Apresenta uma noção da saúde e das oportunidades do setor.

Histórico
Scott E. Connors, presidente e fundador da ComputerEase Incorporated, reconheceu essa oportunidade quando, como vice-presidente regional da Wait's Electronic Emporium, realizou um estudo sobre o potencial de mercado para o setor de treinamento corporativo em software em Indiana, Ohio e Illinois. Após o estudo, percebeu que uma empresa de treinamento de software gerenciada profissionalmente poderia tornar-se rapidamente líder de mercado na região. Quando desenvolveu o componente on-line do treinamento da ComputerEase, Connors descobriu um enorme potencial para serviços de treinamento on-line.

Apresenta a história da motivação para o negócio.

A empresa
A ComputerEase está posicionada para tornar-se o principal fornecedor de treinamento em software voltado para o mercado corporativo. A empresa começou a operar em janeiro de 2010 e conseguiu rapidamente atrair clientes corporativos com os programas de treinamento em software oferecidos na empresa do cliente.

Revela estágio de desenvolvimento, produtos e serviços, metas de longo prazo, tipo de empresa e propriedade.

A base de clientes expandiu-se quando a ComputerEase abriu seu primeiro centro de treinamento, em agosto de 2010, com 20 computadores pessoais. Na mesma época, a ComputerEase lançou os serviços de treinamento SaaS (software como serviço), que poderiam ser acessados em qualquer computador com acesso à internet. Essas duas iniciativas oferecem maior flexibilidade aos empregados da empresa. A ComputerEase oferece treinamento nos principais programas, bem como programas personalizados mediante solicitação dos clientes corporativos.

A ComputerEase foi constituída no estado de Indiana, e suas ações atualmente são de propriedade de Scott E. Connors e da vice-presidente Susan Alexander.

O mercado
A empresa visou grandes corporações na Grande Vespucci, Indiana, como base de suas operações iniciais. Como a 16ª maior cidade nos Estados Unidos, Vespucci tem uma economia diversificada e saudável. Mais de 10 mil empresas empregam mais de 50 empregados cada uma. O mercado on-line da ComputerEase inclui um grupo ainda maior – países de língua inglesa com alto percentual de empresas automatizadas.

EXEMPLO: SUMÁRIO EXECUTIVO NARRATIVO *(continuação)*

Posição competitiva

Atualmente, o treinamento em software é oferecido na região de Vespucci por empresas pequenas, locais, com insuficiência de recursos e geralmente mal gerenciadas, e também por meio de programas nacionais; ainda não surgiram líderes em nenhuma dessas esferas. Pesquisas de mercado indicam um nível extremamente alto de insatisfação entre os atuais fornecedores e clientes no setor de treinamento em software. A reputação da ComputerEase em oferecer treinamento altamente eficaz e excepcional suporte ao cliente, tanto nos programas on-line quanto nos programas presenciais, associada ao sofisticado centro de treinamento da própria empresa, equipe de vendas local com fortes ligações com os clientes-alvo e uma rede nacional de consultores terceirizados e varejistas da área de informática, diferencia a empresa dos concorrentes.

Enfatiza propriedade anterior de empresas e experiência relacionada.

Equipe gerencial

A atual equipe gerencial do presidente Scott E. Connors e da vice-presidente de marketing Susan Alexander confere à ComputerEase uma excelente equipe com a qual inicia as operações. Scott E. Connors incorpora a extensa experiência gerencial e em vendas na área de tecnologia obtida durante os anos em que atuou na Wait's Electronics Emporium e na IBM.

Como diretora de marketing assistente da AlwaysHere Health Care Plan e representante de vendas da SpeakUp Dictation Equipment, Susan Alexander ganhou experiência significativa em vendas e marketing para o mercado-alvo da ComputerEase: diretores de recursos humanos de empresas. Suas conexões pessoais com esse público-alvo são extensas, dando à ComputerEase acesso imediato aos clientes potencialmente mais lucrativos.

O futuro

O desenvolvimento no longo prazo exige que a empresa avance em uma de duas direções. Primeiro, a empresa pretende expandir suas ofertas on-line para outros países não falantes do inglês. Segundo, a ComputerEase poderia tornar-se uma franquia, vendendo licenças, materiais e treinamento a operações independentes que atuassem com a marca ComputerEase.

Apresenta aos investidores uma noção das oportunidades de crescimento.

Finanças

A empresa projeta um crescimento rápido, com receitas de vendas da ordem de US$466.000 no ano corrente, US$987.750 no ano dois e US$1.637.230 no ano três. Enfatiza o reinvestimento da receita como forma de expandir-se, em vez da retirada dos lucros, financiando o crescimento interno, e não por meio de investimentos adicionais.

Levantamento de recursos

A empresa prevê apenas um ciclo de financiamento (a menos que opte por franquear sua marca posteriormente) com o levantamento de recursos da ordem de US$160.000 de um único investidor. Esses fundos serão utilizados para criar um novo centro de treinamento, contratar pessoal e expandir as atividades de marketing.

Apresenta números específicos e indica a utilização dos recursos.

5
Descrição da empresa

Muitas empresas fracassam porque não entendem o negócio em que atuam.

Transmitindo os fundamentos de um negócio

Antes de discutir os aspectos mais complexos de um negócio e as seções mais essenciais do plano de negócios, como estratégia de marketing ou novas tecnologias, é preciso informar ao leitor os detalhes básicos do negócio. O objetivo desta seção é transmitir informações como forma jurídica, propriedade, produtos ou serviços, missão da empresa e metas alcançadas até o momento.

A descrição da empresa pode ser relativamente simples de elaborar, em especial se você já está no negócio há algum tempo. Mas a simplicidade pode ser enganosa, especialmente no caso de novas empresas. Muitas dessas questões básicas exigem consideração e planejamento. Por exemplo, talvez você se encontre em uma situação em que passa muito tempo tentando escolher um nome para a empresa ou decidindo a forma jurídica que sua empresa deve assumir.

Se a sua empresa for iniciante, talvez você acredite não ter as informações necessárias para incluir em cada categoria. Por exemplo, poderia ainda não ter alugado um escritório ou constituído legalmente a empresa. Nesse caso, anote o que você pretende fazer. Também é recomendável incluir informações sobre sua situação atual. Assim, você poderia dizer: "A sede da Rocket Science Technology será em Austin, Texas, e a fábrica ficará em Luckenbach, Texas. Atualmente, o endereço da empresa é 1234 Bruce Springsteen Street, San Antonio, TX 78216."

O aspecto mais desafiador da parte sobre a descrição da empresa provavelmente será desenvolver a "Declaração de Missão", que descreve concisamente os objetivos, as metas e os princípios subjacentes da empresa. A declaração de missão permite que você e os leitores do seu plano de negócios tenham uma ideia melhor do que pretende alcançar com seu negócio e ajuda a articular com maior clareza e precisão em que negócio você atua.

Os temas a seguir devem ser abordados na seção sobre a descrição da empresa do plano de negócios.

Nome da empresa

Em muitos casos, o nome da sua empresa ou sociedade não é o mesmo nome que você utiliza ao fazer negócios com o público. De fato, pode haver vários "nomes" associados ao seu negócio, inclusive:

- Seu nome
- Razão social
- Nome fantasia
- Nome da marca
- Nome do modelo
- Nome de empresa(s) subsidiária(s)
- Nome de domínio(s)

> *"[Nossa missão é] fornecer continuamente produtos e serviços de qualidade pelo menor preço possível. Para concretizar nossa missão, conduziremos nosso negócio de acordo com as cinco responsabilidades a seguir: obedecer à lei, cuidar dos nossos membros, cuidar dos nossos empregados, respeitar nossos vendedores, recompensar nossos acionistas."*
> **Declaração de missão da Costco**

O número e os tipos de nome que você necessita dependem do tipo de negócio em que você atua, da maneira como interage com o público, da natureza jurídica da empresa, dos tipos e quantidades dos produtos/serviços que oferece e de seu próprio gosto pessoal.

Por exemplo, uma empresa poderia informar que sua razão social é AAA, Inc., cujo nome fantasia é Arnie's Diner, que opera o negócio subsidiário Rosie's Catering Service, vende produtos sob o nome comercial "Arnie's Atomic" e opera o site www.arniesatomic.com.

Se seu negócio for novo e você ainda não tiver escolhido um nome, pense em um que satisfaça suas necessidades atuais e também lhe ofereça flexibilidade ao longo dos anos. Se planejar uma empresa cuja maioria dos clientes fará negócios com você porque eles o conhecem ou conhecem sua reputação, talvez nenhum outro nome seja melhor do que o seu próprio nome. Muitos consultores, fornecedores de serviços, designers etc. utilizam apenas o próprio nome. Você também pode associar seu nome a palavras que descrevem o que você faz.

Entretanto, utilizar o próprio nome ou um nome comercial que não seja descritivo pode limitar sua capacidade de crescer, mudar o foco ou vender a empresa no futuro. Alexandre Reparo de Aviões é mais limitante do que Voo Alto Serviços de Aviação ou mesmo Voo Alto Serviços de Transporte.

Ter os direitos legais a um nome de site ou a um "domínio" memorável pode ser uma vantagem competitiva nos negócios e, se for capaz de garantir o direito a esse nome, talvez seja interessante chamar a atenção para o fato no plano de negócios. Mas o simples fato de ter os direitos de um nome de domínio atraente não é um negócio em si.

Inclua em seu plano de negócios a razão social da empresa e quaisquer nomes de marca ou nomes comerciais, nomes fantasia, nomes de subsidiárias e nomes de domínio.

Objetivos da empresa/declaração de missão

Muitas das grandes empresas de sucesso descrevem o objetivo principal do seu processo de planejamento interno, que é articular e esclarecer sua "filosofia" ou "missão". As melhores e mais eficazes declarações de missão não são meras palavras vazias, mas princípios e objetivos que norteiam todos os outros aspectos e atividades do negócio.

> **"** Tive de refazer meu plano de negócios inteiro para mais ou menos um ano porque não era um modelo sustentável. É preciso identificar quando as coisas não estão funcionando e modificá-las rapidamente para ter sucesso. **"**
> **Pauline Lewis**
> **Proprietária, oovoo design**

Você deve ser capaz de resumir os objetivos básicos e a filosofia da sua empresa em algumas frases. A declaração deve sintetizar a natureza do negócio, os princípios do negócio, os objetivos financeiros, a "cultura corporativa" e a forma como você espera que sua empresa seja vista no mercado.

A declaração de missão propicia foco à empresa e deve ser o conceito definidor do seu negócio durante pelo menos alguns anos. Deve ser resultado de um exame significativo dos fundamentos da sua empresa, e praticamente cada palavra deve ser importante.

Uma declaração de missão final poderia ser: "A AAA, Inc., é uma empresa ousada e criativa do setor de produtos alimentícios e serviços que visa a oferecer alimentos de alta qualidade a preços relativamente baixos e às vezes incomuns, contendo somente ingredientes naturais. Nós nos vemos como parceiros dos nossos clientes, dos nossos empregados, da nossa comunidade e do meio ambiente, assumindo responsabilidade pessoal pelas nossas ações em cada um desses aspectos. Queremos que nossa marca registrada seja reconhecida regionalmente, aproveitando o interesse constante pela culinária mexicana e do sudoeste dos Estados Unidos. Nossos objetivos são crescimento moderado, rentabilidade anual e manutenção do nosso senso de humor."

A folha de exercícios sobre a declaração de missão apresentada a seguir ajuda a definir, de forma geral, os objetivos da empresa.

Questões jurídicas

Quando se decide montar uma empresa, é preciso considerar inúmeras questões jurídicas. Uma das primeiras é o tipo de entidade legal que você vai escolher para sua empresa. As empresas muitas vezes começam sob a forma de empresa individual ou de sociedade limitada. Isso tem a vantagem de ser fácil, uma vez que os trâmites legais para a abertura desse tipo de empresa são mais simples. Constituir-se como sociedade anônima, por outro lado, proporciona tanto a você quanto aos seus investidores uma proteção muito maior contra responsabilidades pessoais. De modo geral, os investidores sentem-se mais à vontade ao lidar com uma sociedade anônima.

Declaração de missão

Descreva a filosofia da sua empresa em termos das áreas enumeradas a seguir.

Natureza dos produtos/serviços oferecidos: _____
_____
_____
_____
_____

Qualidade: _____
_____
_____
_____
_____

Preço: _____
_____
_____
_____
_____

Serviços: _____
_____
_____
_____
_____

Relacionamento geral com os clientes: _____
_____
_____
_____
_____

Estilo de gerência/relacionamento com os empregados: _____
_____
_____
_____
_____

Declaração de missão *(continuação)*

Natureza do ambiente de trabalho: _____
_____
_____
_____
_____
_____
_____

Relacionamento com o restante do setor: _____
_____
_____
_____
_____
_____
_____

Incorporação de novas tecnologias/outros novos avanços: _____
_____
_____
_____
_____
_____
_____

Objetivos de crescimento/lucratividade: _____
_____
_____
_____
_____
_____
_____

Relacionamento com objetivos sociais/comunitários/ambientais/outros: _____
_____
_____
_____
_____
_____
_____

Outras metas pessoais/da gerência: _____
_____
_____
_____
_____

Se optar por criar uma sociedade anônima, você ainda terá muitas decisões a tomar. Que forma de sociedade anônima você escolherá? Quantas ações na sua sociedade anônima serão emitidas e em nome de quem? Questões e acordos jurídicos terão profundo impacto sobre o futuro da sua empresa.

Além da forma jurídica do negócio, há muitas outras considerações e questões legais a resolver no plano de negócios. Você assinou algum contrato de distribuição ou licenciamento? Registrou marcas comerciais, patentes, direitos autorais ou outros instrumentos legais que podem proteger os ativos patenteados do seu negócio?

Eis um exemplo de como tratar a descrição legal de um negócio: "A AAA, Inc., foi constituída como sociedade anônima no estado da Califórnia, autorizada a fazer negócios em Jackson County, Califórnia. Os três acionistas – Arnie Matthews, Brendan Muir e Aaron Joshua – têm, cada um, 33,5% do total de ações na empresa. A empresa registrou nos Estados Unidos a marca comercial 'Arnie's Atomic Foods', que é utilizada na sua linha de produtos alimentícios sob o logotipo Triple A Shooting Star. A AAA, Inc., fez um acordo exclusivo de distribuição de três anos com a BBB Distributors, a maior distribuidora de alimentos da culinária mexicana e do sudoeste dos Estados Unidos."

O roteiro de questões jurídicas, apresentado nas páginas a seguir, pode ajudá-lo a identificar as principais questões jurídicas.

Se você pretende trabalhar globalmente – vendendo seus produtos ou serviços em nível internacional, importando ou exportando produtos ou suprimentos, ou ainda assinando acordos com empresas internacionais para lidar com aspectos de seu negócio como distribuição, suporte ou desenvolvimento de software –, vai precisar informar-se a respeito das exigências legais que podem afetar o seu negócio.

Por exemplo, se você estiver vendendo produtos que envolvam propriedade intelectual (por exemplo, software, produtos eletrônicos, novos produtos), vai querer garantir que os países nos quais venderá seus produtos ofereçam proteção jurídica adequada contra pirataria. Se estiver firmando contratos internacionais, vai querer conhecer bem os termos contratuais típicos, mas, ainda mais importante, vai querer definir o foro para resolução de eventuais disputas.

Esteja atento aos limites de alguns países sobre as atividades e direitos de propriedade de empresas estrangeiras. Muitos países, por exemplo, exigem que em alguns setores a maior parte do capital social da empresa esteja nas mãos de habitantes locais. Podem ainda limitar o direito à propriedade de terra por parte de estrangeiros ou avaliar as tarifas sobre as importações. Conheça bem esses aspectos antes de ingressar em um mercado internacional.

Use o roteiro apresentado mais adiante e registre o que você descobriu a respeito de questões jurídicas que precisa considerar ao trabalhar internacionalmente.

Produtos e serviços

Essa parte do plano de negócios pode ser relativamente curta ou bastante detalhada. Se seus produtos ou serviços forem especialmente técnicos, complexos, inovadores ou patenteados, é recomendável dedicar bastante tempo à sua descrição. Isso é especialmente verdadeiro se você estiver buscando financiamento para um novo produto ou serviço; além disso, possíveis financiadores tendem a se motivar com esses detalhes.

Nessa parte do plano, identifique e descreva com clareza a natureza dos produtos ou serviços que você oferece. Seja específico, mas se tiver uma linha de produtos ou serviços muito extensa não será necessário enumerar cada um deles, desde que você indique as categorias gerais. Indique também futuros produtos ou serviços que sua empresa planejou e quando espera lançá-los.

Se estiver desenvolvendo um produto ou serviço inovador, em especial um produto de tecnologia, tenha muito cuidado ao descrever os detalhes. Embora precise fornecer um volume suficiente de detalhes para dar ideia clara do que o seu produto faz e também para inspirar confiança de que ele de fato cumpre o objetivo almejado, obviamente você não vai querer revelar informações sigilosas. Mesmo que os leitores do seu plano de negócios tenham assinado um acordo de confidencialidade (ver Capítulo 18), tenha bastante cuidado ao informar detalhes altamente técnicos ou patenteados no documento escrito. Eles podem ser revelados em uma etapa posterior das discussões.

Utilizando mais uma vez a empresa fictícia AAA, Inc., a seção "Produtos/Serviços" poderia dizer: "A Arnie's Diner é um restaurante de serviço completo especializado na cozinha mexicana e do sudoeste dos Estados Unidos. A Rosie's Catering Services fornece refeições tanto para eventos de negócios como para eventos pessoais. A linha de alimentos Arnie's Atomic consiste atualmente em sete produtos baseados em *chili* e salsa que não necessitam de refrigeração. Esperamos lançar nos próximos seis meses uma linha de quatro condimentos no estilo da culinária do sudoeste dos Estados Unidos. No segundo ano desse plano, lançaremos uma linha de *tortilla chips*."

Gestão/liderança

Em seguida, inclua o nome do presidente do conselho de administração, do presidente e/ou do CEO da empresa. Se houver outros membros-chave da gerência, em especial pessoas que poderiam ser conhecidas de possíveis investidores, inclua-os aqui. Além disso, se houver um conselho de administração, comitê consultivo ou outra entidade dirigente, indique quantas pessoas fazem parte deles e com que frequência elas se reúnem. Se a afiliação a essas entidades for particularmente notável, inclua seus nomes; do contrário, não é necessário fazê-lo.

Instalações da empresa

Indique a localização da empresa, sua sede (se for diferente) e a localização das filiais. Se houver mais de uma ou duas filiais, especifique apenas o número total (embora talvez fosse recomendável incluir uma lista completa no anexo). Se sua empresa ainda não tem instalações físicas, mas pretende ter, indique a localização pretendida. Além disso, é muito importante descrever a região geográfica que sua empresa pretende atender.

Questões de natureza jurídica

TIPO DE EMPRESA
Em quais dos tipos a sua empresa se enquadra atualmente?

- [ ] Firma individual
- [ ] Parceria
- [ ] Sociedade anônima
- [ ] Outros, descreva: _____

- [ ] Sociedade limitada
- [ ] Informal
- [ ] Sociedade em comandita simples

Gostaria de transformá-la em outro tipo de empresa? Em caso afirmativo, que tipo?

- [ ] Firma individual
- [ ] Parceria
- [ ] Sociedade anônima
- [ ] Outros, descreva: _____

- [ ] Sociedade limitada
- [ ] Informal
- [ ] Sociedade em comandita simples

PROPRIETÁRIOS
Se for uma firma individual ou sociedade limitada, enumere aqui os proprietários: _____
_____
_____

Se for uma sociedade por ações, quantas ações foram emitidas? _____
_____
_____

Quem possui as ações e em que quantidades? _____
_____
_____

Em que estado(s), país(es) etc. sua empresa está legalmente constituída e apta a operar? Enumere datas e outros detalhes: _____
_____
_____

Você assinou algum contrato com:

- [ ] Diretores, sócios
- [ ] Investidores
- [ ] Clientes

- [ ] Fornecedores
- [ ] Empregados em cargos-chave/gerência
- [ ] Parceiros estratégicos

Questões de natureza jurídica *(continuação)*

Indique os contratos por você firmados, incluindo datas e detalhes:

Marcas registradas: _____
_____

Direitos autorais: _____
_____

Patentes: _____
_____

Nomes de domínio: _____
_____

Especifique os investimentos realizados até a presente data, incluindo datas e prazos acordados:
_____
_____
_____

Enumere empréstimos ou quaisquer outras dívidas, incluindo datas e prazos acordados:_____
_____
_____
_____

Indique aqui *leasing* de propriedades, acordos de compra etc., incluindo datas e prazos acordados:
_____
_____
_____

Indique aqui *leasing* de equipamentos, acordos de compra etc., incluindo datas e prazos acordados:
_____
_____
_____

Indique aqui os acordos de distribuição ou licenciamento realizados, incluindo datas e prazos acordados:_____
_____
_____
_____

Indique aqui outras parcerias estratégicas, acordos etc., incluindo datas e prazos acordados: ____
_____
_____
_____

Globalização: Questões de natureza jurídica

Pesquise, para cada país no qual você pretenda fazer negócios, as questões de natureza jurídica que poderiam afetar você e sua empresa.

PAÍS

Contratos/jurisdição:

Licenças de importação/exportação:

Proteção de propriedade intelectual:

Acordos de distribuição global:

Acordos de parceria:

Outras licenças ou regulamentações:

Incentivos fiscais/vantagens:

Estrutura de propriedade da empresa:

Acordos comerciais:

Propriedade/*leasing* de instalações e imóveis:

Outras questões de natureza jurídica:

Por exemplo: "A sede da AAA, Inc. está localizada na 123 Amelia Earhart Drive, Jackson, Califórnia. A Arnie's Diner está localizada na 456 Lincoln Street, em Jackson. A Rosie's Catering Services fornece serviços de bufê e atende toda a região do condado de Jackson. Os produtos alimentícios da Arnie's Atomic serão produzidos em uma fábrica a ser alugada em Jackson e serão comercializados nos cinco estados norte-americanos da região sudoeste."

Etapa de desenvolvimento e metas alcançadas até agora

Qualquer pessoa que esteja lendo seu plano de negócios deve ser capaz de ter uma clara noção de onde a sua empresa está no ciclo de desenvolvimento e quais foram os avanços realizados na criação da empresa.

Às vezes, até as empresas iniciantes têm um registro de suas conquistas. Talvez você já tenha desenvolvido a tecnologia, levantado os recursos iniciais, organizado parcerias estratégicas ou recebido indicações de interesse de clientes-chave. Mostrar o progresso que alcançou até agora inspira confiança na sua capacidade de desenvolver ainda mais sua empresa e indica o seu grau de comprometimento com o negócio. Por isso, é importante recomendar claramente quaisquer metas positivas que tenham sido alcançadas.

Comece indicando quando a empresa foi fundada. Em seguida, mostre a fase de desenvolvimento em que ela se encontra: se é uma empresa iniciante (possui um conceito de negócios, mas ainda não tem um produto ou serviço finalizado); uma *start-up* (nas etapas iniciais de operação); se encontra-se na fase de expansão (acréscimo de novos produtos, serviços ou filiais); na fase de contenção (consolidação ou reposicionamento de linhas de produtos); ou se é uma empresa consolidada (manutenção da fatia de mercado e posicionamento de produtos).

Indique até que ponto seus planos progrediram. O produto foi desenvolvido ou testado? Foi feito algum pedido? O produto já foi despachado? Foram assinados contratos de locação ou realizados acordos com fornecedores? Quais foram as metas passadas e os sucessos das operações atuais? Se você tiver definido objetivos específicos anteriormente, bem como prazos específicos, indique se os alcançou.

O roteiro Metas Alcançadas encontra-se no Capítulo 15; talvez você queira selecionar pontos importantes desse roteiro para incluir na seção sobre a descrição da empresa do plano de negócios.

Utilizando o exemplo da AAA, Inc., essa seção poderia dizer o seguinte: "A Arnie's Diner foi aberta em 2006, e a empresa começou a comercializar produtos alimentícios embalados utilizados no restaurante em 2008. Inicialmente, os produtos eram vendidos em supermercados locais. Em janeiro de 2009, a empresa definiu um objetivo de vendas anual de US$60.000 para a linha de alimentos embalados da Arnie's Atomic e excedeu esse objetivo, atingindo US$103.000 em vendas brutas em 2009. Em 2010, as vendas dos produtos alimentícios embalados saltaram para US$237.000. A empresa fez um acordo com um importante distribuidor para comercializar os produtos da Arnie's Atomic em supermercados e lojas de especialidades em cinco estados do sudoeste dos

Estados Unidos. Os primeiros pedidos foram recebidos, entregues e renovados, e a empresa agora planeja expandir suas instalações de produção, para dar conta do aumento das vendas e desenvolver novos produtos."

Condições financeiras

É importante também apresentar uma breve ideia das condições da sua empresa em termos financeiros e pessoais. Por exemplo, os leitores vão querer saber como você levantou recursos financeiros até a presente data e se sua empresa tem obrigações financeiras significativas. Indique também empréstimos ou investimentos que você tenha contraído ou recebido e em quais condições. Se estiver em busca de financiamento, indique resumidamente o volume de recursos que você pretende levantar e para qual objetivo. Voltaremos a falar mais detalhadamente sobre obrigações financeiras e levantamento de recursos no Capítulo 16, que trata de finanças.

> *"Entre as possíveis metas que um plano de negócios poderia indicar estão: conclusão do produto, teste do produto, primeira remessa ao cliente, melhoria da infraestrutura da empresa, acordos fundamentais para a operação do negócio e a segunda remessa de produtos."*
> **Ann Winblad**
> **Investidora de capital de risco**

Assim, essa seção poderia ter a seguinte forma: "A AAA, Inc., manteve a lucratividade geral por meio de uma expansão lenta e cuidadosa das suas empresas componentes. O faturamento bruto total do ano anterior foi de aproximadamente US$1.247.000. A Rosie's Catering é, no momento, a mais lucrativa, apresentando no ano passado lucro de US$128.000 para um total de vendas de US$525.000; a Arnie's Diner teve um lucro de US$81.000 para um total de vendas de US$485.000; a Arnie's Atomic Foods projeta um prejuízo anual da ordem de US$77.000 para um total de vendas de US$237.000. Atualmente, a força de trabalho total conta com cinco empregados em tempo integral e sete empregados em meio período. Estamos tentando agora expandir a fábrica, ampliar o quadro funcional e intensificar os esforços de vendas e marketing. Para tanto, estamos tentando levantar mais US$500.000."

Resumo

A descrição da empresa informa os detalhes básicos do negócio de forma resumida. Com base nela, o leitor tem uma ideia clara do que a empresa faz, sua forma jurídica, os tipos de produtos e serviços que ela oferece, a gerência e liderança da empresa, sua localização e área de atuação, e seu atual estágio de desenvolvimento. A declaração de missão mostra que você conhece o foco da sua empresa e é capaz de articular seus objetivos com concisão.

DESCRIÇÃO DA EMPRESA **77**

Formulário para preparação da descrição da empresa

Informe os seguintes dados sobre o seu negócio.

NOMES
Razão social: _____

Nome fantasia: _____

Marca comercial/nome de domínio: _____

_____

Empresas subsidiárias: _____

FORMA JURÍDICA
Tipo de empresa: _____

Registrada na cidade de: _____

Proprietário(s) da empresa ou principais acionistas: _____

GERÊNCIA/LIDERANÇA
Presidente do conselho: _____

Presidente: _____

CEO: _____

Outros membros-chave da gerência: _____

_____

Conselho diretor/conselho consultivo: _____

_____

Número de membros da gerência/liderança: _____

LOCALIZAÇÃO
Sede da empresa: _____

Localização das operações: _____

Filiais: _____

Área geográfica atendida: _____

ESTÁGIO DE DESENVOLVIMENTO
Data de fundação da empresa: _____

Formulário para preparação da descrição da empresa *(continuação)*

Etapa de formação ou objetivos imediatos: _____

Quando o produto ou serviço foi lançado: _____

Progresso dos planos atuais e metas alcançadas: _____

_____

_____

Outros indicadores do desenvolvimento: _____

_____

CONDIÇÕES FINANCEIRAS

Vendas totais no ano passado: _____

Lucro no ano passado antes de descontados os impostos: _____

Vendas e lucratividade por departamento ou linha de produtos: _____

_____

Número atual de empregados: _____

Quantidade de recursos levantados: _____

Uso básico dos recursos levantados: _____

Financiamentos anteriores e principais obrigações financeiras: _____

_____

PRODUTOS E SERVIÇOS

Descrição geral do produto/serviço: _____

_____

Número e tipo de linhas: _____

_____

Número de produtos ou serviços em cada linha: _____

_____

PATENTES E LICENÇAS

Patentes atuais/pendentes: _____

Marcas comerciais atuais/pendentes: _____

Licenças atuais/pendentes: _____

Direitos autorais atuais/pendentes: _____

Utilize essas informações como base para elaborar a descrição da empresa no seu plano de negócios.

EXEMPLO: DESCRIÇÃO DA EMPRESA

DESCRIÇÃO DA EMPRESA

A ComputerEase, Inc. é uma empresa situada em Indiana, que fornece serviços de treinamento em software de computador para empresas na Grande Vespucci, Indiana, e on-line para clientes empresariais. Seu nome fantasia é "ComputerEase".

Oferece informações básicas sobre tipo de empresa, localização e serviços oferecidos.

A sede da empresa e o centro de treinamento em software estão localizados na 987 South Main Street, Vespucci, Indiana. A ComputerEase também ministra cursos de treinamento nas instalações dos clientes.

A missão da empresa

A ComputerEase vê como sua missão aumentar a produtividade dos negócios dos clientes ajudando-os a alcançar o aproveitamento máximo de seu pessoal e de seus computadores por meio do treinamento em software. Para tanto, a ComputerEase dedica-se

Mostra como a empresa pretende se diferenciar diante dos clientes.

a construir relacionamentos de longo prazo com clientes por meio de treinamento e suporte de alta qualidade, a ficar conhecida como a principal empresa de treinamento em software na Grande Vespucci e a oferecer cursos on-line a países de língua inglesa ao redor do mundo. A ComputerEase também se dedica a contribuir para a comunidade de Vespucci, oferecendo programas de treinamento em informática para bairros pobres e para jovens de baixa renda.

Serviços

A empresa oferece treinamento nos principais pacotes de software e também cria programas de treinamento personalizados para clientes corporativos. O objetivo do treinamento é o mercado corporativo. O treinamento pode ser realizado on-line, no escritório dos clientes ou no Centro de Treinamento da ComputerEase em Vespucci. Para alavancar totalmente o investimento da empresa em hardware e software, a empresa oferece cursos de treinamento on-line a clientes corporativos em todo o país.

Antes de abrir o centro de treinamento e desenvolver cursos on-line, a empresa tinha uma limitação quanto aos serviços que poderia oferecer aos possíveis clientes. O negócio mais lucrativo, contratos corporativos de longo prazo, sofreu sérias

Mostra como a empresa aumentou e consolidou as receitas.

restrições, e a empresa viu-se impossibilitada de oferecer seminários públicos. No entanto, nos nove primeiros meses de operação, a empresa realizou 184 programas de treinamento dentro das empresas clientes e conseguiu contratos de treinamento contínuos com 11 dos principais clientes corporativos almejados na região. E, apesar de ter investido muito pouco no marketing de seus programas on-line durante os dois primeiros meses em que passou a oferecê-los, a ComputerEase adquiriu três contas nacionais. Isso gerou um faturamento de US$171.000 até agosto de 2010.

A empresa projeta déficits para os dois primeiros anos de operação, uma vez que o faturamento será reinvestido na expansão. Prevemos que a empresa será lucrativa no terceiro

EXEMPLO: DESCRIÇÃO DA EMPRESA *(continuação)*

ano. Nesses três anos, nosso objetivo é nos tornar a empresa líder em treinamento em software na Grande Vespucci e aumentar a fatia de mercado no setor de serviços de treinamento on-line. No entanto, as tendências no setor de treinamento apontam na direção de fornecedores conhecidos nacionalmente, por isso a empresa prevê a necessidade de associar-se ou montar uma franquia nacional até o terceiro ano de operação.

Oferece dados específicos sobre o desenvolvimento financeiro.

A empresa é detentora do nome fantasia ComputerEase, com o qual ficou conhecida, e do slogan "Falamos a sua língua".

Desenvolvimento até o momento

Fundada em janeiro de 2010 por Scott E. Connors, a ComputerEase começou oferecendo treinamento em software nas empresas dos clientes.

Em março de 2010, Susan Alexander assumiu como vice-presidente de marketing e iniciou imediatamente uma extensa campanha de vendas, visando as 200 grandes empresas na região de Vespucci.

Em agosto de 2010, a ComputerEase abriu seu centro de treinamento em software em sua atual localização, no centro de Vespucci, o que lhe permitiu ampliar significativamente suas ofertas.

Ainda em agosto de 2010, a ComputerEase realizou seus primeiros treinamentos on-line, acessíveis por meio do site da empresa. As licenças ao site foram oferecidas a empresas de maior porte, com maior necessidade de treinamento contínuo.

Nos nove primeiros meses de operação, a empresa realizou 184 programas de treinamento e firmou contratos de treinamento com 11 dos principais clientes corporativos almejados em sua região geográfica. E, apesar de investir muito pouco no marketing de seus programas on-line durante os dois primeiros meses, a ComputerEase conseguiu três contas nacionais.

Situação jurídica e estrutura de propriedade

A ComputerEase foi constituída sob as leis do estado de Indiana. Foram emitidas 10 mil ações da empresa: seis mil são de propriedade do presidente e CEO, Scott E. Connors; mil são de propriedade da vice-presidente de marketing, Susan Alexander; e três mil foram retidas pela empresa para futura distribuição.

Apresenta um quadro claro do patrimônio da empresa e de sua estrutura de propriedade.

A companhia tem sua marca registrada pelo U.S. Patent and Trademark Office

O aporte de capital para a empresa até agora veio das economias pessoais de Scott E. Connors (US$60.000) e um empréstimo de US$40.000. Além disso, a empresa recebeu um empréstimo de US$30.000 de membros da família de Connors. O restante do capital veio do faturamento gerado pelas vendas.

A empresa agora tenta levantar US$160.000 junto a investidores externos. Esses recursos serão utilizados para a construção de um novo centro de treinamento, contratar instrutores, empregados adicionais e expandir as atividades de marketing, em especial para os cursos on-line.

6
Análise e tendências setoriais

Uma empresa precisa saber quais são as suas semelhanças e diferenças em relação a outras empresas.

Seu negócio e setor

Não existe empresa que opere em um vácuo. Toda empresa faz parte de um setor; as forças que afetam seu setor como um todo inevitavelmente também afetarão seu negócio. Avaliar o setor aumenta seu conhecimento dos fatores que contribuem para o sucesso da sua empresa e mostra aos possíveis investidores que você conhece as condições de negócios externas.

Um setor é composto de todas as empresas que oferecem um produto ou serviço semelhante, outros negócios estreitamente relacionados com aquele produto ou serviço e sistemas de suprimento e distribuição que dão suporte a essas empresas. Por exemplo, o setor de vestuário abrange empresas que fabricam roupas, inclusive fornecedores de tecidos e aviamentos, representantes de vendas independentes e lojas de roupas, publicações comerciais e pontos de vendas no varejo.

> *"Se quiser conseguir financiamento, você tem de ser realista a respeito da provável aceitação de seu produto ou serviço. Você ficaria surpreso ao constatar quantos empresários acreditam que o faturamento vai aumentar vertiginosamente mas não prestam atenção às necessidades de capital ou contábeis do negócio."*
> **Damon Doe**
> **Diretor-geral, Montage Capital**

Este capítulo apresenta ferramentas que lhe permitirão examinar seu setor. Os roteiros e formulários aqui apresentados destinam-se ao planejamento interno; depois de completá-los, você terá as informações necessárias para preparar sua análise setorial. Ao desenvolver seu plano de negócios, é importante focar:

- A descrição do setor;
- Tendências setoriais; e
- Oportunidades estratégicas existentes no setor.

Naturalmente, você precisará fazer algumas pesquisas para obter essas informações. Consulte o Capítulo 2 para orientação em suas pesquisas.

Se você já estiver atuando no setor há muito tempo, e tanto você quanto os prováveis leitores do seu plano de negócios estiverem cientes das condições do setor, talvez não seja necessário dedicar muito tempo a esta seção.

Seu setor econômico

A ampla categoria na qual seu negócio se enquadra é seu setor de atividade econômica; os quatro setores gerais são 1) serviços; 2) indústria; 3) comércio; e 4) distribuição. Seu negócio pode pertencer a mais de um setor; por exemplo, você pode fabricar produtos tanto para venda direta como para revenda por terceiros.

Os setores econômicos passam por tendências, e é útil observar os padrões vigentes no seu setor. Como um setor econômico é grande e diversificado, pode haver grandes variações em seu negócio em termos de desempenho e tendências gerais do setor. É desnecessário realizar uma análise detalhada do seu setor, mas é preciso conhecer seu desempenho anterior e as projeções de crescimento. Analise artigos em publicações de negócios e depois preencha a tabela a seguir.

Crescimento passado e futuro do setor

Setor	Crescimento passado (Baixo, médio, alto)	Crescimento futuro (Baixo, médio, alto)
1. _____	_____	_____
2. _____	_____	_____
3. _____	_____	_____

Seu setor

Seu negócio pode pertencer a dois ou mais setores. Por exemplo, você pode fabricar aparelhos eletrônicos utilizados em automóveis novos e usados. Assim, você faz parte de três setores: o de produtos eletrônicos, o de automóveis novos e o de automóveis usados. (No setor de carros usados, há várias questões diferentes das questões do setor de carros novos.) Se seu negócio abranger mais de um setor, pesquise cada um dos setores aplicáveis, dando peso especial às questões mais relevantes para o seu negócio. Enumere a seguir o setor ou setores em que sua empresa opera.

Setor(es) em que sua empresa atua
1. _____
2. _____
3. _____

Tamanho e taxa de crescimento do setor

Preste bastante atenção à taxa de expansão do seu setor; isso lhe dará uma ideia das oportunidades disponíveis para seu negócio. Em que medida a taxa de crescimento do seu setor pode ser comparada à taxa de crescimento do PIB (Produto Interno Bruto), que mede todos os bens e serviços produzidos em um país? Essa comparação lhe dará uma ideia da saúde atual do seu setor.

Por exemplo, se a taxa de crescimento do seu setor for de 2% ao ano e a do PIB de 5%, seu setor está em baixa e haverá poucas oportunidades. Mas se seu setor estiver crescendo 15% ao ano e o PIB 5%, o potencial do seu setor será muito maior.

> *Analise relatórios anuais das empresas envolvidas em negócios semelhantes e veja o que elas estão fazendo em relação às finanças. Os seus números, naturalmente, não serão os mesmos, mas as taxas deverão ser semelhantes. Se o plano mostrar que seu desempenho é melhor do que essas grandes empresas (em áreas como margens de lucro), será difícil acreditar nele.*
> **Eugene Kleiner**
> **Investidor de capital de risco**

Se for difícil obter informações sobre seu setor, será possível estimar o tamanho e o crescimento aproximados, avaliando as maiores empresas na respectiva área. Obtenha cópias dos relatórios anuais ou análises do mercado de ações dessas empresas e leia artigos sobre elas em publicações especializadas e de negócios.

Depois de levantar esses fatos básicos sobre seu setor, preencha a tabela a seguir, indicando o crescimento passado e o projetado do setor. Naturalmente, a expansão da sua empresa pode ser significativamente diferente da média do setor — as estatísticas podem mostrar que, em nível nacional, um número menor de pessoas está comendo fora e, mesmo assim, seu restaurante pode estar em rápida expansão.

Se os números do seu plano de negócios forem muito distantes das médias do setor, você terá de explicar no seu plano como essa variação é possível.

Crescimento passado e futuro do seu setor

Fator	Há 2 anos	No ano passado	Neste ano	No próximo ano	Nos próximos 5 anos (média)
Faturamento total					
Total de unidades vendidas/volume					
Número de empregados					
Taxa de crescimento do setor					
Taxa de crescimento do PIB					
Taxa comparada ao PIB (+ ou %)					

Características de maturidade do seu setor e oportunidades/riscos associados

Taxa de crescimento: _____

Oportunidades/riscos: _____

Concorrência: _____

Oportunidades/riscos: _____

Líderes de mercado/padrões: _____

Oportunidades/riscos: _____

Objetivos de marketing: _____

Oportunidades/riscos: _____

Estratégia de participação no mercado: _____

Oportunidades/riscos: _____

Gama de produtos: _____

Oportunidades/riscos: _____

Fidelidade do cliente: _____

Oportunidades/riscos: _____

Maturidade do setor

Os setores não são estáticos; eles podem mudar significativamente ao longo do tempo. Geralmente, o ciclo de vida de um setor abrange quatro fases: 1) novo; 2) em expansão; 3) estável; e 4) em declínio. A última fase, declínio, não é inevitável; vários setores existentes há muito tempo e estáveis não mostram sinal algum de declínio.

Os setores têm diferentes atributos nas diferentes etapas da maturidade. Mesmo os setores que, com base na etapa de desenvolvimento, parecem estritamente relacionados, são bastante diferentes. Por exemplo, o setor de refrigerantes é relativamente estável, com algumas grandes empresas dominando a área. Há pouco espaço para recém-chegados, e seria extremamente caro tentar competir com as grandes empresas. Por outro lado, o setor de água mineral encontra-se em expansão, com muita concorrência e variação.

A tabela de maturidade de setor apresentada a seguir descreve as características dos setores em quatro fases diferentes. Examine a tabela e as descrições das fases de crescimento, e enumere as características de maturidade do seu setor e as oportunidades e riscos que eles representam na tabela.

Tabela de maturidade do setor

CARACTERÍSTICA	ESTÁGIO DE DESENVOLVIMENTO			
	Novo	Em expansão	Estável	Em declínio
Taxa de crescimento	Muito alta	Muito alta	Estabilizada	Mínima/ inexistente
Concorrência	Crescente	Reviravolta	Entrincheirada em queda	Decrescente
Líderes de mercado/padrões	Nenhum	Em transformação/ emergindo	Fixos	Em contração
Objetivos de marketing	Exposição e credibilidade	Diferenciação em relação à concorrência	Liderança do setor	Sobrevivência
Estratégia de participação no mercado	Ganhar posição segura	Ganhar fatia de mercado	Manter fatia de mercado	Canibalizar concorrentes enfraquecidos
Gama de produtos	Limitada	Em expansão	Ampla	Reduzida
Fidelidade do cliente	Nenhuma	Solidificação	Forte	Enfraquecimento

> **Tabela de maturidade do setor** *(continuação)*
>
> *Os quatro estágios do ciclo de vida de um setor são descritos a seguir.*
>
> **Novos setores** fornecem excelentes oportunidades para empreendimentos. Empresas menores estão bem preparadas para responder a mudanças rápidas, e empresas maiores ainda não reconheceram o potencial do setor. O mercado, porém, é limitado porque os clientes não se sentem à vontade com o produto ou serviço.
>
> **Setores em expansão** aproveitam os mercados que crescem rapidamente à medida que os clientes começam a reconhecer a necessidade do produto ou serviço. A concorrência torna-se mais intensa à medida que empresas bem estruturadas financeiramente começam a ingressar no setor. Todas as empresas são vulneráveis, mesmo aquelas que parecem fortes quando o setor é novo.
>
> **Setores estáveis** chegam a um grau de estabilização com mercados nivelados em um nível razoavelmente alto. A taxa de crescimento é pequena, e os clientes mantêm forte fidelidade à marca. É relativamente difícil ingressar nesses setores.
>
> **Setores em declínio** são resultado de mudanças tecnológicas, demográficas e sociológicas, e também de esmagadora concorrência externa. Corporações saem do mercado ou pedem falência, e as poucas grandes empresas lutam para sobreviver roubando os clientes restantes dos concorrentes enfraquecidos.

Sensibilidade a ciclos econômicos

Alguns setores têm grande dependência de economias fortes, nacional ou internacionalmente, por isso é essencial entender o grau de vulnerabilidade do seu setor às condições econômicas.

Os setores de construção, produtos de consumo (automóveis, mobília) e turismo prosperam quando a economia encontra-se em uma fase saudável. Os setores que dependem da formação de novos negócios ou de sua expansão, como o de equipamentos técnicos e de escritório, também têm desempenho bem melhor em períodos de economia forte.

Setores como lojas de departamentos que vendem mercadorias a preços baixos e agências de carros usados têm desempenho relativamente melhor em períodos de retração econômica do que em outros. E alguns setores, como os de produtos de higiene pessoal e entretenimento de baixo custo, são relativamente imunes aos ciclos econômicos.

> *"Com uma empresa de US$100 milhões, é essencial permanecer sintonizado com o que acontece no nosso setor e com as tendências econômicas nacionais e globais, pois assim posso tomar medidas em relação ao marketing e aos preços que levarão à liderança em relação aos meus concorrentes. Tenho que pensar pelo menos seis meses à frente. Para lidar com períodos de retração econômica, é preciso ser menos agressivo com relação à definição de preços. Prepare-se para esses tempos organizando seus recursos e acumulando liquidez, para garantir-se nos momentos de dificuldade. O segredo é prever exatamente o que acontece e decidir se é preciso reduzir despesas de capital ou os investimentos em novas aquisições. Saber quando recuar diferencia os sucessos dos potenciais fracassos. E, ao identificar o fim da retração econômica, retome uma abordagem mais agressiva."*
>
> **Andre Tatibouet**
> **Presidente, Aston Hotels**

Se seu negócio estiver localizado em uma comunidade menor que depende muito de um setor ou de um grande empregador, considere o efeito da economia sobre esse setor ou empresa e, portanto, sobre seu próprio negócio.

Considerar as condições ou ciclos econômicos que afetam seu negócio ajuda a prever e planejar o crescimento em períodos de expansão econômica e apertar o cinto em tempos de retração. Na tabela a seguir, descreva o efeito, se houver, de cada um dos fatores especificados sobre o seu setor.

Efeitos das condições econômicas sobre seu setor e seu negócio

Alta expansão/formação de negócios: _____
_____
_____

Baixa expansão/formação de negócios: _____
_____

Alta taxa de desemprego/baixa taxa de desemprego: _____
_____

Taxas de juros baixas: _____
_____

Taxas de juros altas: _____
_____

Inflação baixa: _____
_____

Inflação alta: _____
_____

Dólar forte/dólar fraco: _____
_____

Alto/baixo índice de construção de novos imóveis: _____
_____
_____

Sazonalidade

Em muitos setores, em determinados períodos do ano, o faturamento é mais alto do que em outros. Por exemplo, as empresas no setor de brinquedos dependem das vendas de Natal, enquanto o verão é a melhor estação para fabricantes de trajes de banho.

O desempenho de muitos setores depende das datas festivas. A maioria dos negócios no varejo e produtos de consumidor é afetada pelo período das festas de Natal, que podem representar entre um terço e metade do total de vendas. Serviços e produtos não essenciais podem, na verdade, sofrer durante o período do Natal, à medida que os consumidores reduzem as despesas com artigos que não serão dados de presente. O Dia das Bruxas é atualmente o segundo maior feriado nos Estados Unidos em termos de vendas no varejo.

O outono é uma estação importante para qualquer setor associado a casamentos. Negócios relacionados com turismo normalmente decolam durante o verão. Setores relacionados com construção podem passar por períodos de desaceleração nos meses de inverno, especialmente em climas mais frios. Ao preparar suas projeções financeiras, sobretudo as projeções de fluxo de caixa, é fundamental entender e explicar os fatores sazonais que têm impacto sobre o faturamento e as despesas do seu negócio. Seu produto pode ser vendido em dezembro, mas talvez seja necessário arcar com o custo da matéria-prima em junho.

Na tabela a seguir, descreva o impacto, quando houver, das várias estações ou épocas festivas sobre a saúde econômica do seu setor.

Como fatores sazonais afetam seu setor
Festas de Natal/Páscoa: _____
_____
_____
Verão: _____
_____
Inverno: _____
_____
Outros: _____
_____

Mudança tecnológica

Os avanços tecnológicos afetam todos os setores. A tecnologia transforma a fabricação e a comercialização dos produtos, o gerenciamento das informações e a comunicação e a redução dos custos. A internet afetou drasticamente muitos aspectos dos setores, até dos mais tradicionais, inclusive os canais de distribuição e vendas, o serviço ao cliente e os relacionamentos com fornecedores.

> *"A parte mais difícil ao começar um negócio é admitir que você não sabe."*
> **Pauline Lewis**
> **Proprietária, oovoo design**

Naturalmente, é impossível imaginar todos os avanços tecnológicos que podem afetar seu setor nos próximos cinco anos. Mas é útil estar atento às tendências dos últimos 5-10 anos. Se, no seu setor, a tecnologia muda rapidamente, vamos partir do pressuposto de que você precise estar posicionado para reagir a mudanças, e indique no plano de negócios sua estratégia para fazer isso, especificando também os recursos financeiros necessários. Alguns avanços tecnológicos no seu setor oferecem oportunidades estratégicas que deverão ser enfatizadas no desenvolvimento do seu plano.

Na lista de verificação a seguir, indique a taxa da mudança tecnológica em cada área do seu setor ao longo dos últimos cinco anos.

Mudança tecnológica no seu setor ao longo dos últimos cinco anos

Características do produto/serviço	Alta	Moderada	Baixa	Nenhuma
Fabricação/produção	☐	☐	☐	☐
Faturamento/administração	☐	☐	☐	☐
Gerenciamento de informações	☐	☐	☐	☐
Controle de estoque	☐	☐	☐	☐
Tempo/método de entrega	☐	☐	☐	☐
Marketing/comunicação	☐	☐	☐	☐
Canais de vendas	☐	☐	☐	☐
Serviço ao cliente	☐	☐	☐	☐
Outros: _____	☐	☐	☐	☐
_____	☐	☐	☐	☐
_____	☐	☐	☐	☐

Regulamentação/certificação

Medidas das autoridades governamentais afetam especificamente alguns setores. Embora todos os negócios sejam, até certo ponto, influenciados pela regulamentação, a regulamentação, o licenciamento e a certificação podem em grande medida ditar como certos setores fazem negócios. Pare e pense em que medida seu negócio e setor são influenciados pelas regulamentações governamentais.

Considere as medidas das entidades governamentais em todos os níveis — nacional, estadual, municipal, organismos regionais especiais — ao analisar as tendências reguladoras no seu setor. Algumas medidas reguladoras na verdade criam oportunidades estratégicas. No setor ambiental, por exemplo, a maior regulamentação governamental em relação à poluição originou setores totalmente novos, que lidam com a gestão de resíduos e a conservação de energia.

Você também pode descobrir que seu negócio está sujeito à certificação por um órgão governamental ou por uma associação setorial. Talvez o produto precise passar por testes em órgãos estaduais para poder ser comercializado. Se sua empresa se beneficiar das ações reguladoras, enfatize no plano como você pretende aproveitar essas oportunidades.

Indique a sensibilidade do seu setor à regulamentação e certificação na lista de verificação apresentada a seguir.

Qual é o grau de sensibilidade do seu setor à regulamentação governamental?

Área de sensibilidade	Alta	Moderada	Baixa	Nenhuma
Meio ambiente	☐	☐	☐	☐
Saúde e segurança	☐	☐	☐	☐
Comércio internacional	☐	☐	☐	☐
Padrões de desempenho	☐	☐	☐	☐
Licenciamento/certificação	☐	☐	☐	☐
Marketing/comunicação	☐	☐	☐	☐
Comércio justo/desregulamentação	☐	☐	☐	☐
Reclamações de produtos	☐	☐	☐	☐
Outros: _____	☐	☐	☐	☐
_____	☐	☐	☐	☐
_____	☐	☐	☐	☐

Canais de suprimento e distribuição

Os canais de distribuição e suprimento no seu setor podem ser essenciais para determinar o sucesso da sua empresa. Em alguns setores, é notoriamente difícil ganhar acesso à distribuição, e em outros há poucas fontes confiáveis de suprimento. Em setores com grande número de fornecedores e distribuidores, os custos permanecem baixos, e a entrada é relativamente fácil.

Tenha cuidado ao entrar em setores com sistemas de distribuição ou suprimento extremamente limitados. Imagine, por exemplo, que você esteja pensando em publicar uma nova revista. Embora os canais de suprimento apresentem pouco ou nenhum problema (muitas fontes de papel, gráficas, escritores), a distribuição poderia ser problemática. Uma ou duas empresas talvez controlem toda a distribuição até as bancas de jornais da região, tornando os custos extremamente altos, se é que, no final das contas, elas estão dispostas a distribuir essa revista.

"Iniciamos com a tecnologia; realmente não sabíamos o que íamos fazer. Poderíamos ter utilizado nosso processo para produzir vinho com baixo teor alcoólico, vinho sem álcool, água mineral ou refrigerantes. Em testes de paladar, tivemos uma resposta muito boa a refrigerantes, mas a distribuição de refrigerantes estava além da nossa capacidade. Tínhamos contatos e experiência em distribuição no setor de vinhos e uma resposta excelente ao nosso vinho sem álcool, assim optamos pelo plano que poderíamos fazer. Eu odiaria criar um produto para um sistema de distribuição que não conhecesse."
Larry Leigon
Fundador, Ariel Vineyards

Em alguns setores ou negócios, a própria empresa pode controlar os canais de distribuição ou suprimento. A internet também tornou tecnicamente possível a distribuição direta dos produtos aos clientes; sem intermediários, porém, talvez essa não fosse necessariamente a opção de negócios mais vantajosa.

Indique a seguir os números relativos dos canais de distribuição e suprimento no seu setor.

Canais de suprimento e distribuição no seu setor				
Número de canais	Alta	Moderada	Baixa	Nenhuma
Suprimento	☐	☐	☐	☐
Distribuição	☐	☐	☐	☐

Características financeiras

Nenhuma outra área da sua análise setorial é mais importante do que uma avaliação dos padrões financeiros que caracterizam o setor, em especial se você for novo no negócio. Conhecer os padrões de aspectos como margens de lucro, comissões e retornos sobre vendas facilitará substancialmente seu próprio processo de previsão orçamentária.

Se você acaba de ingressar no setor, provavelmente terá dificuldade para localizar essas informações. Talvez a melhor maneira de encontrá-las seja por meio de entrevistas com pessoas que já atuam no setor, especialmente aquelas que não são seus concorrentes diretos. É importante garantir que as informações sejam específicas ao setor; conhecer a margem de lucro no setor de vestuário não fornecerá informações sobre a margem de lucro no setor de alimentos, produtos eletrônicos de consumo ou acessórios de moda.

O roteiro sobre padrões financeiros apresentado mais adiante ajuda a ter acesso aos detalhes financeiros essenciais para a preparação de orçamentos. Empresas estabelecidas devem seguir o roteiro com seus dados reais.

> **"** Esse é um setor que faz uso intensivo de capital; a manutenção de estoques é cara. O volume de negócios é baixo porque o estoque fica muito tempo parado. As margens de lucro não são boas. É preciso determinar quais são as taxas mais importantes do negócio, mesmo que os dados financeiros oficiais durante seis meses não correspondam a essas taxas. Fique atento ao volume de contas a pagar e receber, à margem de lucro bruta, à taxa de rotatividade do estoque. **"**
>
> **Larry Leigon**
> **Fundador, Ariel Vineyards**

Preocupações com a indústria global

Devido à atual natureza global dos negócios, é preciso considerar não apenas as tendências setoriais em seu país mas também as tendências do setor ao redor do mundo. Isso é particularmente verdadeiro para quem adquire material/estoque em outros países, usa mão de obra estrangeira ou espera aproveitar os avanços do setor para melhorar o desempenho da própria empresa.

Use o roteiro adiante para identificar as tendências globais que podem afetar sua empresa.

Preparando a análise setorial para o seu plano de negócios

Depois de ter analisado seu setor para definir seus objetivos de planejamento internos, organize essas informações e incorpore os destaques no Roteiro para Preparação do Plano, apresentado mais adiante. Esse roteiro, quando concluído, conterá as informações que servirão de base para a seção de análise do setor do plano de negócios.

Resumo

A avaliação de padrões, tendências e características do setor ajuda a garantir o sucesso da empresa e também a planejar os orçamentos. Embora cada empresa seja única, nenhum negócio escapa completamente das realidades e restrições do setor em que opera. Prever mudanças no seu setor pode ajudá-lo a posicionar a empresa em relação a futuros avanços. É preciso conhecer o ambiente como um todo para conseguir diferenciar seu negócio.

Globalização: Preocupações setoriais

De quais setores globais você faz parte? _____
_____
_____
_____

Qual o tamanho e as taxas de crescimento do seu setor nos países onde você espera atuar? _____
_____
_____
_____

Em quais países o seu setor é novo ou vem se desenvolvendo com rapidez? _____
_____
_____
_____

Em quais países o seu setor apresenta altas taxas de crescimento? _____
_____
_____

Existem preocupações relacionadas com a sazonalidade nos países em que você vai atuar ou nos quais pretende adquirir suprimentos ou contratar mão de obra? _____
_____
_____

Outros países estão introduzindo melhorias tecnológicas no seu setor? _____
_____
_____
_____

As regulamentações impostas pelo governo são um fator importante para o seu setor nos países com os quais você fará negócios? _____
_____
_____
_____

Quais outras tendências ou mudanças estão afetando seu setor globalmente? _____
_____
_____
_____

Os fornecedores internacionais são uma fonte significativa de matéria-prima ou estoque para você?
_____
_____
_____

Se você atua internacionalmente, existem canais de distribuição estabelecidos que lhe permitirão alcançar o seu mercado? _____
_____
_____
_____

Padrões financeiros $ ➤ $$ ➤ $$$

Preencha o roteiro a seguir com números que sejam representativos dos padrões financeiros no seu setor.

Margem de lucro normal no varejo: _____
_____
_____
_____

Margem de lucro típica das mercadorias: _____
_____
_____
_____

Percentual típico das comissões de vendas: _____
_____
_____
_____

Prazos de crédito padrões: _____
_____
_____
_____

Dias de estoque mantido: _____
_____
_____
_____

Percentual médio do retorno sobre vendas: _____
_____
_____
_____

Outros padrões financeiros a observar: _____
_____
_____
_____

Porcentagem do preço do produto devida a

Custo de mão de obra: _____   Custos fixos: _____

Custos dos materiais: _____   Expedição: _____

Energia: _____   Outros: _____

Roteiro para preparação do plano de análise setorial

Utilizando este formulário como guia, resuma os principais pontos que você gostaria que estivessem na sua análise setorial.

Descrição do setor: _____
_____
_____
_____
_____
_____
_____
_____
_____
_____

Tendências do setor: _____
_____
_____
_____
_____
_____
_____
_____
_____
_____

Oportunidades estratégicas: _____
_____
_____
_____
_____
_____
_____
_____
_____
_____
_____

Utilize essas informações como base para a análise setorial a ser apresentada no seu plano de negócios.

EXEMPLO: ANÁLISE E TENDÊNCIAS SETORIAIS

ANÁLISE SETORIAL

A ComputerEase está bem posicionada para aproveitar as oportunidades significativas apresentadas pelo setor, em rápida expansão dos serviços de informática para empresas.

Serviços de informática em alta

Os setores de serviço representam o segmento que mais cresce na economia dos Estados Unidos, e os serviços de informática refletem esse crescimento contínuo. Esses serviços, como um todo, cresceram mais de 125% entre 2005 e 2009, em comparação com o crescimento do PIB total de aproximadamente 9% durante o mesmo período.

Cite estatísticas, demonstrando conhecimento real do setor.

Setor em rápida expansão

O treinamento em softwares é um setor relativamente novo, consequência do avanço e desenvolvimento de tecnologias. O setor ainda está em estado de constante mudança, sem líderes de mercado, fornecedores nacionalmente conhecidos ou programas de credenciamento amplamente reconhecidos. Fabricantes de software específicos oferecem certificação no uso de seus produtos, mas a certificação ainda precisa ser padronizada e nem sempre é um fator fundamental para os consumidores.

O segredo para o sucesso no setor está em desenvolver uma marca regionalmente reconhecida em conjunto com serviços on-line, como ocorre atualmente com outros serviços para empresas, como contabilidade ou recursos humanos. As empresas de treinamento regionalmente reconhecidas conseguem faturar e conquistar fatia de mercado suficiente para sustentar o desenvolvimento continuado de cursos on-line e arcar com os pesados custos dos equipamentos, instrutores habilitados, especialistas nos assuntos e materiais.

Ambiente competitivo aberto

Atualmente, o nível do serviço é bastante irregular, e os fornecedores entram e saem rapidamente do setor. Parte do treinamento presencial é comercializada por meio de *newsletters* enviadas por mala direta ou por e-mail por empresas nacionais que geralmente oferecem sessões de um ou dois dias por instrutores que viajam até o local onde é oferecido o treinamento. O treinamento a distância ocorre on-line, por e-mail e pela compra de palavras-chave de empresas que gerenciam mecanismos de busca. Essas empresas de treinamento não mantêm um perfil local ou relacionamento contínuo com os clientes. Consultores também oferecem treinamento em software.

Mostra oportunidade de mercado.

Geralmente, esses treinamentos não são apresentados ou comercializados de maneira profissional e contínua. Não são vistos como "negócios" no mercado, e sua qualidade e preços variam amplamente.

EXEMPLO: ANÁLISE E TENDÊNCIAS SETORIAIS *(continuação)*

Oportunidades de longo prazo

Assim, a perspectiva de longo prazo do setor é desenvolver empresas conhecidas regional ou nacionalmente, como ocorre atualmente com outros serviços para empresas, como serviços contábeis ou de recrutamento. Essas empresas serão capazes de gerar receitas e conquistar participação no mercado, suficientemente para sustentar os custos gerais. Franquias ou afiliações nacionais permitirão compartilhar materiais de treinamento e outros recursos.

A ComputerEase pode desenvolver uma posição forte na região

A atual falta de líderes setoriais representa uma oportunidade excepcional para que a ComputerEase desenvolva uma presença dominante no setor de treinamento em software na Grande Vespucci. A empresa estará bem preparada para tirar proveito das afiliações nacionais, com franqueadores, associações nacionais ou fornecedores de software.

7
Mercado-alvo

É mais fácil conquistar uma fatia de um mercado já existente do que criar um novo mercado.

Conheça seus clientes

Conhecer bem seus clientes é essencial para o sucesso do negócio. Afinal, se você não souber quem são seus clientes, como poderá avaliar se supre as necessidades deles? Como o sucesso depende da sua capacidade de atender as necessidades e desejos dos clientes, você precisa identificar quem são eles, o que desejam, como se comportam e o que têm condições de comprar.

> "Você precisa adotar uma visão de mercado. Quem vai comprar seu produto? O que eles acham do produto? Eles o consideram supérfluo ou útil? Eles precisam de uma garrafa grande ou de meia garrafa? No caso de novos produtos, em especial, você precisa entender seu mercado."
>
> **Larry Leigon**
> **Fundador, Ariel Vineyards**

Sua empresa está voltada para o mercado?

Além disso, se estiver usando seu plano de negócios para levantar financiamento, é fundamental definir a natureza e o tamanho do seu mercado. Muitos investidores buscam empresas que operam em mercados de grande porte e que são voltadas para o mercado. Em outras palavras, interessam-se por financiar empresas cuja orientação é modelada pelas demandas e tendências do mercado, e não pelas características inerentes de determinado produto ou serviço.

Estar sintonizado com seu mercado pode levá-lo a fazer modificações em aspectos como publicidade, embalagem, localização, estrutura de vendas e até mesmo nos recursos e características do próprio produto ou serviço. No longo prazo, uma análise de mercado fará você economizar dinheiro. Ao decidir quais veículos de marketing utilizar (anúncios, feiras comerciais etc.), você pode optar por abordagens que realmente atingem o seu mercado-alvo específico.

Uma análise de mercado é diferente de um plano de marketing. A análise permite identificar e conhecer seus clientes; um plano de marketing informa como você vai entrar em contato com os clientes. O Capítulo 10 trata da criação de um plano de marketing.

Se não vender seu produto ou serviço diretamente ao usuário final, mas a pontos de venda no varejo, distribuidores ou fabricantes, você terá dois mercados e precisará definir as características de ambos – o consumidor final e o intermediário que é seu cliente real. Esses mercados-alvo podem ter hábitos e preocupações bem diferentes, e você precisa conhecer ambos, pois cada um deles afeta suas vendas. Por exemplo, você pode vender os softwares que desenvolve para um fabricante de computador que, por sua vez, os incorpora aos computadores que vende aos consumidores. A maior preocupação do fabricante de computador pode ser o custo; a do consumidor, a facilidade de uso.

Para coletar informações para este capítulo, utilize os métodos discutidos no Capítulo 2.

> *Esteja disposto a examinar diferentes segmentos de mercado em vez de analisar apenas o mercado óbvio ou o mercado maior, a fim de garantir algum grau de penetração de mercado. Vejamos, por exemplo, chaves eletrônicas que usam cartões em hotéis. Embora essas chaves representassem economias significativas, no início os hotéis estavam relutantes em realizar a mudança das fechaduras tradicionais. Os novos hotéis, então, foram os primeiros a utilizar esse tipo de fechadura, e os hotéis existentes a utilizaram posteriormente, depois que os benefícios se fizeram claros.*
>
> **Eugene Kleiner**
> **Investidor de capital de risco**

A definição do mercado-alvo

Talvez você fique tentado a descrever seu mercado nos termos mais amplos possíveis, optando por incluir todos aqueles que poderiam utilizar seu produto ou serviço. Fazer isso lhe dá uma boa ideia de que você tem um mercado enorme a explorar. Infelizmente, isso oferece poucas informações genuínas nas quais fundamentar suas decisões de negócios. Talvez você acabe tendo de definir o mercado de móveis como todas as pessoas que vivem em espaços fechados, o que dificilmente será útil se estiver tentando elaborar um plano de marketing para sua loja de móveis.

Em vez disso, você precisa identificar os segmentos específicos de mercado que deseja atingir. Esses segmentos descrevem componentes distintos e significativos do mercado geral e lhe oferece um conjunto de características específicas por meio das quais é possível identificar seu mercado-alvo.

Digamos que esteja pensando em abrir uma lavanderia com preços populares. O plano é que seu serviço seja menos caro e mais rápido, mas, como resultado, também pode ter qualidade um pouco inferior à da lavanderia que atualmente atende a área.

Assim, você poderia definir seu mercado-alvo da seguinte maneira: "Mulheres que trabalham em setores administrativos, com limitações de tempo e dinheiro, que usam o carro para deslocar-se diariamente, na faixa etária entre 25 e 50 anos, com renda familiar entre US$20.000 e US$50.000 ao ano, com filhos morando em casa, residentes no bairro de Laurelwood." Em seguida, é preciso determinar se no bairro existe um número suficiente de consumidores que se enquadrem nesse perfil para sustentar seu negócio.

Para ser uma ferramenta de planejamento útil, a definição do seu mercado-alvo deve atender os seguintes critérios:

> *Os clientes podem ser categorizados de vários modos, pelo nível de renda ou por questões relacionadas com o estilo de vida. Os níveis de renda podem ser classificados em faixas, como rico, classe alta, média, baixa e pobre. As questões relacionadas com o estilo de vida são mais subjetivas. O cliente-alvo é assim definido: menos pelo nível de renda e mais por sua atitude em relação à forma de gastar a renda disponível.*
>
> **Nancy Glaser**
> **Consultora de estratégias de negócios**

- **Definível.** Ele deve ter características específicas que identificam o que os possíveis clientes têm em comum.
- **Significativa.** As características devem estar significativamente relacionadas com a decisão de comprar.
- **Relativamente grande.** Deve ser suficientemente grande para manter seu negócio com lucros.
- **Alcançável.** Tanto a definição como o tamanho devem levar maneiras eficazes e de baixo custo de comercializar o produto aos seus possíveis clientes.

Depois de definir seu mercado, você precisa estimar o tamanho e as tendências, avaliar seus concorrentes nesse determinado mercado e examinar no mercado as oportunidades estratégicas.

Descrição demográfica

Comece descrevendo seu mercado pelos aspectos mais básicos e objetivos da base de clientes. Esses detalhes são as características específicas e observáveis que definem seu mercado-alvo.

Informações demográficas são especialmente úteis ao criar seu plano de marketing. Muitos veículos de marketing, como publicações, mala direta, rádio e televisão acumulam esses dados sobre o mercado que atingem. Assim, você está mais habilitado a avaliar se esses veículos são apropriados para sua empresa.

> *É muito difícil criar um novo mercado, mesmo quando há necessidade. O desenvolvimento de um novo mercado leva anos, mesmo se você estiver 100% certo da necessidade e do produto. O melhor mercado é um mercado que já existe, que já está sendo atendido, mas atendido de uma maneira marginal.*
>
> **Eugene Kleiner**
> **Investidor de capital de risco**

Lembre-se: o objetivo é definir as características do seu mercado-alvo que se relacionam significativamente com os interesses, as necessidades e a capacidade do cliente de comprar seu produto ou serviço.

Na definição anterior do mercado-alvo para a lavanderia em Laurelwood, por exemplo, a definição de "empregos administrativos" está diretamente relacionada com a necessidade de lavanderias; "mulheres" se relacionam com o fato de que a maioria dos serviços das lavanderias é utilizada por mulheres; "usam o carro para deslocar-se diariamente" é importante porque a localização não é próxima dos transportes públicos; e "US$20.000 a US$50.000" está relacionado com a capacidade do cliente de arcar com os custos dos serviços de lavanderia e a uma menor probabilidade de arcar com os preços de lavanderias mais caras.

No roteiro sobre descrição demográfica da próxima página, insira os detalhes demográficos do seu mercado-alvo e especifique se está vendendo para consumidores ou empresas.

Descrição geográfica

Em seguida, defina a(s) principal(is) área(s) geográfica(s) que pretende atender. Essa definição deve ser a mais concreta possível, indicando se o seu negócio atenderá a um bairro, cidade, estado, região, país ou fatia específica do mercado internacional.

Além disso, examine a densidade da área – seja ela urbana, suburbana ou rural; se os clientes virão até o local do seu negócio, indique se a localização está em um centro comercial, shopping center, distrito comercial ou área industrial ou se será uma instalação independente. Algumas empresas definem seu mercado geográfico pelo clima, só atendendo regiões com clima frio ou quente.

Se estiver disponibilizando seu produto ou serviço na internet, talvez você seja tentado a visualizar o mundo todo como seu mercado geográfico-alvo. Entretanto, mesmo na internet, há limitações em relação às áreas geográficas que serão seus mercados-alvo primários. Esses limites talvez ocorram por causa de questões de atendimento (por exemplo, envio de mercadorias) ou de idioma, e certamente há os limites da demanda de mercado realista de diferentes áreas.

No roteiro a seguir, forneça os detalhes geográficos dos seus clientes, consumidores ou negócios-alvo.

> *A decisão de localizar a empresa na região de Napa foi uma decisão de marketing. Poderíamos produzir nossos vinhos em qualquer lugar, mas a região de Napa está associada a vinhos finos. Queríamos Napa no rótulo.*
>
> **Larry Leigon,**
> **Fundador, Ariel Vineyards**

Descrição demográfica

CONSUMIDOR

Faixa etária: _____

Faixa de renda: _____

Sexo: _____

Profissão: _____

Estado civil: _____

Tamanho da família: _____

Grupo étnico: _____

Nível educacional: _____

Imóveis: _____

Outros: _____

NEGÓCIO

Indústrias: _____

Setor: _____

Anos no negócio: _____

Faturamento da empresa: _____

Número de empregados: _____

Número de filiais: _____

Ocupação por metro quadrado: ___

Estrutura de propriedade da empresa: ___

Outros: _____

Descrição geográfica doméstica

Área atendida (cidade, região, país etc.): _____
_____

Densidade (urbana, rural etc.): _____
_____

Natureza do local (centro comercial, shopping center, distrito comercial etc.):_____
_____
_____

Condições climáticas: _____
_____
_____

Globalização: Mercado-alvo internacional

Países atendidos:_____
_____

População:_____
_____

Áreas almejadas dentro do país (cidades, região rural etc.):_____
_____

Nível de desenvolvimento (desenvolvido, emergente): _____
_____

Condições climáticas: _____
_____
_____

Idiomas falados:_____
_____
_____

Qualidade da infraestrutura (por exemplo, estradas, telecomunicações, concessionárias de serviços públicos):_____
_____
_____
_____

Descrição do estilo de vida/estilo de negócio

Nessa parte do seu plano de negócios, transmita uma noção das preocupações e interesses dos seus clientes. Como eles passam o tempo? Que problemas enfrentam na vida ou nos negócios? Com quem eles se associam? Como eles se relacionam com seus empregados e com a comunidade?

Seus instintos naturais e sua experiência com os clientes proporcionará uma noção dos interesses de seus clientes. É lógico, por exemplo, supor que consumidores-alvo receptivos ao seu produto alimentício especializado e caro tenham uma boa probabilidade de assinar a revista *Gourmet* ou outras revistas de culinária e talvez façam parte de associações locais ligadas ao setor de alimentos e vinho. Ou, se o mercado-alvo do seu serviço for definido como escritórios de advocacia, será natural supor que eles pertençam à associação de advogados da cidade.

Um pouco de pesquisa pode ajudá-lo a identificar outros aspectos do estilo de vida ou estilo de negócios do seu mercado-alvo. Observe os clientes nos locais onde eles compram ou moram. Que outros produtos ou serviços eles compram? Que modelos de automóveis têm? Que tipos de roupa usam?

Examine as publicações que você acredita que os clientes-alvo assinam. Que outras empresas estão anunciando? De que tratam os artigos? Faça uma enquete junto aos seus clientes, pessoalmente, por correio ou por telefone, e pergunte quais são algumas das suas atividades.

Que tipos de pessoas ou negócios desejam seu produto ou serviço e precisam deles? Elas vão ao cinema, assistem à televisão ou alugam vídeos? Costumam receber em casa? Nesse caso, quem convida? Que outros tipos de produtos ou serviços seriam utilizados no mesmo ambiente que o seu?

Imagine como seria uma semana inteira do seu cliente. Seja criativo, mas ao mesmo tempo lógico e realista. É recomendável se relacionar com seu cliente como um todo, o que o torna mais responsivo às necessidades dele e lhe dá ideias em relação a veículos e abordagens de marketing. O roteiro a seguir ajuda a definir isso.

> *Eu tinha uma forte noção do meu mercado-alvo desde o início. Defini claramente o perfil do usuário: mais de 30 anos, com renda superior a US$35.000, tipo urbano, com paladar sofisticado, gosta de viajar a lazer, conhece culinária estrangeira, assinante de uma revista de culinária, atarefado. Examinei então lojas de varejo que achei que correspondiam ao perfil desse usuário final. Meus clientes são na verdade lojas de varejo, e também tive de focá-los. Há uma tendência a examinar apenas o usuário final e negligenciar o cliente real. Mas, em última análise, para atender o segmento varejista, você tem de fabricar um produto que vende.*
>
> **Deborah Mullis**
> **Empresária**

Descrição psicográfica

Além das características observáveis e objetivas do seu mercado, os fatores psicológicos menos tangíveis, mas igualmente importantes, também influenciam as decisões de

Descrição do estilo de vida/estilo de negócio

CONSUMIDOR

Fase da família: _____
_____
_____

Destinos preferidos nas férias: _____
_____
_____

Programas de televisão preferidos: _____
_____
_____

Sites favoritos: _____
_____
_____

Hobbies/esportes/outras formas de
entretenimento: _____
_____

Assinaturas de publicações: _____
_____
_____

Organizações/afiliações: _____
_____
_____

Afiliação política: _____
_____
_____

Modelo de carro: _____
_____
_____

Outros: _____
_____
_____
_____
_____
_____

NEGÓCIO

Fase do negócio: _____
_____
_____

Relacionamento com os empregados: _____
_____
_____

Filiações a associações comerciais: _____
_____
_____

Produtos e serviços comerciais utilizados: __
_____
_____

Tipo de mão de obra: _____
_____
_____

Assinaturas de publicações: _____
_____

Atividades comunitárias: _____
_____
_____

Estilo gerencial: _____
_____
_____

Outros: _____
_____
_____
_____
_____
_____

compra do cliente-alvo. Esses fatores são aspectos da autoimagem: como os clientes se veem ou querem se ver. Alguns desses fatores são relativamente conscientes, por exemplo, uma dona de casa que se orgulha de ser uma compradora inteligente. Alguns são menos conscientes, como buscar um status social mais alto ou gostar de novidades tecnológicas. Especialistas em marketing segmentam os consumidores em diferentes grupos psicográficos e de estilo de vida. Alguns desses segmentos tornam-se bem conhecidos, por exemplo, o termo "pioneiros" é muito usado para se referir àqueles consumidores ansiosos por estar entre os primeiros a testar novas tecnologias.

Clientes empresariais, bem como os consumidores, podem ser descritos em termos psicográficos. Algumas empresas se veem como desenvolvedores de tecnologia de ponta, outras como fiscalmente responsáveis, e ainda outras como socialmente responsáveis. Essas distinções podem ajudá-lo a definir sua estratégia de marketing e o posicionamento do seu produto ou serviço.

Assinale, na lista a seguir, as características psicográficas que descrevem seu cliente-alvo.

Descrição psicodemográfica

CONSUMIDOR	NEGÓCIO
☐ Tecnicamente apto	☐ Tecnicamente avançado
☐ Buscando status	☐ Líder de setor
☐ Criador de tendências	☐ Inovador
☐ Conservador/responsável	☐ Conservador/responsável
☐ Socialmente responsável	☐ Socialmente responsável
☐ Ambientalmente consciente	☐ Ambientalmente consciente
☐ Comprador inteligente	☐ Operador de negócios inteligente
☐ Voltado para a família	☐ Prudente do ponto de vista fiscal
☐ Buscando diversão	☐ Bom gerente de pessoal
☐ Boa dona de casa	☐ Influenciado por empresas líderes
☐ Outros: _____	☐ Outros: _____

Descrição dos padrões de compra

Ao planejar, é especialmente importante conhecer os padrões de compra dos seus clientes. Por exemplo, se seu mercado-alvo for composto pelas empresas que fazem parte da lista das 50 mais da revista *Fortune*, você precisará reconhecer que os processos decisórios nessas grandes empresas é lento e, devido ao seu porte, elas resistem a mudanças até mesmo diante de fatos incontestáveis. Lembre-se dessas restrições realistas ao prever suas vendas para esse mercado.

Utilize o roteiro a seguir para descrever os prováveis padrões de compra dos seus clientes, consumidores ou empresas-alvo.

Descrição dos fatores que influenciam a tomada de decisão de compra dos clientes

Quais são os fatores mais importantes para seu cliente ao tomar uma decisão de compra? Naturalmente, todos os clientes diriam que querem a qualidade mais alta, o melhor serviço e a melhor conveniência pelo preço mais baixo. Mas, na verdade, os clientes sabem que precisam fazer concessões: pagar um pouco mais para ter recursos adicionais, ir mais longe para conseguir um preço mais baixo. De quais aspectos seus clientes estão menos dispostos a abrir mão? Quais são as áreas de maior sensibilidade?

A lista de verificação a seguir ajuda a indicar o grau de sensibilidade dos seus clientes (consumidores ou empresas) a vários fatores.

Descrição dos padrões de compra

Razão/ocasião da primeira compra: _____

Número de vezes que eles comprarão: _____

Intervalo entre as compras: _____

Quantidade do produto/serviço comprado: _____

Motivação para uso contínuo: _____

Tempo para tomar a decisão de compra: _____

Onde o cliente toma conhecimento do produto/serviço: _____

Lugar onde o cliente compra o produto/serviço: _____

Onde o cliente utiliza o produto: _____

Como o cliente utiliza o produto: _____

Método de pagamento: _____

Necessidades especiais: _____

Outros: _____

Tamanho e tendências do mercado

Depois de definir as características do seu mercado-alvo, você terá de avaliar o tamanho desse mercado e estimar as prováveis tendências que influenciarão o tamanho do mercado e o comportamento do cliente no futuro próximo.

Descrição da suscetibilidade de compra				
	Alta	Média	Baixa	Inexistente
Preço	☐	☐	☐	☐
Qualidade	☐	☐	☐	☐
Marca	☐	☐	☐	☐
Recursos do produto	☐	☐	☐	☐
Vendedor	☐	☐	☐	☐
Liquidação/ofertas especiais	☐	☐	☐	☐
Publicidade	☐	☐	☐	☐
Embalagem	☐	☐	☐	☐
Conveniência de uso	☐	☐	☐	☐
Conveniência de compra	☐	☐	☐	☐
Localização	☐	☐	☐	☐
Decoração/ambiente da loja	☐	☐	☐	☐
Serviço ao cliente	☐	☐	☐	☐
Política de devoluções	☐	☐	☐	☐
Disponibilidade de crédito	☐	☐	☐	☐
Programa de manutenção	☐	☐	☐	☐
Garantia	☐	☐	☐	☐
Natureza dos clientes existentes	☐	☐	☐	☐
Outros: _____	☐	☐	☐	☐

Tamanho

É recomendável garantir que a base de clientes seja grande o suficiente para manter seu negócio em operação e, se estiver em busca de financiamento, convencer possíveis investidores de que sua empresa pode crescer até tornar lucrativo o investimento.

Por incrível que pareça, ninguém quer ter um mercado-alvo pequeno nem grande demais. Mercados muito pequenos, obviamente, passam por problemas desde o início, uma vez que não há número suficiente de clientes. (Exceção: nichos de mercado podem ser bem pequenos, servindo a um número limitado de clientes com necessidade muito específica, mas ainda podem ser lucrativos e capazes de garantir um negócio bem definido se o produto ou o serviço suprir uma necessidade muito específica e tiver preço agressivo.) Mercados muito grandes, porém, chamam a atenção de inúmeros concorrentes dotados de recursos financeiros e exigem campanhas de marketing extremamente caras. (Exceção: se estiver desenvolvendo um negócio muito grande e bem financiado.)

Para alguns negócios, especialmente operações em lojas de varejo menores, determinar se seu mercado é suficientemente grande será, em grande medida, uma questão de intuição e observação. Entretanto, não é necessário realizar um estudo científico. Mas, se você estiver inseguro em relação ao seu mercado ou precisar convencer os investidores, colete dados que possam sustentar seu plano.

Ao avaliar o tamanho do mercado, você descobrirá que é mais fácil localizar informações demográficas e geográficas. Em geral, esses dados podem ser obtidos junto ao IBGE, órgãos governamentais locais, corretoras de imóveis, câmaras de comércio e listas amarelas.

> *Quando eu estava elaborando meu plano de negócios, fui forçada a desenvolver uma previsão de vendas de dois a cinco anos, e o resultado foi risível. Mas, se eu não tivesse sido forçada a pensar em quantas unidades teria de vender por mês para me manter à tona, não saberia como definir os preços dos meus produtos.*
>
> **Pauline Lewis**
> **Proprietária, oovoo design**

Informações sobre outras características do seu mercado podem ser coletadas em análises do mercado existentes sobre a população geral ou em associações comerciais. Para obter informações adicionais sobre como pesquisar o tamanho do mercado, consulte o Capítulo 2.

Tendências

Tão importante quanto estimar o tamanho do seu mercado atual é avaliar as tendências que podem afetar o mercado nos próximos anos. Tal avaliação lhe dará uma noção da viabilidade contínua da sua empresa, das oportunidades estratégicas que o mercado apresenta e de como a empresa terá de reagir às mudanças no comportamento dos clientes.

> *Gostaríamos de financiar empresas para cujo produto exista necessidade real – uma necessidade existente agora, nesse minuto. Somos conservadores assim.*
>
> **Damon Doe**
> **Sócio gerente, Montage Capital**

Preparar-se para mudanças tem menos a ver com o fato de prever o futuro e mais com a análise do passado recente. A maior parte da sua análise pode basear-se nas mudanças observáveis na demografia e no comportamento do cliente. Por exemplo, digamos que seu produto tenha como clientes-alvo aposentados na região sudeste do país. Você pode analisar outros dados demográficos referentes a essa faixa etária em determinados estados e as tendências na afiliação a associações de aposentados. Isso lhe dará uma ideia das mudanças no tamanho do mercado. Estudos de novos hobbies, aumento da renda disponível e novos hábitos de compra naquela faixa etária proporcionarão sinais dos problemas e das oportunidades que sua empresa enfrentará no futuro próximo.

Utilize o roteiro a seguir para descrever o tamanho e as tendências do seu mercado que provavelmente afetarão o comportamento dos clientes nos próximos anos.

Preparando a seção mercado-alvo do plano

Depois de ter aprendido a analisar seu mercado em potencial, você está pronto para preparar a seção sobre mercado-alvo do seu plano de negócios.

Utilizando como roteiro o formulário para preparação do plano, adiante, foque principalmente as três áreas a seguir:

- Descrição
- Tendências
- Oportunidades estratégicas

> *"Antes de financiar uma empresa, um investidor de capital de risco sempre realiza uma due dilligence; testa o mercado; liga para os possíveis clientes."*
>
> **Mark Gorenberg**
> **Investidor de capital de risco**

Essa seção do plano, em especial, presta-se ao uso de marcadores, que tornam a redação mais fácil.

Resumo

Uma descrição concisa e compreensão completa do seu mercado-alvo lhe darão foco ao desenvolver seu produto ou serviço, elaborar seu plano de marketing e prever vendas e despesas. Os potenciais investidores querem garantias de que seu mercado é relativamente grande e de que você conhece as oportunidades e limitações do mercado. Assim, você precisa ter certeza de que seu mercado-alvo é definível e alcançável.

Mercado doméstico: Tamanho e tendências

Qual é o tamanho atual aproximado do seu mercado-alvo? _____

Qual é a taxa do crescimento do mercado-alvo? _____

Que mudanças estão ocorrendo na composição do mercado? _____

Que mudanças afetam a capacidade de comprar o produto/serviço? _____

Que mudanças afetam a necessidade do produto/serviço? _____

Como os clientes mudam o uso do produto/serviço? _____

Que mudanças nos valores e preocupações sociais afetam o produto/serviço? _____

Globalização: Tamanho e tendências

Responda às perguntas a seguir para cada país ou região em que pretenda fazer negócios.

Qual o atual tamanho aproximado do seu mercado-alvo? _____

Qual é a taxa de crescimento do mercado-alvo? _____

Que mudanças estão ocorrendo na composição do mercado? _____

Que mudanças afetam a capacidade de comprar o produto/serviço? _____

Que mudanças afetam a necessidade do produto/serviço? _____

Como os clientes mudam o uso do produto/serviço? _____

Que mudanças nos valores e preocupações sociais afetam o produto/serviço? _____

Formulário para preparação do plano do mercado-alvo

Defina neste formulário o seu mercado-alvo. Descrições mais detalhadas do seu mercado e os resultados de pesquisas de mercado podem ser incluídos no anexo do plano de negócios.

Descrição do mercado: _____
_____
_____
_____
_____
_____
_____
_____
_____
_____
_____

Tamanho e tendências do mercado: _____
_____
_____
_____
_____
_____
_____
_____
_____
_____
_____

Oportunidades estratégicas: _____
_____
_____
_____
_____
_____
_____
_____
_____
_____
_____

Utilize essas informações como base para a seção mercado-alvo do plano de negócios.

EXEMPLO: MERCADO-ALVO

MERCADO-ALVO

Descrição do mercado

A ComputerEase opera na Grande Vespucci, Indiana. O mercado-alvo das operações on-line inclui países de língua inglesa com alto nível de automação empresarial. O mercado-alvo para treinamento inclui empresas localizadas nas seguintes regiões:

Indica o mercado geográfico específico.

- Vespucci
- Whitten Park
- Murray

E as comunidades próximas (com centros comerciais) de:
- Karen's Springs
- Gaspar
- Lake Bonneau

Tamanho e tendências do mercado

O mercado on-line para treinamento em software é grande e vem se expandindo exponencialmente, à medida que a internet banda larga torna-se disponível e as pessoas sentem-se mais à vontade com a ideia de interagir com um software remoto por meio de um navegador da Web. Além disso, à medida que automatizam maior quantidade de seus processos de negócios, as empresas exigem formas rápidas e eficientes de fazer seus empregados estarem aptos a usar novos softwares – tanto os pacotes de software adquiridos em lojas quanto os programas especificamente desenvolvidos para suas organizações. Vespucci, com suas comunidades adjacentes, é uma área grande e economicamente saudável. A cidade de Vespucci tem uma população de aproximadamente 675.000 habitantes, o que a torna a 16ª maior cidade dos Estados Unidos. A população da região metropolitana de Vespucci é de aproximadamente 1.500.000 habitantes.

O clima dos negócios é consistentemente forte devido à base econômica diversificada da cidade. A região metropolitana de Vespucci tem três cadeiras na Câmara Municipal e abriga vários órgãos do governo. A Câmara de Comércio de Vespucci calcula que, das mais de duas mil empresas e instituições com mais de 50 empregados na Grande Vespucci, pelo menos 1.500 estão nos setores primários almejados pela ComputerEase.

Relaciona saúde e diversidade do mercado-alvo.

Na região da Grande Vespucci encontramos também:
- Um aeroporto internacional.
- Centros de processamento regionais de três seguradoras nacionais.
- O centro de processamento de dados da polícia rodoviária do estado.
- Uma universidade estadual e seis outras faculdades e universidades.
- Um importante centro médico.

EXEMPLO: MERCADO-ALVO *(continuação)*

A base econômica vem se expandido, e recentemente um instituto de pesquisa nacional com 280 empregados anunciou a intenção de se mudar para Vespucci. Um levantamento realizado para o jornal local, *The Vespucci Explorer*, mostrou que 43% das maiores empresas pretendiam contratar empregados nos próximos 24 meses.

As contratações estão divididas entre os setores da seguinte maneira:
- 25% no comércio varejista e atacadista
- 25% no governo
- 25% na indústria
- 25% em educação, saúde e serviços

Clientes-alvo

A ComputerEase tem como mercado-alvo basicamente empresas de médio e grande porte que façam uso intensivo de computadores. Tais empresas teriam as seguintes características:

Identifica claramente características dos clientes-alvo

- Mais de 50 empregados
- Alto uso de computadores
- Expansão do quadro de pessoal
- Grande dependência de computadores

Encontram-se nos seguintes setores:
- Governo
- Seguros
- Financeiro/bancário
- Contabilidade
- Faculdades e universidades
- Engenharia
- Hospitais e outras instalações médicas
- Companhias aéreas

Os empregados da gerência nesses setores geralmente consideram-se responsáveis e profissionais. Preferem lidar com empresas de serviço que tenham uma imagem estável e conservadora. Geralmente, são mais sensíveis à qualidade do que ao preço e podem ser consideravelmente influenciados pelo fato de empresas semelhantes já utilizarem o fornecedor de serviços.

Indica autoimagem e sensibilidades do cliente em potencial.

EXEMPLO: MERCADO-ALVO *(continuação)*

Prontidão do mercado

O vice-presidente do departamento de marketing da ComputerEase realizou um levantamento de mercado com uma seleção de empresas-alvo. Esse levantamento indicou padrões específicos dessas empresas em relação à necessidade de treinamento em informática:

Mostra que existe um mercado real.

- 97% indicaram a necessidade de treinar empregados no uso de computadores.
- 83% indicaram alguma necessidade de treinamento em informática fornecido pela empresa.
- 67% indicaram a necessidade de treinamento ocasional ou especializado.
- 41% indicaram a necessidade de programas de treinamentos contínuos.

O levantamento também revelou que essas empresas investem atualmente em treinamento em informática. Dados específicos indicam que:

- 42% dessas empresas alocaram recursos para "treinamento" no orçamento do ano atual.
- 18% especificamente alocaram recursos no orçamento para "treinamento em computador ou software" para o ano atual.
- 34% contrataram serviços de treinamento em software no ano anterior.
- 66% indicaram que comprariam mais treinamento do que no momento se houvesse treinamentos de melhor qualidade e mais confiáveis disponíveis.
- 72% afirmaram que queriam diminuir o tempo que os empregados passavam em treinamento fora da empresa, acrescentando que estavam dispostos a pagar um valor maior pelo treinamento on-line, no qual os trabalhadores não precisassem sair da empresa.

Setenta e quatro por cento dos usuários dos serviços de treinamento em software declararam-se altamente insatisfeitos ou pouco insatisfeitos com os atuais arranjos de treinamento. Esse nível de insatisfação é significativamente mais alto do que o nível de satisfação com outros serviços comerciais (em média, 27% estão insatisfeitos com serviços como contabilidade e advocacia).

Oportunidades estratégicas

Os serviços de treinamento em informática nessas empresas são comprados, recomendados ou aprovados predominantemente pelo diretor de Recursos Humanos (83%), o que constitui um alvo claro para a estratégia de marketing. Existe nitidamente uma necessidade real dos serviços da ComputerEase na região de Vespucci e on-line. Um mercado saudável e em expansão, um mercado altamente insatisfeito e um modo identificável de atingir o mercado constituem uma grande oportunidade para a ComputerEase preencher uma lacuna no fornecimento de serviços de treinamento em software.

8

A concorrência

*Não basta construir uma ratoeira melhor;
é preciso construir uma fábrica de ratoeiras melhor.*

Saiba quem são seus adversários

O famoso jogador de beisebol Satchel Paige costumava dizer: "Não olhe para trás; alguém pode estar alcançando você." Nos negócios, porém, é fundamental ver quem o está alcançando. É bem melhor saber quem ou quais são seus adversários do que ser surpreendido ao ver suas vendas despencarem de uma hora para a outra.

Todo negócio tem concorrência. Qualquer empresário está consciente dos muitos concorrentes a uma fatia do bolso do cliente. Mas muitos novatos no negócio – entusiasmados com seu conceito e motivados por uma brecha visível no mercado – tendem a subestimar a extensão real da concorrência e não conseguem avaliar apropriadamente o impacto dessa concorrência sobre seus negócios.

> "Não se deixe intimidar por um adversário, mas também não o despreze. Não permita que os extremos das suas emoções ditem sua avaliação da concorrência. Nunca reaja a sucessos ou fracassos, sejam seus ou da concorrência."
> **Bill Walsh**
> **Ex-técnico e presidente, S.F. 49ers**

Uma das piores afirmações que você pode fazer em um plano de negócios é: "Não temos concorrentes." Um investidor bem informado desconsiderará imediatamente um plano que contenha essa afirmação porque isso indica que: 1) ou você não analisou completamente as realidades do seu negócio ou 2) não existe mercado para seu conceito.

Podemos constatar isso analisando o exemplo da fotocopiadora. Quando a primeira fotocopiadora foi inventada, naturalmente não havia concorrência por parte de outros fabricantes de fotocopiadoras. Mas a concorrência vinha de muitas outras fontes, inclusive de fornecedores de papel-carbono e mimeógrafos. Se a copiadora funcionasse e o mercado fosse receptivo, seria possível projetar realisticamente a concorrência futura. Se de fato não houvesse concorrentes à época de sua invenção – se, de alguma forma, as pessoas não tirassem cópias de documentos –, isso significava que não haveria mercado para fotocopiadoras.

> **"** Visite e observe lojas de sucesso. Analise seus pontos fortes e fracos. Compre na concorrência. **"**
> **Nancy Glaser**
> **Consultora de estratégias empresariais**

Avaliar honestamente a concorrência pode ajudá-lo a entender melhor seu produto ou serviço e dar aos investidores uma noção tranquilizadora dos pontos fortes da sua empresa. Tal avaliação permite saber como melhor diferenciar sua empresa aos olhos do cliente e apontar oportunidades no mercado.

Aprenda com a concorrência. O conceito básico da competição é a responsividade aos clientes; observar seus concorrentes pode ajudá-lo a entender o que eles querem.

Ao começar a avaliar a concorrência, lembre-se de que você só precisa avaliar os concorrentes que visam ao mesmo mercado-alvo. Se você tiver um restaurante francês fino, não terá de incluir o McDonald's vizinho na sua avaliação da concorrência; vocês não visam o mesmo cliente ao mesmo tempo. Por outro lado, se estiver pensando em abrir a primeira loja de *souvenirs* esportivos do Alasca, precisa examinar o campo de jogo como um todo, inclusive qualquer loja varejista em Seattle ou Vancouver, comerciantes de vendas por catálogo em todo o país e donos de empresas que vendem pela internet ao redor do mundo, pois é deles que seus possíveis clientes compram atualmente.

Ao preparar a parte da análise da concorrência do plano de negócios, concentre-se em identificar:

- Quem são seus principais concorrentes;
- Quais são os seus pontos fortes;
- Qual é sua posição em comparação com a dos concorrentes;
- Quais são seus possíveis concorrentes; e
- Quais são as barreiras à entrada de novos concorrentes.

Posição competitiva

É tentador querer julgar a concorrência apenas com base no fato de seu produto ou serviço ser melhor do que a dela. Se você criou algo claramente superior, é tranquilizador imaginar que os clientes naturalmente vão comprá-lo em lugar do produto concorrente e que o lucro virá de toda parte.

Infelizmente, muitos outros fatores determinarão seu sucesso em relação aos outros fabricantes de parafernália eletrônica. Talvez a marca registrada deles já seja conhecida. Talvez os produtos sejam bem mais baratos. Talvez o sistema de distribuição dos concorrentes facilite a distribuição às lojas. Ou, talvez, os clientes gostem mais da cor da embalagem do concorrente.

As características objetivas do seu produto ou serviço podem ser uma parte relativamente pequena da concorrência como um todo. Na verdade, todos os componentes da preferência dos clientes, inclusive preço, serviço e localização, constituem apenas metade da análise da concorrência.

A outra metade da equação consiste em examinar os pontos fortes das empresas dos seus concorrentes. No longo prazo, empresas com recursos financeiros significativos, pessoal altamente motivado ou criativo e outros ativos operacionais serão seus concorrentes fortes e duradouros.

> *Você não pode ser 5% ou 10% melhor do que a concorrência. Tem de ser 10 vezes melhor. O fator letargia tem grande peso – você não vai fazer as pessoas mudarem de banco ou de qualquer outra coisa, se for 10% melhor; é preciso ser 10 vezes melhor.*
>
> **Andrew Anker**
> **Investidor de capital de risco**

Faça uma avaliação completa da concorrência

Dois roteiros para a análise competitiva apresentados neste capítulo ajudam a avaliar sua posição competitiva tanto em termos da preferência dos clientes como em termos dos pontos fortes operacionais.

Os roteiros permitem atribuir maior ou menor importância a cada fator competitivo, dependendo do significado desses aspectos. Para completar cada roteiro, atribua a cada fator apresentado uma pontuação máxima em uma escala de 1 a 10, sendo 1 menos importante para seu mercado-alvo geral e 10 mais importante. Anote o número máximo de cada fator na coluna de pontuação máxima.

Por exemplo, no roteiro Análise Competitiva: Fatores na Percepção dos Clientes, digamos que seu mercado-alvo seja extremamente sensível a preços, mas disposto a ir longe para conseguir um preço menor. O fator preço de compra poderia receber pontuação máxima de 10 pontos, e o fator localização, pontuação máxima de 2.

Depois de terminar de atribuir um peso aos fatores da sua empresa e aos seus concorrentes, você verá como esse sistema de atribuição de pesos proporcionará uma noção mais adequada dos verdadeiros pontos fortes dos seus concorrentes, em comparação com os seus próprios.

Lembre-se de que você também pode atribuir números negativos. Se, por exemplo, seu mercado-alvo só estiver interessado em itens vistos como artigos de luxo, um preço baixo demais pode ser um perigo. Se seu mercado for socialmente consciente, o fato de seu concorrente realizar testes em animais pode ser um ponto negativo para o fator imagem social, proporcionando-lhe uma vantagem competitiva.

> *É sempre mais fácil ter inimigos. 'Nós nos esforçamos mais' é um plano de negócios muito bom. Eles são a velha guarda, nós somos a nova geração. Nosso trabalho é derrotá-los – essa é uma mensagem muito clara. Você pode contratar os melhores profissionais dos seus concorrentes, pode examinar o plano de negócios deles e ver como eles se desenvolveram e pode adotar as boas partes e descartar as partes ruins. É simples.*
>
> **Andrew Anker**
> **Investidor de capital de risco**

Análise da concorrência: Fatores da percepção dos clientes

Seguindo as orientações da página 119, atribua uma nota a cada um dos fatores listados a seguir, tanto para sua empresa como para os concorrentes.

Fator	Pontuação máxima (1-10)	Sua empresa	Concorrente ___	Concorrente ___	Concorrente ___	Concorrente ___
Características do produto/serviço						
Preço de compra						
Custos indiretos/ periféricos						
Qualidade						
Durabilidade/ manutenção						
Imagem/estilo/ design						
Valor percebido						
Reconhecimento da marca						
Relacionamentos com o cliente						
Localização						
Prazo de entrega						
Conveniência de uso						
Políticas de crédito						
Serviço ao cliente						
Consciência social						
Outros:						
Outros:						
Total de pontos						
Comentários:						

Análise da concorrência: Fatores operacionais internos

Seguindo as orientações da página 119, atribua uma nota a cada um dos fatores listados a seguir, tanto para sua empresa como para os concorrentes.

Fator	Pontuação máxima (1-10)	Sua empresa	Concorrente	Concorrente	Concorrente	Concorrente
Recursos financeiros						
Programa/orçamento de marketing						
Competência tecnológica						
Acesso à distribuição						
Acesso aos fornecedores						
Economias de escala						
Eficiências operacionais						
Estrutura de vendas/competência						
Amplitude da linha de produtos						
Parcerias estratégicas						
Moral da empresa/pessoal						
Certificação/regulamentação						
Patentes/marcas comerciais						
Capacidade de inovar						
Outros:						
Outros:						
Total de pontos						
Comentários:						

Nas suas análises, examine tanto concorrentes específicos – determinadas empresas com as quais você compete – quanto o tipo geral da concorrência. No exemplo da loja de *souvenirs* no Alasca, por exemplo, a análise competitiva poderia ter quatro concorrentes listados: os dois atacadistas de Seattle e Vancouver, comerciantes que utilizam vendas por catálogo e empresas que vendem pela internet como categorias.

Se quiser, inclua esses roteiros preenchidos no anexo do seu plano e utilize-os para seu planejamento interno.

Fatores de percepção dos clientes

Ao realizar sua análise, considere os seguintes fatores de percepção dos clientes:

- **Características do produto/serviço.** Atributos inerentes específicos do próprio produto ou serviço; se as características-chave forem especialmente importantes, liste-as em separado.
- **Custos indiretos/periféricos.** Outros custos além do preço real de compra, como o custo de instalação ou de equipamentos adicionais necessários.
- **Qualidade.** Mérito inerente do produto ou serviço no momento em que é fornecido.
- **Durabilidade/manutenção.** Qualidade do produto/serviço ao longo do tempo; facilidade de manutenção e reparo.
- **Valor percebido/imagem/estilo.** Valores agregados derivados de características do design, embalagem ou apresentação atraente e outros fatores intangíveis.
- **Relacionamentos com o cliente.** Base de clientes estabelecida e fidelidade de cliente; relacionamentos entre o pessoal de vendas e os clientes.
- **Consciência social.** Percepção da empresa, produto ou serviço quanto a questões como meio ambiente, envolvimento cívico etc.

Fatores operacionais internos

Alguns fatores operacionais internos que aumentam a competitividade são:

- **Recursos financeiros.** Capacidade da empresa de superar limitações financeiras e obter financiamento para desenvolvimento e aperfeiçoamento de produtos.
- **Programa/orçamento de marketing.** Quantidade e eficácia da publicidade e outras atividades promocionais.
- **Economias de escala.** Capacidade de reduzir custos por unidade em função de grandes volumes.

"Familiarize-se com a concorrência ao longo do tempo; avalie-a continuamente em termos de abordagem, estilo, estratégia e pessoal. Você precisa desenvolver um 'livro' sobre sua concorrência. Enquanto mantém padrões de desempenho próprios, tente identificar vazios no seu plano estratégico. Pergunte-se como seus concorrentes responderiam a diferentes situações. Embora seus padrões devam dominar seu desempenho, dentro desses limites, você se adapta ao que é necessário para enfrentar a concorrência."
Bill Walsh
Ex-técnico e presidente, S.F. 49ers

- **Eficiências operacionais.** Métodos de produção ou entrega que reduzem custos e tempo.
- **Amplitude da linha de produtos.** Capacidade de aumentar o faturamento vendendo produtos relacionados; capacidade dos clientes de comprarem itens necessários de um único fornecedor.
- **Parcerias estratégicas.** Relacionamentos com outras empresas para fins de desenvolvimento, promoção ou vendas.
- **Moral/pessoal da empresa.** Motivação, compromisso e produtividade dos empregados.

Outros fatores que afetam sua capacidade

Vantagem dos iniciantes

Em novos setores ou novos segmentos de mercado, a primeira empresa a assegurar uma posição razoável no mercado muitas vezes pode se alavancar no fato de ser a primeira a ganhar vantagem competitiva significativa. Ter um mercado exclusivo por um breve período de tempo pode permitir à empresa definir o produto, definir padrões, estabelecer parcerias estratégicas importantes, captar a atenção dos clientes ou dominar o mercado de algum outro modo. Essa pressa em chegar ao mercado, porém, não garante o sucesso e, em muitos setores, há casos em que os líderes de mercado iniciais são superados por concorrentes em etapas posteriores.

Base instalada de usuários

Se uma parte relativamente grande do mercado utiliza atualmente um produto que desempenha função semelhante ou é incompatível com seu novo produto ou serviço, os clientes podem resistir ao custo e à inconveniência de fazer a transição. Isso é especialmente verdadeiro para produtos que envolvem tecnologia ou produtos eletrônicos.

Muitas vezes, até mesmo produtos superiores têm dificuldade de conquistar uma posição segura nesses mercados. Um dos exemplos mais citados

"Temos que ver nosso produto pelos olhos do consumidor e temos que nos ver em comparação com nossos concorrentes. É fácil envolver-se no processo de produção e perder de vista o que o consumidor enxerga na prateleira. Mas se você fizer isso, o resto do processo não terá tanta importância."
Larry Leigon
Fundador, Ariel Vineyards

"No que diz respeito à concorrência para uma empresa de tecnologia, nas fases iniciais, fico mais preocupado com o pequeno operador do que com a grande empresa. Normalmente, sabemos em que as empresas grandes e famosas estão trabalhando. Além disso, seus custos indiretos são altos. Mas o pequeno concorrente pode entrar e competir direto com você, especialmente se a tecnologia não for sofisticada o suficiente para permitir o fácil ingresso no mercado."
Eugene Kleiner
Investidor de capital de risco

é o conhecido teclado "QWERTY". As teclas nas primeiras máquinas de escrever eram organizadas para diminuir intencionalmente a velocidade de digitação, a fim de evitar que as teclas mecânicas encavalassem. Embora os teclados posteriores tenham aprimorado tal arranjo, os datilógrafos já se sentiam à vontade com o teclado "QWERTY", que continua sendo utilizado até hoje.

A Web

A internet reduz significativamente as barreiras à entrada em muitos setores e, em alguns casos, permite aos concorrentes operar com margens de lucro muito reduzidas.

A internet também dá aos clientes muito mais informações de compra, às vezes até mesmo preços no atacado. Empresas que anteriormente poderiam competir efetivamente em determinada área geográfica podem agora enfrentar concorrência mundial.

Inércia

Os clientes não fazem o que deveriam fazer; eles fazem o que precisam ou querem fazer. Em quase todos os casos, os clientes têm a opção de não comprar. Não basta conhecer as necessidades dos clientes do seu produto ou serviço, os clientes têm de acreditar que precisam ou querem comprar de você.

Competição global

Sua concorrência pode vir não apenas do outro lado da cidade ou do país; pode vir também do outro lado do mundo. Se você comercializa um produto comum, talvez encontre muitas empresas internacionais comercializando o mesmo produto aos seus possíveis clientes on-line. Mesmo que esteja oferecendo um produto singular, pode enfrentar concorrência mundial. Esses concorrentes internacionais muitas vezes podem vender por preços abaixo do seu, mesmo depois de acrescentado o frete. Esse pode ser um grande desafio, e você precisa estar ciente dessa concorrência global para encontrar maneiras de se diferenciar deles e competir com sucesso.

Não são apenas os produtos que são vendidos internacionalmente; os serviços também o são. É comum os fornecedores de serviços se verem concorrendo diretamente com profissionais de outros países que oferecem mão de obra muito mais barata. Mais uma vez, o desafio está em encontrar maneiras de deixar claras as suas vantagens competitivas, para que o seu valor para os seus clientes fique aparente, mesmo quando seu preço for substancialmente maior.

Identifique as ameaças competitivas globais no roteiro apresentado a seguir.

Globalização: Concorrência

Existem muitos concorrentes internacionais oferecendo seu produto/serviço ao seu mercado-alvo atualmente? _____
_____
_____
_____
_____

Qual o grau de dificuldade de ingresso dos concorrentes internacionais no mercado? Existem barreiras à entrada? Em caso afirmativo, quais são elas? _____
_____
_____
_____
_____

Enumere, se souber, as empresas internacionais específicas que competem com você. _____
_____
_____
_____
_____

A concorrência internacional está aumentando, diminuindo ou se mantém inalterada? _____
_____
_____
_____
_____

O que torna os concorrentes internacionais atraentes para os seus clientes (preço, qualidade, seleção, conveniência etc.)? _____
_____
_____
_____
_____

Que vantagens você oferece em relação aos seus concorrentes internacionais (preço, qualidade, seleção, conveniência etc.)? _____
_____
_____
_____
_____

Distribuição da participação no mercado

Alguns concorrentes são mais importantes do que outros pelo mero fato de serem responsáveis por um grande percentual das vendas no mercado. Embora essas empresas não ofereçam necessariamente o melhor produto ou serviço pelo melhor preço, elas representam um componente essencial para a avaliação da sua posição competitiva.

Empresas que são responsáveis por uma parte significativa de todas as vendas para o mercado-alvo precisam ser cuidadosamente consideradas porque:

- Geralmente definem as características padrões do produto ou serviço;
- Influenciam significativamente a percepção do produto ou serviço pelos clientes; e
- Normalmente dedicam recursos consideráveis à manutenção da sua fatia de mercado.

Analise minuciosamente as empresas que dominam o mercado, mesmo que seja apenas para se diferenciar melhor delas. Naturalmente, se sua empresa tiver sorte de controlar uma grande fatia do mercado, você terá a vantagem de definir o produto ou serviço no mercado. Mesmo assim, você não pode ser complacente e deve se programar para empregar os recursos necessários à preservação ou expansão da sua participação.

Como conquistar a adequada participação de mercado?

Se seu negócio for novo, em geral será mais fácil e mais barato ingressar em um mercado com muitos concorrentes diversificados do que em um mercado dominado por alguns protagonistas. Se estiver preparando um plano de negócios com o objetivo de levantar financiamento, você terá de demonstrar às instituições de financiamento, por meio do plano de marketing, como a sua empresa pretende conquistar e manter uma participação de mercado razoável.

Preencha o roteiro sobre participação no mercado apresentado a seguir, para especificar, em linhas gerais, como as vendas estão distribuídas entre a concorrência, tanto por faturamento total quanto por volume de vendas. (Algumas empresas vendem menos, mas vendem com maior valor agregado, almejando os clientes mais lucrativos; outras vendem mais a preços unitários mais baixos.) Mais uma vez, examine os concorrentes, tanto por empresas individuais quanto por categorias da concorrência, à medida que elas se aplicam à sua situação.

Você provavelmente terá de estimar os valores solicitados no roteiro com base em informações coletadas de associações comerciais, relatórios anuais, publicações de negócios e empresas independentes de pesquisa setorial. Em geral, é difícil encontrar informações definitivas sobre vendas.

Concorrência futura

Por fim, na análise da concorrência, é preciso arriscar certa dose de adivinhação. É preciso tentar prever como será a concorrência no futuro. Novos concorrentes ingressam nos mercados o tempo todo, e às vezes os atuais concorrentes saem. Não se satisfaça com o fato de que outras empresas negligenciaram determinado produto ou serviço. Assim que você mostrar que pode ser bem-sucedido, alguém vai querer abocanhar uma fatia desse mercado. Quais serão seus prováveis novos concorrentes? Por quanto tempo o setor será só seu antes que outros concorrentes ingressem nele?

Prever a situação da concorrência ao longo dos próximos cinco anos, com base em conclusões lógicas fundamentadas em sinais concretos, como as linhas atuais de produtos, proporciona a você e aos possíveis investidores uma noção melhor da viabilidade do seu negócio no longo prazo.

Um dos fatores mais importantes a examinar são as barreiras à entrada: as condições que dificultam ou impossibilitam a entrada de novos concorrentes no mercado. Toda empresa pode ter uma noção de como melhor se preparar para a concorrência no futuro examinando as barreiras à entrada.

Se a posição competitiva da sua empresa depender de novas tecnologias, novas técnicas de produção ou acesso a novos mercados, será essencial delinear as barreiras à entrada. Essa será uma das primeiras áreas avaliadas por possíveis fontes de financiamento.

> *"Como barreira à entrada, o ingresso no negócio deve exigir muito dinheiro e muitas habilidades. Patentes, mesmo que sejam desejáveis, não são suficientes para se proteger contra novos concorrentes, embora ajudem o empreendedor a levantar dinheiro porque mostram que o produto é único. Empresas no setor de serviços têm mais dificuldade de garantir fundos de capital de risco porque os concorrentes podem entrar no setor com facilidade, e os investidores são cautelosos. Para proteger seu mercado, você precisa de barreiras à entrada."*
> **Eugene Kleiner**
> **Investidor de capital de risco**

Barreiras à entrada

Algumas das barreiras à entrada mais comuns para novos concorrentes são:

- Patentes, que oferecem uma medida de proteção para novos produtos ou processos.
- Altos custos iniciais, que efetivamente protegem contra a entrada de pequenos concorrentes no setor.
- Necessidade de especialização substancial ou complexidade nos processos de fabricação e engenharia, reduzindo a probabilidade de os concorrentes terem os conhecimentos necessários para competir.
- Saturação do mercado, o que reduz a possibilidade de os concorrentes assegurarem posição significativa no mercado.

Distribuição da participação no mercado

Enumere a seguir os atuais líderes de mercado e o percentual de participação de mercado de cada um deles.

Concorrente	% do faturamento total	% das unidades totais vendidas	Tendência da participação no mercado (aumento ou redução?)
1.			
2.			
3.			
4.			
5.			

Historicamente, qual(is) concorrente(s) lideraram o mercado? _____
_____
_____

Quais concorrentes aumentaram significativamente a participação no mercado nos três últimos anos? _____
_____
_____

A concorrência geral está se intensificando, estabilizou-se ou está diminuindo? _____

Descreva resumidamente as características mais importantes do(s) líder(es) de mercado: _____

Concorrente n. 1: _____

Concorrente n. 2: _____

Concorrente n. 3: _____

Indique nos gráficos de setores a seguir a distribuição dos concorrentes no mercado.
(Os gráficos podem ser incluídos no seu plano, por escrito, para aumentar o interesse visual.)

Participação no mercado
por volume (estimativa)

Participação no mercado
por faturamento (estimativa)

Poucas barreiras à entrada têm longa duração, em particular em setores mais novos. Nem as patentes fornecem o nível de proteção que geralmente se supõe. Assim, é preciso projetar realisticamente quanto tempo os novos concorrentes vão levar para romper essas barreiras.

Complete o roteiro apresentado na página 130 indicando concorrentes e futuras barreiras à entrada.

Preparando o segmento da concorrência no seu plano

Para preparar a parte da concorrência do plano de negócios, resuma as informações dos roteiros apresentados neste capítulo em uma breve sinopse. Não deixe de incluir:

> **"**Não quero saber de ouvir as palavras 'Ninguém fez isso antes' ou 'Não temos concorrentes'.**"**
> **Damon Doe**
> **Sócio diretor, Montage Capital**

- Descrição da concorrência
- Distribuição da participação no mercado
- Posições competitivas
- Barreiras à entrada
- Oportunidades estratégicas

Use o formulário para preparação do plano apresentado na página 131 para preparar a parte Concorrência do seu plano de negócios. Não hesite em utilizar listas com marcadores e gráficos (ver sugestões no Capítulo 3). Além disso, inclua informações pertinentes a pesquisas de mercado, em especial levantamentos de clientes.

Resumo

Para concorrer em determinado mercado, você precisa conhecer seus concorrentes. Desenvolva uma forte noção da sua posição competitiva — seus pontos fortes e fracos em termos da percepção dos clientes e dos recursos internos da sua empresa; isso será essencial para a preparação da sua estratégia de marketing. Parta sempre do pressuposto de que a concorrência vai se acirrar, e esteja preparado para a entrada de novos concorrentes no mercado.

Concorrência futura e barreiras à entrada

Entre os futuros concorrentes em potencial estão: _____
_____
_____
_____

Concorrentes atuais que provavelmente intensificarão seus esforços: _____
_____
_____
_____
_____

Concorrentes atuais que provavelmente sairão do setor: _____
_____
_____
_____
_____

Indique a seguir a intensidade das seguintes barreiras à entrada e quanto tempo (indicando na coluna "Quanto tempo para entrar em vigor") a nova concorrência levará para superar cada barreira.

Tipo de barreira à entrada	Extensão do fator eficácia				Prazo para adequação
	Alta	Média	Baixa	Nenhuma	
Patentes					
Altos custos iniciais					
Necessidade de especialização significativa					
Problemas de engenharia e produção					
Ausência de fornecedores ou distribuidores					
Licenciamento, regulamentação					
Saturação do mercado					
Marcas comerciais					
Outros:					

Formulário para preparação do plano da concorrência

Utilizando este roteiro como guia, resuma os pontos principais que você deseja, de fato, incluir na parte da concorrência do seu plano de negócios.

Descrição da concorrência: _____
_____
_____
_____
_____

Distribuição da participação de mercado: _____
_____
_____
_____
_____

Posições competitivas: _____
_____
_____
_____
_____

Barreiras à entrada: _____
_____
_____
_____
_____

Oportunidades estratégicas: _____
_____
_____
_____
_____
_____
_____
_____
_____

Use essas informações como base para desenvolver a seção sobre concorrência do seu plano de negócios.

EXEMPLO: A CONCORRÊNCIA

A CONCORRÊNCIA

As categorias de fornecedores a seguir concorrem com a ComputerEase no fornecimento de serviços de treinamento em softwares para o mercado-alvo (empresas que fazem uso substancial de computadores e que têm mais de 50 empregados):

Enumera as categorias de concorrentes.

- Programas de ensino a distância/treinamento on-line.
- Consultores independentes no setor de treinamento.
- Empresas locais de treinamento em software.
- Empresas nacionais de treinamento.
- Desenvolvedores de software.
- Aulas em pequenas faculdades locais.
- Instrutores de dentro das próprias empresas-alvo.

A ComputerEase espera construir seu negócio de desenvolver treinamento personalizado para corporações que desenvolveram aplicativos internos para uso em empresa, por tratar-se de um negócio com margens bastante altas. As aulas nas pequenas faculdades locais em geral não são adequadas para o mercado corporativo, pois em geral as aulas são realizadas na parte da noite, durante pelo menos 10 semanas – condição que não atende às necessidades dos clientes empresariais.

Concorrentes on-line

O número de empresas de treinamento on-line em software explodiu nos últimos anos. Uma rápida busca no Google revelou um número assombroso de resultados. Porém, trata-se de um mercado altamente fragmentado, com vários pequenos jogadores e nenhum fornecedor de serviços dominante. O concorrente mais sério é uma grande universidade on-line, mas seus principais clientes-alvo são pessoas físicas, não empresas.

Concorrentes locais

Oito empresas locais e quatro indivíduos comercializam ativamente seus serviços de treinamento em software. Um número desconhecido de outros consultores individuais oferece tal treinamento em nível menos visível.

Indica concorrentes específicos.

Somente uma empresa local desenvolveu presença substancial no mercado-alvo: a JMT Training. A JMT atua no mercado há mais de seis anos, sendo a maior empresa local de treinamento em software.

Os consultores independentes geralmente oferecem treinamento em apenas um ou dois programas de software.

Outros concorrentes

Três grandes empresas nacionais de treinamento em software realizam periodicamente workshops na região de Vespucci. Empresas nacionais menos conhecidas também oferecem ocasionalmente esses serviços, em geral visando compradores recentes de um software especí-

EXEMPLO: A CONCORRÊNCIA *(continuação)*

fico. O treinamento on-line vem rapidamente ganhando popularidade, abrindo mercado – inclusive nosso mercado local –, tanto para concorrência internacional quanto para concorrência local. Todas as três empresas nacionais de treinamento em software têm programas de treinamento on-line relativamente robustos. Como o nosso mercado-alvo é formado basicamente por países falantes de língua inglesa, nossa concorrência internacional vem principalmente de outros países de língua inglesa. Atualmente, duas empresas internacionais – uma no Reino Unido e outra na Austrália – podem vir a concorrer conosco.

O treinamento interno oferecido por empregados das empresas-alvo varia muito quanto a conteúdo, forma e qualidade. Pouquíssimas empresas têm "instrutores"; a maior parte do treinamento é oferecida por supervisores e colegas de trabalho. Uma interpretação conservadora dos resultados da pesquisa feita pela ComputerEase indica que pelo menos 20% desse treinamento seria contratado de fontes externas, se pudesse ser obtido um treinamento satisfatório.

Distribuição da participação no mercado

As respostas a uma pesquisa da ComputerEase indicam que as empresas-alvo que atualmente realizam treinamento em softwares utilizam fornecedores da maneira indicada pelo gráfico de setores a seguir:

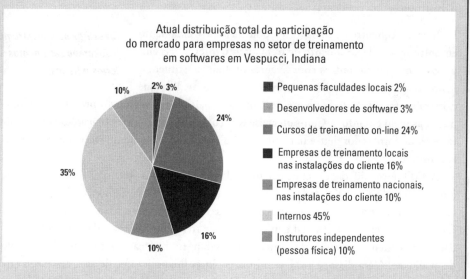

Vantagens sobre os concorrentes

O anexo traz um gráfico mostrando a posição competitiva da ComputerEase. De modo geral, as vantagens da ComputerEase sobre os concorrentes são:

- Sua condição de "Centro de Treinamento Autorizado" para importantes fornecedores de software, o que lhe confere credibilidade por meio de programas conjuntos, além da disponibilidade de programas na fase de pré-lançamento e descontos signi-

EXEMPLO: A CONCORRÊNCIA *(continuação)*

ficativos nos aplicativos.
- Sua equipe gerencial é voltada para os negócios, e não para computadores, e é totalmente focada nas necessidades dos instrutores corporativos.
- Os responsáveis pelo desenvolvimento de cursos são certificados no software para o qual desenvolvem material de curso.
- A ComputerEase é um fornecedor local de treinamento nas instalações do cliente não nacional.
- A empresa tem excelente reputação pela oferta de serviço de alta qualidade.
- Oferece suporte técnico contínuo para clientes empresariais a baixo custo.

Posições competitivas
É assim que a ComputerEase classifica os pontos fortes dos seus concorrentes:

1. Instrutores internos.
2. Cursos de treinamento on-line
3. JTM Training
4. Empresas de treinamento nacionais
5. Outras empresas locais
6. Instrutores independentes

De longe, o concorrente mais forte no negócio de treinamento em software é o departamento de treinamento interno das empresas. Em seguida, outros concorrentes on-line constituem o maior obstáculo à conquista de novos clientes, à medida que existem outras alternativas no mercado que são mais baratas do que os produtos da ComputerEase. No entanto, a ComputerEase está conquistando uma reputação cada vez mais forte como fornecedor de treinamento de alta qualidade e altamente eficaz nessa área tão concorrida.

Classifica os concorrentes e descreve seus pontos fortes e fracos.

A JMT é considerada o concorrente mais forte, devido à sua atual base de clientes, à personalidade e às habilidades em vendas da sua proprietária, Janice Tuffrey, e ao potencial dessa empresa para se associar a empresas de treinamento nacionais que oferecem franquias. Entretanto, o pessoal e os materiais de treinamento atuais da JMT têm qualidade inconsistente, e os clientes atuais expressaram insatisfação com a falta de controle de qualidade. Além disso, a JMT tem uma gerência financeira que deixa a desejar, o que resulta em capital insuficiente para marketing e atualização dos equipamentos. Nenhuma outra empresa local dispõe de recursos financeiros ou recursos de pessoal para responder apropriadamente a um concorrente bem organizado e dotado dos recursos financeiros adequados.

Empresas de treinamento nacionais vendem seus serviços por meio de mala direta e têm pouco ou nenhum contato contínuo com seus clientes. Sua base de clientes não é leal nem está particularmente satisfeita com o serviço.

EXEMPLO: A CONCORRÊNCIA *(continuação)*

A qualidade dos instrutores internos varia muito. No entanto, como esses instrutores já fazem parte da equipe da empresa, o cliente tem pouco ou nenhum custo adicional para utilizá-los.

Instrutores independentes carecem de uma base de clientes substancial e de recursos adequados para responder aos novos concorrentes.

Barreiras à entrada

Os novos concorrentes não têm facilidade de entrar no negócio de treinamento, que requer investimentos substanciais associados à compra ou locação de equipamentos, contratação de instrutores e distribuição de material impresso. Além disso, os fornecedores de software estão cada vez mais seletivos em relação às empresas que terão permissão para atuar como "empresas de treinamento autorizadas". Esses relacionamentos são cruciais em termos do recebimento de versões preliminares, cópias abaixo do custo do software, copatrocínio de eventos para lançamento de produtos e percepção do cliente.

Entretanto, no treinamento on-line, as barreiras à entrada são muito menores. Basta que uma pessoa elabore o material de curso interativo para a Web, usando um dos muitos programas autorais existentes com essa finalidade. Mesmo que o responsável pelo desenvolvimento do conteúdo dos cursos não tenha inclinações para a tecnologia, pode-se encontrar com facilidade alguém que faça a codificação, tornando o conteúdo acessível por meio de um navegador padrão. Não há custos de impressão, uma vez que toda a documentação e o material do curso existem on-line e podem ser baixados pelos alunos. Obviamente, existem despesas de marketing – para lidar com o desafio de ser notado em uma área com acirrada concorrência –, bem como questões de credibilidade, mas levar um produto ao mercado é relativamente barato e fácil. Embora os concorrentes on-line possam vir de qualquer parte, eles precisarão conhecer bem os mercados domésticos.

Oportunidades estratégicas

O mercado para serviços de treinamento em informática está altamente insatisfeito no momento, como mostra uma pesquisa realizada entre diretores de recursos humanos das empresas-alvo. Seu nível de satisfação com as atuais estratégias de treinamento é apresentado a seguir:

Indica limites aos novos concorrentes.

Muito satisfeitos	8%
Relativamente satisfeitos	18%
Relativamente insatisfeitos	43%
Muito insatisfeitos	31%

Esse nível de insatisfação excepcionalmente alto com os atuais fornecedores representa uma oportunidade única para a ComputerEase em um mercado em rápida expansão.

9
Posição estratégica e avaliação de riscos

Estratégia é destino.

No atual ambiente de negócios altamente competitivo e em constante mudança, não basta mais apenas saber COMO gerenciar um negócio; é preciso também saber QUAL negócio você está realmente gerenciando. Embora você deva cuidar dos princípios operacionais básicos do seu negócio, é preciso avaliar sua atual posição no mercado, o que o torna atraente aos olhos do cliente, e quais são as suas vantagens em relação à concorrência. Em outras palavras, precisa ter uma posição estratégica claramente definida.

> *"Se há uma coisa que descobri como empresário, ou como investidor, é que existem muitas maneiras de ganhar dinheiro. É só saber qual seguir. O problema acontece quando você pensa que está em um mercado, mas na verdade está em outro."*
> **Andrew Anker**
> **Investidor de capital de risco**

Definir uma posição estratégica é igualmente importante para uma empresa familiar e para uma empresa de alta tecnologia. A antiga loja de materiais de construção do bairro agora compete não apenas com outra loja de materiais de construção na rua, mas também com outras grandes lojas de materiais de construção no varejo. E os proprietários dessas lojas de materiais de construção locais não mais podem valer-se da crença consoladora de que "somos mais convenientes" – não quando eles também competem com fornecedores de material de construção que vendem pela internet e entregam diretamente na casa dos clientes.

A atual realidade dos negócios é que os clientes têm acesso fácil e conveniente a muitos dos seus concorrentes, alguns dos quais podem vender produtos ou serviços idênticos ou semelhantes por preços mais baixos. Nesse ambiente, é preciso oferecer um incentivo diferenciado para que seus clientes continuem adquirindo seus produtos ou serviços.

A posição estratégica define o que você faz

Uma das grandes vantagens de definir uma posição estratégica é que ela serve de referência para a tomada de decisões nos negócios. Assim como uma declaração de missão bem redigida e uma visão de longo prazo norteiam os valores da sua empresa, uma posição estratégica bem definida influencia praticamente todos os aspectos do seu negócio, como o desenvolvimento de produtos ou serviços, marketing, operações e escolha do local.

Você pode diferenciar sua empresa dos seus concorrentes de muitas maneiras. Você provavelmente já abriu uma empresa com determinada visão ou objetivo. Talvez tenha percebido uma carência no mercado ou quisesse realizar um sonho. O segredo é encontrar a estratégia que melhor alinhe seus pontos fortes e interesses com oportunidades reais no ambiente competitivo. Sua posição estratégica deve estar em consonância com os seguintes critérios:

- Seus pontos fortes e interesses
- Tendências e avanços no setor
- Mudanças e oportunidades no mercado
- Mudanças e oportunidades na concorrência
- Mudanças e oportunidades geradas por novas tecnologias

Se já estiver atuando no negócio, talvez você já tenha desenvolvido uma posição estratégica, consciente ou inconscientemente. Talvez tenha percebido, instintivamente, que precisa criar uma identidade distinta para seu negócio, a fim de distingui-lo da concorrência e ajudar a focar suas atividades.

Tomemos o exemplo de uma floricultura em uma cidade grande. Dois sócios abriram uma floricultura em um bairro de classe média que inicialmente era apenas uma simples "floricultura" – um lugar onde as pessoas compravam uma dúzia de flores ao voltar do trabalho ou compravam um buquê para dar de presente de aniversário. Ao longo do tempo, porém, os talentos e interesses dos donos do negócio os levaram a dar início à criação de decorações florais para casamentos da alta sociedade. Embora esse mercado fosse atendido por outras floriculturas, a demanda de um serviço de qualidade voltado para a alta sociedade crescia na cidade. Devido ao seu talento, eles foram capazes de competir efetivamente nesse nicho.

Para reforçar sua nova posição, os dois sócios mudaram as operações e o marketing da empresa. Para ganhar visibilidade no seu mercado-alvo, doaram arranjos florais a instituições de caridade, criaram novos folhetos e trabalharam com flores mais exóticas e mais caras. Consequentemente, apenas um pequeno percentual do faturamento e dos lucros da floricultura vinha do bairro onde a empresa estava localizada. Resultado: quando o supermercado do bairro passou a vender flores (e depois, quando os clientes puderam comprar arranjos florais pela internet), isso teve pouco impacto sobre os negócios da floricultura.

Em lugar de buscar a estratégia de negócios óbvia – atender o bairro –, os proprietários detectaram uma brecha na concorrência geral que se encaixava perfeitamente com seus talentos. Encontraram sua posição estratégica.

A posição estratégica também define o que você não faz

Definir uma posição estratégica é particularmente importante para novas empresas que precisam se diferenciar rapidamente da concorrência. Como seus recursos sempre são limitados (em especial as empresas mais jovens), uma posição estratégica clara ajuda a descobrir como alocar tais recursos.

Além de ajudar a determinar o que fazer, uma posição estratégica bem definida também serve para decidir o que NÃO fazer. Isso não apenas faz você economizar muito tempo e dinheiro, mas também o torna mais confiante em relação às suas decisões de negócios, algumas das quais talvez não sejam entendidas por outros.

No caso de uma floricultura, por exemplo, em um dia qualquer, um comprador poderia ir até a floricultura e encontrar mais rosas ou margaridas. Os sócios pararam de publicar anúncios nas páginas amarelas. Quando o contrato de locação venceu, eles se mudaram para uma loja menos conveniente no segundo andar, que dificilmente poderia ser vista da rua.

Tudo isso poderia parecer uma estratégia tola se você pensar nessa floricultura como uma típica loja de varejo, mas eram decisões compatíveis com a estratégia dos sócios: visar o mercado de eventos mais sofisticado. Como o tráfego de compradores não era tão importante, a localização era menos crucial e havia pouca necessidade de estocar flores. Escolheram cuidadosamente a localização, o que os ajudou a entender quais atividades tinham menor prioridade. Eles não tentaram ser tudo para todos.

A posição estratégica vai além da publicidade

Não confunda uma coisa com a outra: posição estratégica não é a mesma coisa que um slogan ou uma campanha publicitária. Publicidade e marketing são meios de alcançar a posição estratégica – ajudam a criar uma imagem compatível com sua posição e a difundir sua mensagem a possíveis clientes. Definir uma posição estratégica é criar um espaço significativo para você – uma posição – no mercado.

Como a Coca-Cola se diferencia da Pepsi? Muito pouco dessa diferença baseia-se nas qualidades dos produtos ou segmento de mercado que as duas têm por alvo. As duas empresas podem ter incorporado algumas diferenças operacionais, mas a principal diferença entre elas é a publicidade – não a posição estratégica. Quando a Snapple entrou nesse mercado, criou uma posição totalmente diferente para ela no mercado. A Snapple não tentou competir de igual para igual com a Coca-Cola e a Pepsi; ao contrário, ela procurou um segmento diferente do mercado de refrigerantes: um tipo de refrigerante sem gás e sem cola.

Se as vendas de uma empresa no segmento de carros de luxo fossem direcionadas principalmente a consumidores mais velhos e ela decidisse entrar no mercado de consumidores mais jovens, não bastaria vender o mesmo modelo de carro e criar uma campanha publicitária mais inteligente.

O próprio produto – nesse caso, o carro – precisaria ser recriado para se ajustar aos gostos do mercado-alvo. Talvez precisasse ser menor, mais esportivo, mais veloz, ter mais dispositivos eletrônicos. Não apenas o material de marketing precisaria ser direcionado a um público mais jovem, como também os vendedores precisariam ser treinados para entender que jovens em seus vinte e poucos anos, vestindo camiseta de uma banda de rock, talvez não estejam apenas matando tempo ao fazer um *test drive*; na verdade, poderiam ser milionários no setor de internet prontos para comprar.

Quais tipos de posições estratégicas existem?

O que diferencia uma empresa das demais? É a natureza dos produtos ou serviços? A qualidade ou o custo? A região geográfica onde atua ou o tipo de clientes atendidos? Talvez os clientes da empresa só utilizem produtos patenteados que não são vendidos em outra parte.

Há muitos modos de diferenciar-se dos seus concorrentes, entre eles:

- Fatores da percepção do cliente
- Segmento de mercado
- Participação no mercado
- Vantagens operacionais/tecnológicas
- Produtos patenteados, tecnologia, capacidades ou relacionamentos
- Canais de vendas

Cada uma dessas abordagens estratégicas oferece oportunidades, mas também envolve armadilhas. E elas podem estar relacionadas: se a base do posicionamento da sua empresa for o preço baixo, você também precisará de eficiências operacionais para reduzir custos ou não será capaz de sobreviver e competir com concorrentes com margens de lucro mais altas.

Fatores da percepção do cliente

Essa é a abordagem do "melhor, mais rápido, mais barato", baseado na maneira como os clientes distinguem sua empresa e seus produtos e serviços da concorrência. Alguns fatores fundamentais da percepção dos clientes são:

> *"Você precisa conhecer as necessidades dos consumidores. O que os aflige? Por que eles precisam mudar? Resolva seus problemas e depois divulgue essa mensagem."*
> **Andrew Anker**
> **Investidor de capital de risco**

- Preço
- Qualidade
- Recursos
- Serviço ao cliente
- Impacto social (ambiental, teste com animais etc.)
- Conveniência

Concentrar-se nos fatores relacionados com a percepção dos clientes é o método mais comum de tentar se diferenciar da concorrência. Parece ser a maneira mais simples e mais direta de competir. Surpreendentemente, esses fatores podem ser os mais difíceis de alcançar e manter. Por exemplo, competir com base no preço muitas vezes é perigoso. Embora seja fácil – no curto prazo –, atrair clientes oferecendo preços baixos, clientes altamente sensíveis a preços são os mais volúveis e também aqueles com maior probabilidade de desertar e optar pela próxima empresa que lhes oferecer um preço mais baixo. Depois que você estiver atraindo uma fatia significativa do mercado, os concorrentes estabelecidos, e dotados de recursos, podem reduzir os preços (mesmo que isso resulte em perdas), a fim de competir temporariamente até que você não mais consiga manter suas perdas.

Outros fatores relacionados com a percepção podem ser mais difíceis de "provar" ao mercado. Talvez seja necessário investir muito dinheiro em marketing e publicidade para que os clientes percebam que você oferece recursos adicionais, maior conveniência ou melhor qualidade. Mas, depois de fazer isso, talvez você consiga construir uma base de clientes leais e comprometidos que reconhecem as diferenças entre você e a concorrência.

Segmento de mercado
Essa estratégia baseia-se em visar uma fatia específica do mercado geral.

Alguns modos possíveis de segmentar o mercado são:

- Localização geográfica
- Faixa etária, nível de renda, interesses, tamanho da família etc. do consumidor atendido (em empresas que vendem diretamente para o consumidor final)
- Faixa etária, tamanho e/ou setor de negócios atendido (em empresas que vendem para outras empresas)
- Necessidade especializada dos clientes

Decidir almejar determinado segmento ou "nicho" de mercado oferece muitas vantagens competitivas, em especial para empresas mais novatas e/ou de pequeno porte. Embora você faça negócios visando um mercado total maior para atrair clientes, é mais fácil (e muitas vezes mais barato) ganhar visibilidade e credibilidade em um mercado menor, mais focado. Visar um mercado pequeno também lhe dá a oportunidade de desenvolver experiência e habilidades especiais, o que proporciona vantagem ao competir com outros em pé de igualdade. Por exemplo, um consultor em recursos humanos especializado em hospitais terá muito mais facilidade de atrair hospitais adicionais como clientes do que um consultor em recursos humanos que atenda ao público em geral.

As armadilhas dessa posição estratégica estão relacionadas com o fato de que talvez o mercado não seja suficientemente grande para sustentar ou fazer crescer a empresa, o mercado-alvo talvez já esteja saturado por especialistas ou, depois que você provou que o mercado-alvo é suficientemente grande e rico, empresas maiores ingressem nele para competir com você.

Pensando globalmente, talvez você queira ingressar em uma região específica, talvez uma região mal servida atualmente na qual possa se tornar líder do mercado. Por exemplo, talvez você esteja em um ambiente altamente competitivo nos Estados Unidos, mas, embora Austrália e Nova Zelândia sejam mercados muito menores, talvez nesses países exista um número muito menor de concorrentes e maior potencial para assumir a liderança na participação de mercado por custos muito menores.

Participação de mercado

Essa estratégia baseia-se no controle de uma fatia tão dominante da base de clientes que os outros concorrentes terão dificuldade de competir nesse mercado. O objetivo é tornar-se o "peso pesado" de um mercado.

É quase impossível – e muito caro – desalojar líderes de mercado consagrados nos segmentos de mercado estabelecidos. No mercado de refrigerantes, por exemplo, é proibitivo tentar competir com a Coca-Cola e a Pepsi. Mesmo concorrentes dotados de recursos têm dificuldades de ganhar alguns pontos percentuais de participação de mercado. Em geral, empresas novatas que estão ingressando em mercados maduros devem buscar estratégias de nicho (ou até mesmo criar novas categorias de mercado, como fez a Red Bull com os energéticos ou a Vitamin Water com a água com sabor).

Entretanto, quando os fatores permitem a abertura de novos mercados – como aconteceu com a internet ou com a queda de barreiras comerciais, permitindo o ingresso de concorrentes estrangeiros em um mercado nacional –, surgem oportunidades extraordinárias. Há então uma corrida para capturar a percepção dos clientes – ou *mind share* –, na esperança de que isso se traduza em participação de mercado. Nesses casos, os empreendedores tentam estabelecer suas empresas, produtos ou serviços antes da concorrência. No ambiente on-line e tecnológico, normalmente existe uma urgência específica em obter a "vantagem do pioneiro" (ver a seguir).

Vantagens operacionais e/ou tecnológicas

Outra estratégia é conquistar vantagem competitiva significativa por meio da adoção de melhores procedimentos internos, operações ou tecnologia, o que lhe proporciona benefícios substanciais – por exemplo, margens de lucro mais altas – em comparação com a concorrência. Como essas vantagens normalmente não são observadas – diretamente

– pelos clientes, sua importância muitas vezes não é percebida. Entretanto, muitas empresas tiveram sucesso, não por meio de estratégias de mercado inteligentes, mas administrando seus negócios melhor do que a concorrência. Por exemplo, o sistema de controle de estoque da See's Candies resulta em doces muito frescos em lojas com o mínimo de desperdício; com isso, seus doces têm melhor sabor e as margens de lucro são mais altas.

Produtos patenteados, tecnologia, capacidades ou relacionamentos

Outra posição estratégica é desenvolver ou garantir ativos exclusivos que os concorrentes tenham dificuldade ou impossibilidade de reproduzir. Para empresas na indústria manufatureira e no setor de tecnologia, esses ativos podem ser patentes, processos ou direitos autorais. Para outras, os ativos patenteados poderiam incluir contratos de distribuição, licenças, parcerias estratégicas e até mesmo a contratação de determinados empregados com talentos excepcionais. O segredo para que essa seja uma estratégia eficaz é identificar os aspectos do seu negócio nos quais os ativos internos fazem diferença real e proteger tais ativos e vantagens, de tal modo que seus concorrentes não possam reproduzir ou evitá-los com facilidade.

> *"O fato de termos sido pioneiros significou que tivemos de lutar menos para chamar a atenção. Isso nos deu um período de cinco ou seis meses em relação às poucas empresas na cidade e permitiu que construíssemos o sentido de hábito nos clientes que você precisa. No momento em que tivemos de lançar uma campanha de marketing contra a concorrência, os hábitos dos clientes já estavam criados."*
>
> **Andrew Anker**
> **Investidor de capital de risco**

Canais de vendas

Em alguns casos, talvez seja possível diferenciar sua empresa com base na maneira como você aborda os clientes e lhes oferece seus produtos/serviços. Por exemplo, algumas empresas no setor de informática, como a Dell, diferenciaram-se logo no início, vendendo diretamente para os consumidores e não em lojas de varejo. Mais adiante, a internet gerou oportunidades para que muitas outras empresas driblassem os canais de vendas existentes e vendessem direto para os clientes. Entretanto, a utilização de diferentes canais de vendas como estratégia primordial não exige necessariamente uma abordagem sofisticada – a Tupperware utiliza reuniões em residências, em vez de pontos de venda no varejo, para competir com a Rubbermaid.

Vantagem dos pioneiros?

"Ninguém fez nada assim até agora." Muitos empresários acreditam que sua posição estratégica básica consiste em desenvolver um novo conceito – produto, serviço, tecnologia, negócio na internet – antes de outros. Eles reconhecem que o pioneirismo proporciona grande vantagem; o medo de que outros os superem no mercado faz muitos trabalharem 24 horas por dia.

Se conseguir estabelecer sua empresa, produto, serviço ou site antes da concorrência, você terá o que se conhece como "vantagem do pioneirismo". O pioneirismo pode lhe permitir captar um número tão grande de clientes que é muito difícil uma parte significativa do mercado (em termos de tecnologia, a "base instalada de usuários") mudar.

O pioneirismo em um mercado proporciona muitas vantagens, entre elas a capacidade de:

- Captar uma fatia de mercado significativa antes que os concorrentes entrem no mercado;
- Proteger os parceiros estratégicos fundamentais, deixando menos oportunidades disponíveis para os concorrentes que ingressarem no mercado em seguida;
- Atrair excelentes empregados e gerentes;
- Captar atenção da mídia;
- Assegurar fontes de financiamento, como investidores de capital de risco.

Buscar uma "vantagem do pioneirismo" tem seus próprios riscos e recompensas. Na maior parte dos negócios, poucas barreiras à entrada são realmente efetivas. Será que você vai acabar atuando como o braço de P&D das empresas imitadoras? Há também o risco real de o mercado não estar pronto para você, se você estiver fazendo algo realmente novo, e de as fontes de financiamento também não estarem. Na verdade, muitas empresas que são as segundas ou terceiras a entrar no mercado beneficiam-se ao evitar os custos de educar o mercado, empreender atividades de P&D e contratar pessoas altamente criativas.

Se a vantagem do pioneirismo fizer parte da sua estratégia básica de negócios, pergunte-se: "Tenho como defender essa posição? O que terei de fazer para defendê-la?" Lembre-se: patentes, direitos autorais e outras informações patenteadas têm um alcance protetor limitado. Você pode desenvolver alianças estratégicas ou garantir clientes, distribuidores e fontes de financiamento para dificultar o acesso de futuros concorrentes à sua posição no mercado?

Na estratégia do pioneirismo no mercado, há também o risco de fazer algo rápido, mas malfeito, permitindo que a inevitável concorrência argumente, com razão, que tem uma versão mais aprimorada! Portanto, trabalhe continuamente para aprimorar seus produtos, serviços, marketing e operações. Procure modos de transformar a vantagem do pioneirismo na vantagem de ser o melhor.

Branding

Uma estratégia cada vez mais importante que muitas empresas buscam é a tentativa intencional de construir uma marca. Depois que a marca passa a ser reconhecida, os clientes desenvolvem um relacionamento tão forte com a empresa que os concorrentes têm dificuldade de competir.

Há, obviamente, muitas vantagens de tornar-se uma marca conhecida, mas não é uma tarefa fácil. Primeiro, construir uma marca conhecida normalmente é um processo caro. É preciso investir altas somas em marketing e publicidade para que sua marca fique conhecida. E, embora pareça que algumas marcas famosas foram criadas da noite para o dia, em especial no que diz respeito à internet, a construção de uma marca é um processo lento e difícil.

> *Tudo tem a ver com a marca – estar na frente do cliente. Na rede ou nos meios de comunicação em geral, tudo se resume à marca e à criação de hábitos.*
> **Andrew Anker**
> **Investidor de capital de risco**

Construir uma marca verdadeiramente forte envolve muito mais do que o mero reconhecimento do nome. Uma marca real proporciona aos clientes confiança nos produtos e serviços porque há qualidade, preço, serviço ou conveniência consistentes – ao longo do tempo. Isso não significa que é necessário prometer a qualidade mais alta ou o preço mais baixo – significa apenas ser consistente, para que os clientes possam confiar naquilo que receberão da marca. O McDonald's não precisa prometer refeições *gourmet* para ser uma marca confiável. Construiu sua marca oferecendo aos clientes a mesma experiência, o mesmo tipo, a mesma qualidade dos alimentos e o mesmo asseio em todas as suas lanchonetes.

Se seu objetivo for construir uma marca, você precisará examinar os fatores que é capaz de oferecer aos clientes de maneira consistente ao longo do tempo, garantindo o investimento de recursos suficientes para sustentar esses fatores.

Risco

Todo negócio envolve riscos. Só os empresários mais ingênuos e inexperientes acreditam que seus negócios "não podem dar errado". Utilize esta seção para refletir sobre os vários riscos que seu novo empreendimento terá de enfrentar.

Essa tarefa pode parecer assustadora. Então, para que abalar seu entusiasmo? Porque a avaliação dos riscos o ajuda a se preparar e evitar as ameaças ao seu sucesso. Se, por exemplo, você identificar um risco básico como a possibilidade de um concorrente dotado de recursos entrar no mercado, é recomendável tomar medidas para garantir rapidamente contratos com clientes-chave ou obter financiamentos significativos.

Avaliação dos riscos é um exercício de medo (embora você possa ficar mais intimidado pelos riscos envolvidos do que com o fato de ainda não estar pronto para dar início ao seu negócio). Muitos empresários acreditam que, se descreverem os riscos que provavelmente encontrarão, espantarão os investidores em potencial. Ao contrário. Para todos, exceto os investidores menos sofisticados, a avaliação dos riscos mostra que você está disposto a realizar um exame detalhado e sereno da situação que enfrenta e que você entende o escopo das ameaças ao seu sucesso. Essa avaliação tranquiliza os investidores, transmitindo-lhes a noção de que, como você entende os riscos envolvidos, provavelmente tomará medidas para combater tais ameaças.

Quais são os tipos de risco?

Não é apenas uma questão de risco alto ou risco baixo. Há também a questão dos tipos de risco. Alguns são mais toleráveis ou mais importantes para diferentes investidores – e para você. Aqui estão alguns dos principais tipos de risco que as empresas enfrentam:

- **Risco de mercado:** o risco de o mercado não responder aos seus produtos ou serviços, seja porque não há uma necessidade real no mercado, seja porque o mercado ainda não está pronto. É muito difícil superar os riscos de mercado.
- **Risco competitivo:** o risco de que a situação competitiva passará por mudanças significativas, novos concorrentes entrarão no mercado e/ou concorrentes estabelecidos reposicionarão seus produtos ou serviços de modo a abocanhar sua fatia de mercado. Reflita cuidadosamente sobre como outros concorrentes poderiam responder à sua entrada no mercado, em vez de supor que o ambiente competitivo permanecerá imutável.
- **Risco tecnológico:** o risco de que a tecnologia, o design e a engenharia de produtos não funcionem ou não funcionem tão bem quanto você imaginou. Isso pode ser importantíssimo para o sucesso da sua empresa ou não ter importância alguma, dependendo da natureza da sua empresa, produtos/serviços, clientes etc. Se seu negócio enfrentar riscos tecnológicos substanciais, qual é sua capacidade de melhorar rápida e efetivamente a tecnologia?
- **Risco de produto:** o risco de que o produto não se materialize, não fique pronto a tempo ou não funcione como prometido. Isso é muito semelhante ao item anterior, mas diz respeito a produtos ou serviços não relacionados com tecnologia.
- **Risco de execução:** o risco de que você não seja capaz de gerenciar efetivamente a implantação e o crescimento da empresa porque a gerência não é capaz o suficiente, o prazo não é adequado, as operações não estão em funcionamento etc. Você deve ser capaz de demonstrar as atitudes específicas que está tomando para reduzir ou eliminar esses riscos.
- **Risco de capitalização:** o risco de ter subestimado os custos ou superestimado o faturamento e de que não haja dinheiro suficiente. A melhor maneira de evitar esses riscos é fazer uma projeção orçamentária realista e levantar recursos suficientes para não ficar sem dinheiro cedo demais. Procure investidores que tenham capacidade e inclinação de oferecer fundos adicionais à medida que sua empresa progride.
- **Risco global:** o risco de, ao fazer negócios internacionalmente, encontrar imprevistos que interrompam seus negócios ou afetem negativamente sua capacidade de fazer negócios, alcançar seu mercado ou receber suprimentos.

Utilize os roteiros para avaliação de riscos apresentados neste capítulo para avaliar os riscos que seu negócio enfrenta, tanto no país quanto internacionalmente.

Contrabalançando riscos e oportunidades

Depois de avaliar os riscos, talvez você se sinta sobrecarregado. Entretanto, embora os riscos sejam muitos, também há recompensas substanciais – do contrário, por que você se daria ao trabalho de iniciar esse empreendimento?

Um método comum de ilustrar o equilíbrio entre riscos e oportunidades é a análise SWOT (Strengths, Weaknesses, Opportunities, Threats), que descreve os pontos fracos, os pontos fortes, as oportunidades e as ameaças. É um bom exercício para avaliar rapidamente a posição da sua empresa.

A tabela da página 150 permite realizar uma análise SWOT. Inclua fatores internos e externos, bem como os fatores atuais e os possíveis fatores.

Resumo

Uma posição estratégica bem delineada influencia praticamente todos os aspectos do seu negócio; por exemplo, o desenvolvimento dos seus produtos e serviços, operações de marketing e escolha da localização. No atual ambiente de negócios, é fundamental que todas as empresas saibam exatamente como se diferenciam dos concorrentes. A definição de uma posição estratégica lhe permite responder com clareza e riqueza de detalhes à pergunta: "Em qual setor você atua?" Ao encontrar no mercado excelentes oportunidades, adequadas aos seus pontos fortes e aos seus interesses, você pode definir uma posição estratégica capaz de distinguir sua empresa de outras. Não existe uma estratégia "correta", e sua posição estratégica evoluirá ao longo do tempo. Uma avaliação honesta dos seus riscos lhe permite reduzir as possíveis ameaças ao seu sucesso. Também reafirma aos possíveis investidores que você tem uma visão clara do que está tentando fazer.

Avaliação do risco

Especifique os principais riscos que sua empresa enfrenta em cada área, avalie a intensidade aproximada desse risco (alta, média ou baixa) e indique as medidas que você pode tomar, ou tomou, para reduzi-lo:

Concorrente	Probabilidade/percentual de risco	Medidas para reduzir o risco
Risco de mercado		
Risco competitivo		
Risco tecnológico		
Risco de produto		
Risco de execução		
Risco de capitalização		

Globalização: Riscos globais

Especifique os principais riscos que sua empresa enfrenta em cada área, avalie a intensidade aproximada desse risco (alta, média ou baixa) e indique as medidas que você pode tomar, ou tomou, para reduzi-lo:

Tipo de risco	Probabilidade/percentual de risco	Medidas para reduzir o risco
Interrupções na cadeia de suprimentos		
Flutuações na taxa de câmbio		
Problemas de mão de obra		
Controle de qualidade inadequado/ inconsistente		
Riscos políticos/ climáticos		
Mudanças nas leis de comércio internacional		
Outros:		

Análise SWOT: Pontos fortes/Pontos fracos/Oportunidades/Ameaças

Enumere nos devidos quadrantes os pontos fracos e fortes da sua empresa e as oportunidades ou ameaças que ela enfrenta.

Pontos fortes	Pontos fracos

Oportunidades	Ameaças

POSIÇÃO ESTRATÉGICA E AVALIAÇÃO DE RISCOS

Formulário para preparação do plano de posição estratégica

As informações fornecidas neste formulário podem ser utilizadas como base para a seção sobre posição estratégica e análise dos riscos do seu plano de negócios.

Tendências do setor: _____
_____
_____
_____
_____

Mercado-alvo: _____
_____
_____
_____
_____
_____

Ambiente competitivo: _____
_____
_____
_____
_____
_____

Seus pontos fortes em relação à concorrência: _____
_____
_____
_____
_____
_____

Riscos: _____
_____
_____
_____
_____
_____

Utilize essas informações como base para a seção posição estratégica do seu plano de negócios.

EXEMPLO: POSIÇÃO ESTRATÉGICA E ANÁLISE DOS RISCOS

POSIÇÃO ESTRATÉGICA E ANÁLISE DOS RISCOS

O objetivo da ComputerEase é ser a principal empresa no setor de treinamento em software na Grande Vespucci, Indiana, e um dos maiores concorrentes na área de treinamento on-line para o mercado de falantes da língua inglesa. Para alcançar esse objetivo, desenvolvemos uma posição estratégica que enfatiza:

- Treinamento on-line altamente eficaz que utiliza a mais recente tecnologia instrucional interativa.
- Treinamento prático presencial.
- Treinamento personalizado desenvolvido para softwares patenteados ou necessidades específicas dos clientes.
- Treinamento que enfatiza a produtividade e também as habilidades.

A posição estratégica da ComputerEase baseia-se na avaliação dos seguintes fatores:

A. Tendências do setor
B. Nosso mercado-alvo
C. Ambiente competitivo
D. Nossos pontos fortes
E. Riscos

Tendências do setor

A tendência do setor de treinamento em software é o desenvolvimento de fornecedores regionais ou nacionais, em lugar de pequenas empresas ou consultores pessoa física. O ensino a distância on-line é um importante sistema de oferta desses serviços, com boa relação custo-benefício para programas de treinamento, e o número e a qualidade desses programas continuam aumentando. Aplicativos on-line, oferecidos sob a forma de SaaS (software-as-a-service), em oposição a software para download, continuam ganhando popularidade. O credenciamento de desenvolvedores de softwares nacionais continua a ser um requisito fundamental para fazer negócios.

Mercado-alvo

Nosso mercado-alvo é o mercado de treinamento corporativo (e não o consumidor final). Esse mercado é forte, cresce e é menos sensível a preços do que o mercado consumidor. As empresas muitas vezes desenvolvem softwares personalizados para suas necessidades específicas, além de usar produtos "prontos".

Ambiente competitivo

Ainda não existem outros fornecedores nacionais ou regionais no setor de treinamento em software na região de Vespucci. Isso nos dá a oportunidade de construir relacionamentos substanciais com nosso mercado-alvo – corporações e órgãos governamentais – antes do ingresso de outros concorrentes na região. Entretanto, já existem algumas empresas no

EXEMPLO: POSIÇÃO ESTRATÉGICA E ANÁLISE DOS RISCOS

setor de treinamento baseadas na internet, que dispõem de sólidos recursos; e prevemos uma pressão competitiva substancial por parte delas.

Nossos pontos fortes

Nosso melhor produto é o treinamento presencial, e a seleção dos nossos instrutores não é feita com base apenas em seu conhecimento de informática, mas também em sua capacidade de traduzir questões tecnológicas complexas em uma linguagem compreensível, em sua paciência e eficiência pedagógica. Outro ponto forte é nossa capacidade de criar de maneira rápida e eficiente programas de treinamento personalizados, desenvolvidos em torno dos softwares patenteados do cliente ou para satisfazer outras necessidades específicas dos clientes. Nossa capacidade de entender a tecnologia instrucional on-line é outro de nossos pontos fortes.

Riscos

Uma possível ameaça é o aumento da consolidação das empresas de treinamento on-line em software. Diversas dessas empresas já oferecem treinamento por um preço bem mais baixo do que os preços que a ComputerEase pode oferecer, e a consolidação pode reduzir ainda mais os preços, ao mesmo tempo em que aumenta a qualidade e a eficácia dos esforços de marketing desses concorrentes. Um risco constante é a saúde da economia: períodos de retração econômica levam à contratação de menor número de empregados e, portanto, menos treinamento em nosso mercado-alvo. Por fim, um último risco potencial, que parece menos importante nesse ponto, é os desenvolvedores de software produzirem softwares mais fáceis de usar, reduzindo assim a necessidade de treinamento.

Posição estratégica

A avaliação desses fatores nos levou a concluir que nossa principal ameaça vem de outras empresas que oferecem treinamento on-line. No entanto, embora o treinamento on-line gere para a empresa um volume significativo de receitas, estamos confiantes de que haverá uma necessidade contínua de treinamento presencial de qualidade. Um percentual significativo dos clientes exige ou prefere um instrutor presente para responder perguntas e demonstrar técnicas, muitas vezes, individualmente. Além disso, acreditamos que nosso mercado-alvo estará disposto a pagar mais para receber treinamento personalizado e/ou presencial.

Desenvolver nossos programas de treinamento de modo a alcançar melhor produtividade, bem como treinar habilidades básicas em software, permite-nos continuar a oferecer programas de treinamento valiosos para os clientes, mesmo se eles reduzirem o número de novas contratações. Os programas de produtividade são menos vulneráveis a períodos de retração econômica.

Para alcançar essa posição estratégica, damos ênfase especial a habilidades, comportamentos e personalidades dos nossos instrutores. Reconhecemos que a qualidade da instrução, sua paciência e eficácia devem ser substancialmente superiores às dos instrutores on-line. Precisamos também reter programadores eficazes, capazes de criar programas de treinamento eficazes, inclusive programas personalizados.

10
Plano de marketing e estratégia de vendas

Diga-lhes o que eles receberão, não o que você faz.

Buscando e conquistando clientes

Quem quer se manter no negócio precisa ter clientes: essa é a verdade mais elementar nos negócios. Por isso, um plano de marketing eficaz para comunicar com os clientes, motivá-los e mantê-los é essencial para o sucesso da empresa. Como entrar em contato com os clientes tem um custo, e dinheiro é sempre um recurso limitado, sua estratégia de marketing deve ser cuidadosa e detalhadamente elaborada. Se estiver desenvolvendo um plano de negócios para buscar financiamento externo, lembre-se de que muitos investidores leem atentamente a parte do plano de marketing. Eles querem saber se você tem uma estratégia realista e consciente dos preços para levar seu produto ou serviço às mãos dos clientes. No plano de marketing, você define:

> *Há quem acredite que tudo é uma questão de ganhar ou perder. Mas depois de uma partida sempre vem outra. Nos negócios, a cada visita de vendas segue-se outra. Você sempre está se preparando para a próxima. Portanto, é importante fazer cada venda da melhor forma possível, faça o melhor que puder em cada tentativa de venda. Mesmo se perder, mesmo se não fechar a venda, você vai aprimorar e aperfeiçoar suas habilidades; e seu comportamento ao perder também é importante para determinar se vai sair vencedor da próxima vez.*
> **Bill Walsh**
> **Ex-técnico e presidente, S.F. 49ers**

- Como conscientiza os clientes do seu produto ou serviço;
- Que mensagem você está tentando comunicar aos clientes sobre seu produto, serviço ou empresa;
- Os métodos específicos que utiliza para transmitir e reforçar essa mensagem; e
- Como você vai garantir as suas vendas.

Observe que marketing e vendas, embora estreitamente relacionados, são duas atividades diferentes. O marketing tem por objetivo fortalecer a percepção dos clientes e transmitir uma mensagem; as vendas são as ações diretas utilizadas para tentar conseguir pedidos dos clientes. Assim, o marketing inclui atividades como propaganda, criação de folhetos, networking e relações públicas; as vendas abrangem telemarketing, visitas de vendas e vendas por comércio eletrônico.

Ao criar e implementar sua estratégia de marketing, é recomendável utilizar os serviços de especialistas, como consultores de marketing e relações públicas, e agências de publicidade. Embora esses profissionais possam intensificar o foco e a eficácia dos seus esforços, nunca deixe o programa de marketing inteiramente na mão de estranhos – o programa de marketing é fundamental para a definição e o sucesso do negócio.

Este capítulo contém as ferramentas básicas necessárias para esboçar uma estratégia de marketing a ser incluída em um plano de negócios.

A mensagem da empresa

Quem já viu um anúncio de jeans da Calvin Klein com uma modelo atraente que sugere sedutoramente "Não existe nada entre mim e meus jeans Calvin Klein", entende rapidamente a mensagem, que certamente nada tem a ver com preço ou durabilidade. A empresa vende sedução dizendo aos clientes que "usar jeans Calvin Klein o tornará mais sedutor".

> *"Muitas pessoas estão constatando que a vida é curta e que querem fazer alguma coisa que realmente seja importante para elas. É esse o alicerce da missão de sua empresa."*
> **Pauline Lewis**
> **Proprietária, oovoo design**

Toda empresa transmite uma mensagem por meio do seu marketing. A mensagem, baseada na posição estratégica da empresa, enfatiza determinados atributos, como "líder em preços baixos" ou "serviço ágil". Ou, talvez, a mensagem explore um nicho de mercado: "especialistas em planejamento imobiliário" ou "software para arquitetos". Talvez a mensagem seja menos direta e vise mais à autoimagem do cliente: "a escolha de uma nova geração" ou "você merece uma pausa hoje".

Os quatro Ps do marketing

Que mensagens você transmite aos clientes para motivá-los a comprar seu produto ou serviço? Os especialistas em marketing enfatizam os elementos a seguir, conhecidos como os "quatro Ps" para influenciar os clientes a comprar.

1. **Produto.** Os aspectos tangíveis do próprio produto ou serviço.
2. **Preço.** A vantagem de custo.
3. **Ponto.** A conveniência e a decoração do local.
4. **Promoção.** A quantidade e natureza das atividades de marketing.

Entretanto, esses elementos deixam de fora diversos aspectos do marketing, sobretudo à medida que os clientes se tornam mais seletivos ao longo dos anos e passam a buscar produtos ou serviços não apenas para satisfazer uma necessidade imediata, mas também para aprimorar sua percepção geral de bem-estar.

Os estrategistas em marketing em geral concordam com o fato de que as pessoas compram benefícios e não recursos. Em outras palavras, os clientes estão mais preocupados em saber como uma compra afetará sua vida e não em como a empresa alcançará esses resultados. Assim, sua mensagem de marketing deve informar os clientes o que eles receberão, como segurança ou melhor autoimagem, e não apenas especificações detalhadas do que seu produto ou serviço faz.

O que os clientes querem: os cinco Fs

"Os cinco Fs" apresentados a seguir são uma maneira conveniente de resumir o que os clientes querem.

1. **Funções.** Como o produto ou serviço satisfaz as necessidades concretas dos clientes?
2. **Finanças.** De que maneira a compra afetará a situação financeira geral dos clientes, não apenas em relação ao preço do produto ou do serviço, mas também na maneira como proporcionará outras economias e maior produtividade?
3. **Liberdade (*Freedom*).** Qual é o grau de conveniência de compra e uso do produto ou serviço? Como eles ganharão mais tempo e terão menos preocupações em outros aspectos da vida?
4. **Sentimentos (*Feelings*).** Que sentimentos e sensações o produto ou serviço provoca nos clientes e que efeitos o produto/serviço tem sobre sua autoimagem? Eles gostam do vendedor e da empresa, e os respeitam?
5. **Futuro.** Como os clientes lidarão com o produto, serviço e empresa ao longo do tempo? Haverá suporte e serviço disponíveis ao cliente? Como o produto ou serviço afetará sua vida nos próximos anos? O produto/serviço faz com que se sintam seguros em relação ao futuro?

Os clientes, naturalmente, querem receber benefícios em todas essas áreas, e você precisa saber como seu produto ou serviço satisfaz toda a gama das necessidades deles. No entanto, sua mensagem primária deve se concentrar em um ou dois desses benefícios que mais efetivamente motivam seus clientes e proporcionam uma posição competitiva para sua empresa.

Você comunica esses benefícios por meio de cada interação que tem com seus clientes, e não apenas por meio de publicidade. Naturalmente, o slogan e o texto da empresa que você utiliza nos anúncios transmitem uma afirmação visível

"Como empresa socialmente responsável, é preciso utilizar o desejo real que as pessoas têm de ajudar e criar uma experiência que lhes proporcione satisfação de verdade."
Premal Shah
Presidente, Kiva

aos possíveis clientes. Talvez o nome do próprio negócio seja uma mensagem direta, por exemplo, "Fotos em uma hora" ou "Ingressos baratos".

O poder da mensagem indireta

As mensagens indiretas podem causar uma impressão ainda mais forte nos clientes. Folhetos com layout elegante e representantes de vendas vestidos de modo conservador transmitem a impressão de que a empresa é profissional e responsável. Um ambiente decorado com cores da moda e rock tocando como música de fundo transmitem a mensagem de que a empresa é jovem e contemporânea.

> *"Tudo sustenta a visão. Esse é o segredo do varejo. Tudo deve reforçar o conceito central que você tenta transmitir ao mercado-alvo, inclusive linhas de produtos, serviço de atendimento ao cliente, projeto arquitetônico, horário de funcionamento e até mesmo o tipo de embalagem utilizada."*
>
> **Nancy Glaser**
> **Consultora de estratégias de negócios**

Às vezes, infelizmente, uma empresa transmite mensagens ambíguas, por exemplo, vendedores bem vestidos, mas material de vendas de má qualidade. Como transmitir uma imagem ao cliente que reforce sua mensagem direta? Como agregar valor ao produto ou serviço por meio da decoração, das embalagens e da apresentação?

O roteiro dos cinco Fs apresentado na página 159 ajuda a organizar suas respostas a essas perguntas; as informações podem ser incorporadas à seção de marketing do seu plano de negócios. O roteiro ajuda a resumir como você reforça a imagem da sua empresa e o que tenta informar aos clientes sobre seu produto ou serviço. Utilize as informações para planejamento interno, bem como na elaboração no seu plano de negócios.

Estratégias de marketing

Depois de esclarecer o que você quer dizer aos clientes sobre sua empresa, é necessário descrever como dissemina essas informações.

Como entra em contato com os possíveis clientes? Você anuncia seus produtos e serviços? Em caso afirmativo, onde?

Envia mala direta? Em caso afirmativo, para quais listas de mala direta? Participa de feiras comerciais? Quais feiras e com que frequência?

Como todo veículo de marketing tem um custo, planeje cuidadosamente como você pretende investir seu dinheiro em marketing. Ao criar seu programa geral de marketing, busque:

- **Adequação.** Seus veículos de marketing devem alcançar seus clientes-alvo reais e ser apropriados para sua imagem.
- **Mix.** Utilize mais de um método para que os clientes sejam expostos aos seus produtos/serviços a partir de algumas fontes.

Os cinco Fs

Tendo em mente os cinco Fs, descreva a mensagem que você está tentando transmitir aos clientes sobre seu produto ou serviço.

Funções: _____

Finanças: _____

Liberdade (*Freedom*): _____

Sentimentos (*Feelings*): _____

Futuro: _____

Qual dessas mensagens é a mais importante para motivar seu mercado-alvo a adquirir seu produto/serviço? _____
_____

Como você expressará essa mensagem para seu cliente nas áreas listadas a seguir?

Nome comercial: _____

Slogan: _____

Palavras-chave no material de marketing: _____
_____

Design do produto: _____

Logotipo: _____

Design do site: _____
_____

Design e linguagem do blog: _____
_____

Outras imagens gráficas/design: _____
_____

Embalagem: _____
_____

Decoração: _____
_____

Estilo das roupas usadas pelos empregados: _____

Materiais de *merchandising*/vídeos/apresentação: _____
_____

Outros: _____
_____

- **Repetição.** São necessárias muitas exposições para que o cliente se conscientize de uma mensagem.
- **Possibilidade de aquisição.**

Utilize o roteiro sobre veículos de marketing, apresentado na página 161, para documentar como você emprega vários veículos de marketing no seu negócio.

Seja engenhoso

Muitas vezes, os melhores veículos de marketing não são os mais óbvios nem os mais caros. Um anúncio grande em uma publicação especializada pode ser muito mais eficaz e mais barato do que um pequeno em um jornal comum. Garantir presença em um site de networking pessoal destinado a um público específico pode proporcionar resultados melhores do que garantir presença nos sites de networking mais populares.

Para encontrar informações sobre feiras comerciais, procure na internet organizações comerciais no seu setor.

Você também pode encontrar uma listagem extensa de feiras comerciais no site da Trade Show News Network, em www.tsnn.com (em inglês).

Ou consulte livros, como *Trade Shows and Professional Exhibits Directory*, publicado pelo Gale Research (em inglês).

Alguns veículos de marketing que você pode usar são:

- **Prospectos.** Folhetos, *flyers* ou outros materiais descritivos são especialmente úteis para empresas no setor de serviços.
- **Site da empresa.** Uma maneira bastante eficaz de descrever seus produtos ou serviços detalhadamente e estar disponível para clientes em toda parte, a qualquer hora.
- **Mídia impressa.** Jornais, revistas e publicações especializadas.
- **Rádio e televisão.** O rádio e a televisão a cabo podem ser direcionados a mercados específicos; redes de televisão costumam ser muito caras.
- **Networking.** Sites de mídia social, sites de microblogs e blogs que ajudem a desenvolver relacionamento com os clientes e tenham influência no seu mercado.
- **Propaganda on-line.** Pagar por visibilidade em outros sites; costuma-se empregar anúncios sob a forma de banners, patrocínio de outros sites, compra de "palavras" em sistemas de busca, participação em portais de vendas on-line.
- **Publicidade especial.** Itens impressos com o nome da empresa e distribuídos aos clientes, por exemplo: calendários, bonés, estojos e outros brindes.
- **Mala direta.** *Flyers*, catálogos e folhetos.
- **Listas de mala direta por e-mail.** Mala direta regular ou pouco frequente para listas de mala direta por e-mail; podem ser anúncios diretos ou "boletins informativos" on-line.
- **Relações públicas.** Matérias gratuitas e artigos na mídia e outros tipos de publicidade, normalmente garantidos por especialistas em relações públicas.

Veículos de marketing $ ▶ $$ ▶ $$$

Utilize o roteiro a seguir para elaborar seu programa de marketing, listando cada tipo de veículo de marketing, frequência com a qual você o utiliza e seu custo anual. Esta será a base do seu orçamento de marketing, que será utilizado na seção de finanças do seu plano de negócios.

VEÍCULO	DETALHES	FREQUÊNCIA	CUSTO ANUAL
Assistência profissional			
Consultores de marketing/relações públicas			
Agências de publicidade			
Especialistas em mídias sociais			
Especialista em otimização de sites			
Design gráfico/design na Web			
Prospectos/folhetos/*flyers*			
Cartazes/outdoors			
Merchandising			
Amostras/prêmios			
Publicidade na mídia			
Impressa (jornal etc.)			
Televisão e rádio			
On-line			
Outras mídias			
Listas telefônicas			
Publicidade especial			
Mala direta			
Sites			
Desenvolvimento/programação			
Manutenção e hospedagem			
Feiras comerciais			
Taxas e montagem			
Viagens/expedição			
Exposições/cartazes			
Atividades/materiais de relações públicas			
Marketing informal/networking			
Afiliações/reuniões			
Entretenimento			
Outros			
Total			$

- **Amostras.** Distribuição de amostras gratuitas de produtos ou de cupons que oferecem descontos no produto ou serviço.
- **Marketing informal/networking.** Atividades como associar-se a organizações, falar em público ou participar de conferências.

Táticas tradicionais de marketing

Além dos métodos de marketing direto, você pode empregar outras estratégias criativas para promover sua empresa. Essas táticas muitas vezes envolvem pouco ou nenhum custo adicional e podem ser uma fonte de faturamento substancial.

Preencha o roteiro sobre táticas de marketing apresentado na página 163 indicando as estratégias de marketing que você utiliza para aumentar as vendas.

Vários setores têm estratégias de marketing específicas, e os empreendedores criam métodos únicos para entrar em contato com os clientes. Algumas estratégias importantes a considerar na sua abordagem de marketing são descritas a seguir.

Propaganda na mídia

A propaganda funciona. A expectativa dos clientes é conhecer produtos e serviços em anúncios de jornais e revistas, rádio, televisão ou internet. A propaganda transmite o nome e a mensagem da sua empresa a um grande número de pessoas com relativamente pouco trabalho da sua parte. Mas tem seu custo. Não compre anúncios com base apenas no número de pessoas alcançado; o anúncio precisa alcançar as pessoas certas: seu mercado-alvo. Veicular um anúncio mal elaborado ou mal redigido talvez seja pior do que não veicular anúncio algum; portanto, invista tempo e dinheiro no desenvolvimento de bons anúncios. Anuncie repetidamente; os profissionais calculam que são necessárias nove exposições apenas para que uma pessoa se dê conta de um anúncio.

Marketing baseado no cliente

Muitas vezes negligenciado, esse é um dos tipos de marketing mais proveitosos. Duas abordagens especialmente eficazes são enfatizar vendas repetidas posicionando seu produto ou serviço a ser consumido ou substituído, e vendas suplementares, por meio das quais você aumenta o faturamento total por cliente, por meio da venda de produtos ou serviços adicionais.

Outra abordagem é a promoção no ponto de venda: displays de *merchandising* ou outras ofertas apresentadas aos clientes no momento da venda, a fim de estimular compras por impulso.

Parcerias estratégicas

Identifique uma empresa à qual associar-se para realizar promoções, vendas ou distribuição. Você pode utilizar essa parceria das seguintes formas:

- **Propaganda cooperativa.** Esse tipo de propaganda ocorre quando um anúncio menciona duas empresas, e cada uma delas paga parte dos custos. Essa é uma prática frequente em muitos setores.
- **Licenciamento.** Uma empresa pode dar permissão para que outra utilize seu produto, nome ou marca comercial. Por exemplo, em vez de vender seu software diretamente, você pode licenciá-lo para que outro fabricante de software o incorpore ao seu programa.
- **Contrato de distribuição.** Trata-se de um contrato por meio do qual uma empresa vende e distribui a linha de produtos ou serviços de outra empresa.
- **Pacotes ou *bundling*.** Trata-se de um relacionamento entre duas empresas em que uma das empresas inclui o produto ou serviços da outra empresa como parte de um pacote geral.

Ofertas/promoções especiais

Ofertas e promoções especiais permitem aumentar a receita de vendas e sua participação no mercado oferecendo aos clientes valores especiais. A tendência é considerar as ofertas basicamente como uma tática no varejo, mas empresas de serviço e marketing corporativo também podem incorporar a prática.

Táticas tradicionais de marketing $ ▶ $$ ▶ $$$

Marketing baseado no cliente: Como você aumenta as vendas para os clientes atuais? _____
_____
_____

Parcerias estratégicas: Quais relacionamentos você tem com outras empresas que podem ajudar a promover, vender ou distribuir seu produto ou serviço? _____
_____
_____

Ofertas/promoções especiais: Quais descontos você oferece para estimular as vendas? _____
_____
_____

Prêmios: Que presentes ou prêmios você oferece para criar reputação e vendas? _____
_____
_____

Outras táticas: _____
_____
_____

Entre as estratégias estão a liderança em preços – produtos ou serviços em que você tem pouco ou nenhum lucro – para motivar clientes novos e solidificar a base de clientes, e ofertas de lançamento ou por tempo limitado para gerar fluxo de caixa em momentos críticos.

Prêmios

O uso de prêmios no marketing incentiva as vendas e cria reputação por meio de presentes, sorteios, descontos e outros valores agregados percebidos. Esses "adicionais" podem acompanhar os produtos ou serviços, como taças gratuitas com uma caixa de duas garrafas de vinho dadas de presente na compra ou oferecidas como descontos, muitas vezes em conjunto com outras empresas (como descontos em viagens), para clientes antigos. Muitos sites utilizam essa tática para atrair visitantes.

Táticas de marketing on-line

O marketing via mídias sociais oferece uma enorme variedade de oportunidades de marketing. Além disso, outras novas são desenvolvidas à medida que surgem novas tecnologias, e os empresários criam meios inovadores de se comunicar. Acrescente-se a isso o fato de as pessoas hoje estarem conectadas com o universo on-line praticamente o tempo todo, com seus smartphones e dispositivos móveis.

Sites de relacionamento

Esses sites baseiam-se no conceito de conteúdo gerado pelo usuário, associado à interatividade e conexão ininterruptas. O resultado é um enorme número de pessoas constantemente conectadas à Web, aos seus telefones e umas às outras.

Você está tentando chegar aos consumidores finais ou às empresas? Um site voltado para o mercado de massas (por exemplo, Facebook, Twitter, Friendster), ou um site de interesses especiais (como Chowhound, relacionado com alimentação, e LinkedMusicians para os amantes da música), podem ser mais adequados. Depois de ter escolhido o site (ou sites) certo, forneça conteúdo relevante e interessante para elevar a visibilidade da sua empresa na comunidade.

Use os sites de relacionamento para:

- Divulgar seus produtos ou serviços.
- Anunciar em campanhas destinadas ao seu público específico.
- Criar seu próprio grupo/comunidade para obter feedback dos clientes.
- Buscar fontes de referência e fazer networking.
- Aumentar sua credibilidade por meio de conteúdo significativo para sites ou recomendações positivas e indicações.

Blogs

Blogs, ou weblogs, são páginas da internet que podem ser atualizadas rapidamente, contendo texto, áudio, vídeo, gráficos e fotos. Da perspectiva do marketing, os blogs funcionam bem para os negócios nos quais a expertise é valorizada – para consultores, fornecedores de serviços de tecnologia, negócios de serviços profissionais etc.

Não importa se você tem blog ou se contribui regularmente para um blog popular na sua área, seus esforços nesse sentido podem aumentar muito sua visibilidade e credibilidade. Se você oferecer algo de valor aos seus leitores (além de uma mensagem de vendas), é provável que atraia pessoas em busca de seus serviços ou produtos.

O uso efetivo de blogs pode:

- Difundir o nome e o reconhecimento da marca.
- Solidificar sua reputação como especialista.
- Atrair clientes.
- Criar links para o seu site.
- Gerar entusiasmo em relação a um novo produto.
- Aproveitar um mercado existente.

Outras táticas relacionadas com mídias sociais

Criar seu próprio podcast – programa de rádio ou televisão baixado em computadores e dispositivos móveis – pode ser uma boa opção se você tiver conteúdo atraente para postar sobre os tópicos mais populares: tecnologia, política e negócios.

E quanto aos vídeos? Embora o YouTube seja o site de compartilhamento de vídeos mais conhecido, existem vários outros sites do mesmo tipo; alguns deles concentram-se em vídeos do tipo "como fazer" e podem ser uma excelente oportunidade para mostrar sua expertise.

Os sites de avaliações e comunidades permitem aos usuários ler e postar comentários sobre os produtos, serviços e empresas que utilizam. Entre eles estão Yelp.com, Angie's List e Epinions.com. Seus comentários e avaliações podem ser poderosas ferramentas de marketing para o seu negócio ou podem ser um desastre.

Como em todos os outros aspectos do seu plano de marketing, avalie cuidadosamente o retorno sobre o investimento esperado de blogs, redes sociais e outras táticas de marketing on-line. Embora muitas dessas atividades aparentemente não tenham custo alto, todas tomam tempo. Considere o tempo – o seu, o da sua equipe e o dos consultores – dedicado ao marketing de mídias sociais.

SEO e SEM

Com a otimização de sites (SEO – Search Engine Optimization), você desenvolve um site otimizado para que os mecanismos de busca o encontrem com rapidez e facilidade. O objetivo é fazer seu site aparecer nos primeiros lugares da página de "resultados" quando um usuário buscar palavras-chave relevantes. Com o marketing de busca (ou marketing (SEM – Search Engine Marketing), você compra palavras-chave para que seu anúncio apareça sempre que um usuário faz uma busca na internet usando essas palavras.

SEO. Primeiro, é preciso descobrir quais palavras seus clientes-alvo provavelmente usarão ao buscar os tipos de produtos ou serviços (ou conteúdo) que você oferece. Você terá de repetir suas palavras-chave em todo o seu site para que as "aranhas" dos mecanismos de busca possam associar seu site (ou determinadas páginas dentro deles) a essas palavras-chave. Ao desenvolver e atualizar seu site, lembre-se dessas palavras-chave.

Saiba, porém, que a otimização de sites é ao mesmo tempo arte e ciência. Como os mecanismos de busca frequentemente mudam seus algoritmos de busca, as regras de otimização que mantêm uma empresa no topo da lista dos resultados em um mês podem não se aplicar ao mês seguinte.

SEM. Esse termo amplo pode ser aplicado a qualquer tipo de atividade de marketing cujo objetivo seja associar o nome e o site da sua empresa aos resultados do mecanismo de busca; no entanto, para distinguir-se da otimização de sites, o termo marketing SEM passou a significar as atividades nas quais você paga para que seu site apareça no topo da página de resultados. O marketing SEM também pode ser chamado de propaganda nos mecanismos de venda.

O marketing SEM é muito popular por duas razões. Em geral, as pessoas que realizam as buscas são possíveis clientes altamente qualificados – especialmente no caso dos termos com definições mais específicas. E os anunciantes têm de pagar apenas quando o usuário clica no anúncio deles (chamado *click-through*). Eles não pagam apenas para que o anúncio seja exibido.

Newsletters por e-mail

Assim como as *newsletters* impressas, as *newsletter* por e-mail são uma forma extremamente eficaz de desenvolver seu negócio e manter a visibilidade junto aos clientes e possíveis clientes. Além disso, têm a vantagem de ser rápidas, fáceis e baratas de produzir.

Em uma *newsletter* por e-mail, você pode incluir informações e dicas que seus clientes podem usar, notícias sobre os negócios, anúncios especiais ou cupons e ofertas especiais. Evite encher a *newsletter* com informações sobre vendas de seus produtos e serviços – ao contrário, ofereça aos leitores benefícios para abrirem seu e-mail. Assim, aumentará a probabilidade de eles abrirem a próxima mensagem que você enviar.

Cabe aqui, porém, uma advertência sobre o marketing por e-mail: cuidado para não abusar. Envie e-mails apenas para pessoas que tenham se cadastrado e optado por receber e-mails de você ou que já tenham lidado com você (inclusive que já tenham lhe dado seu cartão de visitas); caso contrário, você estará violando a lei. Limite a frequência das mensagens; em geral, uma ou duas vezes por mês bastam para *newsletters* por e-mail. Tente usar um título atraente na linha de assunto para aumentar a chance de as pessoas abrirem e lerem sua mensagem. E envie mensagens significativas e valiosas; é importante também que não veiculem conteúdo ou linguagem ofensiva. Caso contrário, os destinatários em breve bloquearão seu e-mail como spam, e, se muitas pessoas o fizerem, os filtros de e-mail bloquearão suas mensagens a vários grandes servidores.

Propaganda on-line

Mesmo que você considere incômodos os anúncios on-line, aposto que há outros que gosta de ver. Por exemplo, se estiver em busca de produtos ecológicos – aquecimento a energia solar, lâmpadas energeticamente mais eficientes, material de construção reciclado, e assim por diante – e encontrar um site que enumere e descreva os fornecedores desses produtos, você vai ficar animado. Não importa que essas empresas tenham pago para constar da lista; ficará feliz de encontrar todos esses recursos em um só lugar.

O importante é que você elabore seus anúncios on-line de modo a atrair (e não a incomodar) seus clientes-alvo e os coloque em um lugar onde os possíveis clientes tenham mais possibilidade de vê-los.

Alguns tipos de oportunidades de anúncios em sites são:

- **Portais/diretórios:** Portais e diretórios atuam como *hubs* on-line – em geral, agrupados em tornos de um tema, tópico, produto ou local comum – aos quais os usuários recorrem em busca de informações, produtos e serviços. Como tais, os portais podem ser um ótimo e eficiente lugar para anunciar seu produto ou serviço, por um custo baixo.
- **Anúncios em sites:** Nos primórdios da internet, um anúncio típico em uma página da Web assemelhava-se a um anúncio veiculado em jornais e revistas: um anúncio com tamanho específico, em geral incluindo fotos ou imagens e texto, colocado próximo ao conteúdo da página em si. Na internet, esse tipo de anúncio passou a ser chamado de banner.

    Os anúncios intersticiais são outro tipo de anúncio em sites. Aparece entre conteúdos e sites (ou antes deles). Um exemplo clássico de anúncio intersticial é o comercial de televisão – por ser veiculado no meio de um programa de televisão, esse tipo de anúncio tem público cativo. Você também já viu um anúncio intersticial se já tiver digitado o endereço de um site e acabou sendo direcionado para um anúncio antes do site em si carregar.
- **Patrocínios.** Com um patrocínio, o anunciante paga para oferecer apoio a um site, parte de um site, conteúdo dentro do site ou organização por trás do site. Em troca, o site confere visibilidade ao anunciante e reconhecimento no site. Muitas vezes, essa visibilidade assume a forma de um banner estático; entretanto, também significa exibir nome, logotipo ou slogan do patrocinador próximo ao conteúdo – colocação que, às vezes, pode tornar os patrocínios ainda mais visíveis do que os banners.
- **Classificados on-line.** Alguns dos anúncios mais eficientes são puro texto (ou, talvez, texto acompanhado de algumas imagens) – o equivalente aos anúncios "classificados" on-line.

Um dos classificados on-line mais conhecidos é o Craigslist (www.craigslist.org). Em algumas comunidades nos Estados Unidos, a Craigslist tornou-se o primeiro lugar que as pessoas visitam quando querem fazer compras, buscar trabalho ou procurar um apartamento. E um número cada vez maior de empresas usa a Craigslist para anunciar um novo produto ou serviço. Anunciar na Craigslist normalmente leva tempo (é preciso atualizar continuamente seu anúncio para manter sua visibilidade), mas, na maior parte dos casos, é gratuito.

- **Sites de leilões.** Os sites de leilão on-line, como o eBay, são mais do que meros lugares onde as pessoas leiloam objetos usados. Por representarem um imenso mercado on-line, esses sites criaram inúmeras oportunidades de marketing para empresários. Como é possível montar "lojas" nesses sites ou listar produtos para compra imediata sem realização de leilões, você pode usar tais sites como um meio para veicular seus anúncios – exatamente como faria com os sites classificados on-line.
- **Programas afiliados.** Você pode anunciar seus produtos ou serviços nos sites de terceiros montando um programa afiliado (que também pode ser visto como uma espécie de anúncio no qual se paga pela venda, uma vez que hospedar um site só compensa se o anúncio gerar uma venda).

A propaganda em programas afiliados incentiva outras pessoas a colocarem seus anúncios em seus sites em troca das oportunidades geradas. Por exemplo, se um dos visitantes do site deles clicar no seu anúncio, for ao seu site e fizer uma compra, o site original recebe uma comissão sobre a venda final.

Marketing global

No mundo conectado de hoje, é muito mais fácil encontrar e atender clientes no mundo todo do que jamais foi antes. Embora seu mercado doméstico possa parecer um mercado-alvo suficientemente grande, principalmente se a sua empresa for novata, você deve pelo menos pensar em expandir internacionalmente sua base de possíveis clientes.

Mesmo que não vise diretamente a clientes globais, é provável que você tenha clientes em todo o mundo, especialmente se tiver presença on-line. Os clientes internacionais podem encontrá-lo mesmo que você não os busque ativamente.

Antes de decidir comercializar seus produtos ou serviços internacionalmente, é preciso verificar se existe demanda do mercado de outros países e se você pode atender de forma acessível e eficaz os pedidos que venha a receber. Afinal, de nada adianta comercializar um produto se for impossível ou inviável enviá-lo. Sendo assim, inicie a avaliação de marketing global determinando quais de seus produtos ou serviços são adequados a vendas globais. Existem clientes em outros países que possam desejar seus produtos ou serviços e precisar deles? Em caso afirmativo, em quais países?

Lembre-se de que você não precisa estar presente fisicamente em outro país para comercializar seus produtos ou serviços. Você pode, por exemplo, encontrar uma empresa local à qual associar-se, que possa importar e comercializar seus produtos ou licenciar seus produtos ou propriedade intelectual, adaptar suas ofertas às necessidades do mercado local e comercializá-los com seu nome ou o nome da empresa local.

No caso da maior parte das empresas, no entanto, a presença on-line – particularmente por meio de seu site ou das suas vendas em outros sites – será seu principal veículo de marketing global. Sendo assim, ao desenvolver ou remodelar seu site, tenha em mente as perspectivas internacionais do seu negócio e as considerações a seguir:

- Torne o site fácil de usar para clientes internacionais (por exemplo, apresentando as informações em vários idiomas e os preços em outras moedas), ofereça suporte ao cliente nos países em outros fusos horários.
- Crie sites especiais para cada país ou região em que você esteja comercializando seus produtos.
- Tente entender as normas culturais locais. Por exemplo, em alguns países, propagandas que envolvem comparação (por exemplo, testes de sabor de Coca-Cola *versus* Pepsi) não são prática comum. Em muitos países asiáticos, a cor vermelha é símbolo de boa sorte.
- Use as redes sociais. Participe de mídias sociais – blogs e sites de relacionamento – nos quais muitos usuários sejam dos países onde você pretende fazer negócio.
- Compre *adwords* que surjam na tela quando as pessoas fazem buscas em um país específico. Alguns mecanismos de busca lhe permitem almejar países específicos. Lembre-se de que, em alguns países, outros mecanismos de busca podem ser dominantes – como o Baidu, na China.

Naturalmente, você também pode criar presença local se a oportunidade de determinado país for grande o suficiente para justificá-lo. Nesse caso, você certamente vai querer conhecer os costumes do país no que se refere a marketing e vendas. Talvez seja interessante envolver habitantes locais em sua equipe de marketing ou contratar empresas de marketing locais (empresas de relações públicas ou agências de publicidade, por exemplo), que conheçam melhor o mercado local. Você também vai precisar de material de marketing (como brochuras) adequado ao país.

Use o roteiro a seguir para elaborar um esboço dos seus esforços de marketing global.

Sua estrutura de vendas

Sua estratégia de marketing está diretamente relacionada com sua estrutura de vendas – como você obtém pedidos reais dos clientes. Nessa parte do seu plano, descreva dois componentes principais do seu sistema de vendas: a força e o processo de vendas.

Se o plano de negócios for utilizado para buscar financiamento, você não precisa entrar em muitos detalhes; basta fornecer um esboço geral, dando uma ideia do que acredita ser necessário para gerar vendas. Para o planejamento interno, porém, é preciso oferecer detalhes sobre esses conceitos.

Táticas de marketing on-line $ ➤ $$ ➤ $$$

Site: Como o seu site vai promover seus produtos e serviços ou conferir credibilidade ao seu negócio? Quais são os principais objetivos do seu site no marketing e venda dos seus produtos e serviços? _____
_____
_____

SEO/SEM: Você vai direcionar tráfego para o seu site usando marketing via mecanismos de busca pagos ou gratuitos? Em caso afirmativo, como? _____
_____
_____

Newsletters por e-mail: Como você vai criar uma newsletter por e-mail para se conectar com seus clientes e possíveis clientes? Que tipo de conteúdo terá essa newsletter? Com que frequência você enviará a newsletter? Como vai desenvolver sua lista de mala direta? _____
_____
_____

Blogs: Você vai escrever um blog? De que blogs você participará ativamente para aumentar sua visibilidade? _____
_____
_____

Mídias sociais: Você vai usar mídias sociais, como sites de microblogging e redes sociais para divulgar seus produtos e serviços e conquistar clientes e possíveis clientes? _____
_____
_____

Outros tipos de publicidade on-line: Você vai usar anúncios pagos em outros sites ou portais? Em caso afirmativo, em quais deles? _____
_____
_____

Outras táticas on-line: Você vai usar outros veículos on-line, como podcasts, vídeo ou sites de análises? Em caso afirmativo, como pretende usá-los? _____
_____
_____
_____
_____
_____

O envolvimento da equipe de vendas

No âmago das atividades que geram as receitas da sua empresa estão os empregados com responsabilidades específicas pelas vendas. São eles que entram em contato direto com os possíveis clientes e determinam, imediatamente, se o produto ou serviço é de fato comprado. Esses empregados importantíssimos são a sua equipe de vendas, e você precisa planejar cuidadosamente como melhor utilizar as habilidades e o tempo deles.

Que responsabilidades você delega à sua equipe de vendas? Que comissões e incentivos oferece? Como treina e supervisiona as pessoas responsáveis por gerar receitas?

Naturalmente, cada empregado desempenha um papel na atração e retenção de clientes: se a faxineira fizer um trabalho ruim, e a loja estiver com aspecto sujo, os clientes podem não querer comprar de você. Assim, algumas empresas incorporam alguma forma de treinamento relacionado com vendas para todo o pessoal. Mas certos empregados (e também outras pessoas que não têm vínculo empregatício com a empresa) têm responsabilidades específicas por garantir as vendas, e essas pessoas constituem o âmago da sua equipe de vendas.

Atividades de vendas

Atividades de vendas podem ser realizadas na própria empresa ou entrando em contato com os clientes em suas residências ou escritórios. E a equipe de vendas pode consistir em vendedores internos ou externos.

- **Equipe de vendas interna.** Empregados que permanecem na empresa para realizar as vendas; inclui vendedores nas lojas de varejo, pessoal que recebe pedidos pelo telefone e telemarketing.
- **Equipe de vendas externa.** Vendedores que visitam os clientes para obter pedidos; podem ser empregados assalariados da empresa,

"Em relações públicas, é preciso sempre empregar a melhor estratégia. Você deve ser meticulosamente honesto, o mais direto possível; ao mesmo tempo, é recomendável proteger seus objetivos a longo prazo, a reputação e a dignidade de qualquer pessoa envolvida. É importante manter certa percepção pública da sua organização para não se envolver em todos os detalhes de cada decisão. O público não gosta de palavras negativas. É preciso haver métodos padronizados, formas e respostas aceitáveis a perguntas e consultas fundamentais."
Bill Walsh
Ex-técnico e presidente, S.F. 49ers

"Ao buscar parceiros estratégicos, o primeiro critério consiste em encontrar grupos que compartilhem uma visão daquilo que estamos tentando fazer. Temos quatro critérios para selecionar um parceiro estratégico: 1) ênfase igualmente forte em marketing; 2) compreensão compartilhada do mercado-alvo; 3) acordo sobre a área geográfica que atendemos; e 4) pessoas éticas e de qualidade. Em seguida, tentamos encontrar pessoas que possam proporcionar melhor acesso a diferentes tipos de mídia e a taxas mais baixas do que as que conseguimos. Muitas vezes, possíveis parceiros nos procuram; outras vezes, nossa vice-presidente de vendas entra em contato com alguém na organização na qual estamos interessados. Assim, garantimos que a parceria será igualmente lucrativa para ambas as partes ou que a empresa não vai mais nos procurar. Isso assegura seu apoio ao empreendimento e abre portas para futuras parcerias de negócios."
Andre Tatibouet
Presidente, Aston Hotels

Globalização: Marketing

Preencha o roteiro a seguir se quiser comercializar seus produtos ou serviços e realizar vendas em âmbito internacional.

1. Quais dos seus produtos ou serviços são particularmente adequados às vendas internacionais?
___
___
___
___
___

2. Quais países seriam mais adequados aos produtos e serviços que você oferece? ___
___
___
___
___
___

3. Que medidas você vai tomar para comercializar internacionalmente seus produtos ou serviços?

    ☐ a. Criar ou adaptar sites fáceis de usar globalmente
    ☐ b. Apresentar as informações sobre os produtos em diversos idiomas
    ☐ c. Utilizar redes sociais
    ☐ d. Comprar *adwords* destinados a países específicos
    ☐ e. Associar-se a firmas de marketing internacionais
    ☐ f. Participar de feiras internacionais
    ☐ g. Abrir filiais em outros países
    ☐ h. Outras: ___

4. Como você vai adaptar seu site aos clientes internacionais?

    ☐ a. Oferecendo informações em vários idiomas
    ☐ b. Indicando preços em outras moedas
    ☐ c. Oferecendo serviços ao cliente em fusos horários diferentes
    ☐ d. Ajustando o conteúdo do site às normas culturais locais
    ☐ e. Usando elementos visuais (por exemplo, fotos), que reflitam a orientação internacional
    ☐ f. Outros: ___

pessoal que trabalha por salário mais comissão ou apenas pelas comissões; ou podem ser prestadores de serviços – representantes comerciais e agentes do fabricante, representando várias linhas de produtos ou lidando exclusivamente com os produtos de uma empresa, normalmente com base apenas em comissões.
- **Vendas on-line.** As vendas on-line incluem sites que vendem produtos diretamente aos clientes por meio de um site de comércio eletrônico ou sites de leilão, como o eBay. Os sites de geração de dicas de venda geram vendas indiretamente coletando dicas para vendedores. Os sites de dicas muitas vezes exigem que os visitantes forneçam informações para contato se quiserem acessar o conteúdo do site e/ou downloads. Os vendedores então utilizam essas informações para entrar em contato com os usuários.

Você pode também contratar serviços de telemarketing terceirizados para realizar as vendas por telefone, a partir do escritório dessa empresa e utilizando os empregados dela.

Depois de determinar a natureza da sua equipe de vendas, indique como você divide as responsabilidades entre os empregados, por exemplo, atribuição de representantes de vendas por territórios, linhas de produtos ou tipos de cliente.

Remuneração e treinamento de empregados

Como você remunera sua equipe de vendas? Alguma forma de comissão é comum na maioria das situações de vendas. Que percentual de comissão você oferece?

Você concede bonificações a quem alcança determinadas metas?

Você utiliza outros incentivos como prêmios, presentes ou férias? Os gerentes ou outros supervisores recebem comissões pelas vendas do seu pessoal?

Você também precisa considerar como continuar a treinar, motivar e supervisionar sua equipe de vendas. Vender é uma tarefa difícil, muitas vezes desencorajadora, e os vendedores precisam de encorajamento e apoio frequentes. Quem será responsável por isso? O roteiro sobre força de vendas, apresentado na página 174, ajuda-o a definir em linhas gerais a estrutura da sua equipe de vendas.

O processo de vendas

Por fim, você tem de identificar os procedimentos que a equipe de vendas deve utilizar para entrar em contato com os clientes e apresentar seu produto ou serviço, e o nível dos resultados que espera da força de vendas. Embora essas informações não precisem ser incluídas em um plano de negócios preparado para obtenção de financiamento externo, os dados sobre a produtividade das vendas são importantes para desenvolver previsões de vendas realistas.

Como as vendas reais serão concretizadas? Alguns métodos são:

- Vendas no local
- Vendas pelo correio

Força de vendas

Enumere a seguir o tipo de força de vendas que você utiliza e quantos vendedores existem em cada categoria.

Força de vendas interna: _____

Força de vendas externa (empregados da empresa): _____

Agentes e representantes de vendas externos (que não sejam empregados da empresa): _____

Vendas e suporte ao comércio eletrônico: _____

Serviços de telemarketing: _____

Outros: _____
_____

Como você divide responsabilidades, por exemplo, por linha de produtos, território, tipo de cliente etc.? _____
_____

O pessoal de vendas tem responsabilidades adicionais além das vendas? _____
_____

Que comissões você paga ao pessoal de vendas? _____
_____

As comissões variam de acordo com a linha de produtos ou as metas alcançadas? _____
_____

Que outros incentivos ou bônus você oferece? _____
_____

Quais despesas são reembolsadas ao pessoal de vendas, por exemplo, viagens, entretenimento?
_____

Com quais despesas o próprio pessoal de vendas deve arcar? _____
_____

Quem supervisa o pessoal de vendas? _____

Eles recebem comissões ou bonificações pelo desempenho das pessoas que supervisionam?
☐ Sim ☐ Não

Quem treina o pessoal de vendas? _____

Com que frequência é oferecido treinamento? _____

Que tipo de treinamento é fornecido? _____

Quais outros empregados estão envolvidos na geração de vendas? _____
_____

- Vendas por telefone
- Vendas on-line
- Vendas externas (como no escritório do cliente)
- Vendas terceirizadas

Alguns aspectos que você deve considerar ao avaliar seu processo de vendas seriam:

- **Visitas-surpresa.** Contatar clientes-alvo antes que eles demonstrem qualquer interesse em comprar seu produto ou serviço; isso pode ser feito pessoalmente ou por telefone.
- **Dicas.** Criar ou comprar listas com os nomes dos potenciais clientes que expressaram pelo menos algum nível de interesse pelo seu produto ou serviço.
- **Produtividade.** O período de tempo necessário para garantir as vendas e o nível de vendas realisticamente esperado a partir de cada vendedor.
- **Atendimento de pedidos.** Garantir o atendimento dos pedidos de maneira imediata e precisa, uma conclusão essencial do processo de vendas.
- **Objetivos.** Estabelecer objetivos específicos, mensuráveis para cada vendedor e para a equipe de vendas como um todo; avaliar de maneira realista o número de vendas possível para cada representante comercial dada a natureza do território/produto/base de clientes atribuídos a cada um; especificar quotas básicas de vendas; definir quotas de vendas com base nessas atribuições.
- **Pós-venda.** Assegurar que o representante comercial mantenha contato contínuo com o cliente depois da venda e busque oportunidades de repetir a venda.
- **Otimização do site.** Acrescentar palavras-chave ao site e/ou comprar palavras-chave para ajudar a melhorar sua classificação nos mecanismos de busca e direcionar mais tráfego para o seu site.

Utilize o roteiro sobre processo de vendas e produtividade, apresentado na página 176, para definir em linhas gerais os procedimentos e níveis de produtividade que você espera nos seus esforços de vendas.

> *"Reservamos pacotes de viagem (transporte aéreo, hotel etc.) junto aos nossos parceiros estratégicos. Trabalhamos em conjunto com seus vendedores. Eles podem realizar um grande volume de visitas de vendas e vendem nosso hotel junto com o produto deles."*
>
> **Andre Tatibouet**
> **Presidente, Aston Hotels**

Processo de vendas e produtividade

Indique aqui os procedimentos e níveis de produtividade que você espera nos seus esforços de vendas.

IDENTIFICAÇÃO DOS CLIENTES

Como você identifica os possíveis clientes? _____
Você utiliza "visitas-surpresa"? _____
Quais listas de possíveis clientes você compra? _____
Quais outros métodos você utiliza para determinar o interesse dos clientes? _____
Você capta as informações de contato dos visitantes do seu site? _____

CONTATO COM O CLIENTE

Como você entra em contato com os clientes? Por e-mail? Telefone? _____
Quem entra em contato com os possíveis clientes? _____
Quantas vezes um possível cliente é contatado antes de ser descartado da lista? _____
Quando os possíveis clientes são contatados? _____
Quanto tempo demora cada contato? _____
Com que frequência os atuais clientes são contatados para vendas subsequentes adicionais? ____
Quem entra em contato com os clientes atuais? _____

PRODUTIVIDADE DE VENDAS

Quais são suas metas de vendas? _____ Descreva o volume e as receitas esperados dentro de um intervalo de tempo específico.
Que percentual do seu faturamento vem das vendas on-line? _____
Que percentual dos visitantes do seu site você acredita que acabará comprando da sua empresa?
Quantas vezes, em média, um possível cliente precisa ser contatado antes de se conseguir:
Uma reunião? _____ Uma venda? _____
Que percentual dos potenciais clientes concorda com uma reunião ou demonstração do produto?
Que percentual desses possíveis clientes concorda com uma reunião ou demonstração depois da compra? _____
Quantas ligações se espera que cada vendedor faça e em que período de tempo? _____
Quem lida com os pedidos por telefone, correio ou e-mail? _____
Quem assegura o atendimento adequado e rápido dos pedidos? _____
Essas informações são transmitidas ao vendedor? ☐ Sim ☐ Não
Como? _____
Quem verifica o crédito? _____

OUTROS PROCEDIMENTOS DE VENDAS _____

_____
_____
_____

Vendas internacionais

Uma vez concluído que pode haver demanda para seus serviços e produtos vinda de clientes de outras partes do mundo, é preciso avaliar como serão feitas as vendas e como serão vendidos e entregues os produtos/serviços.

Um dos maiores desafios no atendimento a clientes internacionais é o atendimento dos pedidos. Se você tem um produto físico, talvez seja difícil e caro enviá-lo até o cliente, e você pode enfrentar problemas tarifários ou de alfândega. É preciso analisar bem essas questões antes de investir tempo ou dinheiro no desenvolvimento de uma operação de venda.

Se, por outro lado, o que você está fornecendo é um produto para download (por exemplo, software ou conteúdo) ou um serviço on-line, não há problema no atendimento de pedidos – pressupondo-se, é claro, que o produto ou serviço tenha algum apelo internacional. Se for esse o caso, você certamente deve se esforçar para melhorar sua presença on-line e atrair clientes globais.

Reconheça que termos e condições de venda podem ser diferentes em outros países. Por exemplo, em alguns países, muitos consumidores não têm cartão de crédito ou pode haver limites às taxas de juros que você pode cobrar até de seus clientes comerciais. Ao desenvolver seus planos e projeções de vendas, você precisará entender essas diferenças.

Uma saída comum para muitas empresas que desejam atuar em âmbito internacional é fazer parceria com outra empresa/corporação ou distribuidora no país desejado. Ou licenciar seu produto ou propriedade intelectual (por exemplo, software, projetos, conteúdo) para que ela o venda com a própria marca. Entre em contato com as associações de comércio da sua área para ver o que é típico em seu setor e como outras empresas licenciam atualmente produtos similares em outros países.

Uma excelente maneira de avaliar a receptividade de mercados globais é a participação em feiras internacionais. Essas exposições reúnem muitas partes de um setor para mostrar seus produtos aos clientes em potencial. As feiras são uma forma excelente e eficiente de se alcançar um grande número de parceiros e clientes internacionais. Podem ser um meio de encontrar distribuidores locais ou pessoas interessadas em licenciar seu produto/serviço em outros países.

Preparando a seção de marketing do plano

Você precisa resumir os pontos mais importantes do plano de marketing e vendas em uma declaração concisa e convincente de como entra em contato com os clientes e os convence a adquirir seu produto. A seção de marketing do plano de negócios deve incluir:

- A mensagem que você está tentando transmitir aos clientes; como você posiciona sua empresa no mercado.
- Os métodos e veículos de marketing utilizados.
- A força de vendas e os procedimentos de vendas utilizados.

Os roteiros para orçamento de marketing e projeções de vendas e o formulário para preparação do plano apresentados nas próximas páginas ajudam a organizar as informações para o desenvolvimento da seção de marketing do plano de negócios.

Consulte os roteiros anteriores deste capítulo ao preencher as estimativas do orçamento de marketing para o roteiro orçamento de marketing. Algumas dessas informações serão usadas também na parte de finanças do seu plano de negócios. Para preencher o roteiro sobre projeções de vendas, calcule o faturamento por linha de produto, depois o faturamento total de todas as linhas de produtos e transfira essas informações para os formulários financeiros apropriados no Capítulo 16.

Resumo

O plano de marketing e a estratégia de vendas são fundamentais para os negócios da sua empresa. Para continuar no negócio, você precisa entrar em contato com os clientes e garantir vendas. Por isso, essa seção do plano provavelmente será rigorosamente analisada por possíveis investidores. Ao analisar o plano de marketing, esses investidores querem ver se você tem uma abordagem realista, com boa relação custo-benefício, ao posicionamento de seus produtos ou serviços no mercado e para motivar os clientes a comprar.

Na parte sobre estratégia de vendas, os possíveis investidores querem ver se os métodos de vendas são apropriados ao negócio, se a equipe de vendas é suficientemente grande e se está bem treinada para garantir os níveis de vendas necessários para sustentar o seu negócio.

Globalização: Vendas internacionais

1. Você pretende vender seus produtos/serviços no mercado internacional? _____

2. Qual a natureza dos produtos que está vendendo (conteúdo para download, produtos, serviços)?
_____
_____
_____
_____
_____

3. Já pesquisou quais são os possíveis obstáculos relacionados com o atendimento dos pedidos (expedição, alfândega, tarifas etc.)? _____
_____
_____
_____

4. Quais produtos ou serviços específicos da sua linha são mais adequados para vendas internacionais? _____
_____
_____
_____

5. Nas vendas internacionais, você comercializará seus produtos/serviços por meio de terceiros ou realizará vendas diretas? _____

6. Pretende abrir uma filial em outro país? _____

7. Pretende contratar representantes de vendas em outros países? _____

8. Quais são as comissões típicas dos países nos quais você pretende atuar? _____
_____
_____
_____

9. Quais são os termos de venda típicos nos países em que você pretende atuar? _____
_____
_____
_____

10. Que outras preocupações relacionadas com a atuação internacional você identificou? _____
_____
_____
_____

Orçamento de marketing

	Janeiro	Fevereiro	Março	Abril	Maio
Assistência profissional					
Consultores em marketing/RP					
Agências de publicidade					
Especialistas em mídias sociais					
Especialista em otimização de sites					
Design gráfico/Web					
Prospectos/folhetos/*flyers*					
Cartazes/outdoors					
Merchandising					
Amostras/prêmios					
Propaganda na mídia					
Impressa (jornal etc.)					
Televisão e rádio					
On-line					
Outras mídias					
Listas telefônicas					
Publicidade especial					
Mala direta					
Site					
Desenvolvimento/programação					
Manutenção e hospedagem					
Feiras					
Taxas e montagem					
Viagens/expedição					
Placas/cartazes					
Relações públicas/atividades					
Marketing informal/networking					
Afiliações/reuniões					
Entretenimento					
Outros:					
Total					

! **OBS.:** Em www.planningshop.com há uma versão computadorizada desse roteiro.

Junho	Julho	Agosto	Setembro	Outubro	Novembro	Dezembro	TOTAL

Projeções de vendas

LUCRO BRUTO	Janeiro	Fevereiro	Março	Abril	Maio
Linha de produtos n. 1					
Volume unitário					
Preço unitário					
Vendas brutas					
(Comissões)					
(Retornos e reembolsos)					
Vendas líquidas					
(Custo de mercadorias vendidas)					
LUCRO BRUTO					
Linha de produtos n. 2					
Volume unitário					
Preço unitário					
Vendas brutas					
(Comissões)					
(Retornos e reembolsos)					
Vendas líquidas					
(Custo de mercadorias vendidas)					
LUCRO BRUTO					
Linha de produtos n. 3					
Volume unitário					
Preço unitário					
Vendas brutas					
(Comissões)					
(Retornos e reembolsos)					
Vendas líquidas					
(Custo de mercadorias vendidas)					
LUCRO BRUTO					
Linha de produtos n. 4					
Volume unitário					
Preço unitário					
Vendas brutas					
(Comissões)					
(Retornos e reembolsos)					
Vendas líquidas					
(Custo de mercadorias vendidas)					
LUCRO BRUTO					
Total de todas as linhas de produtos					
Volume unitário total					
Vendas brutas totais					
(Comissões totais)					
(Retornos e reembolsos totais)					
Vendas líquidas totais					
(Custo total de mercadorias vendidas)					
LUCRO BRUTO TOTAL					

 OBS.: Em www.planningshop.com há uma versão computadorizada desse roteiro.

Junho	Julho	Agosto	Setembro	Outubro	Novembro	Dezembro	TOTAL

Formulário para preparação do plano de marketing e estratégia de vendas

Utilize as informações registradas neste formulário para resumir os pontos que você abordará na parte de marketing do seu plano de negócios.

Descreva a mensagem que você está tentando transmitir aos clientes: _____
_____
_____
_____
_____

Descreva como você posiciona sua empresa no mercado: _____
_____
_____
_____
_____
_____

Descreva as estratégias de vendas tradicionais e on-line que você utiliza: _____
_____
_____
_____
_____

Descreva sua força de vendas e os procedimentos de vendas usados: _____
_____
_____
_____
_____
_____
_____
_____
_____
_____
_____

Utilize essas informações como base da seção de marketing do seu plano.

EXEMPLO: PLANO DE MARKETING

PLANO DE MARKETING

A ComputerEase se diferencia dos seus concorrentes porque entende melhor as necessidades dos seus clientes. Outras empresas no setor de treinamento em software, tanto na área de Vespucci quanto on-line, comercializam seus serviços como se o cliente fosse apenas o aluno. A ComputerEase, por outro lado, sabe que o cliente é na realidade o empregador do aluno, a empresa que contratou a ComputerEase.

A ComputerEase supre as necessidades dos clientes

Os empregadores têm motivações ligeiramente diferentes das motivações dos alunos. Embora as empresas (e também os alunos) queiram um treinamento de alta qualidade e fácil de entender, elas também querem:

- Maior produtividade geral.
- Uma empresa com a qual negociar todas as necessidades de treinamento em informática.
- Suporte contínuo aos empregados.
- A conveniência de não ser necessário perturbar o local de trabalho para sessões de treinamento em informática.

Os clientes dessas empresas querem negociar com uma empresa de treinamento com a qual possam manter um relacionamento contínuo.

Descreve a mensagem da empresa.

O slogan da ComputerEase ("Falamos a sua língua") foi concebido para reafirmar seu mercado principal: grandes clientes corporativos. O slogan implica que o treinamento será compreensível e que a ComputerEase entende as necessidades do clientes.

Com uma brincadeira em inglês, o nome ComputerEase tem por objetivo ser memorável e transmitir a mensagem de que a empresa facilita a interação com o computador. Seu slogan "Falamos a sua língua" está presente em todo material de marketing, no site da empresa e nas mensagens enviadas por e-mail.

A ComputerEase enfatiza o treinamento

A ComputerEase enfatiza o treinamento de alta produtividade. Para tanto, vende treinamento não apenas no nível introdutório mas também treinamento adicional e avançado, a fim de aumentar substancialmente os benefícios para o cliente corporativo. Esse treinamento adicional amplia o número de serviços que a ComputerEase pode vender para cada cliente e também a receita gerada por cada venda.

Organização da equipe de vendas

Como seu principal mercado-alvo é composto de empresas de médio a grande porte, a ComputerEase precisa adaptar cuidadosamente sua conversa de venda aos compradores de treinamento corporativo – os gerentes de treinamento internos ou os profissionais de recursos humanos. Para tanto, recorre a uma pequena equipe de televendas composta de

EXEMPLO: PLANO DE MARKETING *(continuação)*

três profissionais que recebem US$20 por hora, mais comissões. Sua principal tarefa: passar pelo "vigia" principal e depois transmitir a dica de venda à vice-presidente de marketing, Susan Alexander, ou ao presidente e CEO, Scott Connors.

Informa o mecanismo de vendas.

Todas as consultas realizadas pelo site são filtradas pela recepcionista, que atua também como representante do serviço ao cliente e responde a cada uma delas imediata e pessoalmente, transmitindo a pista a Alexander ou Connors. Todas as consultas ao site são respondidas dentro de 24 horas. Um administrador de canal fica encarregado de lidar com todos os pedidos de informação ou com os pedidos que chegam via revendedores de hardware ou software ou de consultores.

Além disso, todos os empregados da empresa são membros respeitáveis da equipe de vendas. Mesmo os próprios instrutores de software participam de reuniões mensais de treinamento em vendas. Todos os empregados recebem bônus financeiros se a empresa alcançar as metas gerais de vendas.

Indica treinamento em vendas para a equipe.

Veículos de marketing

Grande parte do marketing da ComputerEase para seus produtos on-line é realizada – muito apropriadamente – on-line. A empresa compra palavras-chave dos principais mecanismos de busca para que seu anúncio surja na tela sempre que o usuário realiza uma busca utilizando tais palavras, direcionando o tráfego ao site da empresa. Além disso, a empresa adquiriu um patrocínio no site de treinamento corporativo e garante sua presença nos mais importantes diretórios de negócios sob o título "treinamento corporativo/em software". (Às vezes, a empresa precisa pagar por essas listas; em outros casos, são gratuitas.) A ComputerEase também vem enviando uma *newsletter* mensal muito valorizada a uma lista crescente de instrutores corporativos que explora as melhores práticas na área de treinamento em tecnologia. A empresa também usará os sites de relacionamento como mecanismo para comercializar serviços e oferecer suporte ao cliente.

Apresenta dados específicos do plano de marketing.

A empresa também patrocinou anúncios na revista *Corporate Trainer* e é um dos patrocinadores da maior conferência de treinamento em software da América do Norte.

Para o seu marketing interno, a ComputerEase concentra-se na solicitação direta de diretores de recursos humanos e treinamento de grandes corporações locais com o objetivo de gerar sessões repetidas com regularidade.

Além disso, a empresa mantém um programa contínuo de mala direta. A programação das aulas realizadas no centro da cidade é enviada a cada dois meses ao público-alvo. Atualmente, são enviadas 3.500 correspondências. A ComputerEase adquire listas de diretores de recursos humanos e outra lista de assinantes locais de uma grande revista de informática. Os ex-alunos também são incluídos no programa de mala direta.

EXEMPLO: PLANO DE MARKETING *(continuação)*

Planos de marketing cooperativo

A ComputerEase associa-se a grandes desenvolvedores de software em muitas atividades conjuntas de marketing. Entre elas estão a divisão dos custos de anúncios veiculados em publicações regionais de informática, patrocínio de eventos especiais para apresentar aos clientes o novo software e o patrocínio de um estande em uma feira na convenção anual de diretores de recursos humanos da região.

Como um dos principais patrocinadores da maior conferência mundial em treinamento em software, a ComputerEase ganhou grande projeção e credibilidade por meio de apresentações e palestras para executivos realizadas pela vice-presidente de marketing, Susan Alexander, e do presidente Scott Connors. Além disso, a ComputerEase tem acordos com três dos principais distribuidores nacionais de software e com a maior cadeia de revendedores de hardware, bem como uma crescente rede de consultores de informática, para associar seus cursos de treinamento às vendas de hardware e software por um preço especial.

11
Operações

Noventa por cento do sucesso vem da execução adequada dos fundamentos.

Descrevendo a administração do negócio

Como você vai administrar seu negócio? Na parte sobre operações do seu plano de negócios você começa a explicar as funções cotidianas da empresa. É aqui que você coloca suas teorias em prática.

A maioria das informações neste capítulo parece trivial; por exemplo, como você monitora o estoque ou quais são os equipamentos necessários e quando eles devem ser substituídos. Esses tipos de detalhe parecem se resolver sozinhos. Porém, é muito mais provável que um negócio fracasse porque seus aspectos básicos não foram devidamente implementados do que em razão de falhas no conceito básico do negócio.

Examinar as operações básicas é especialmente importante para o planejamento interno. Um administrador inteligente não toma como certa nenhuma atividade nos processos do negócio. Vale a pena avaliar e aprimorar cada etapa. Um pouco de planejamento adicional nas áreas operacionais pode ser um aumento significativo na margem de lucro. Avaliar e desenvolver os mecanismos subjacentes do seu negócio certamente será recompensador.

Para fazer um trabalho completo de planejamento das suas operações internas, é recomendável desenvolver um manual separado para procedimentos ou operações. Esse manual deve descrever os detalhes específicos dos processos utilizados na produção, distribuição ou manutenção de produtos e serviços.

Para fins de preparação de um plano de negócios, porém, a seção de operações não precisa ser muito detalhada. Seja breve. Descrever suas operações de maneira muito específica em um plano de negócios não é só desnecessário como também pode ser contraproducente, em especial se você estiver buscando financiamento externo. Concentrar-se demais nos detalhes pode transmitir a ideia de que você não vê o quadro maior do seu negócio.

A seção a seguir ajuda a planejar as necessidades tecnológicas. Entretanto, se estiver em busca de financiamento, você só precisará incluir uma seção separada sobre tecnologia no seu plano de negócios se o negócio for baseado em tecnologia. Assim, você pode incorporar as principais questões relacionadas com tecnologia na seção de operações.

O que a seção de operações deve incluir

Este capítulo descreve a maioria dos tópicos comumente incluídos na seção de operações de um plano de negócios. No seu plano, você não precisará abordar necessariamente cada um desses tópicos. Portanto, limite sua seção de operações às questões que:

- Sejam essenciais à natureza e ao sucesso da sua empresa;
- Proporcionem uma vantagem competitiva distinta; e
- Superem um problema frequente em empresas como a sua.

Assim, se a sua empresa atuar no setor manufatureiro, onde a distribuição muitas vezes é a principal dificuldade, é recomendável incluir um ou dois parágrafos esclarecendo a abordagem aprimorada da sua empresa em relação à distribuição. Mas, se for um negócio de varejo, talvez a distribuição não seja um problema e não precise ser discutida.

Naturalmente, se seu negócio for uma empresa que desenvolve ou utiliza novas tecnologias, será necessário explicar esses aspectos de maneira relativamente detalhada. Do mesmo modo, se contar com um novo método de produção ou comercialização para aprimorar significativamente sua posição competitiva, você deverá descrever os mecanismos e a importância dessas técnicas.

Há muitas fontes de informação para quem deseja preparar a seção de operações. Corretores de imóveis podem descrever facilmente as vantagens, desvantagens e recursos disponíveis na sua área. Associações comerciais podem ajudá-lo a encontrar consultores para o projeto de instalações industriais e indicar fornecedores de equipamentos. A ThomasNet (www.ThomasNet.com), por exemplo, é uma fonte inestimável de fornecedores, distribuidores e fabricantes de equipamentos industriais nos Estados Unidos.

> "A parte mais importante de tornar-se um vencedor consiste em desenvolver padrões de desempenho. Saiba como você fará as coisas; conheça seus processos. Aplique constantemente seu conhecimento e suas habilidades. A existência de padrões significa que grande número de pessoas opera dentro de uma estrutura conceitual. Essa estrutura vai muito além da maneira como você faz o trabalho em questão. Por exemplo, pode incluir pontualidade e o tipo de roupa usado pelas pessoas. Às vezes, questões quase simbólicas e ritualistas tornam-se importantes; no time 49ers, todos os jogadores sempre tinham de usar a camisa para dentro da calça. Isso reforçava o sentido de profissionalismo e de fazer parte de um time."
>
> **Bill Walsh**
> **Ex-técnico e presidente, S.F. 49ers**

As operações, naturalmente, têm muitas implicações financeiras. Anote essas informações nos roteiros de fluxo financeiro neste capítulo e transfira os números para os demonstrativos financeiros do Capítulo 16. Se seu negócio for novo, inclua o roteiro sobre custos iniciais no seu plano de negócios. Tanto para negócios novos como para os negócios já existentes, o roteiro contendo a relação de equipamentos, necessário para a realização de projeções financeiras internas, também poderá ser incluído no anexo do plano de negócios.

Instalações

No setor imobiliário, há um velho ditado que diz que os três fatores mais importantes são localização, localização, localização. Nos negócios, também, a localização pode ser um fator fundamental para o sucesso. Por exemplo, no setor de varejo, uma loja com localização ruim pode não atrair um número suficiente de clientes. Do mesmo modo, nas empresas de distribuição e produção, uma localização sem acesso adequado a transportes ou fornecedores pode impedir que você fabrique ou distribua seu produto de maneira oportuna ou com boa relação custo-benefício.

Os aspectos físicos das instalações em si podem ser extremamente importantes para o crescimento contínuo de uma empresa. As instalações da sua empresa são grandes o suficiente para acomodar a expansão nos próximos anos? Há infraestrutura adequada para o fornecimento de água, luz, telefone etc.? A rede elétrica é eficiente? A empresa está localizada perto de um aeroporto ou terminal ferroviário? Ou está instalada em um local inadequado que reduz sua capacidade geral de produção e distribuição?

Ocasionalmente, a duração e os termos de um contrato de locação podem ser um aspecto especialmente atraente (ou problemático) de um negócio. Ter um contrato de locação de longo prazo e de baixo custo em uma área cobiçada pode ser uma vantagem comercial significativa. Um contrato de locação que precisa ser renegociado no futuro próximo pode gerar problemas para sua empresa, uma vez que a empresa terá de arcar com aluguéis cada vez mais altos. Em um novo contrato de locação, procure negociar certas concessões, como o desconto das benfeitorias em alguns meses de aluguel (sobretudo durante as obras).

Ao avaliar as instalações, examine os aspectos mais importantes para seu negócio específico. Você precisa de um endereço nobre em um edifício comercial no centro da cidade para seu escritório de advocacia? Sua fábrica precisa estar

> *"As pessoas não fazem ideia de que você está lá se não conseguirem vê-lo. Consiga uma boa localização; é dinheiro bem investido. As empresas iniciantes não costumam ter verba para publicidade; portanto, em vez de alocar um orçamento polpudo para publicidade, invista em melhor localização. Encontre um bom corretor de imóveis com experiência no varejo. Peça que ele identifique empresas bem-sucedidas que atendam seus clientes-alvo e procure um local perto delas. Capte seus clientes."*
> **Nancy Glaser**
> **Consultora de estratégias de negócios**

perto dos fornecedores mais importantes? Sua empresa de produtos químicos precisará de acesso a locais para coleta e tratamento de lixo aprovados pelos órgãos ambientais competentes?

No roteiro sobre instalações na página 193, descreva todas as instalações em que sua empresa opera, enfatizando quaisquer vantagens competitivas e econômicas que elas possam ter. Veja a seguir pontos específicos que você deve mencionar.

Localização
Inclua a sede da empresa, loja(s) no varejo, filiais, fábricas adicionais, centros de distribuição etc. Descreva quaisquer instalações móveis. Indique a área e a alocação da área (espaço para os escritórios, lojas, produção, remessa etc.). Descreva o acesso a estacionamentos e transportes; o acesso rodoviário, aéreo e ferroviário, bem como plataformas de embarque de produtos e desembarque de matéria-prima, depósitos e outras instalações necessárias.

Locação
Quais são os termos e o prazo do contrato de locação? Você paga aluguel fixo ou o aluguel mais percentual dos lucros brutos ou líquidos? Você pode sublocar? Quais são as restrições existentes no contrato de locação (por exemplo, horário de funcionamento ou atividades promocionais que muitas vezes são obrigatórias nos contratos de locação em shopping centers)?

Benfeitorias
Que benfeitorias, como paredes ou instalações adicionais para água, gás etc., foram realizadas na propriedade ou ainda precisam ser feitas? Quem vai arcar com o custo dessas benfeitorias – o locatário ou o locador?

Serviços públicos/manutenção
Inclua os custos de gás, água e eletricidade. Observe a sazonalidade ou variação no nível de produção. Liste os custos de serviços de limpeza, remoção de lixo e outras despesas contínuas de manutenção relacionadas com as instalações. Enfatize medidas eficientes para economia de energia. O local tem instalações para transmissão de dados em alta velocidade, conexões ethernet ou é adequada para usos tecnológicos?

Fatores-chave
Que aspectos das instalações físicas do seu negócio têm maior probabilidade de afetar seu sucesso? A empresa está perto do seu mercado-alvo? Está localizada em uma área nobre ou conveniente? O contrato de locação inclui termos especialmente favoráveis? A empresa poderá crescer nessas instalações sem necessidade de mudança?

> *Nossa missão é empregar mulheres vietnamitas. Você poderia dizer que nossa política de RH é o âmago do negócio.*
>
> **Pauline Lewis**
> **Proprietária, oovoo design**

Instalações

$ ➤ $$ ➤ $$$

Descreva os atributos das instalações físicas da sua empresa.

INSTALAÇÃO(ÕES) PRINCIPAL(IS)
Localização: _____
Área (em metros quadrados): _____
Descrição do uso: _____
Estacionamento/transportes: _____
Instalações/acesso à expedição: _____
Depósitos: _____
Outros: _____
_____

FILIAIS/FÁBRICAS ADICIONAIS/CENTROS DE DISTRIBUIÇÃO/OUTRAS INSTALAÇÕES
Número: _____
Localizações: _____
Área (em metros quadrados): _____
Descrição do uso: _____
Outros aspectos: _____
_____

LOCAÇÃO(ÕES)
Duração da locação: _____
Aluguel/prazos do aluguel: _____ Outros termos: _____
Restrições: _____
Concessões: _____

BENFEITORIAS
Existentes: _____
A serem feitas: _____
Pagas pelo locador: _____ Pagas pela empresa: _____

SERVIÇOS PÚBLICOS/MANUTENÇÃO
Custos mensais médios dos serviços públicos: _____ Há variação sazonal dos custos? _____
Há variação dos custos em função dos níveis de produção? _____
Há métodos para eficiência energética em vigor? _____
Custos médios de manutenção: _____ Os custos de manutenção variam? _____
Outros: _____
_____
_____

Produção

Toda indústria tem um processo de produção – como a matéria-prima é transformada em um produto e como um item com maior utilidade ou conveniência é criado. Mas, mesmo que a empresa atue no setor de serviços ou no comércio varejista, haverá um método de "produzir" algo que tenha valor para os seus clientes, embora, talvez, você nunca não tenha dado muito importância a esse processo.

Avalie seu plano de produção para verificar se você pode melhorar o desempenho, aprimorar a qualidade do "produto" final e a longo prazo, aumentar sua margem de lucro. Examine as várias etapas envolvidas na criação do seu produto ou serviço: a duração dessas etapas pode ser reduzida? Se puder, você será capaz de produzir e vender mais em menos tempo.

Examine como você organiza e mobiliza sua força de trabalho. Você utiliza uma abordagem de equipe – com um grupo de empregados responsáveis por um trabalho do começo ao fim? Ou você utiliza uma abordagem de linha de produção, na qual um empregado produz uma parte da mesma peça que o responsável pela próxima etapa na linha de montagem? Há uma linha de autoridade bem definida ou os empregados muitas vezes não sabem quem é responsável por tomar as decisões?

Cada vez mais as empresas utilizam mão de obra variável além dos empregados permanentes como parte integral da sua força de trabalho. A mão de obra variável – empregados contratados para realizar uma tarefa específica por um período específico – é especialmente útil para trabalho sazonal ou pedidos excepcionalmente grandes ou especiais. Muitas empresas até utilizam mão de obra variável, sob a forma de consultores, para cargos profissionais. A utilização de mão de obra variável proporciona maior controle sobre as despesas contínuas, uma vez que é possível recorrer a esses empregados em períodos de expansão sem que eles façam parte da folha de pagamentos quando os negócios desaceleram. Entretanto, manter a alta qualidade em uma força de trabalho variável costuma ser difícil, e a motivação dos empregados muitas vezes é baixa.

Outro modo de aumentar a flexibilidade nos custos fixos é subcontratar – ou terceirizar – vários aspectos da produção para outras empresas. Essas empresas têm então a responsabilidade de manter a força de trabalho, instalações e equipamentos necessários para produzir a parte componente. Embora seu custo unitário inclua o lucro dessas empresas e, portanto, provavelmente será maior do que se você tivesse todos os meios necessários de produção no local, as vantagens de não manter uma alta folha de pagamentos o ano todo podem muito bem recompensar o custo adicional. Mesmo as empresas de serviço podem pensar em terceirizar partes dos seus contratos.

Você também deve prestar atenção especial à questão da qualidade no seu processo de produção. A baixa qualidade tem um preço – não apenas porque adiciona custos provenientes das mercadorias com defeito que são descartadas mas também porque pode ser responsável pela perda de clientes. Se pretende vender suas mercadorias no mercado internacional, é recomendável seguir os procedimentos necessários para obter a certificação de seus produtos ou processos e satisfazer os padrões de qualidade internacionais, como a ISO 9000. Essas medidas são definidas pela International Organization for Standardization e foram adotadas por mais de 90 países no mundo todo. Para descobrir mais sobre esses procedimentos, visite o site da ISO em www.iso.ch (em inglês).

Avaliando seu plano de produção

Os roteiros apresentados nas próximas páginas ajudam a avaliar seu processo de produção. O roteiro sobre produção abrange os aspectos mais importantes, além dos equipamentos, discutidos em um formulário separado, no roteiro sobre relação de equipamentos. Talvez seja importante incluir esse roteiro no anexo do seu plano de negócios. Se sua empresa atuar no setor fabril, talvez seja importante também incluir um fluxograma do processo de produção no anexo.

Os aspectos incluídos no roteiro sobre produção são:

- **Mão de obra/mão de obra variável.** Quantos empregados, e de que tipo, são necessários para fabricar seu produto ou disponibilizar o serviço? Como você os utiliza? Como são tomadas as decisões na força de trabalho? Você utiliza mão de obra variável ou terceiriza partes do processo de produção?
- **Produtividade.** A produtividade mede quanto tempo, e quantas pessoas são necessárias para fabricar o produto ou disponibilizar o serviço? Isso pode ter um grande impacto sobre sua margem de lucro.

  Se conseguir produzir mais em menos tempo, você aumentará os lucros gerados por cada centavo investido em salários, equipamentos e aluguel. Quais métodos você pode utilizar para melhorar a produtividade sem reduzir a qualidade?
- **Capacidade.** A capacidade é a medida do volume de trabalho que as instalações, a força de trabalho e os equipamentos atuais comportam. Se houver excedente de capacidade, você conseguirá produzir mais do que vende atualmente, utilizando a força de trabalho, os equipamentos e as instalações industriais.

  O excedente de capacidade representa um desperdício do potencial de ganhos já pago.

  É possível encontrar modos de utilizar ou reduzir o excedente de capacidade? Se estiver operando perto da capacidade total, que planos você tem para expansão, a fim de lidar com o crescimento?
- **Controle da qualidade.** Todas as medidas utilizadas para garantir que os mesmos padrões sejam mantidos em cada produto ou serviço são incluídas na categoria controle da qualidade.

  Essas atividades incluem a inspeção regular de todo o processo de produção, testes ocasionais ou amostragens de produtos selecionados

> *"Se quiser conseguir financiamento, você terá de ser realista a respeito da aceitação do seu produto ou serviço. Você ficaria surpreso com o número de empresários que acreditam que o faturamento será altíssimo. Mas a maior parte das pessoas não acredita que, quanto mais vendas realizarem, mais vão precisar de dinheiro."*
>
> **Damon Doe**
> **Diretor-geral, Montage Capital**

Produção

Descreva os fatores-chave (além de equipamentos) envolvidos na geração de seu produto ou serviço.

PROCESSOS

Quais são as etapas da produção? _____
_____

Como o produto/trabalho é transferido de uma etapa para outra? _____
_____

Como o processo utiliza novas tecnologias? _____
_____

Quais são as vantagens do seu processo de produção? _____
_____

Quais são as desvantagens do seu processo de produção? _____
_____

Para quais componentes a produção é terceirizada? _____
_____

Quais são os custos desses serviços/componentes terceirizados? _____
_____

Descreva resumidamente a empresa para qual a produção foi terceirizada: _____
_____

Que outros custos estão diretamente associados ao processo de produção? ____
_____

MÃO DE OBRA

Número total de empregados: _____ permanentes: tempo integral: _____ meio período: _____
variáveis: tempo integral: _____ meio período: _____
Em que ocasiões você utiliza mão de obra variável? _____
Quantos turnos você opera? _____ Qual é a duração dos turnos? _____
Quais são os horários de funcionamento? _____
Quais qualificações básicas os empregados devem ter? _____
Como os empregados são organizados: ☐ em equipes? ☐ linhas de produção? ☐ outros? ___
Quem supervisiona os empregados? _____

Outras questões relacionadas com mão de obra: _____
_____

Outros custos de mão de obra: _____

$ ➤ $$ ➤ $$$

PRODUTIVIDADE
Para cada produto ou serviço, enumere quantos minutos, horas, dias, semanas e empregados são necessários para produzir uma unidade.
_____
_____
_____

Quantas unidades cada empregado pode produzir em um minuto, hora, dia, semana? _____
Que métodos poderiam reduzir a quantidade do tempo de produção necessário sem reduzir a qualidade?
_____
Que outros métodos você pode utilizar para aumentar a produtividade? _____
_____

CAPACIDADE
Quantas unidades de produtos ou serviços podem ser produzidas nas instalações atuais em um
dia _____ semana _____ mês _____?
Quantas unidades de produtos ou serviços a força de trabalho pode gerar em um
dia _____ semana _____ mês _____?
Em que percentual da capacidade você está atualmente operando em termos da força de trabalho
_____ equipamentos _____ instalações _____?

Como o excedente de capacidade é utilizado atualmente? _____
_____

Quais são outras maneiras de utilizar o excedente de capacidade? _____
_____

Como você pode se preparar para aumentar a capacidade, se for necessário para o crescimento?
_____
_____

CONTROLE DE QUALIDADE
Quem é responsável pelas questões de controle de qualidade como um todo? _____
Que medidas são tomadas para inspecionar produtos acabados ou serviços realizados? _____
_____
Que medidas intermediárias são tomadas para assegurar a qualidade no processo? _____
_____

A qualidade dos produtos e serviços é testada? _____
Qual é o grau de motivação dos empregados para garantir a qualidade? _____
Como você solicita comentários dos clientes? _____
Que outras medidas são tomadas no controle de qualidade? _____
_____
_____

Relação de equipamentos $ ➤ $$ ➤ $$$

Enumere os equipamentos existentes e esperados da sua empresa.

EQUIPAMENTOS ATUALMENTE EXISTENTES

Descrição (Nome/n. do modelo)	Status	Data de compra	Custo	Pagamentos

EQUIPAMENTOS A SEREM ADQUIRIDOS

Descrição	Data de compra	Custo	Termos	Pagamentos

aleatoriamente, treinamento para envolvimento dos empregados, programas de recompensa para a garantia da qualidade e solicitação de comentários dos clientes.
- **Equipamentos e mobiliário.** (Enumere-os separadamente no roteiro, contendo a relação de equipamentos.) Inclua equipamentos de produção, meios de transporte, instalações das lojas, equipamentos de escritório e mobiliário. Liste quaisquer obrigações de pagamento ou locações. Na coluna "Status", descreva as condições dos equipamentos em termos do possível uso futuro, dos avanços tecnológicos e da manutenção necessária. Indique também a data em que devem ser substituídos, se souber.

Controle de estoque

Muitas empresas subestimam a contribuição vital da gestão cuidadosa dos estoques para a lucratividade de uma empresa. O capital investido em suprimentos ou produtos finais em estoque tem um impacto direto sobre o resultado final. Uma caixa de matéria-prima parada no estoque não está ali apenas ocupando espaço operacional; significa dinheiro mal investido, perdendo valor.

Naturalmente, se não houver estoque suficiente, em dado momento você não poderá efetuar uma venda. Toda empresa teme a possibilidade de receber pedidos lucrativos que não possa atender, por não dispor de estoque suficiente. E, às vezes, você não perde apenas vendas, perde um cliente. Esse é o risco de manter um estoque excessivamente baixo.

> **"**Para financiar nossa taxa de crescimento, optamos por alugar tudo. A única coisa que compramos foi o equipamento necessário para nossas patentes. Com base em nossa estratégia financeira, a locação seria a única maneira de crescer como crescemos. O objetivo era o crescimento, não o lucro líquido.**"**
>
> **Larry Leigon**
> **Fundador, Ariel Vineyards**

A resposta está em desenvolver sistemas de controle de estoque que aumentem substancialmente o fluxo de informações entre o ponto de venda e as equipes de produção e de compras. As informações podem reduzir a quantidade de suposições envolvida no controle de estoques. É importante saber qual é o nível real de vendas, às vezes até mesmo diariamente.

Os fornecedores podem ajudar. Trabalhe junto com eles para ver como reduzir o tempo necessário para receber mercadorias e como tentar reduzir a quantidade de pedidos mínimos. Grandes empresas muitas vezes têm grande poder político junto aos fornecedores, mas até as empresas menores devem procurar fornecedores dispostos a oferecer maior flexibilidade aos seus pedidos e entregas.

Métodos de controle de estoque

Uma das abordagens ao gerenciamento de estoques é o controle de estoque just-in-time. O conceito enfatiza a manutenção dos níveis de estoque no limite necessário para produzir mercadorias no momento exato para a entrega, normalmente em resposta a pedidos concretizados. Esse sistema é altamente dependente de sistemas de comunicação adequados e de bons relacionamentos com fornecedores.

Ao criar os procedimentos de comunicação e controle de estoque, é recomendável criar um Sistema de Informação Gerencial (SIG). Normalmente esse sistema baseia-se na manutenção e na comunicação computadorizada de informações, como níveis de pedidos e estoques, datas de novos pedidos, monitoramento do histórico das vendas etc. Profissionais da área de informática podem ajudá-lo a selecionar e adaptar um SIG à sua empresa.

Você também precisará discutir como deseja avaliar e registrar seu estoque. Dois métodos comumente utilizados são LIFO (Last In, First Out) ou último a entrar, primeiro a sair, e FIFO (First In, First Out) ou primeiro a entrar, primeiro a sair. São métodos básicos para avaliar o estoque restante e podem ter implicações fiscais significativamente discrepantes; por isso, a decisão sobre qual deles usar deve ser tomada após uma conversa com seu contador. Preencha o roteiro apresentado na página 201 para avaliar seus procedimentos de controle de estoque.

Abastecimento e distribuição

Em quase todas as empresas há mercadorias ou matérias-primas que chegam à empresa e produtos acabados ou serviços que saem. As empresas com as quais você conta para fornecer matérias-primas que chegam e os métodos que você utiliza para comercializar e distribuir seu produto final são essenciais para o bem-estar contínuo do seu negócio.

A maior parte das empresas, em algum momento, enfrentará dificuldades com os fornecedores ou distribuidores. Assim, é recomendável explorar as capacidades, a flexibilidade e as alternativas dos seus atuais fornecedores e distribuidores.

Tente não depender de apenas um único fornecedor ou distribuidor; seu futuro financeiro ficará muito vulnerável se eles falharem. Esforce-se para desenvolver excelentes relacionamentos com os fornecedores e distribuidores; é bom que eles se sintam seus parceiros e assim tentar fazer o máximo para atender suas necessidades. Além disso, seja responsivo às necessidades deles; crie planos de pagamento e métodos de comunicação que reduzam as pressões sobre eles.

Selecione fornecedores que conheçam as suas necessidades

Normalmente, há vários fornecedores competitivos no mercado, o que lhe dá algumas opções e permite negociar melhores preços. Mas não tome suas decisões com base apenas no preço, pois talvez o preço seja bom, mas o prazo de entrega e a qualidade sejam problemáticos. Selecione fornecedores com os quais você se comunique bem; verifique se eles realmente entenderam as suas especificações e podem alcançar consistentemente seus padrões.

Controle de estoque

O roteiro a seguir o ajuda a ter uma ideia clara dos procedimentos de controle de estoque.

Quem é responsável pelo controle de estoque na sua empresa? _____
_____

Qual é o nível mínimo de estoque necessário a ser mantido em todos os momentos? _____
_____

Qual é o prazo mínimo necessário para receber materiais dos fornecedores? _____
_____

Qual é o prazo mínimo necessário entre a produção de mercadorias e os pedidos? _____
_____

Qual é o prazo mínimo necessário para o envio de mercadorias? _____
_____
_____
_____

Como as informações sobre vendas são transmitidas aos departamentos de produção e compras?
_____
_____
_____

Que sistemas de informação gerencial sua empresa utiliza? _____
_____
_____
_____
_____

Que medidas você toma para reduzir o roubo no estoque? _____
_____
_____
_____

Que outras medidas de controle de estoque a empresa adota? _____
_____
_____
_____

Distribuição confiável é uma obrigação

Uma distribuição confiável muitas vezes impõe um problema ainda mais difícil. Se seu produto for distribuído por meio de um atacadista ou "intermediário", você precisará examinar cuidadosamente o distribuidor escolhido. A escolha do distribuidor pode ser uma das decisões mais importantes que você toma, especialmente se ele for responsável pela maior parte das suas vendas.

Mais uma vez, tente não colocar todos os ovos na mesma cesta. Se puder utilizar mais de um distribuidor sem ferir sua ética, vá em frente. Pergunte aos varejistas ou consumidores qual é a reputação dos distribuidores que eles utilizam, para assim garantir que está lidando com uma empresa confiável e bem conceituada.

Preencha o roteiro sobre suprimentos e distribuição apresentado na página 203 para avaliar suas fontes de suprimento e distribuição.

Atendimento de pedido e serviço ao cliente

Lembre-se de que seu trabalho não termina quando você fabrica um produto ou fecha o pedido de um cliente. É preciso garantir que o cliente receba o produto que desejava, em boas condições e no prazo que precisava. Você precisa saber se seu cliente está satisfeito.

Surpreendentemente, muitas empresas prestam, relativamente, pouca atenção ao atendimento de pedidos e ao serviço ao cliente, uma vez que essas questões não parecem ser urgentes nem uma maneira de aumentar a margem de lucro. Contudo, o atendimento de pedidos faz parte de qualquer venda atual, e o serviço ao cliente faz parte de qualquer venda futura.

> *Um método de assegurar o controle de qualidade é colocar em cada sala folhas nas quais os visitantes podem fazer seus comentários. Os comentários são lidos e avaliados. Todo mês fazemos avaliações detalhadas do asseio, cordialidade, manutenção de espaços, serviço telefônico etc. para cada hotel que gerenciamos.*
> **Andre Tatibouet**
> **Fundador, Aston Hotels**

Os clientes demandam constantemente serviços cada vez melhores. Esperam receber o que desejam, quando desejam e, nesse processo, ser tratados de maneira atenciosa e honesta. Muitas empresas são famosas pelos seus serviços de atendimento ao cliente e desenvolveram estratégias de marketing inteiras em torno deles.

Algumas empresas pressupõem que seus serviços ao cliente são bons porque não recebem muitas reclamações. Entretanto, não se pode julgar o grau de satisfação dos clientes apenas pelo número de reclamações recebidas; é quase certo que um cliente insatisfeito que não reclama é um cliente perdido. Pelo menos um cliente que informa o problema lhe dá a possibilidade de corrigi-lo. Desse modo, é sua responsabilidade fazer certos clientes terem pouca razão de reclamar.

Abastecimento e distribuição $ ➤ $$ ➤ $$$

As perguntas a seguir ajudam a avaliar suas necessidades de distribuição e suprimento atuais.

FORNECEDORES

Quem é responsável pelas decisões de compra? _____

Quais são as mercadorias ou materiais-chave necessários? _____

Quais são os custos médios dessas mercadorias? _____

Enumere suas fontes de mercadorias ou materiais-chave:_____
_____

Enumere as fontes alternativas desses suprimentos: _____
_____

As mercadorias só estão disponíveis em um a dois fornecedores? ☐ Sim ☐ Não

Nesse caso, qual é o grau de confiabilidade ou segurança desses fornecedores? _____

Seus fornecedores podem fornecer produtos "sob encomenda" ou em um curto período de tempo?
☐ Sim ☐ Não

Nesse caso, quais seriam os custos adicionais?_____

Seus fornecedores negociam contratos de pedidos de baixo volume ou sem volume mínimo?
☐ Sim ☐ Não

Que tipo de termos de crédito seus fornecedores oferecem?_____

Quais são os custos médios do crédito? _____

Que fatores determinaram a escolha dos fornecedores? _____

Outras questões relacionadas com fornecedores: _____

DISTRIBUIÇÃO

Como seu produto ou serviço é distribuído ao consumidor? _____

Há um atacadista ou distribuidor entre você e o consumidor? ☐ Sim ☐ Não

Em caso afirmativo, quantas dessas empresas você utiliza? _____

Quais são as qualificações e vantagens essenciais dessas empresas?_____

Quais são as desvantagens dessas empresas? _____

Se você só utilizar um ou dois distribuidores, qual é o grau de segurança dessas empresas?_____

Qual é a reputação delas entre os consumidores? _____

Que tipos de pagamentos ou comissões esses distribuidores recebem? _____

Descreva todos os métodos alternativos de distribuição disponíveis:_____
_____
_____
_____

Treinar todos os empregados – do balconista no departamento de expedição ao representante de vendas – no serviço de atendimento ao cliente pode valer a pena em termos de retenção e indicações de clientes. Incorpore flexibilidade suficiente às suas políticas para que você possa lidar facilmente com as solicitações extraordinárias ou difíceis. Delegue poder aos empregados para que eles tomem certas decisões imediatamente (como aceitar devoluções), em vez de exigir a aprovação do gerente para cada solicitação de um cliente. Facilite a comunicação com seus clientes para saber o que eles querem, solicitando suas sugestões e feedback.

Examine seus processos de atendimento de pedidos. Muitas vezes, os pedidos não são comunicados com a clareza ou rapidez ao departamento de processamento; nesses casos, a comunicação interna inadequada faz com que se perca um tempo valioso. Avalie os métodos utilizados para preparar as mercadorias para remessa e entrega aos clientes. Se terceirizar o envio ou a entrega de seu produto ao cliente, verifique se as pessoas ou empresas escolhidas podem entregar em situações de emergência ou em prazos curtos, ou contrate outras transportadoras para essas entregas.

Examine o tipo de serviços que você fornece aos clientes após a venda. Um bom serviço ao cliente enfatiza o desenvolvimento de um relacionamento contínuo com os clientes; assim você precisará dispor de políticas para reparos, manutenção, garantia e devolução que tranquilizem os clientes de que você continua interessado neles, mesmo depois de ter recebido o pagamento.

Preencha o roteiro apresentado na página 205 para avaliar seu sistema de atendimento de pedidos e práticas de serviço ao cliente.

Questões operacionais globais

Hoje, praticamente todas as suas operações podem ter um componente global, independentemente do porte do seu negócio. O site de um negócio nos Estados Unidos pode ser desenvolvido por uma empresa na Índia. Um atacadista em outra parte do país importa do Vietnã bolsas feitas a mão. Uma empresa de eletrônicos tem seus produtos produzidos na China. Uma agência de viagens da Califórnia pode ter seu call center nas Filipinas.

Outro exemplo é a The Planning Shop, editora deste livro. Embora seja uma empresa de pequeno porte, faz negócios no mundo inteiro. O conteúdo dos livros é criado nos Estados Unidos. Os livros são impressos no Canadá. Os aplicativos para dispositivos móveis são desenvolvidos na Austrália. Outras editoras em mais de 30 países licenciam o conteúdo e o traduzem em seus idiomas. E os livros são vendidos para faculdades de administração e consumidores ao redor do mundo.

Atendimento de pedido e serviço de atendimento ao cliente $ ➤ $$ ➤ $$$

Descreva as práticas do atendimento de pedidos e do serviço ao cliente da sua empresa.

Quem processa os pedidos? _____

Como os pedidos são comunicados entre o vendedor e o departamento de atendimento de pedidos?
_____

Como os pedidos on-line são transmitidos ao departamento de atendimento de pedidos? _____
_____

Como os pedidos são verificados para assegurar a rapidez e precisão do preenchimento de seu pedido?
_____

Que percentual dos pedidos foi preparado incorretamente? _____
_____

Como as mercadorias são preparadas para remessa? _____
_____

Como você envia os produtos? _____
_____

Qual é o custo da remessa do um pedido típico? _____

Os responsáveis pela expedição são capazes de despachar em situações de emergência ou em prazos curtos? ☐ Sim ☐ Não

Nesse caso, há despesas adicionais? ☐ Sim ☐ Não

Quem arca por elas: ☐ você ou ☐ o cliente? _____
_____

Que métodos alternativos existem para despachar os produtos? _____
_____

Que programas de atendimento você oferece? _____
_____

Quais programas de manutenção ou conserto você oferece? _____
_____

Que percentual dos seus pedidos exige reparos? _____
Qual é o custo médio do reparo para sua empresa? _____
Qual é sua política de devoluções? _____
Qual é a taxa média de devoluções? _____
Qual é o custo de uma devolução típica? _____
Há um departamento de reclamações ou serviço de atendimento ao cliente? ☐ Sim ☐ Não
Como você solicita opiniões dos clientes? _____
_____
_____

Com o advento da internet, do VOIP (Voice Over IP) e de outras tecnologias, é fácil e barato fazer negócios internacionalmente, e até mesmo ter membros da equipe, pessoal terceirizado ou fornecedores do outro lado do mundo.

Você também pode aproveitar um mundo mais conectado para buscar fornecedores, adquirir estoque ou matéria-prima, mandar fabricar seus produtos ou contratar serviços de diversas partes do mundo. Talvez opte até por ter instalações de produção em outros países.

Ao pensar em se lançar globalmente, é importante conhecer dois termos muito usados nessa área:

- **Terceirização:** Contratação de outra empresa ou fornecedor para oferecer um serviço ou componente. Por exemplo, uma empresa pode terceirizar a fabricação de seus produtos para outra indústria ou terceirizar seu serviço de suporte técnico a outra empresa. Tecnicamente, a contratação de terceiros para a realização de uma função importante do negócio, como gerenciar as funções de relações públicas ou recursos humanos da sua empresa, também é considerada terceirização. É possível terceirizar para pessoas físicas ou jurídicas no seu país ou no exterior.
- **Offshoring:** Execução de parte das operações ou funções da sua empresa em outro país. Isso, em geral, significa utilizar fornecedores externos localizados em outro país, mas tecnicamente poderia significar transferir as operações da sua empresa para outro país, em geral como medida de redução de custos. Poderia também significar montar uma subsidiária independente em outro país para reduzir custos e impostos.

Embora, normalmente, se escolha o *offshoring* como opção para reduzir custos, as despesas ocultas podem reduzir as economias previstas. Muitas empresas que usam essa opção para a realização de serviços-chave – como desenvolvimento de software – descobriram que precisam investir significativamente mais no tempo de seu pessoal interno no desenvolvimento de descrições e exigências claras de projetos e que os projetos não são finalizados tão rapidamente quanto se pretendia.

Outros custos inesperados que você pode encontrar ao oferecer serviços *offshore* são:
– tempo adicional investido na descrição das exigências dos projetos
– tempo adicional investido na gerência de equipes/fornecedores em outros países
– queda na produtividade
– queda na qualidade
– tempo e despesas para eventuais reuniões presenciais
– flutuações na taxa de câmbio ou despesas cambiais

Uma solução que muitas empresas menores utilizam ao lidar com fornecedores internacionais é buscar empresas no seu país de origem que encontrem e gerenciem fornecedores globais. Sua associação comercial ou industrial pode ajudá-lo a identificar empresas especializadas em lidar com fornecedores internacionais.

Globalização: Operações

Preencha o roteiro a seguir, sobre operações globais, se estiver pretendendo realizar internacionalmente alguma operação da sua empresa.

Você pretende ter alguma instalação fabril ou filial em outro país? ☐ Sim ☐ Não

Em caso de resposta afirmativa, em que país? _____

_____

Já identificou as instalações específicas que pretende montar em outro país? _____

_____

ATENDIMENTO DE PEDIDOS

Você vai vender internacionalmente produtos tangíveis? ☐ Sim ☐ Não

Em caso de resposta afirmativa, como vai atender esses pedidos? _____

_____

Existe algum problema alfandegário, tarifário, relacionado com expedição ou outros? _____

_____

FORNECEDORES

Quais produtos podem ser oferecidos pelos fornecedores internacionais? _____

_____

Quais peças/suprimentos/estoque podem ser oferecidos por fornecedores internacionais?_____

_____

Existe alguma consideração a ser feita a respeito de importações/tarifas/alfândega? _____

_____

Qual é a possibilidade de ocorrência de problemas na sua cadeia de suprimentos (devido a fatores políticos, climáticos ou outros)? _____

_____

Quais serviços podem ser oferecidos por fornecedores globais?_____

_____

FABRICAÇÃO/PRODUÇÃO

Serviço ao cliente/suporte técnico/call center:_____

Design/criação: _____

Serviços de infraestrutura de negócios (por exemplo, marketing, RH etc.): _____

Outros serviços de tecnologia: _____

OUTRAS QUESTÕES OPERACIONAIS GLOBAIS

_____

_____

Pesquisa e desenvolvimento $ ➤ $$ ➤ $$$

Este roteiro ajuda a avaliar seus esforços contínuos de pesquisa, desenvolvimento e custos.

Descreva novos produtos atualmente em desenvolvimento: _____
_____
_____

Descreva novos serviços atualmente em desenvolvimento: _____
_____
_____

Quais empregados têm responsabilidades por atividades de pesquisa e desenvolvimento? _____

Como os empregados são utilizados em atividades de pesquisa e desenvolvimento? _____
_____

Que percentual do tempo do seu pessoal é dedicado a atividades de pesquisa e desenvolvimento?
_____

Custos: _____

Quais são os equipamentos necessários a atividades de pesquisa e desenvolvimento? _____
_____

Custos: _____

Quais são os suprimentos necessários a atividades de pesquisa e desenvolvimento? _____
_____

Custos: _____

Quais são as publicações necessárias? _____
_____

Custos: _____

De quais conferências os empregados participarão para fins de pesquisa e desenvolvimento? ____
_____

Custos: _____

Enumere outras atividades de pesquisa e desenvolvimento nas quais sua empresa esteja envolvida:
_____
_____
_____

Custos: _____
_____

Pesquisa e desenvolvimento

Um negócio que permanece imóvel está praticamente fadado ao fracasso. Você precisa manter-se atualizado em relação a novos avanços que afetarão seu negócio. Seu mercado-alvo está em constante transformação: envelhece, desenvolve novos gostos, utiliza novos produtos. Seus concorrentes sabem disso; portanto, você precisa estar ciente do que eles estão fazendo, se quiser melhorar sua capacidade de competir efetivamente.

Todas as empresas precisam desenvolver continuamente seus produtos
Algumas empresas precisam de componentes de pesquisa e desenvolvimento relativamente grandes porque lidam com tecnologia em constante evolução ou preferências de consumidor em rápida mudança. Mesmo empresas que vendem produtos antiquados (*cookies* de chocolate, por exemplo) precisam desenvolver novos produtos com base em mudanças nas preocupações e valores dos clientes (como biscoitos diet).

Suas atividades de pesquisa e desenvolvimento podem variar muito – de um departamento completo, repleto de pesquisadores que testam novos produtos e novos equipamentos à mera assinatura de certas publicações e participação em conferências. Independentemente da extensão dessas atividades, as atividades de pesquisa e desenvolvimento devem ter prioridade em qualquer empresa.

Examine as maneiras como você planeja ficar ciente dos avanços que provavelmente mudarão os produtos, serviços e práticas da sua empresa. É importante também garantir que os empregados-chave estejam envolvidos em atividades de pesquisa e desenvolvimento.

Preencha o roteiro de pesquisa e desenvolvimento apresentado na página 208 para avaliar as atividades de P&D da sua empresa.

Controle financeiro

Surpreendentemente, algumas empresas prestam relativamente pouca atenção à maneira como lidam com o dinheiro. As empresas podem ter problemas sérios de fluxo de caixa porque não enviam as faturas no momento certo. Ou podem incorrer em encargos substanciais porque não processam suas contas na data do vencimento. Até empresas de grande porte muitas vezes admitem ter sistemas de controle financeiro inadequados.

Defina os procedimentos para assegurar que as informações financeiras sejam tratadas de maneira rápida e precisa. As faturas devem ser enviadas rapidamente, e deve ser criado um sistema de acompanhamento regular para contas em aberto. Os registros de contas a pagar devem ser eficientes e facilmente recuperados, e enviados regularmente aos responsáveis pelas decisões apropriados dentro da empresa. Suas práticas contábeis e os sistemas de recuperação de dados devem funcionar de tal modo que você possa receber informações contínuas sobre vendas e despesas. Não se baseie em relatórios mensais.

Um problema especialmente difícil consiste em garantir que os empregados não tenham oportunidades de furtar. Trabalhe junto com seu contador na definição de práticas que assegurem a existência de mecanismos de proteção adequados contra roubos nos seus procedimentos financeiros. Além disso, contrate um consultor em informática para proteger seus programas de processamento de dados.

Desenvolva seus sistemas financeiros de modo que eles sejam uma fonte de informações regulares e feedback constante. Evite sistemas pesados, que só geram mais papelada para seus empregados; isso aumenta os custos e reduz a produtividade. Simplifique o máximo possível o processo.

Preencha o roteiro sobre controle financeiro apresentado na página 211 para avaliar seus sistemas de controle financeiro.

Plano de contingência

Coisas ruins acontecem até mesmo nas boas empresas. Mais cedo ou mais tarde, sua empresa passará por uma emergência. Tal emergência poderá ser uma catástrofe natural – inundação, incêndio, terremoto – ou algo mais trivial – arrombamento, queda de energia, atraso de um fornecedor, falha de produto. Ao desenvolver seus procedimentos operacionais internos, inclua um plano de contingência para ajudá-lo a preparar-se para imprevistos. Esses planos de contingência não precisam ser incluídos em um plano para financiamento, mas podem ser significativamente vantajosos para o futuro da sua empresa.

Crie procedimentos para salvaguardar seus registros e dados em caso de emergências. Tais procedimentos devem incluir backup regular e armazenamento de dados fora da empresa. Em seguida, examine as coisas que são absolutamente cruciais para seu negócio específico e encontre maneiras de garantir sua proteção ou a continuidade do funcionamento, mesmo em caso de emergência. Crie um plano contra desastres para garantir a segurança e o bem-estar dos empregados e um método de comunicação com os empregados durante emergências. Examine o seguro da sua empresa. Além do seguro para perdas de equipamentos físicos, registros e estoque, é também possível contratar seguro contra interrupções dos negócios para cobrir os custos da perda de faturamento e outros custos incorridos se uma situação de emergência obrigar o fechamento do seu negócio.

As emergências podem ocorrer também sob a forma de desastres pessoais – doenças e acidentes – portanto, examine seus procedimentos para pagamento de contas, depósito de cheques e folha de pagamentos, caso os empregados responsáveis por essas áreas não estejam disponíveis.

Outras questões operacionais

Dependendo do porte e da natureza do negócio, sua empresa pode enfrentar várias outras questões operacionais. Entre elas estão: garantia de segurança dos empregados, proteção do meio ambiente, regulamentações governamentais ou exportação de mercadorias.

Controle financeiro $ ➤ $$ ➤ $$$

Este roteiro ajuda a avaliar os métodos de controle financeiro da sua empresa.

Quem é responsável por criar os procedimentos de controle financeiro na empresa?_____
_____
_____

Quais outros empregados estão envolvidos nos processos de controle financeiro? _____
_____
_____

Quem é responsável pela emissão de faturas? _____

Qual é o prazo médio transcorrido para o envio da fatura após o fechamento do pedido?_____

Como são tratadas as contas em aberto? _____
_____
_____

Quem é responsável pelas contas a pagar? _____
_____

Qual é a política da empresa para pagamento de contas em aberto?_____

- ☐ Pagar na data de vencimento
- ☐ Pagar quando receber
- ☐ Pagar em 30 dias
- ☐ Outro

Quem toma decisões sobre variações nos procedimentos de pagamento ou cobrança?_____
_____

Quais foram as proteções criadas para reduzir roubos?_____
_____
_____

Quais foram os sistemas projetados para geração de relatórios contínuos do status financeiro da empresa?_____
_____
_____

Quais outros sistemas de controle financeiro foram criados?_____
_____
_____
_____
_____

Outras questões operacionais $ ➤ $$ ➤ $$$

As perguntas a seguir demonstram as preocupações e os planos da sua empresa relacionados com outros problemas operacionais.

SEGURANÇA E SAÚDE

Quais são os procedimentos existentes para garantir a segurança e a saúde da sua força de trabalho?
___

Quais são os programas de segurança em vigor para encorajar seus empregados a manter precauções de segurança? ___
___

Outras questões de segurança: ___
___

SEGUROS E QUESTÕES LEGAIS

De que tipos de seguro seu negócio precisa? (inclua seguros contra incêndio, acidentes/ responsabilidade, por negligência, seguro automobilístico etc.) ___
___

Que níveis de cobertura são necessários para garantir a cobertura adequada a sua empresa? ___

Que tipos de problemas legais você enfrenta no seu negócio? ___
___

Sua empresa precisa de assistência e aconselhamento jurídico contínuos? ___
___

Outras questões legais e relacionadas com seguros: ___
___

REGULAMENTAÇÕES E QUESTÕES AMBIENTAIS

Quais licenças ou permissões a lei exige? ___
___

Que tipos de regulamentações estão relacionados com seu negócio? ___
___

Que tipos de regulamentações ambientais afetam seu negócio? ___
___

Que precauções sua empresa pode tomar voluntariamente para proteger o meio ambiente? ___
___

Como sua empresa pode utilizar produtos ou processos que não causam danos a animais? ___
___

Outras questões ambientais ou regulatórias: ___
___

Outras questões operacionais: ___
___

Outros recursos referentes a alguns desses tópicos são enumerados nos capítulos da parte sobre recursos, no final deste livro.

Para realizar uma breve avaliação de alguns desses tópicos, preencha o roteiro sobre outras questões operacionais apresentado na página 212.

Preparando a seção de operações do seu plano de negócios

Ao preparar a seção de operações do seu plano de negócios, enfatize os seguintes aspectos das suas operações:

- Características principais
- Vantagens competitivas
- Eficiências de custo e desempenho
- Problemas abordados e resolvidos

O objetivo desta seção é mostrar que você conhece bem as necessidades operacionais do seu negócio, entende a relação entre essas operações com o sucesso geral do negócio e tomou as medidas adequadas para obter eficiência máxima pelo menor custo. Não é necessário explicar minuciosamente como funciona a empresa ou entrar nos detalhes específicos das atividades. Deixe essas informações para o manual de procedimentos internos.

O roteiro sobre custos iniciais apresentado na página 214 pode ser utilizado pelas empresas iniciantes para explicar o investimento inicial necessário ao início das operações. O formulário de preparação do plano de operações, apresentado na página 215, demonstra as áreas básicas que você precisa abordar no seu plano de negócios.

Resumo

Embora a seção sobre operações do plano de negócios não deva ser excessivamente detalhada, um planejamento cuidadoso nessa área proporciona recompensas significativas. O objetivo da análise das operações diárias do negócio é gerar maiores lucros à medida que você encontra maneiras de reduzir os custos e aumentar a produtividade. Você pode encontrar maneiras de aplicar melhor seu dinheiro e, ao mesmo tempo, aprimorar a qualidade do produto ou serviço que produz e melhorar o ambiente de trabalho dos seus empregados.

Custos da abertura de um negócio $ ➤ $$ ➤ $$$

Enumere os detalhes específicos das suas necessidades de capital iniciais. Lembre-se de que esses custos iniciais são despesas nas quais você planeja incorrer antes de inaugurar seu negócio. As despesas após a abertura da empresa devem ser inseridas no balanço.

		Custo
Instalações	Compra de terreno	
	Compra de prédio	
	Aluguel inicial	
	Depósitos (segurança/serviços públicos etc.)	
	Benfeitorias/reformas	
	Outros:	
	Outros:	
Equipamento	Móveis	
	Máquinas/equipamentos de produção	
	Computadores/software	
	Caixas registradoras	
	Telefones/telecomunicações	
	Veículos	
	Outros:	
	Outros:	
Materiais/suprimentos	Material de escritório	
	Material de escritório/cartões de visita	
	Brochuras/panfletos, outros materiais descritivos:	
	Outros:	
	Outros:	
Taxas e outros custos	Licenças	
	Afiliações a associações comerciais ou profissionais	
	Advogados	
	Contadores	
	Seguros	
	Consultores em marketing/administração	
	Consultores em design/consultores técnicos	
	Propaganda/atividades promocionais	
	Outros:	
TOTAL		

Formulário para preparação do plano de operações

Registre neste formulário informações específicas relacionadas com os processos operacionais da empresa.

Aspectos-chave das operações (algumas possibilidades seriam: instalações, processo de produção, equipamentos, utilização da força de trabalho): _____
_____
_____
_____
_____
_____
_____

Eficiências de custo e desempenho: _____
_____
_____
_____
_____
_____

Vantagens competitivas: _____
_____
_____
_____
_____
_____

Problemas abordados e resolvidos: _____
_____
_____
_____
_____
_____
_____
_____
_____

Utilize essas informações como base para a seção operações do seu plano de negócios.

EXEMPLO: OPERAÇÕES

OPERAÇÕES

Um elemento-chave das operações da ComputerEase é seu Centro de Treinamento Corporativo, que fica na 987 South Main Street, Vespucci. O centro é atualmente composto por 20 estações de computador para os alunos, equipadas com os principais softwares de negócios, uma estação para o instrutor, equipamento de projeção e tecnologia de ponta, permitindo que o instrutor controle exatamente o que cada aluno está fazendo.

Descreve os principais aspectos das operações.

O Centro de Treinamento Corporativo é essencial porque a maior parte dos clientes corporativos da ComputerEase tem um número limitado de instalações de treinamento, quando tem, para a realização de cursos internamente. Assim, por ter centros de treinamento próprios e bem equipados para oferecer, a ComputerEase pode somente aumentar a receita gerada pelos cursos de formação presencial até um nível adequado. Para seus cursos de treinamento on-line, a ComputerEase decidiu não comprar nem gerenciar seus próprios servidores ou construir seu próprio centro de dados, mas terceirizar tais serviços a um fornecedor que oferece uma solução completa para todas as necessidades de hardware, software, manutenção, backups e upgrades.

Centros de Treinamento Corporativo

Em 1º de agosto de 2010, a ComputerEase abriu seu primeiro Centro de Treinamento Corporativo junto com a sede da sua empresa. Esse centro de treinamento é equipado com 20 estações de computadores pessoais. Antes da abertura do centro, a ComputerEase estava limitada à realização de programas de treinamento nas empresas dos clientes.

Programas que oferecem vantagens em termos de custo e de tempo

Os programas de treinamento ministrados nas instalações dos clientes têm margens de lucro menores do que aulas realizadas no centro de treinamento ou on-line. Em geral, o número de alunos presentes a cada sessão de treinamento nas empresas é menor. Os instrutores gastam um tempo adicional com deslocamento e configuração dos equipamentos; além disso, há os custos decorrentes do transporte de equipamentos e materiais e seu subsequente desgaste. Embora a ComputerEase cobre taxas mais elevadas por aluno no caso do treinamento realizado nas empresas, o mercado não comporta preços que realmente absorvam custos mais elevados.

Mostra método para aumentar a lucratividade.

Além disso, a base para classes do Centro de Treinamento de Clientes em potencial é substancialmente maior do que a de programas ministrados nas empresas. Um número maior de empresas pode arcar com o custo de enviar empregados para as aulas regulares no Centro de Treinamento Corporativo da ComputerEase ou ter um curso desenvolvido para eles no centro. Os programas on-line oferecem flexibilidade ainda maior.

Com os fundos que a empresa busca agora, pretendemos abrir um segundo Centro de Treinamento Corporativo na cidade de Whitten Park, onde muitos de nossos clientes corporativos estão concentrados.

EXEMPLO: OPERAÇÕES *(continuação)*

Vantagens competitivas

Além de um centro de suporte técnico *offshore*, a Computer-Ease terceiriza suas operações de data center. Esses centros geraram diversas vantagens importantes para a Computer-Ease. Em primeiro lugar, essas decisões operacionais estratégicas permitem à ComputerEase focar no que sabe fazer melhor – desenvolver cursos de forma eficiente e eficaz para ensinar software de computador –, em vez de preocupar-se com os detalhes da tecnologia subjacente. A ComputerEase não tem que se preocupar em encontrar e reter pessoal técnico qualificado ou investir altas somas em hardware e software. Em vez disso, paga salários mensais previsíveis a sua equipe *offshore* e de terceirizados e pode lançar seus impostos sob a forma de despesas operacionais. O data center terceirizado, em especial, proporciona à ComputerEase flexibilidade para crescer conforme necessário: em vez de ter de comprar constantemente mais hardware e software, à medida que o negócio cresce, contrata capacidade adicional da empresa terceirizada.

Indica como a capacidade excedente pode ser utilizada de maneira rentável.

Com relação ao treinamento presencial oferecido pela ComputerEase, a existência de uma sala de aula própria para treinamento permite que a empresa desfrute de margens de lucro mais elevadas do que seus concorrentes que treinam seus clientes corporativos dentro das próprias empresas.

Embora a manutenção de uma sala de aula imponha custos adicionais com aluguel e equipamentos, os cursos de treinamento realizados no Centro de Treinamento Corporativo da ComputerEase produzem margens de lucro mais elevadas do que os cursos realizados nas instalações dos clientes ou on-line.

A gerência da ComputerEase optou por arrendar, em vez de comprar, o equipamento do Centro de Treinamento Corporativo e negociou um contrato de locação, com termos favoráveis, com um fornecedor de equipamentos; o contrato prevê upgrades nos computadores a cada 12 meses. Isso não só reduziu significativamente o desembolso de capital inicial, que teria ultrapassado US$100.000, como também garantiu que a ComputerEase disponibilizasse sempre a mais recente tecnologia aos seus alunos – um marketing útil, bem como uma vantagem educacional.

Problemas abordados

Grande parte do custo de treinamento corporativo de alta qualidade está relacionada com a documentação e o material fornecido a cada aluno. Embora a ComputerEase alavanque todo o desenvolvimento, redigindo e atualizando o trabalho investido nesses materiais para seus cursos on-line e presenciais, essa continua sendo a maior despesa em que a empresa incorre. Os materiais são revistos a cada novo upgrade de software; assim; sua expectativa de vida média é de menos de 12 meses. As aulas na empresa do cliente têm o custo adicional de US$54 por aluno, referente à impressão de todo o material e sua encadernação em uma pasta de aspecto profissional com o logotipo da ComputerEase. Para reduzir o desperdício,

Detalha maneiras de minimizar estoques e custo de mercadorias.

EXEMPLO: OPERAÇÕES *(continuação)*

a ComputerEase imprime manuais apenas um dia antes do início de cada curso, mas ao fazê-lo aumenta o custo por unidade.

A empresa reconheceu a necessidade de reduzir substancialmente os custos com material. Para tanto, acaba de estabelecer uma nova política para o desenvolvimento de novos materiais voltada apenas para as publicações on-line. Em vez de receber uma pasta com o material impresso, cada aluno receberá uma senha para acessar material de treinamento. Isso também ajuda a empresa a ser mais verde, reduzindo a utilização de papel e a quantidade de resíduos. A ComputerEase espera que a necessidade de suporte técnico aumente um pouco, mas prevê que o resultado final será um aumento substancial das margens de lucro.

Um importante desafio operacional consiste em permanecer na vanguarda das técnicas instrucionais, à medida que a tecnologia evolui e os usuários exigem experiências mais ricas. Isso inclui a adoção de plataformas de material de curso on-line atualizado e a incorporação, ao material de treinamento, de recursos mais caros, como áudio e vídeo.

A ComputerEase enfatiza o treinamento de alta qualidade, voltado para a produtividade. Para ajudar a garantir a qualidade, a empresa realiza entrevistas com cada cliente corporativo aproximadamente uma semana após a sessão de treinamento para verificar se o cliente ficou de fato satisfeito. Caso ocorra algum problema, a empresa oferece treinamento gratuito, de preferência no centro de treinamento. Até hoje, apenas dois estudantes precisaram de acompanhamento especial.

A escolha da localização para o centro de treinamento foi fundamental. O centro teria de estar localizado a uma distância que pudesse ser percorrida a pé para um grande número de clientes-alvo em Vespucci (localizados em um raio de cinco blocos no distrito comercial no centro da cidade). Teria de estar perto de meios de transporte e estacionamentos e precisava apresentar uma imagem profissional. E, naturalmente, o preço dos aluguéis teria de ser acessível. Por essa razão, a South Main Street destacou-se como a melhor escolha. A rua está localizada no centro da cidade, onde existem imóveis comerciais, e os preços dos aluguéis são significativamente mais baixos do que o dos escritórios na região norte da Main.

12
Plano de tecnologia

Os computadores são inúteis. Só podem lhe dar respostas.
Pablo Picasso

Toda empresa precisa de tecnologia. Mesmo que a sua empresa produza biscoitos de chocolate à moda antiga, você precisa contar com a tecnologia para lidar com várias, senão todas as operações de negócios rotineiras, desde a manutenção de registros financeiros e o processamento de pedidos até o contato com fornecedores e clientes. Como, atualmente, a tecnologia é fundamental à administração de um negócio, é preciso planejar a tecnologia necessária e como utilizá-la.

Esta seção ajuda a esboçar as necessidades tecnológicas do seu negócio. Se sua empresa fizer uso intensivo da tecnologia, suas necessidades tecnológicas talvez sejam muito mais complexas do que o que este capítulo se propõe a indicar.

Por que um plano de tecnologia?

Às vezes, mesmo as mais simples questões relacionadas com tecnologia revelam-se difíceis e tomam tempo. Por exemplo, as atuais opções para sistemas telefônicos podem ser surpreendentemente confusas, mesmo para empresas relativamente pequenas. Poucos têm a capacidade técnica de entender a ampla gama de escolhas tecnológicas disponíveis. Muitas vezes, nem mesmo conhecemos os termos certos a utilizar ou as perguntas a fazer.

Muitas decisões que você toma em relação à tecnologia, como a escolha do programa de banco

> *"Como investidor de capital de risco, posso ficar sentado à minha mesa de trabalho e propor 30 ideias; tenho dinheiro suficiente no banco para bancar a brincadeira – o difícil não é isso; a parte mais difícil é entender toda a mecânica da criação de um negócio. Essa é a parte que realmente precisamos ver."*
> **Andrew Anker**
> **Investidor de capital de risco**

de dados, podem acarretar custos altos e grande complexidade se houver necessidade de modificá-las posteriormente. Ao elaborar seu plano de tecnologia, tenha em mente as mudanças e o crescimento que sua empresa pode vir a ter; tente escolher uma tecnologia flexível o suficiente para crescer e mudar com você. Na medida do possível, escolha a tecnologia que, ao mesmo tempo que atenda as suas necessidades, seja simples e não demasiadamente complexa. Todos aqueles "recursos" adicionais podem tornar a tecnologia escolhida mais difícil de usar, seja ela um programa de software ou um telefone.

Você pode se beneficiar significativamente dos serviços de um consultor em tecnologia para ajudá-lo a encontrar os melhores produtos e sistemas para sua empresa. Há consultores que podem ajudá-lo a projetar um sistema total – hardware, software, telecomunicações etc. –, e também há os especialistas em áreas específicas.

Em alguns setores, fornecedores desenvolvem software ou hardware especializados para suprir a demanda específica do setor. Sua associação comercial pode ajudá-lo a identificar fornecedores desse tipo de tecnologia específica do setor, e tipicamente é possível encontrar vários deles em feiras comerciais do setor. Embora esses produtos possam ser mais caros do que softwares "prontos" de uso geral, eles podem ser mais adequados às necessidades específicas da sua empresa e são mais baratos do que os produtos criados especificamente para a sua empresa. No entanto, não deixe de verificar a compatibilidade desses itens específicos com software ou hardware comuns; com certeza você vai querer usar alguns produtos "prontos".

Se tiver acabado de abrir um negócio, você não precisa necessariamente conhecer os detalhes de cada uma dessas questões tecnológicas, mas precisa ter uma noção realista dos custos ao elaborar seus relatórios financeiros.

O roteiro sobre orçamento para tecnologia e o formulário para preparação do plano de tecnologia, apresentados no final deste capítulo, ajudam a avaliar suas necessidades tecnológicas e os custos associados.

Planejando para empresas de tecnologia

Se estiver preparando um plano de negócios para uma empresa que faça uso intensivo de tecnologia, é quase certo que alguns possíveis financiadores, em especial os investidores de capital de risco, examinarão detalhadamente seu plano de tecnologia. Eles vão querer saber se você entende a natureza e o escopo das suas necessidades de tecnologia e se planejou apropriadamente as necessidades de hardware/software e de pessoal especializado.

Naturalmente, algumas empresas atuam especificamente no desenvolvimento ou na exploração de novas tecnologias, por isso não utilizando a tecnologia apenas para concretizar outros objetivos de negócios. Nessas empresas, a tecnologia é o negócio principal, e os possíveis investidores querem informações detalhadas sobre a natureza da tecnologia. Essa descrição pode ser incluída como parte da seção "Produtos e Serviços" ou pode ser elaborada como uma seção separada do seu plano. Ela deve descrever o conceito básico e os recursos da tecnologia escolhida com um nível de detalhes adequado ao conhecimento do possível leitor.

Cuidado, porém, com a forma de apresentação dos dados necessários. Você precisará mostrar a viabilidade do seu conceito, sem revelar segredos corporativos extremamente sigilosos (que não devem ser incluídos em um plano de negócios). Se, por outro lado, estiver em busca de financiamentos convencionais (por exemplo, empréstimos bancários) ou investimentos de fontes menos instruídas, a descrição da sua nova tecnologia deve ser relativamente genérica. Se o plano for destinado apenas a uso interno, a parte sobre tecnologia pode ser bem detalhada e incluir informações sigilosas sobre o desenvolvimento de produtos. Nesse caso, seja extremamente cauteloso quanto à distribuição do plano; você não vai querer que ele caia em mãos erradas.

> *É preciso trabalhar e entender a infraestrutura existente, os canais de distribuição e os fabricantes. Navegar por essas águas, conhecer seus problemas e trabalhar dentro e fora do sistema é muito importante.*
> **Andrew Anker**
> **Investidor de capital de risco**

Para que você utiliza a tecnologia?

Se entrar em uma loja de informática e disser "Preciso de um computador", a primeira pergunta que o vendedor fará será: "Para que o computador vai ser usado?" Baseie suas escolhas tecnológicas nas necessidades reais e projetadas do negócio.

Ao examinar as operações do seu negócio, avalie quais funções exigem tecnologia ou podem se beneficiar dela. Entre as necessidades comuns dos negócios que utilizam a tecnologia encontram-se:

- Contabilidade, impostos, finanças
- Recebimento e monitoramento de pedidos
- Atendimento de pedido/expedição
- Controle de estoque
- Gerenciamento de bancos de dados, por exemplo, de clientes, produtos, fornecedores ou estoque
- Mala direta
- Comunicação com clientes
- Comunicação interna
- Apresentações
- Editoração eletrônica/produção gráfica
- Gestão de pessoal/recursos humanos
- Produção: design, rastreamento de custos, gestão de suprimentos
- Marketing na internet/site da Web/e-mail
- Vendas pela internet

Muitas dessas funções são oferecidas on-line sob a forma de software como serviço (SaaS). Os SaaS lhe permitem acessar seus dados em qualquer lugar em que haja acesso à internet e pagar mensalmente pelo serviço, em vez de investir em um software caro.

A escolha da tecnologia

Entre as questões principais na escolha da tecnologia estão:

- Funções
- Facilidade de uso
- Custo
- Segurança
- Capacidade de atualização e expansão
- Integração com dados, tecnologia e sistemas existentes

Antes de se decidir, pergunte-se:

- De quais recursos você realmente precisa? É importante garantir que a tecnologia possa lidar com as funções mais importantes da sua empresa. Caso contrário, você estará jogando dinheiro fora.
- Quais recursos seriam úteis, mas não absolutamente essenciais? Além de satisfazer suas necessidades essenciais, alguns produtos ou recursos de tecnologia podem economizar tempo ou dinheiro no longo prazo. Procure soluções que possam aprimorar seu negócio e analise-as sob a luz do custo e da complexidade adicionais que elas representam.
- Com que frequência você terá de mudar ou atualizar os programas de computador? Os problemas mais sérios dos computadores não são os defeitos, mas o fato de novos softwares e periféricos não serem compatíveis com computadores mais antigos. Versões mais recentes dos softwares exigem mais cada vez mais memória e velocidade de processamento. Se for necessário fazer atualizações com frequência, adquira hardware capaz de suportar tais atualizações.
- Seu equipamento tem de ser compatível com outros equipamentos ou com vários programas? No caso de equipamentos independentes, como copiadoras, você tem muito mais flexibilidade ao fazer sua seleção e talvez não faça diferença comprar uma marca desconhecida. Se tiver equipamentos que precisam ser integrados ou conectados com outros, como um computador ou alguns dispositivos de telecomunicações menores, procure produtos conhecidos. Evite a inconveniência de tentar fazer uma marca desconhecida funcionar com seus outros equipamentos. Programas de computador, por exemplo, normalmente vêm com *drivers* para funcionar apenas com as marcas mais populares de computadores, impressoras ou scanners.
- No caso de equipamentos que utilizam "itens consumíveis", como cartuchos de tinta para impressoras, procure saber se é possível adquirir suprimentos com facilidade.

- Lojas de equipamentos para escritório e de desconto normalmente só vendem as marcas mais famosas. Leve em consideração a disponibilidade e os custos dos suprimentos antes de fazer sua escolha final.
- Você executa tarefas como design, editoração eletrônica, apresentações? Nesse caso, opte pelos equipamentos mais recentes. Esses tipos de programas consomem muita memória e exigem processadores velozes.
- Que tipo de tecnologia você quer utilizar? Algumas pessoas e algumas empresas querem ser vistas como adeptas da vanguarda da tecnologia.

> "Na HotWired, tentamos construir uma empresa onde o processo, a flexibilidade, era mais importante do que o produto. Sabíamos que o produto mudaria milhares de vezes antes de chegar à fase final, mas o processo precisava funcionar."
> **Andrew Anker**
> **Investidor de capital de risco**

Questões tecnológicas globais

A atual tecnologia permite que as empresas operem internacionalmente com facilidade cada vez maior; isso se deve especialmente à tecnologia. A internet, a comunicação móvel e o VOIP (Voice Over IP) permitem que nos conectemos com pessoas em praticamente qualquer parte do mundo.

A tecnologia, em geral, é adequada ao uso internacional. Na maior parte do tempo, o desenvolvimento da tecnologia segue padrões internacionais. No entanto, em alguns raros casos, pode haver conflitos entre sistemas de tecnologia. Correntes elétricas ou padrões de telecomunicação podem causar problemas. Por exemplo, alguns telefones celulares não funcionam em outros países. Em alguns casos, o governo local pode impor limites ao uso ou ao acesso à tecnologia. Por exemplo, determinados países limitam o acesso dos cidadãos a determinados mecanismos de busca ou redes sociais. Outros impõem limites ao que pode ser anunciado nos sites de leilão.

Se estiver usando sua tecnologia em outros países, procure prever os conflitos ou problemas que podem ocorrer.

Resumo

A tecnologia é um aspecto essencial de todos os negócios atualmente, sendo empregada na maior parte das áreas operacionais e de marketing das empresas. Como as decisões em relação à tecnologia a ser usada podem ser confusas e caras, é recomendável recorrer a especialistas externos para ajudá-lo a fazer suas escolhas tecnológicas. A elaboração de um plano geral de tecnologia proporciona um sistema de referência que nos permite entender o escopo das suas necessidades tecnológicas e gera um orçamento de tecnologia mais realista.

Globalização: Preocupações com tecnologia

Que tipos de conflito poderiam surgir em relação ao software, hardware ou outras soluções tecnológicas da sua empresa?

Compatibilidade _____
_____
_____
_____

Fuso horário _____
_____
_____
_____

Conversão monetária _____
_____
_____
_____

Fonte de papel _____
_____
_____
_____

Padrões de medição (por exemplo, sistema métrico *versus* britânico) _____
_____
_____
_____

Idioma e terminologia _____
_____
_____
_____

Que medidas você pode tomar para atenuar esses possíveis problemas? _____
_____
_____
_____
_____

PLANO DE TECNOLOGIA

Orçamento de tecnologia $ ➤ $$ ➤ $$$

Utilize o roteiro a seguir para especificar os custos das suas necessidades tecnológicas.

	Ano 1	Ano 2	Ano 3	Ano 4	Ano 5
Software					
Contábil					
Gestão de relacionamento com clientes					
Gestão de recursos humanos					
Controle de estoque					
Software para automação de escritório					
Software personalizado					
Outros:					
Outros:					
Hardware					
Computadores desktop					
Computadores portáteis					
Servidores					
Sistemas de backup					
Impressoras					
Redes					
Periféricos					
Outros:					
Outros:					
Telecomunicações					
Sistema de telefonia					
Celulares/pagers					
Aparelhos de fax					
Acesso à internet					
Outros:					
Outros:					
Pessoal de consultoria					
Projeto/manutenção de sistemas					
Suporte técnico/help desk					
Outros:					
Total					

Formulário para preparação do plano de tecnologia

Utilizando este formulário como orientação, resuma as principais preocupações e necessidades relacionadas com a tecnologia do seu negócio e inclua-as no seu plano de negócios, em uma seção de tecnologia separada ou na seção de operações.

Necessidades de software: _____
_____
_____
_____
_____
_____
_____

Necessidades de hardware: _____
_____
_____
_____
_____
_____
_____

Necessidades de telecomunicações: _____
_____
_____
_____
_____
_____
_____

Necessidades de pessoal (especifique se interno ou terceirizado): _____
_____
_____
_____
_____
_____
_____

Utilize essas informações como base para a elaboração da seção tecnologia do seu plano de negócios.

EXEMPLO: PLANO DE TECNOLOGIA

TECNOLOGIA

A ComputerEase atua no setor de tecnologia. Por isso, precisamos estar sempre informados dos novos avanços e atualizar continuamente não apenas nossos equipamentos mas também nossas habilidades.

O componente mais importante do nosso plano de tecnologia é assegurar que nossos instrutores sejam totalmente capazes de utilizar novos softwares e hardwares da maneira mais produtiva possível, para que eles, por sua vez, possam treinar nossos alunos e desenvolver materiais de treinamento apropriados. Para tanto, nossos instrutores recebem cópias preliminares dos programas e também treinamento dos principais fabricantes de software.

O segredo do sucesso da ComputerEase está no uso da mais avançada tecnologia para o design de cursos. Estabelecemos parcerias com especialistas na área para estarmos sempre atualizados com os novos avanços em materiais de cursos interativos e prever o acréscimo de novos recursos, à medida que eles surgirem.

A ComputerEase oferece recursos de ensino a distância. Os concorrentes nacionais hoje oferecem esse treinamento e queremos estar preparados para enfrentar essa concorrência. Além disso, acreditamos que os programas de ensino a distância nos permitirão ampliar o nosso alcance geográfico para outras regiões não apenas no Meio-Oeste dos Estados Unidos e outras partes do país, mas também em qualquer país de língua inglesa.

Nossos centros de treinamento também são fundamentais. Um centro de treinamento já está em operação, e esperamos abrir um segundo até janeiro de 2011. Esse centro terá de 20 a 30 computadores pessoais de ponta, de 3 a 4 impressoras, equipamento de projeção de slides e outros equipamentos audiovisuais. Em vez de comprarmos os computadores para os centros de treinamento, nós os alugamos; isso nos permite oferecer continuamente aos alunos equipamentos de ponta.

Nosso site contém informações sobre o histórico da empresa e apresenta os horários e descrições das aulas dos treinamentos on-line e presenciais. Os alunos dos cursos de treinamento que ocorrem em nosso centro podem se cadastrar para as aulas on-line e acessar áreas protegidas por senha para receber auxílio adicional depois de concluídas as sessões de treinamento. Isso nos permitirá oferecer suporte contínuo aos nossos clientes corporativos. Os alunos da modalidade on-line desfrutam desses mesmos recursos, além do acesso às sessões de treinamento via Web.

A intenção da ComputerEase é buscar o desenvolvimento de material de treinamento e aplicativos para smartphones, iPads e outros tablets. Fora do mercado dos Estados Unidos, especialmente na Europa e na Ásia, os usuários tendem a usar mais o telefone como principal aparelho eletrônico. À medida que atrairmos mais clientes internacionais, precisaremos desenvolver nossa tecnologia. Nos Estados Unidos, também prevemos o aumento contínuo da popularidade dos tablets e smartphones.

13
Gerência e organização

Independentemente do que você vende, está vendendo o trabalho do seu pessoal.

As pessoas da empresa determinam o sucesso dela

As pessoas estão no centro do negócio. Sua qualidade determina, em grande medida, o sucesso do negócio. Muitos investidores baseiam suas escolhas de investimento quase inteiramente nas habilidades das pessoas envolvidas na empresa. Eles sabem que a experiência, as habilidades e as personalidades da equipe de gerência têm um impacto maior sobre o destino de longo prazo de uma empresa do que o produto ou serviço oferecido.

Por essa razão, investidores e credores provavelmente avaliarão a parte de gerência de um plano de negócios antes das outras seções. Eles leem essa seção com cuidado, examinando minuciosamente as qualificações das pessoas por trás de um negócio. Para eles, não basta verificar se a equipe de gerência tem as habilidades necessárias para gerenciar o negócio, é preciso analisar também se a estrutura interna faz uso máximo dos talentos dos membros de equipe.

Desse modo, se estiver preparando um plano de negócios para fins de financiamento, tenha bastante cuidado ao redigir a seção sobre gerência. Mesmo que esteja desenvolvendo seu plano de negócios unicamente para uso interno, uma avaliação honesta dos pontos fortes e fracos dos empregados mais importantes o ajudará a tirar o máximo proveito da equipe de gerência.

A maior parte dos empreendedores leva muito a sério a seleção de pessoas para os cargos mais importantes. Eles podem se esforçar ao máximo na etapa de recrutamento, muitas vezes utilizando empresas especializadas em contratação de executivos, até encontrar a pessoa certa. Mas o que fazem com os profissionais depois da contratação?

Com muita frequência, ninguém presta a devida atenção à criação de linhas claras da responsabilidade organizacional e ao desenvolvimento de um estilo de gerência que motive os empregados. Isso é especialmente verdadeiro nas empresas novatas. Até as pessoas que se destacam só alcançarão o melhor desempenho possível em um sistema que estimule, reconheça e recompense as realizações. Se conseguir criar essa atmosfera, você terá uma verdadeira vantagem competitiva.

Assim, ao desenvolver a seção sobre gerência no seu plano de negócios, concentre-se em duas áreas principais: 1) as pessoas que administram seu negócio; e 2) a estrutura e o estilo gerencial. Juntos, esses dois pontos representam o núcleo do seu sistema de gerência.

A equipe de gerência

Quais são as pessoas mais importantes para o futuro da empresa? Quais são as pessoas que definem as estratégias a serem adotadas? Quem toma as decisões finais? Quais membros da gerência decidem quais produtos ou serviços você venderá e quais serão os preços cobrados? Quem é responsável pelas suas iniciativas de vendas?

Em todas as empresas, exceto nas menores, essas tarefas são atribuídas ou compartilhadas por muitas pessoas. Portanto, ao avaliar sua equipe de gerência, inclua:

> "Há muitas empresas a serem criadas, muitas tecnologias a serem desenvolvidas. E há dinheiro de sobra para financiar essas empresas. O fator humano continua sendo o ativo mais limitado."
>
> **Andrew Anker**
> **Investidor de capital de risco**

- Empregados mais importantes/presidentes
- Conselho de administração
- Comitê consultivo
- Consultores e outros especialistas
- Empregados-chave em nível de gerência a serem contratados

Empregados mais importantes/presidentes

Normalmente, a pessoa mais importante em um negócio é o fundador ou os fundadores, especialmente no caso de *start-ups*. Nas empresas iniciantes, os fundadores normalmente atuam com gerentes de alto nível e exercem controle diário sobre os negócios. Por essa razão, a primeira pessoa a ser avaliada ao analisar a gerência é o fundador, mesmo que ele seja você mesmo.

Ocasionalmente, os próprios fundadores ou os principais investidores trarão outros para ocupar cargos de direção, como presidente e CEO. Mas, se de algum modo os fundadores permanecem ativos no negócio, atuando no conselho de administração, permanecendo como consultores da empresa ou assumindo um cargo de gerência secundário, as habilidades e qualificações deles devem ser descritas no plano. Outros gerentes a avaliar no plano de negócios incluem:

- Principais responsáveis pelas decisões: presidente, CEO, presidentes de divisões.
- Pessoal de produção: diretor de operações, gerente de fábrica, diretor técnico.
- Pessoal de tecnologia: diretor de tecnologia, diretor do SIG, administrador de sistemas.
- Pessoal de marketing: diretor de marketing, diretor de vendas.
- Pessoal de recursos humanos: diretor de pessoal, diretor de treinamento.
- Chefe do departamento de pesquisa e desenvolvimento.

Ao examinar esses atores fundamentais, pergunte:

- Eles possuem as habilidades necessárias para o exercício de sua função específica?
- Eles têm um histórico de sucesso?
- Suas limitações passadas lhes deram ideias que podem ajudá-los nas suas funções atuais?
- Suas personalidades os tornam membros eficazes da equipe?
- Se tiverem responsabilidade de supervisão, serão capazes de orientar e motivar efetivamente os empregados?
- Vista como um todo, sua equipe incorpora toda a gama de qualificações e habilidades de gerência necessárias?

Se estiver preparando um plano de negócios apenas para buscar financiamento externo, limite a cinco ou, no máximo, seis o número de empregados em cargos-chave discutidos nesta seção. Concentre-se apenas naqueles que têm mais responsabilidade pelo sucesso da empresa no longo prazo.

Algumas empresas têm sorte de contar, entre seus empregados, com os serviços de "astros", indivíduos com históricos de especial destaque. Se, no quadro de empregados, houver um desses "astros", certifique-se de destacar o papel que ele desempenha na empresa. É recomendável também destacá-los no sumário executivo. Se já tiverem trabalhado em empresas famosas e de sucesso, chame a atenção para o fato. Se quiser, pode incluir seus currículos no anexo do plano.

Preencha o roteiro de avaliação dos empregados-chave nas páginas a seguir para identificar os atributos dos melhores gerentes. Avalie:

- **Experiência.** Mostre os cargos específicos e responsabilidades profissionais que tiveram e que estão diretamente relacionadas com o cargo atual. Isso não é um currículo; portanto, não liste todos os cargos ocupados anteriormente, apenas os que indiquem uma habilidade ou talento que pode ser aplicado à atividade atual.
- **Sucessos.** Descreva sucessos notáveis, sobretudo os que possam ser quantificados. Inclua realizações que indicam a capacidade de planejar, gerenciar, superar obstáculos e atingir um objetivo.
- **Educação.** Só inclua formação acadêmica no plano por escrito se a pessoa for novata no setor ou se a formação estiver diretamente relacionada com o cargo ou for necessária para a atividade atual.

Avaliação dos empregados-chave

Descreva os atributos da alta gerência.

PRESIDENTE/CEO: _____
Experiência: _____
_____
Sucessos: _____
Formação acadêmica: _____
Pontos fortes: _____
Pontos fracos: _____

COO: _____
Experiência: _____
Sucessos: _____
Formação acadêmica: _____
Pontos fortes: _____
Pontos fracos: _____

CFO: _____
Experiência: _____
_____
Sucessos: _____
Formação acadêmica: _____
Pontos fortes: _____
Pontos fracos: _____

DIRETOR DE MARKETING/VENDAS: _____
Experiência: _____
_____
Sucessos: _____
Formação acadêmica: _____
Pontos fortes: _____
Pontos fracos: _____

Avaliação dos empregados-chave

GERENTE DE PRODUÇÃO: _____

Experiência: _____

Sucessos: _____

Formação acadêmica: _____

Pontos fortes: _____

Pontos fracos: _____

DIRETOR DE RECURSOS HUMANOS: _____

Experiência: _____

Sucessos: _____

Formação acadêmica: _____

Pontos fortes: _____

Pontos fracos: _____

DIRETOR DE TECNOLOGIA/DIRETOR TÉCNICO: _____

Experiência: _____

Sucessos: _____

Formação acadêmica: _____

Pontos fortes: _____

Pontos fracos: _____

OUTROS EMPREGADOS-CHAVE: _____

Experiência: _____

Sucessos: _____

Formação acadêmica: _____

Pontos fortes: _____

Pontos fracos: _____

OUTROS EMPREGADOS-CHAVE: _____

Experiência: _____

Sucessos: _____

Formação acadêmica: _____

Pontos fortes: _____

Pontos fracos: _____

- **Pontos fortes.** Descreva os melhores atributos da pessoa no ambiente corporativo, incluindo características pessoais, como capacidade de motivar outros, conhecimento do setor e habilidades em finanças.
- **Áreas carentes de pontos fortes.** Descreva os atributos que a pessoa precisa aprimorar para tornar-se um gerente mais eficaz; entre essas características poderiam incluir-se conhecimento ou habilidades específicas, melhores técnicas de comunicação ou capacidade de assumir tarefas adicionais. Embora talvez você não inclua isso no plano por escrito, essas informações podem ajudá-lo a formar líderes mais bem-sucedidos.

Gerência de remuneração e incentivos

Agora é hora de discutir a remuneração e os incentivos que você oferece aos empregados-chave, como um modo de mantê-los e motivá-los. A maior parte dos incentivos tem implicações monetárias, e os investidores muitas vezes querem conhecer o poder financeiro da alta gerência sobre a empresa.

Entre os incentivos que se pode oferecer estão:

> "Depois de alcançar uma faixa salarial adequada, a motivação tem mais a ver com orgulho, respeito e reconhecimento. Você quer que a motivação venha da satisfação de desempenhar bem um papel e do relacionamento com outros atores."
>
> **Bill Walsh**
> **Ex-técnico e presidente, S.F. 49ers**

- **Salário.** Valor pago anualmente ao gerente, independentemente do desempenho pessoal ou da empresa.
- **Bonificação.** Valor adicional concedido, normalmente no final do ano, com base no desempenho pessoal ou da empresa.
- **Comissões.** Valor oferecido com base em um percentual das vendas feitas; raramente dado à alta gerência.
- **Participação nos lucros.** Valor distribuído a todos os empregados qualificados com base no lucro anual da empresa.
- **Participação no patrimônio.** Ações da empresa que conferem ao empregado uma participação financeira direta no desempenho geral do negócio.
- **Opções de compra de ações.** Possibilidade de adquirir ações em uma data futura a um preço definido atualmente; se o valor da empresa subir, essas opções podem ser exercidas, proporcionando ao empregado um ganho financeiro.

No roteiro sobre remuneração e incentivos, apresentado na próxima página, enumere os incentivos financeiros oferecidos aos empregados-chave.

Conselho de administração

Nas sociedades por quotas e sociedades anônimas deve haver um conselho de administração. Em sociedades desses tipos, que são muito pequenas, normalmente os membros do conselho são também responsáveis pela administração da empresa. O papel do conselho, nesses casos, assume também uma função executiva.

Remuneração e incentivos $ ➤ $$ ➤ $$$

Descreva o pacote de remuneração dos empregados mais importantes da sua empresa.

PRESIDENTE/CEO

Salário: _____ Bonificação: _____
Outros incentivos: _____

COO

Salário: _____ Bonificação: _____
Outros incentivos: _____

CFO

Salário: _____ Bonificação: _____
Outros incentivos: _____

DIRETOR DE MARKETING/VENDAS

Salário: _____ Bonificação: _____
Outros incentivos: _____

DIRETOR DE PRODUÇÃO

Salário: _____ Bonificação: _____
Outros incentivos: _____

DIRETOR DE RECURSOS HUMANOS

Salário: _____ Bonificação: _____
Outros incentivos: _____

DIRETOR DE TECNOLOGIA/DIRETOR TÉCNICO

Salário: _____ Bonificação: _____
Outros incentivos: _____

OUTROS EXECUTIVOS

Salário: _____ Bonificação: _____
Outros incentivos: _____

Salário: _____ Bonificação: _____
Outros incentivos: _____

Em empresas maiores, porém, o conselho de administração muitas vezes inclui membros que não fazem parte da gerência. Mais frequentemente, esses membros do conselho de administração são pessoas que investiram grandes somas na empresa. Investidores de capital de risco muitas vezes exigem participação no conselho de administração para investir na empresa.

Obviamente, os investidores atuam no conselho de administração para proteger seu dinheiro; eles querem ter algum controle sobre a gerência e direção da empresa.

Mas a gerência não deve ver esses investidores-membros do conselho apenas como "Big Brothers", vigiando cada passo dado. Eles muitas vezes trazem ideias e opiniões valiosas, e contribuem para a viabilidade e o sucesso da empresa.

Ao formar o conselho de administração, inclua também membros que trazem experiência específica em negócios, como conhecimentos em finanças ou no setor. Esses membros do conselho costumam ser remunerados pelos serviços no conselho de administração.

Lembre-se, porém, de que o conselho de administração tem responsabilidade e autoridade jurídica sobre a empresa. Assim, pessoas de fora da empresa devem ser selecionadas cuidadosamente.

Comitê consultivo

Às vezes, identificamos indivíduos cujas opiniões e conselhos queremos incorporar à empresa, mas que, por considerações legais, não devem fazer parte do conselho de administração.

Uma maneira de utilizar os serviços deles, além de contratá-los, é instituir um comitê consultivo informal. Esse comitê terá pouca ou nenhuma responsabilidade legal, mas, mesmo assim, pode ser de grande ajuda no desenvolvimento da sua empresa.

Um comitê consultivo também pode ser útil para uma firma individual ou uma sociedade por quotas que não tenha conselho de administração.

Preencha o roteiro sobre o conselho de administração/comitê consultivo na próxima página para descrever os membros do seu conselho de administração e comitê consultivo, caso existam.

Consultores e outros especialistas

As empresas menores costumam acreditar que consultores e especialistas só são importantes para as grandes corporações. Entretanto, a contratação de consultores pode proporcionar habilidades específicas de indivíduos altamente qualificados sem o custo da contratação de um empregado em tempo integral. Empresas de grande e pequeno porte se beneficiam dos serviços de consultores e especialistas externos.

> *"Nosso consultor em administração foi extremamente útil no desenvolvimento de uma estratégia geral e nos ajudou a entender as implicações financeiras. Nosso escritório de contabilidade foi útil na determinação de controles internos e nos ajudou a entender o que estava acontecendo."*
> **Larry Leigon**
> **Fundador, Ariel Vineyards**

Conselho de administração/comitê consultivo

Liste os membros do conselho de administração, sua participação financeira na empresa e qualificação profissional: _____
_____
_____
_____
_____
_____
_____
_____

Descreva com que frequência o conselho de administração se reúne e quais são as suas responsabilidades: _____
_____
_____
_____
_____
_____
_____
_____

Se houver um comitê consultivo, descreva suas funções e responsabilidades e com que frequência ele se reúne: _____
_____
_____
_____
_____
_____
_____
_____

Enumere os membros do comitê consultivo, especificando sua qualificação profissional e remuneração, quando aplicável: _____
_____
_____
_____
_____
_____
_____
_____

O uso de consultores também pode melhorar a imagem que você apresenta no seu plano de negócios. Ser representado por um dos principais escritórios de advocacia na cidade ou contratar um dos grandes escritórios de contabilidade para preparar suas contas confere credibilidade à sua empresa.

Consultores com habilidades específicas podem ajudar a eliminar lacunas na equipe de gerência. Por exemplo, talvez ainda não tenha sido possível contratar um diretor de marketing em tempo integral, mas você poderá utilizar a ajuda de um consultor de marketing.

Toda empresa, independentemente do tamanho, deve utilizar um advogado e um contador, pelo menos para preparar os livros iniciais e analisar contratos e instalações. Se não puder arcar com esses serviços, você não poderá arcar com a implantação do negócio. É uma economia tola abrir mão do uso desses serviços. Entre os consultores e especialistas que você pode utilizar, além de advogados e contadores, estão:

- **Consultores em administração.** Para ajudá-lo a planejar seu negócio, desenvolver estratégias, resolver determinados problemas e aprimorar técnicas gerenciais.
- **Consultores em marketing.** Para desenvolver maneiras de posicionar sua empresa no mercado, supervisionar a criação de campanhas publicitárias e materiais promocionais e estruturar sua estratégia de vendas.
- **Designers.** Para agregar valor percebido e melhorar a imagem da empresa por meio de habilidades em design gráfico, design de produtos, design de embalagens, design de sites ou design de ambientes internos.
- **Especialistas no setor.** Em todo setor existem áreas que exigem conhecimento especial ou habilidades técnicas específicas, e os "especialistas" oferecem serviços de consultoria nessas áreas; os exemplos podem ser design de cozinhas para restaurantes, projetos de linha de produção para o setor fabril ou especialistas em merchandising para lojas no varejo.
- **Especialistas em tecnologia.** Para ajudá-lo a identificar suas necessidades e soluções tecnológicas, configurar um banco de dados, site, sistemas de comunicação etc.

Preencha o roteiro sobre serviços profissionais (página 240) para descrever os consultores e especialistas utilizados pela sua empresa.

Membros-chave da gerência a serem contratados

Não se preocupe se sua equipe de gerência não estiver totalmente completa, em especial se a empresa está iniciando suas atividades. Investidores e gerentes de financiamento de bancos estão acostumados a analisar planos para empresas nas quais há vagas para cargos importantes.

No entanto, é importante indicar as vagas que você pretende adicionar no futuro e as qualificações dos indivíduos que vão preenchê-las. Isso proporciona um quadro mais completo da sua equipe de gerência como um todo e indica que você conhece as lacunas existentes na sua organização.

Ao considerar os cargos que estão vagos, pense não apenas nas responsabilidades funcionais específicas que ainda precisam ser preenchidas, mas também na criação de um sentido de "equilíbrio" na equipe.

Se a maior parte da gerência atual tiver forte experiência técnica no setor, mas menos na gestão de negócios, a experiência em negócios deve ser um requisito primário para os novos gerentes.

Às vezes seu melhor gerente é uma boa pessoa "de dentro", capaz de administrar a produção, supervisionar empregados e gerenciar contas, mas, mesmo assim, você precisará de uma boa pessoa "de fora" capaz de garantir vendas, conquistar clientes e realizar atividades promocionais.

Preencha o roteiro sobre membros-chave da gerência a serem contratados, apresentado na página 241, para descrever os profissionais que você pretende contratar para os cargos de gerência da empresa.

> *O desenvolvimento da noção de 'equipe' deve ser planejado e coordenado. Observe sempre que a equipe é importantíssima. O único resultado final, a única satisfação verdadeira é o bom desempenho da equipe. A construção de equipe é um processo contínuo. No seu treinamento, utilize todos os exemplos concebíveis de outras áreas para esclarecer a importância do conceito de equipe. Procure desenvolver um ambiente onde os atores esperam e demandam muito um do outro, no qual sentem que individualmente são uma extensão dos seus colegas de equipe. Isso não acontece, deve ser planejado.*
>
> **Bill Walsh**
> Ex-técnico e presidente, S.F. 49ers

Estrutura e estilo de gerência

Na prática, como você vai administrar sua empresa? Como as decisões serão tomadas? Quais são as linhas de autoridade? Como deseja que os empregados vejam a empresa? Os empregados podem expressar suas visões e opiniões na definição das políticas e metas da empresa?

A organização e o estilo de gerência de uma empresa atuam como poderosas forças invisíveis que dão forma tanto ao ambiente de trabalho diário quanto ao futuro da empresa. Entretanto, na maior parte das vezes, os gerentes, em especial os novos gerentes, prestam atenção superficial ao desenvolvimento da estrutura e do estilo. Ao analisar a estrutura da empresa, examine as linhas formais de autoridade existentes e as maneiras informais de tomada de decisão e o tratamento dispensado aos empregados.

Linhas de autoridade

Ao examinar a organização, os gerentes normalmente começam pela estrutura formal – as linhas oficiais de autoridade. Definem como serão supervisionados os empregados e como serão alocadas as atividades. A existência de linhas de autoridade bem definidas é essencial nas grandes organizações, mas também são igualmente importantes em pequenas empresas. Uma fonte frequente de tensão em parcerias é não conseguir definir claramente as áreas de responsabilidade e de tomada de decisão.

Serviços profissionais $ ➤ $$ ➤ $$$

Trace o perfil dos principais consultores a seguir.

ADVOGADO
Nome da empresa: _____ Nome do advogado: _____
Qualificações: _____
Como será utilizado pela empresa: _____
Remuneração anual: _____

CONTADOR
Nome da empresa: _____ Nome do contador: _____
Qualificações: _____
Como será utilizado pela empresa: _____
Remuneração anual: _____

CONSULTOR EM ADMINISTRAÇÃO/MARKETING
Nome da empresa: _____ Nome do consultor: _____
Qualificações: _____
Como será utilizado pela empresa: _____
Remuneração anual: _____

ESPECIALISTA NO SETOR
Nome da empresa: _____ Nome do especialista: _____
Qualificações: _____
Como será utilizado pela empresa: _____
Remuneração anual: _____

CONSULTOR DE TECNOLOGIA
Nome da empresa: _____ Nome do especialista: _____
Qualificações: _____
Como será utilizado pela empresa: _____
Remuneração anual: _____

OUTROS
Nome da empresa: _____ Nome do especialista: _____
Qualificações: _____
Como será utilizado pela empresa: _____
Remuneração anual: _____

Membros-chave da gerência a serem contratados $ ➤ $$ ➤ $$$

Descreva os fatores que dizem respeito ao pessoal de nível gerencial que você pretende contratar.

CARGO: _____

Qualificações buscadas: _____

_____

_____

Data de contratação aproximada: _____

Nível aproximado de remuneração: _____

Outros estímulos a serem oferecidos: _____

CARGO: _____

Qualificações buscadas: _____

_____

_____

Data de contratação aproximada: _____

Nível aproximado de remuneração: _____

Outros estímulos a serem oferecidos: _____

CARGO: _____

Qualificações buscadas: _____

_____

_____

Data de contratação aproximada: _____

Nível aproximado de remuneração: _____

Outros estímulos a serem oferecidos: _____

CARGO: _____

Qualificações buscadas: _____

_____

_____

Data de contratação aproximada: _____

Nível aproximado de remuneração: _____

Outros estímulos a serem oferecidos: _____

As empresas utilizam, cada vez mais, estruturas de gerência "horizontais", em vez de linhas hierárquicas de autoridade rigorosamente "de cima para baixo". Nessas organizações, os empregados têm mais autoridade para a tomada de decisões em suas áreas de responsabilidade. Isso permite que as pessoas que estão mais próximas do cliente ou do processo de produção tomem decisões rapidamente e respondam a mudanças com maior agilidade do que em organizações nas quais o controle é mais centralizado.

> *O pedigree dos empresários e sua experiência são dois fatores de suma importância. Não que eles precisem ter tido sucesso em tudo que tenham feito, mas precisam ter experiência no setor em que atuam.*
> **Damon Doe**
> **Diretor-geral, Montage Capital**

Algumas perguntas a fazer ao examinar a estrutura da sua empresa são:

- As responsabilidades devem ser alocadas por área funcional, linha de produtos ou regiões geográficas? Por exemplo, todos os esforços de marketing devem ser atribuídos a um departamento de marketing ou cada departamento deve lidar com todos os aspectos de um produto ou serviço, incluindo o marketing?
- Quantos empregados cada gerente supervisionará e por quais funções cada gerente será responsável?
- Você utilizará uma abordagem de linha de produção ou uma abordagem de equipe ao criar um produto ou serviço? Os empregados serão responsáveis por determinada tarefa ou um grupo será responsável por muitas tarefas?

Talvez o modo mais rápido e mais claro de comunicar sua estrutura de gerência seja por meio de um organograma. Você pode utilizar dois tipos de organogramas: um descrevendo áreas de responsabilidade e outro definindo relacionamentos hierárquicos ou de supervisão. Os exemplos de cada um são apresentados na página 243. Forneça também uma breve descrição narrativa explicando os relacionamentos explicitados nos organogramas. Se preferir, não inclua o organograma no plano de negócios. Mas não deixe de apresentar a descrição verbalmente.

Relacionamentos informais

Organogramas descrevem a estrutura organizacional formal, mas cada empresa também tem uma estrutura informal que pode ter um impacto igualmente importante sobre ela. Embora você não deva discutir esses relacionamentos informais em um plano de negócios preparado para financiamento externo, deve examinar os relacionamentos menos formais dentro da sua empresa ao fazer o planejamento interno.

Entre as perguntas que você pode fazer ao avaliar sua organização informal estão:

- Quais gerentes têm mais impacto sobre as decisões?
- Quais gerentes têm acesso direto ao presidente ou aos membros do conselho de administração?

Exemplos dos organogramas de fluxo

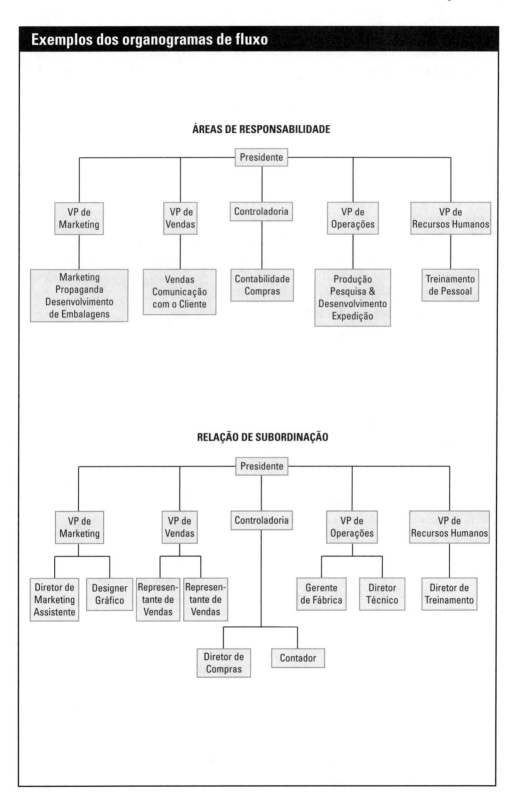

- As decisões da alta gerência são traduzidas efetivamente em ação pelos outros?
- Que subordinados têm influência substancial sobre seus superiores?
- Que departamentos ou grupos de empregados têm mais problemas de moral? A quem estão subordinados?
- Como você comunica e compartilha os valores na empresa?
- Como cria uma atmosfera de tolerância que leve em conta diferenças e diversidade?

Em geral, você quer avaliar como a autoridade é distribuída e como as decisões são tomadas na realidade e não no papel.

Estilo de gerência

Todos os gerentes têm um estilo próprio, mesmo que nunca tenham pensado sobre suas abordagens em relação à gerência. A maior parte dos gerentes define seus trabalhos em termos das tarefas a serem realizadas e não dos métodos que vão usar. Eles veem a si próprios como tendo a função de criar produtos, em vez de motivar e ajudar os fabricantes dos produtos. Seus estilos de gerência normalmente são uma extensão dos seus estilos pessoais.

Gerenciar pessoas é importante demais para ser deixado ao acaso. Seus empregados são seus ativos mais valiosos. Assim como precisa cuidar de outros recursos na sua empresa, como equipamentos e materiais, você também precisa garantir que não haja desperdício de recursos humanos.

O desenvolvimento das capacidades dos gerentes em habilidades como comunicação, liderança, motivação, formação de equipe etc. afeta a produtividade da sua empresa, a retenção dos empregados e a fidelidade dos clientes.

> **"** A melhor maneira de administrar é circulando pela empresa. Os empregados sabem que o chefe é acessível e é uma pessoa real, com a qual podem se identificar, e não uma entidade anônima. Isso confere à administração uma qualidade pessoal. Cumprimento cada empregado; todo mundo me chama pelo primeiro nome, da recepcionista ao presidente. Meu número está na lista telefônica; qualquer empregado ou qualquer convidado pode me telefonar. Com 1.500 empregados e mais de um milhão de hóspedes, isso poderia ser um problema se não houvesse uma operação eficiente. **"**
> **Andre Tatibouet**
> **Fundador, Aston Hotels**

Além disso, desenvolva um estilo de gerência e comunicação em toda a empresa que seja independente da personalidade dos administradores e se adapte à cultura corporativa. Como discutimos no Capítulo 1, a cultura corporativa deve permear cada aspecto do seu negócio e refletir como você quer que os seus empregados e clientes o vejam.

Na maior parte das empresas, em especial nas de pequeno porte, é essencial construir uma noção de trabalho em equipe. Ajude os empregados a sentir que são uma parte importante da organização e que sua contribuição é fundamental. A comunicação é um ingrediente vital na construção de equipe; se os empregados souberem o que acontece na empresa, vão se sentir integrados ao todo.

Estilo de gerência

Descreva a natureza e as funções da gerência da sua empresa.

De que maneira o estilo de gerência da sua empresa se encaixa na cultura corporativa?_____
_____
_____

Em que medida a personalidade dos empregados-chave complementa ou contrasta com o estilo de gerência da empresa?_____
_____
_____

Como você desenvolve uma noção de trabalho em equipe entre seus empregados? _____
_____
_____

Existe um conjunto claro de diretrizes corporativas abrangendo itens como benefícios, rescisão contratual e promoção?_____
_____
_____

Como você assegura uma comunicação contínua com seus empregados? Organiza reuniões, conferências informais ou divulga *newsletters*? _____
_____
_____

Como verifica e reconhece as conquistas dos empregados? Que recompensas financeiras você oferece?

Que forma de reconhecimento não monetário oferece? _____
_____
_____
_____

Como solicita sugestões dos empregados e as implementa? Como os empregados podem afetar o desenvolvimento dos produtos, serviços ou políticas da empresa? _____
_____
_____

As políticas são colocadas em vigor uniformemente? As recompensas e os reconhecimentos são oferecidos regularmente? A gerência favorece certos empregados em detrimento de outros?_____
_____
_____
_____

Independentemente do seu estilo de gerência, lembre-se de que todo mundo – da recepcionista ao presidente da empresa, quer sentir-se importante. Reconheça as conquistas tanto pessoalmente quanto em público. Recompense iniciativas com prêmios em dinheiro e outros tipos de prêmios. Reconheça trabalhos bem executados. Peça sugestões e esteja aberto às preocupações alheias.

Os cinco elementos mais importantes do seu estilo de gerência são:

1. Diretrizes claras
2. Comunicação
3. Reconhecimento dos empregados
4. Capacidade dos empregados de afetar as mudanças
5. Justiça

Preencha o roteiro sobre estilo de gerência na página 245 para avaliar o estilo de gerência da sua empresa.

Globalização: Gerência

A menos que você tenha operações internacionais significativas, não vai precisar de gerência internacional, mas quanto mais você operar em outros países mais desafiador será concentrar a gerência do seu país de origem. Pode ser muito difícil gerenciar clientes, empregados ou operações terceirizadas a distância, especialmente quando o idioma ou a cultura são obstáculos ou quando existem problemas significativos de fuso horário.

Em tais casos, talvez seja importante ter uma equipe de gerência e/ou um número significativo de empregados em outros países.

Em geral, algumas das responsabilidades da gerência que podem ser localizadas no estrangeiro são:

- Supervisão de pessoal técnico
- Vendas
- Marketing
- Serviço ao cliente
- Gerência de call center

Mesmo que não haja membros da gerência no exterior, talvez você precise que membros da gerência local supervisionem empregados ou fornecedores internacionais. Preencha o roteiro sobre globalização apresentado na página 248.

> **"**É fácil reconhecer o sucesso. O difícil é encontrar tempo e a maneira correta de estimular a pessoa que tomou a iniciativa, mas não foi bem-sucedida, ou aquela que fez sacrifícios pelo bem da equipe.**"**
>
> **Bill Walsh**
> **Ex-técnico e presidente, S.F. 49ers**

Preparando a seção sobre gerência no seu plano de negócios

A preparação da seção sobre gerência do seu plano de negócios depende em grande parte dos destinatários do plano: se está sendo desenvolvido apenas para uso interno ou se será submetido a investidores externos.

Se seu plano destinar-se a uso interno, enfatize os aspectos de gerência focados na estrutura, estilo e pontos fracos do pessoal. Contudo, se estiver preparando o plano para levantar investimentos, concentre-se principalmente nos históricos relevantes dos membros da equipe de gerência. Esses resumos devem ser breves e redigidos em estilo objetivo. Mesmo que o vice-presidente de marketing seja "altamente motivado, orientado para os resultados e excepcionalmente criativo", esses tipos de avaliações parecerão ingênuos quando inseridos em um plano de negócios.

O Formulário para Preparação do Plano a seguir permite realizar um esboço inicial da seção de gerência do seu plano de negócios.

Resumo

As pessoas são o segredo para o sucesso das empresas. O desenvolvimento de uma estrutura e um estilo de gerência que façam uso total dos recursos de pessoal e financeiros do negócio e mantenham a empresa focada na sua missão demanda pessoas capazes, com experiência e capacidades apropriadas. Assim, os possíveis investidores examinarão detalhadamente o histórico da equipe de gerência que vai administrar a empresa.

> *"É necessário alocar um período de tempo razoável para a criação da cultura empresarial. Em vez de realizar uma festa de duas horas na sexta-feira, utilize essas duas horas e organize um evento de serviço comunitário."*
>
> **Gib Myers**
> **Investidor de capital de risco**

Globalização: Gerência

Preencha o roteiro a seguir para identificar os tipos de gerência que você precisará localizar internacionalmente ou utilizar internamente para administrar suas atividades internacionais.

Que tarefas serão executadas pela gerência ou por empregados em países estrangeiros nos quais você opera? _____
_____

Operações, inclusive industriais _____
_____
_____

Logística/expedição/atendimento de pedidos _____
_____
_____

Serviço ao cliente _____
_____

Marketing _____
_____

Vendas_____
_____

Desenvolvimento de software/tecnologia _____
_____

Call centers _____
_____

Outras funções de apoio _____
_____

Outras funções administrativas (jurídicas, contábeis, administrativas) _____
_____

Que pessoal administrativo estará localizado em outros países?

Cargo	País

Que pessoal administrativo você vai usar em seu país para administrar suas atividades internacionais?
_____
_____
_____

Formulário para preparação do plano de gerência

Liste os membros mais importantes da sua equipe de gerência fornecendo também uma breve descrição do histórico profissional relevante de todos os empregados, suas responsabilidades na empresa e a remuneração que recebem.

Gerentes e empregados mais importantes: _____

_____
_____
_____
_____
_____
_____
_____
_____
_____

Membros do conselho de administração e conselheiros: _____

_____
_____
_____
_____
_____
_____
_____
_____
_____
_____

Estrutura e estilo de gerência: _____

_____
_____
_____
_____
_____
_____
_____
_____
_____
_____

Utilize essas informações como base para a elaboração da seção sobre gerência do seu plano de negócios.

EXEMPLO: GERÊNCIA E ORGANIZAÇÃO

GERÊNCIA

Empregados-chave

SCOTT E. CONNORS, PRESIDENTE. Antes da fundação da ComputerEase, em janeiro de 2003, Scott E. Connors era vice-presidente regional da Wait's Electronics Emporium, uma cadeia de franquias de lojas de informática, com 23 lojas no Meio-Oeste americano. Antes disso, foi representante de vendas da IBM durante cinco anos.

Apresenta exemplos de realizações.

Connors começou a trabalhar na Wait's Electronics Emporium como gerente da loja no centro de Vespucci. No primeiro ano, conseguiu um aumento de mais de 42% nas vendas e, no segundo ano, de 39%. Foi nomeado "Gerente do Ano" da rede Wait's nos dois anos.

Connors assumiu o papel de vice-presidente regional da rede Wait's em agosto de 2000. Nesse cargo, ele foi responsável pelo desenvolvimento estratégico da empresa para Indiana, Ohio e Illinois. Nesse cargo, Connors realizou uma avaliação do potencial da oferta de treinamento em software para complementar as vendas de hardware de computador da cadeia. Sua avaliação levou-o a acreditar que havia uma necessidade substancial de treinamento em software corporativo, mas tal necessidade não poderia ser suprida pela cadeia de produtos eletrônicos no varejo. Portanto, era necessário montar uma operação separada. Esse foi o conceito por trás da ComputerEase.

Mostra experiência relevante.

O período de Connors na Wait's Computer Emporium, associado aos cinco anos em que ele trabalhou como representante de vendas na IBM, propiciou-lhe extensa experiência na venda de equipamentos e serviços tecnológicos a grandes corporações.

Connors possui 60% das ações na ComputerEase e atua como presidente e tesoureiro do conselho de administração.

Especifica a participação acionária na empresa.

SUSAN ALEXANDER, VICE-PRESIDENTE DE MARKETING. Susan Alexander começou a trabalhar na ComputerEase com a responsabilidade principal das iniciativas de marketing e vendas da empresa.

Demonstra a experiência diretamente relacionada.

Antes de ingressar na ComputerEase, Susan era diretora assistente de marketing na AlwaysHere Health Care Plan. Suas responsabilidades nesse cargo incluíam vendas diretas para diretores de recursos humanos, desenvolvimento de materiais e campanhas de marketing e supervisão do pessoal de vendas. Ela permaneceu durante sete anos saindo para trabalhar na ComputerEase. A experiência de Susan no marketing junto à comunidade de diretores de recursos humanos lhe propiciou a formação ideal para a ComputerEase, que vende seus serviços principalmente por meio de diretores na área de treinamento e recursos humanos.

EXEMPLO: GERÊNCIA E ORGANIZAÇÃO *(continuação)*

Alguns cargos relevantes que ocupou anteriormente foram: representante de vendas da SpeakUp Office Equipment, na qual vendia equipamentos tecnológicos para corporações, e redatora da Catchem Advertising Agency.

Susan possui 10% das ações na ComputerEase.

VICE-PRESIDENTE DE TREINAMENTO (A SER SELECIONADO)

No próximo ano, a ComputerEase acrescentará um terceiro cargo-chave de nível gerencial, vice-presidente de treinamento. A pessoa selecionada deverá ter experiência substancial no desenvolvimento de material de curso e na administração de um departamento de treinamento em organização de porte médio a grande, composta de designers instrucionais, redatores, editores, técnicos de vídeo e instrutores. O futuro vice-presidente deverá possuir excelentes habilidades de treinamento e experiência no desenvolvimento de programas interativos de treinamento baseados em computador. De preferência, essa pessoa deverá ter experiência especificamente relacionada com software, conforme usado no ambiente corporativo. Essa pessoa deve ficar a par dos mais recentes avanços na tecnologia e nas demandas dos clientes na arena de treinamento, em especial no ambiente on-line.

> *Enumera empregados de nível gerencial que terão de ser contratados mais adiante.*

Conselho de administração

Scott Connors é o presidente e tesoureiro do conselho de administração. Cathy J. Dobbs, advogada da empresa (e fundadora da firma Dobbs, Kaye e Babbitt), atua como secretária. O cargo de vice-presidente foi reservado para um investidor externo.

Comitê consultivo

Um comitê consultivo informal oferece orientação aos diretores e ao pessoal da ComputerEase. O comitê se reúne a cada três meses, e seus membros estão sempre disponíveis como recursos para a empresa. Seus membros representam profissionais de setores diretamente relacionados com a missão da ComputerEase e com seu mercado-alvo.

Os membros do comitê são:

– Charlotte Travis, diretora de recursos humanos, RockSolid Insurance Company
– Justin Glen, diretor de treinamento, Vespucci National Bank
– Michael Wheaton, diretor de Marketing, SANE Software
– Dr. A.A. Arnold, professor de mídia educativa, Vespucci State University

> *O comitê consultivo reflete líderes de negócios e possíveis clientes.*

Consultor

Dr. A. A. Arnold, PhD, professor de mídia educativa na Vespucci State University (VSU), atua na empresa como consultor na concepção e desenvolvimento de manuais de treinamento. Especialista no design de materiais educativos, o Dr. Arnold fez doutorado em Educação, com ênfase no treinamento interativo assistido por computador. Atualmente, o Dr. Arnold cria programas de treinamento para o setor, além do cargo que ocupa na VSU.

EXEMPLO: GERÊNCIA E ORGANIZAÇÃO *(continuação)*

Estrutura Gerencial

O presidente Scott Connors é responsável pelas operações cotidianas de todos os aspectos da empresa. Ele dirige os aspectos administrativos e financeiros da empresa e trabalha estreitamente com os vice-presidentes para ajudar a orientar e dar suporte às atividades pelas quais eles têm responsabilidade específica. No entanto, cada vice-presidente tem alto nível de autoridade para tomar decisões nas respectivas áreas sob seu comando.

As responsabilidades de gerência na ComputerEase são apresentadas no organograma a seguir.

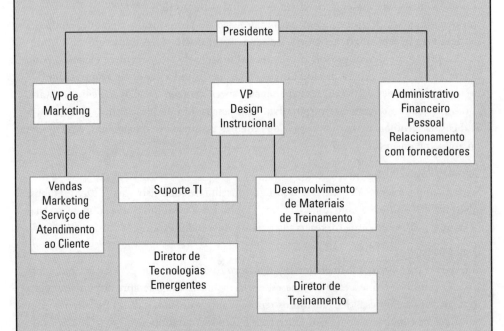

Como a ênfase da empresa é desenvolver relacionamentos com os clientes e aprimorar constantemente a qualidade, a ComputerEase instituiu um programa de incentivos no qual todos os empregados recebem prêmios por fornecer um serviço de atendimento de qualidade ao cliente e dar sugestões para melhorias que forem aceitas.

14
Envolvimento comunitário e responsabilidade social

Deus quer que você esteja em um momento da vida em que seus talentos supram as necessidades do mundo.
Albert Schweitzer

Ao montar o seu negócio, você tem muitos objetivos. Está concentrado em desenvolver seu conceito de negócios, obter financiamento, ganhar dinheiro. Onde entra a questão da responsabilidade social?

Assim como as pessoas têm responsabilidades com suas comunidades, as empresas também têm responsabilidades e obrigações com a sociedade como um todo. "Empresas" são entidades únicas, com muitos direitos e privilégios. A sociedade, por meio de suas leis, concede às "empresas" benefícios especiais e favoráveis, como os limites à responsabilidade individual dos acionistas de uma empresa. Imagine se cada acionista de uma empresa tivesse responsabilidade individual pelas medidas tomadas pela empresa; certamente boa parte de um mercado de ações não existiria. Perceba ou não, toda empresa conta com o apoio contínuo da sociedade.

Além disso, a responsabilidade social faz parte da saúde geral da sua empresa. Primeiro, define os valores da empresa e estimula a cultura empresarial. Nas empresas que agem com integridade e honestidade, é maior a probabilidade de seus empregados agirem com integridade e honestidade em relação à empresa e aos seus colegas de trabalho. A boa cidadania corporativa diminui a probabilidade de problemas com órgãos reguladores, autoridades fiscais ou a ocorrência de processos judiciais ou multas.

Além disso, os próprios empregados são valorizados por fazerem parte de uma organização dedicada à melhoria do bem-estar social. Programas que permitem aos empregados participar de causas comunitárias como parte das suas atividades na empresa

> *"Empreendedores são um grande recurso para o envolvimento da comunidade; eles podem utilizar o mesmo tipo de habilidade utilizada para criar a comunidade que utilizam para criar um negócio."*
> **Gib Myers**
> **Investidor de capital de risco**

são vistos como um benefício valioso, à semelhança de outros benefícios empregatícios. Os possíveis empregados muitas vezes analisam os valores e o comprometimento social de uma empresa ao comparar ofertas de empregos. Ser capaz de atrair e reter o tipo de pessoas que você quer é crucial para o sucesso e o crescimento do seu negócio; portanto, seu comprometimento social ajuda a agregar valor de longo prazo à sua empresa.

Responsabilidade social corporativa é:

- Bom para os negócios
- Bom para a comunidade
- Bom para a economia

Ser socialmente responsável é a coisa certa a fazer, e fazer a coisa certa sempre gera bons frutos.

O que você ganha com isso?

O comprometimento da sua empresa com a responsabilidade pessoal e o envolvimento em atividades e causas comunitárias geram vários benefícios. Entre os benefícios diretos da sua empresa estão:

> "*O envolvimento comunitário torna-se um ativo da empresa.*"
> **Gib Myers**
> **Investidor de capital de risco**

- **Visibilidade:** confere maior visibilidade à empresa na comunidade e no setor; isso pode ser especialmente útil para empresas pequenas e novas, uma vez que as atividades comunitárias podem ser um modo muito eficaz de divulgação da imagem, por um custo menor do que outros métodos de marketing.
- **Imagem corporativa positiva:** ter uma boa imagem de cidadania corporativa ajuda a promover sensações positivas sobre sua empresa na comunidade e por parte de potenciais clientes, empregados e outros.
- **Ferramenta de recrutamento:** ajuda a empresa a ser mais eficiente em atrair empregados; os empregados em potencial muitas vezes optam por vagas de trabalho nas empresas cujos valores e comprometimento social eles respeitam.
- **Equipe mais forte:** a existência de valores e atividades compartilhados ajuda a desenvolver a natureza coesiva e o comprometimento entre todos os seus empregados e a gerência.
- **Empregados mais satisfeitos:** aprimora a experiência de trabalho dos empregados, não apenas permitindo que eles participem direta ou indiretamente das questões sociais/comunitárias, mas também deixando claro que eles trabalham para uma empresa que age com integridade em todas as suas transações; os empregados nunca precisam mentir para um empregador.
- **Contatos com outras empresas:** sendo ativo nas atividades comunitárias, você e os empregados conhecem pessoas de outras empresas e trabalham com elas, o que proporciona contatos valiosos com potenciais parceiros estratégicos, clientes e fornecedores.

A boa cidadania corporativa

O componente mais básico da responsabilidade social é a boa cidadania corporativa. A boa cidadania corporativa começa com as próprias práticas e políticas internas de uma empresa. Começa com a integridade corporativa.

Entre os aspectos que caracterizam a boa cidadania corporativa estão:

- Obedecer à lei, agir eticamente e ser honesto e responsável em todas as transações;
- Tratar os empregados de maneira justa e respeitosa; oferecer-lhes uma remuneração justa e levar em consideração seu bem-estar como parte dos processos decisórios;
- Ser honesto e justo com seus clientes e fornecedores e também na publicidade e no marketing;
- Reconhecer o impacto que suas ações têm sobre o meio ambiente; e
- Envolver-se na comunidade e preocupar-se com o bem-estar alheio.

Ética

A maior parte das empresas, especialmente as grandes corporações, hoje desenvolve diretrizes e políticas éticas e claras. Como os empregados enfrentam muitas situações que têm implicações éticas, é extremamente útil ter um conjunto de políticas consistentes e claras que sejam impostas de maneira firme e justa a toda a empresa, relacionadas com questões como aceitar ou oferecer propinas, a natureza dos presentes, gratificações ou favores especiais que serão dados ou aceitos.

> **"** Crie uma cultura de envolvimento comunitário. Comece desde cedo. Comece de maneira simples. Algumas coisas que você pode fazer seriam iniciar campanhas de doação de roupas, alimentos, brinquedos, sangue etc.; oferecer-se como voluntário em uma escola primária local; ou trabalhar no dia de limpeza de um parque. **"**
>
> **Gib Myers**
> **Investidor de capital de risco**

Para uma empresa nova ou pequena, uma política ética não tem de ser complexa, mas diretrizes claras sobre certas questões, como políticas para reembolso de despesas e obediência às leis, podem ajudar a evitar conflitos ou problemas jurídicos.

Descreva sua política ética no Formulário para Preparação do Plano de Responsabilidade Social apresentado ao final deste capítulo.

Responsabilidade social

O termo "responsabilidade social" pode abranger ou descrever muitas das atividades e atitudes de uma empresa. Não raro, é utilizado para descrever empresas que possuem programas sociais ou beneficentes muito ativos. Algumas empresas, incluindo vários novos empreendimentos de risco, encontram maneiras criativas de colocar em prática seus comprometimentos sociais e contribuir para a comunidade na qual se encontram. Por exemplo, a empresa de internet eBay, antes da oferta pública inicial de ações, quando passou a comercializar suas ações em bolsa, separou uma quantidade razoável de ações da empresa para criar uma fundação filantrópica. Como as ações da eBay subiram significativamente, o valor dessa fundação também subiu.

Sua empresa pode participar de atividades de responsabilidade social de diversas maneiras. A primeira delas, é claro, é estimular a boa cidadania corporativa. Além disso, muitas empresas querem assumir um papel mais ativo em suas comunidades, muitas vezes doando tempo ou dinheiro a várias causas ou organizações. Podem também ir mais longe – trabalhando em prol de causas globais, por exemplo.

Há muitas opções para incorporar a responsabilidade social às atividades da empresa. Um dos melhores modos de decidir que caminho seguir nesse sentido é envolver os próprios empregados na escolha de projetos e políticas, e discutir a relação dos valores da empresa com seus programas.

Enquanto uma empresa é jovem e/ou pequena, talvez seja adequado limitar as atividades sociais a coisas simples; afinal, você tem uma empresa a construir. Talvez você só selecione atividades realizadas uma única vez, que poderiam envolver todos os membros da sua empresa como equipe; por exemplo, participar de uma caminhada em prol de uma instituição de caridade na comunidade ou participar de um mutirão de construção de casas populares. Isso tudo pode ajudar a promover o espírito de equipe, mas o investimento de tempo é claro e limitado. Você também pode escolher um projeto em andamento que não exija muito; uma nova empresa dedica uma hora por semana a ajudar uma escola local. À medida que sua empresa cresce, você pode escolher projetos mais ambiciosos.

Responsabilidade social

O tripé da sustentabilidade

Cada vez mais, as empresas julgam seu desempenho com base não apenas nos lucros mas também no conceito de "tripé da sustentabilidade" – pessoas, planeta e lucro:

- **Pessoas.** De que maneira as suas atitudes afetam as outras pessoas, sendo elas seus empregados, a comunidade, um grupo específico de pessoas em situações desfavoráveis ou a sociedade como um todo?
- **Planeta.** De que maneira as suas atitudes afetam o meio ambiente, não só hoje mas também no futuro?
- **Lucro.** Como alcançar a sustentabilidade financeira, uma vez que é preciso ser lucrativo para continuar no negócio? Sem focar os lucros, nenhuma empresa poderá alcançar seus outros objetivos.

> "Se o plano for bem elaborado e o componente da responsabilidade social for um benefício adicional, todos vão acabar se sentindo bem. Mas, se o bem social diminuir a competitividade da empresa, não será considerado algo positivo. Por exemplo, para uma empresa que desenvolve software, decidir arbitrariamente não vender seus produtos às forças armadas, limitando seu mercado, seria considerado um fator negativo."
>
> **Mark Gorenberg**
> **Investidor de capital de risco**

Ao desenvolver o seu negócio e o seu plano de negócios, considere o tripé da sustentabilidade e não apenas os resultados financeiros da empresa.

Empreendimentos sociais

Muitos empresários não visam apenas os lucros; querem algo mais. Querem fazer alguma coisa positiva para a humanidade. Melhorar o mundo. Tornar o planeta um lugar mais limpo, mais verde. Suas empresas incorporam totalmente os objetivos sociais à missão da empresa.

Existem diferentes abordagens à responsabilidade social nas empresas:

> *Incorporar a responsabilidade social a um plano de negócios é algo bastante delicado. Como investidor de capital de risco examinando o plano, você questiona: 'O que isso implica para essa equipe? Será que a equipe vai se empolgar demais e perder o foco?' Depende da solidez da equipe e também de haver uma equipe realmente boa, que saiba o que está fazendo.*
>
> **Gib Myers**
> **Investidor de capital de risco**

1. **Empreendimentos sociais:** criar um negócio com o propósito PRINCIPAL de alcançar um objetivo social ou ambiental, mas que abrace também a questão do lucro e utilize as melhores práticas de negócios. Por exemplo, você pode ter uma empresa que queira construir casas por preços acessíveis para famílias de baixa renda, mas ainda assim ter lucros.
2. **Empresas socialmente responsáveis:** ter um negócio cujos produtos ou serviços sejam voltados especificamente não para uma missão social, mas para a utilização de práticas de negócios que conquistem objetivos sociais positivos. Por exemplo, você pode ter uma construtora cujos imóveis sejam voltados para o mercado de alta renda, mas que utilize basicamente materiais reciclados e que respeitem o meio ambiente.

Se quiser criar um empreendimento social, existem diversas estratégias que lhe permitirão alcançar objetivos sociais. Considere as cinco estratégias a seguir:

- **Invente alguma coisa.** Crie algo novo, que ainda não foi desenvolvido, para suprir uma meta social.
- **Leve algo novo ao mercado.** Pegue um produto que foi desenvolvido por outra pessoa e crie uma empresa de distribuição, varejo ou vendas para comercializar o produto.
- **Crie novos serviços.** Para atender um objetivo social, desenvolva novos serviços que antes não eram oferecidos.
- **Ofereça serviços.** Ofereça serviços que atinjam um objetivo social.
- **Adapte um produto existente.** Pegue um produto existente e modifique ligeiramente suas propriedades ou utilize-o para alcançar objetivos sociais.

Naturalmente, todo e qualquer negócio pode incorporar a responsabilidade social e ambiental a suas metas e operações, independentemente do produto ou serviço que ofereça. Por exemplo, você pode fabricar sabão e buscar maneiras de reduzir o impacto ambiental de seu processo de produção – reduzindo os resíduos e o consumo de energia, usando matéria-prima que respeite o meio ambiente ou algo do gênero.

Lembre-se: um dos objetivos sociais mais importantes que se pode alcançar é gerar bons empregos. Se você montar uma empresa que remunere decentemente seus empregados e os trata com respeito e dignidade – em especial se conseguir sustentar esses empregos ao longo do tempo –, você terá dado uma contribuição imensurável para a sociedade. Poderá sempre se orgulhar de ter alcançado esse objetivo social.

Certificações de responsabilidade social

Se estiver posicionando sua empresa e/ou seus produtos como socialmente responsáveis, muitos dos seus clientes vão querer saber se você realmente pratica o que prega. Para tanto, diversas organizações e entidades governamentais ou semigovernamentais oferecem certificação em áreas específicas de responsabilidade social. Talvez você precise ou queira obter o benefício da certificação por um desses grupos. Muitos consumidores buscam essa certificação antes de decidir com quais empresas desejam fazer negócios ou quais produtos comprar.

Aqui estão alguns tipos de certificação:

- **Orgânicos:** alimentos.
- **LEED** (Leadership in Energy and Environmental Design): certificação de edifícios verdes.
- **Comércio justo:** garante tratamento justo em transações comerciais, especialmente em agricultura internacional.
- **Selo Certified Humane:** garante tratamento humano e decente aos animais criados segundo normas de bem-estar animal.
- **EnergyStar:** baixo consumo de energia em produtos eletrônicos e eletrodomésticos.

> *"O novo tipo de empresa socialmente responsável proporciona às pessoas uma experiência fantástica, e não apenas satisfação intelectual."*
> **Premal Shah**
> **Presidente, Kiva**

Globalização: responsabilidade social

As empresas com atuação internacional podem deparar com diversos problemas relacionados com o tipo de postura em relação à cidadania corporativa – e global – que desejam adotar. Nos países em desenvolvimento, em particular, podem enfrentar problemas sociais e éticos. Por exemplo, nos países de economia pouco desenvolvida, talvez não existam regras e leis trabalhistas rígidas, os salários sejam indignos, as condições de trabalho sejam insalubres, pode haver trabalho infantil nas fábricas, as práticas de produção podem ser danosas ao meio ambiente, talvez haja censura, e suborno e corrupção podem fazer parte do dia a dia dos negócios.

Empresários responsáveis que lidam com problemas como esses precisam se perguntar como

> *"Acredito que muitas pessoas gostariam de fazer mais pela comunidade, mas elas têm medo de tocar no assunto."*
> **Gib Myers**
> **Investidor de capital de risco**

Globalização: Responsabilidade social global

Como você reagiria a alguns dos dilemas sociais que a sua empresa pode enfrentar ao fazer negócios internacionalmente, como remuneração ínfima, falta de proteção no trabalho, suborno ou desigualdade entre gêneros no local de trabalho?

Se você pretende desenvolver um negócio internacional com responsabilidade social, identifique as questões que planeja abordar:

OBJETIVOS AMBIENTAIS
- ☐ Redução de energia
- ☐ Novas fontes de energia
- ☐ Redução de resíduos
- ☐ Purificação e acesso à água
- ☐ Purificação e acesso aos alimentos
- ☐ Aperfeiçoamento dos processos produtivos e agrícolas
- ☐ Outros: _____

OBJETIVOS RELACIONADOS COM A MÃO DE OBRA
- ☐ Remuneração digna
- ☐ Igualdade entre os sexos
- ☐ Igualdade étnica, religiosa ou em outros âmbitos
- ☐ Eliminação do trabalho infantil
- ☐ Condições de trabalho saudáveis
- ☐ Garantia de práticas de comércio justo

OUTROS OBJETIVOS SOCIAIS INTERNACIONAIS
- ☐ Respeito aos direitos humanos
- ☐ Melhoria do tratamento dos animais
- ☐ Redução da censura
- ☐ Eliminação de suborno e corrupção

Formulário de preparação do plano de responsabilidade social

Descreva os atributos do plano de responsabilidade social no espaço a seguir.

CIDADANIA CORPORATIVA

Descreva as práticas que vai adotar em sua empresa:
_____

Obediência às leis:_____
_____

Tratamento justo e respeitoso aos empregados:_____
_____

Honestidade com clientes e fornecedores: _____
_____

Honestidade nas práticas de propaganda e marketing: _____
_____

Avaliação do impacto das suas ações sobre a comunidade: _____
_____

Integridade em todas as suas transações: _____
_____

Outros: _____

ÉTICA

Como sua empresa vai lidar com questões como:

Presentes de/para fornecedores/possíveis fornecedores: _____
_____

Favores especiais, programas, refeições pagas por/para fornecedores/clientes: _____
_____

Conflitos entre legislações em diferentes países onde sua empresa atua: _____
_____

Seleção de fornecedores com base na ética: _____
_____

Garantia de que empresas terceirizadas agem de maneira ética:_____
_____

Uso pessoal de bens da empresa, por exemplo, carros, telefone, e-mail: ____
_____

Conta de despesas: _____

Formulário de preparação do plano de responsabilidade social *(continuação)*

ATIVIDADES/PROJETOS DE RESPONSABILIDADE SOCIAL

Quais são os objetivos do negócio?

- ☐ Visibilidade no setor
- ☐ Desenvolvimento de contatos com outras empresas
- ☐ Ajuda na contratação de empregados
- ☐ Visibilidade na comunidade
- ☐ Melhoria do envolvimento dos empregados/elevação do moral dos empregados
- ☐ Outros: _____

Como você vai participar?

- ☐ Doando dinheiro do orçamento operacional
- ☐ Participando como empresa em eventos comunitários
- ☐ Doando uma porcentagem fixa dos lucros/vendas
- ☐ Doando em espécie produtos ou serviços
- ☐ Permitindo aos empregados participar de projetos no horário de expediente
- ☐ Formulando práticas operacionais socialmente responsáveis (por exemplo, gestão de descarte de resíduos)
- ☐ Encorajando os funcionárias a manter-se ativos voluntariamente ou em horários fora do expediente. Encorajando a gestão/pessoal da empresa a participar de grupos comunitários
- ☐ Doando instalações da empresa para uso por grupos comunitários
- ☐ Formulando práticas de compras socialmente responsáveis (por exemplo, apenas produtos amigáveis ao meio ambiente ou de um tipo de vendedor)
- ☐ Doando produtos excedentes
- ☐ Outros: _____

Quanto tempo você está disposto a doar? (por exemplo, dia, semana, ano) _____

Com que tipos de assuntos você quer se envolver?

- ☐ Bem-estar dos animais
- ☐ Artes
- ☐ Crianças
- ☐ Aprimoramento e melhoria da comunidade
- ☐ Recreação/esportes
- ☐ Capacitação econômica
- ☐ Meio ambiente
- ☐ Igualdade entre os sexo/questões relacionadas
- ☐ Questões relacionadas com a saúde
- ☐ Segurança
- ☐ Educação
- ☐ Outros: _____

Utilize essas informações como base da seção responsabilidade social e sustentabilidade do seu plano de negócios.

vão lidar com essas situações, tanto do ponto de vista de negócios quanto da perspectiva moral. Você quer melhorar a vida e as condições das pessoas que trabalham para você? Talvez descubra que a sua empresa é foco de comentários negativos em sua terra natal, alvo de greves ou insurgência política nos países onde atua ou causa de baixo moral e insatisfação de seus empregados, que acreditam que a prática fere seu orgulho, reduzindo a motivação e a produtividade.

Por outro lado, a promoção de práticas de negócios socialmente responsáveis ajuda a torná-lo uma força importante pela melhoria das condições de trabalho e do meio ambiente no mundo inteiro. Quando você atua na comunidade de negócios global, suas atitudes – por menores que sejam – são importantes e fazem diferença.

As atividades de responsabilidade social muitas vezes envolvem metas globais ou são voltadas para preocupações globais.

O formulário para preparação do plano de responsabilidade social pode ajudar você a resumir as atividades relacionadas com a responsabilidade social da sua empresa.

Resumo

Embora a empresa não deva focar excessivamente questões ambientais, a ponto de desviar a atenção de questões mais fundamentais para o negócio, a responsabilidade social proporciona muitos benefícios. Ajuda a desenvolver a cultura empresarial, atrair empregados e conquistar visibilidade. Toda empresa deve zelar pela boa cidadania corporativa e agir sempre com integridade.

EXEMPLO: RESPONSABILIDADE SOCIAL E SUSTENTABILIDADE

RESPONSABILIDADE SOCIAL E SUSTENTABILIDADE

A ComputerEase está comprometida a dar uma contribuição positiva para nossa comunidade, ter uma boa cidadania corporativa em todas as nossas ações e a implementar práticas ambientalmente responsáveis em todos os aspectos de suas operações.

Reconhecendo nossas responsabilidades, a ComputerEase adotou diversas diretrizes operacionais e desenvolveu um programa de envolvimento comunitário. O programa e as diretrizes refletem a realidade de que ainda somos uma empresa nova e pequena, e nossos principais esforços são direcionados à criação e ao crescimento de um negócio saudável.

Filosofia da empresa

Refletindo nosso desejo de manter a boa cidadania corporativa, a ComputerEase adotou a seguinte filosofia:

- Como pessoa jurídica, e também como pessoa física, assumiremos responsabilidade pelas nossas ações;
- Como pessoa jurídica, e também como pessoa física, negociaremos de maneira justa e honesta com nossos clientes, alunos, fornecedores, público e uns com os outros;
- Ao tomar decisões, como pessoa jurídica e também como pessoa física, levaremos em consideração o impacto das nossas decisões sobre outros e sobre o meio ambiente;
- Tentaremos consistentemente fornecer o nível mais alto de desempenho a cada cliente e cada aluno;
- Reconhecemos que, sem lucros, nossa empresa não sobrevive; portanto, faremos o máximo possível para aumentar a rentabilidade da nossa empresa dentro de um modelo ético e honesto;
- Retribuiremos à comunidade e à sociedade comprometendo-nos com sua saúde e bem-estar;
- Respeitaremos nossos colegas e reconheceremos suas necessidades como empregados e como seres humanos;
- Escutaremos uns ao outros.

Envolvimento comunitário

Ao desenvolver o programa de envolvimento comunitário, o pessoal da ComputerEase primeiro procurou identificar como utilizar os pontos fortes da empresa (considerando nossas limitações de tempo e de recursos) para dar uma contribuição significativa à comunidade. Reconhecemos que nossa força singular é nossa capacidade de ensinar programas de computador de maneira compreensível, junto com a instalação do Centro de Treinamento em Informática localizado no centro de Vespucci.

A ComputerEase iniciou uma parceria com o Downtown Vespucci Community Center para fornecer programas de treinamento em informática gratuitos a jovens de baixa renda residentes em bairros pobres e participantes do programa de capacitação para o trabalho em comunidades carentes. Esses programas de treinamento são realizados uma

EXEMPLO: RESPONSABILIDADE SOCIAL E SUSTENTABILIDADE

vez por mês no Centro de Treinamento em Informática da ComputerEase, localizado na área central da cidade em dias ou horários em que o centro está ocioso (domingos/tardes etc.). A gerência e os instrutores da ComputerEase ofereceram-se como voluntários para a realização dessas sessões, e a empresa, por sua vez, contribuiu com refeições, despesas de transporte dos instrutores voluntários e camisetas impressas para todos os participantes do programa. A ComputerEase também doará todos os seus computadores mais antigos ao Community Center. A ComputerEase usará até 5% de sua capacidade sob a forma de prestação de trabalho *pro bono*, por meio desses programas.

Além do projeto com o Downtown Vespucci Community Center, o pessoal da ComputerEase concluiu que gostaria de fazer um projeto comunitário de um dia por ano, com o objetivo de dar uma contribuição em conjunto. O pessoal escolheu participar da Festa de Confraternização Anual da Comunidade de Vespucci para o Plantio de Árvores. Trabalharemos com outros membros da comunidade empresarial e da sociedade como um todo no plantio de árvores em parques públicos, ruas e outros locais.

Sustentabilidade

Ao avaliar o impacto ambiental das operações da ComputerEase, concluímos que nossa maior oportunidade para melhorar a sustentabilidade está na redução do consumo de energia. Por isso, investiremos na instalação de painéis solares no teto do nosso novo centro de treinamento, que vão gerar 50% da nossa eletricidade. Receberemos um desconto do governo pela aquisição desses painéis e, daqui a 10 anos, o investimento terá sido pago. Além disso, alugaremos computadores e outros equipamentos eletrônicos com maior eficiência energética, a fim de reduzir o número de painéis solares necessários para abastecer o novo prédio.

A locomoção de empregados e alunos até os centros de treinamento também consomem bastante energia. A ComputerEase subsidia o transporte coletivo aos empregados. Além disso, permitimos que os empregados, dependendo das funções que desempenham na empresa, trabalhem em casa. À medida que as sessões de treinamento on-line tornarem-se mais comuns, a necessidade de deslocamento de alunos e instrutores diminuirá muito.

Além de reduzir a necessidade de deslocamento, as sessões de treinamento on-line também cumprirão outro de nossos objetivos, o da eliminação do uso do papel. Hoje, desenvolvemos todo o nosso material de treinamento, como manuais de cursos, tendo em mente apenas as publicações on-line. Isso não apenas reduz a utilização de papel e de lixo como também proporciona grande economia de dinheiro. Nossas *newsletters*, nosso sistema de emissão de faturas e a folha de pagamentos também são on-line. Quando temos de comprar material de escritório, escolhemos apenas produtos feitos de material reciclado.

Além da redução no consumo de energia e do lixo, reconhecemos outras áreas das nossas operações que poderiam tornar-se mais "verdes". Trabalhamos com a cidade de Vespucci na criação de um programa ambientalmente consciente de sucatas para nossos equipamentos eletrônicos. Enviamos os aparelhos eletrônicos antigos a esse centro de reciclagem quando eles não servem mais para o Community Center.

15

Desenvolvimento, marcos e plano de saída

Não se pode atingir um objetivo ainda não definido.

Onde você quer chegar?

Se um plano de negócios serve como um mapa para sua empresa, para utilizá-lo apropriadamente você precisa ter uma ideia do seu destino final. O que quer que sua empresa seja daqui a três, cinco ou sete anos? Você não pode esperar que o sucesso venha até você; tem de descobrir como chegar lá. Portanto, um dos aspectos mais importantes do processo de planejamento de negócios é a análise dos objetivos de longo prazo.

Além disso, no decorrer do processo de planejamento, você descobrirá que é útil estabelecer marcos – eventos importantes – que o ajudem a saber que está no rumo certo. Desenvolvendo objetivos específicos, você tem indicadores para medir o progresso ao longo do caminho.

Os investidores têm bastante interesse nessa seção do plano de negócios. Quando investem em uma empresa, eles querem saber o que vão receber em troca. Sabem o quanto podem perder – o lado arriscado do negócio. Mas também querem medir o que poderiam ganhar, até que ponto a empresa pode se expandir – o lado recompensador do negócio. Por outro lado, o interesse dos credores no crescimento a longo prazo é menor que o dos investidores. Eles conhecem seu potencial de lucratividade; isso está definido nos termos do empréstimo.

Nesta seção, você explicitará as maneiras específicas nas quais sua empresa pode ser avaliada e os riscos envolvidos. Talvez fique um pouco

> *"Todo negócio cresce por fases. Quero constatar seu sucesso em uma fase, antes que ele passe para a segunda e a terceira fases. Eles podem ter outras coisas em mente, mas quero que terminem o que começaram, que mostrem do que são capazes."*
> **Eugene Kleiner**
> **Investidor de capital de risco**

inquieto diante da possibilidade, talvez tema que elas afugentem as fontes de financiamento. Não se deixe intimidar. Investidores e credores esclarecidos dão maior credibilidade a empreendedores que reconhecem o risco e estão dispostos a ser avaliados em relação a objetivos bem definidos. Eles entendem que o progresso leva tempo e que os riscos são uma parte inerente dos negócios.

Ao desenvolver os planos de longo prazo da sua empresa, avalie seus objetivos, marcos, riscos e plano de saída, que serão discutidos neste capítulo.

Objetivos

O que você quer no futuro, tanto para si quanto para sua empresa? Nas pequenas empresas e naquelas administradas pelo fundador, os objetivos pessoais do(s) empreendedor(es) e os objetivos do negócio devem estar relacionados entre si. Do contrário, as tensões inerentes minarão o sucesso do negócio. De nada adianta imaginar-se administrando uma empresa de US$50 milhões quando o que você realmente quer é tirar longas férias e terminar o expediente de trabalho às cinco da tarde. Esse não é um objetivo realista. (Consulte o roteiro sobre os quatro fatores da satisfação pessoal na página 16.)

> *Os objetivos de estilo de vida são questões importantes. Querer trabalhar por conta própria, querer um nível de liberdade que você não tem como empregado de uma empresa, esses eram os objetivos importantes para nós.*
> **Larry Leigon**
> **Fundador, Ariel Vineyards**

Você provavelmente tem uma visão do que sua empresa pode ser. Talvez essa visão não esteja muito clara, talvez seja algo como "um dia eu gostaria que essa empresa seja reconhecida por fabricar o melhor produto da sua categoria". A visão pode ser bem específica, determinada por você ou pelos investidores; pode ser um objetivo como: "Vendas de US$10 milhões em cinco anos."

A visão que você e outros tomadores de decisões têm da sua empresa modela a natureza das suas atividades diárias e deve determinar as prioridades no emprego de recursos. Enfatize as ações que fundamentam seus objetivos futuros. Cresça na direção da sua visão.

Ao avaliar o conceito do negócio, considere quais das visões a seguir você tem da sua empresa e de si mesmo:

- **Fornecedor fixo.** Manter um nível estável de lucros; ter uma fonte segura de faturamento como dono do negócio.
- **Inovador.** Criar produtos ou serviços novos e diferentes; mudar o modo como o mercado enxerga o produto ou serviço; agir movido pela criatividade.
- **Líder em qualidade.** Criar o produto ou serviço que todo mundo compraria se o preço não for obstáculo; desenvolver uma reputação pela excelência; orgulhar-se de criar o melhor.
- **Líder do mercado ou do setor.** Dominar o mercado em termos de vendas e produtos; ter um nome conhecido e uma empresa de porte razoável.

Visão da empresa

Descreva a visão que você tem da sua empresa para a próxima década.

Desenvolvimento geral de longo prazo: _____

OBJETIVOS ESPECÍFICOS	Um ano	Cinco anos	Dez anos
Número de empregados	_____	_____	_____
Número de filiais	_____	_____	_____
Volume anual de vendas	_____	_____	_____
Lucros ou margem de lucro	_____	_____	_____
Número de produtos ou serviços	_____	_____	_____
Prêmios ou reconhecimento recebidos	_____	_____	_____
Estrutura de propriedade	_____	_____	_____
Outros:	_____	_____	_____

_____
_____
_____

ESTRATÉGIAS DE NEGÓCIOS

Um ano: _____
_____
_____
_____
_____

Cinco anos: _____
_____
_____
_____
_____

Dez anos: _____
_____
_____
_____
_____

- **Líder de nicho.** Conseguir um lugar no mercado que sua empresa domina; fazer uma única coisa, mas fazê-la extremamente bem.
- **Vendedor no mercado internacional ou no mercado mundial.** Vender ou distribuir produtos ou serviços a um público global ou para um país ou região específica.
- **Explorador.** Aproveitar as tendências do momento ou copiar o sucesso dos outros; assumir riscos em busca de recompensas rápidas.

Esses objetivos não são necessária e mutuamente excludentes, e você pode escolher mais de um, desde que não sejam contraditórios. Ou, talvez, tenha outra visão para a sua empresa. Utilize o roteiro sobre visão da empresa, apresentado na página 267, para tentar definir como você vê o futuro.

Embora sejam relativamente intangíveis, esses conceitos têm consequências tangíveis. Se vir sua empresa como inovadora, você talvez tenha de sacrificar os lucros imediatos em favor da capacidade de experimentar. Se quiser uma empresa que seja líder de mercado, posicione-a para crescer até atingir um porte razoável.

Para sustentar sua visão, expresse seus objetivos de forma concreta.

Esse processo o ajudará a entender e articular seus objetivos; destina-se ao planejamento interno, portanto não deve ser incluído em um plano de negócios a ser apresentado por escrito, em especial um plano de negócios destinado ao levantamento de financiamento externo.

Estratégias

Você agora precisa considerar qual estratégia de negócios sua empresa adotará para levar sua empresa da situação atual à concretização de seus objetivos no longo prazo. O desenvolvimento de uma estratégia geral proporciona uma base para decidir quais são as prioridades para ações específicas e alocação de recursos.

Entre as estratégias de negócios que você pode seguir estão:

- **Penetração no mercado.** Ganhar posição no mercado ao lançar a empresa ou um novo produto ou serviço e tentar gerar vendas suficientes para manter o crescimento inicial.
- **Promoção e suporte.** Intensificar o marketing e desenvolvimento das atuais linhas de produtos ou serviços para aumentar as vendas e ganhar participação no mercado.

> *"Quer saber o que me irrita como investidor de capital de risco? É o cara se chamar de visionário, pois acho que seu trabalho deve falar por si. Irrito-me também quando o cara alardeia exageradamente o meu retorno sobre o investimento, pois eu posso muito bem identificar onde posso lucrar. Eu realmente quero conhecer a possibilidade de retornos financeiros, mas você não deve se mostrar focado na oferta pública inicial de tal modo que pareça que não está interessado em desenvolver um negócio, mas apenas em se desfazer dele o mais rápido possível."*
>
> **Andrew Anker**
> **Investidor de capital de risco**

Prioridades

Classifique a prioridade de cada área para o dispêndio de recursos em ordem hierárquica (1-2-3, sendo 1 a prioridade mais alta). Descreva as prioridades ou os valores específicos em cada área.

Prioridades	Especificações	Classificação
Contratar empregados		
Adicionar novas linhas		
Intensificar o marketing		
Adicionar filiais		
Adicionar capacidade		
Aumentar salários		
Aumentar estoque		
Aumentar lucros		
Liquidar dívidas		
Aumentar reservas		
Adquirir outras empresas		
Outros:		

- **Expansão.** Adicionar produtos ou serviços às linhas de produtos existentes, aumentar o número de filiais, a capacidade de produção ou, ainda, de sistemas de distribuição adicionais na tentativa de aumentar as vendas.
- **Melhor foco.** Limitar o escopo das atividades da sua empresa, eliminando alguns produtos ou serviços e canalizando seus recursos para a(s) linha(s) remanescente(s), a fim de aumentar a margem de lucro.
- **Diversificação.** Adicionar novas linhas de produtos ou serviços (ou comprar outras empresas), ampliando assim a natureza da empresa, na tentativa de expandir o tamanho e as vendas da empresa e torná-la menos dependente dos produtos ou serviços atuais para sobrevivência.
- **Lançar-se globalmente.** Encontrar e explorar o mercado estrangeiro, além de explorar o atual mercado doméstico. Se não estiver planejando ser uma empresa global inicialmente, considere oportunidades internacionais no longo prazo.
- **Novo foco.** Modificar a natureza essencial da empresa em termos do mercado, produtos ou serviços como reação às mudanças de condições ou grandes reveses nos negócios.

Considere essas estratégias ao avaliar o desenvolvimento da sua empresa a longo prazo.

Prioridades

Para implementar essas estratégias, você terá de tomar medidas específicas. Por exemplo, se sua estratégia for promover e apoiar, invista todos os recursos adicionais, seja sob a forma de dinheiro, seja de tempo, nos seus esforços de marketing. Se, por outro lado, sua estratégia for diversificar, acumule recursos para investir no lançamento de novas linhas de produtos ou na aquisição de novas empresas.

Para esclarecer o significado de determinadas atividades em relação aos seus objetivos de longo prazo, desenvolva um conjunto de prioridades para o dispêndio dos seus recursos. Uma lista de prioridades é uma ferramenta fundamental para cada negócio. Embora, para fontes de financiamento externo, não seja necessário incluir essa lista no plano de negócios, é sensato consultá-la sempre que tomar as principais decisões de negócios.

No roteiro sobre prioridades, apresentado na página 269, especifique a importância relativa de cada atividade quando se trata do dispêndio de fundos.

Marcos alcançados até a data atual

Você pode descrever sua empresa como uma *start-up*. Seu possível investidor pode considerá-lo como tal. Mas muitas empresas iniciantes já têm uma história, às vezes bastante impressionante, e

> **"** *O planejamento de longo prazo deve fazer parte de tudo o que você faz. Você precisa trabalhar continuamente para se manter contemporâneo. Questione e tenha a mente aberta. Não faça comentários como 'Sempre fizemos as coisas assim' ou 'Já tentamos isso antes'. Procure razões para responder a novas ideias e avaliar como elas podem aprimorar seu desempenho.* **"**
> **Bill Walsh**
> **Ex-técnico e presidente, S.F. 49ers**

ainda não têm um plano de negócios por escrito. Você pode inspirar confiança na sua empresa, indicando essa história passada no plano. Demonstre também sua capacidade de especificar e atingir objetivos.

Delinear os marcos que alcançou até a presente data também mostra seu nível de comprometimento com o novo negócio. Um possível investidor pode ter uma ideia dos investimentos em tempo e dinheiro que você precisou fazer para alcançar as conquistas realizadas até a presente data.

O roteiro sobre os marcos alcançados até agora, apresentado na página 272, ajuda a registrar suas conquistas. Uma lista desses marcos pode ser incluída na primeira página do plano escrito, logo após o sumário executivo, especialmente se o progresso tiver sido especialmente notável. Se o roteiro for utilizado no plano anual de uma empresa existente, indique os marcos alcançados desde o último plano.

Marcos futuros

Como você e os investidores saberão que você está fazendo progresso suficiente em direção à concretização dos seus objetivos? Se seu objetivo de longo prazo for obter vendas de US$3 milhões até o quinto ano, qual será o volume de vendas no segundo e terceiro anos necessário para alcançar esse valor?

Na pressão diária dos negócios, muitas vezes pode parecer que você não está fazendo absolutamente nenhum progresso. Em qualquer dado momento, você terá uma pilha de contas para pagar, clientes problemáticos e problemas com seu pessoal. Portanto, você precisa de um lembrete de que, de fato, está avançando.

> *"Nossa estratégia é aumentar as vendas nas lojas em que estamos presentes para depois ampliá-las para outras lojas e para uma área maior. Isso nos dá a oportunidade de desenvolver nossa linha de produtos e mostrar aos varejistas bons números de vendas ao apresentar nossos produtos."*
> **Deborah Mullis**
> **Empresária**

Uma lista de marcos permite que você e suas fontes de financiamento vejam o que pretende alcançar especificamente e estabelece objetivos nítidos. Esses objetivos fazem parte do plano de negócios e devem ser incluídos no documento por escrito.

Uma lista de marcos foca os objetivos específicos que você pretende alcançar e seus respectivos prazos. Defina esses objetivos concretamente e atribua um número a qualquer atividade mensurável. Assim, omita objetivos expressos da seguinte maneira: "Desenvolver uma base de clientes substancial." Em vez disso, especifique: "Atingir um nível de vendas anual de 50 mil unidades até o final do terceiro exercício fiscal."

Uma lista de marcos também mostra como você pretende montar sua empresa, lançar produtos, adicionar novas filiais, formar parcerias estratégicas etc. Essa lista proporciona um quadro bem detalhado do futuro da sua empresa e dá aos leitores do plano uma ideia clara do tamanho e escopo da empresa que você tem em mente.

Marcos alcançados até agora

Especifique os objetivos que você alcançou e quando alcançou cada um deles.

Evento	Especificações	Data de conclusão
Abertura da empresa		
Assinatura do contrato de locação		
Contratação dos empregados mais importantes		
Obtenção de financiamento inicial		
Conclusão do design de produto		
Conclusão do teste de mercado		
Registro de marcas comerciais/ patentes		
Formação de parcerias estratégicas		
Remessa do primeiro produto		
Nível de vendas alcançado ($)		
Nível de vendas alcançado (unidades)		
Nível de empregados alcançado		
Nível de lucros alcançado		
Desenvolvimento da segunda linha de produtos		
Teste da segunda linha de produtos		
Remessa da segunda linha de produtos		
Obtenção de financiamento adicional		
Liquidação de dívidas		
Abertura de filial		
Outros:		

Marcos futuros

Especifique os objetivos que você alcançou e quando alcançou cada um deles.

Evento	Especificações	Data de conclusão
Abertura da empresa		
Assinatura do contrato de locação		
Contratação dos empregados mais importantes		
Obtenção de financiamento inicial		
Conclusão do design de produto		
Conclusão do teste de mercado		
Registro de marcas comerciais/patentes		
Formação de parcerias estratégicas		
Remessa do primeiro produto		
Nível de vendas alcançado ($)		
Nível de vendas alcançado (unidades)		
Nível de empregados alcançado		
Nível de lucros alcançado		
Desenvolvimento da segunda linha de produtos		
Teste da segunda linha de produtos		
Remessa da segunda linha de produtos		
Obtenção de financiamento adicional		
Liquidação de dívidas		
Abertura de filial		
Outros:		

Ao atribuir datas aos marcos, lembre-se de que tudo leva mais tempo do que o planejado; sempre surge algum problema. Uma das frustrações de todos os empresários, em especial os novatos, é perceber quanto tempo tudo leva para ser concluído. O progresso ocorre aos poucos. Assim, defina prazos mais realistas ao especificar seus objetivos cronológicos.

Preencha o roteiro sobre marcos futuros, apresentado na página 273, para definir seus objetivos em termos gerais. Essa lista deve ser incluída no plano de negócios, seja ele utilizado para planejamento interno, seja para o levantamento de fundos.

Avaliação dos riscos

Os investidores tomam decisões financeiras com base na avaliação dos possíveis riscos em relação aos possíveis lucros. Eles levam em consideração naturalmente os riscos que sua empresa enfrenta, independentemente de você descrevê-los no seu plano de negócios. Mostrar que já avaliou os possíveis riscos do seu negócio tranquiliza os investidores de que você não é ingenuamente otimista no seu planejamento.

No roteiro para avaliação de riscos apresentado no Capítulo 9, você avaliou a natureza dos riscos que sua empresa enfrenta em cada área e descreveu as medidas que pode tomar, ou já tomou, para reduzi-los. Inclua essa avaliação de riscos na seção sobre posicionamento estratégico ou na seção sobre desenvolvimento e marcos do seu plano de negócios.

> **"** Um plano deve nos informar, como investidores, os progressos que você está fazendo, se está no caminho certo para o sucesso. Explique claramente quais desafios você enfrenta para chegar ao mercado, quais conquistas específicas precisa alcançar para criar sua empresa. Queremos cinco ou seis marcos como indicadores do progresso da empresa. Para nós, esses marcos são 'pontos de redução de riscos' – informam que você está no caminho certo. **"**
> **Ann Winblad**
> **Investidora de capital de risco**

Globalização: Desenvolvimento futuro

A existência de uma visão global expande o potencial de crescimento da sua empresa.

Talvez você não esteja planejando ser uma empresa de atuação mundial ao montar seu negócio; mesmo assim, a atuação global pode fazer parte dos seus planos de desenvolvimento para o futuro. Você pelo menos deveria pensar nas oportunidades de vendas internacionais, mesmo que a tarefa de atender o mercado local ou nacional lhe pareça assustadora nesse momento. Obviamente, não seria interessante diluir recursos já limitados nessa etapa inicial, mas pense em incorporar ao seu plano de negócios a perspectiva de ultrapassar fronteiras, pois assim poderá reconhecer oportunidades maiores.

Ao analisar o mercado internacional, você poderá encontrar mercados muito menos bem servidos do que o seu mercado local. À medida que seu negócio for crescendo, talvez você descubra que competir no mercado local é muito mais caro, menos lucrativo e mais desafiador do que explorar as oportunidades globais. E, à medida que você vencer no mercado doméstico, outros países lhe apresentarão novas oportunidades de mercado, permitindo-lhe alavancar seu investimento em produtos, serviços, pessoal e infraestrutura para uma região geográfica bem maior.

Você também vai querer olhar para o futuro, em busca de opções de atuação global. Por exemplo, nos 10 anos iniciais do negócio, talvez você queira ou precise contratar pessoal local ou concentrar as atividades fabris no seu país de origem. À medida que for crescendo, pode buscar internacionalmente oportunidades de economizar custos ou lidar com a crescente demanda.

Como parte do planejamento para desenvolvimento no longo prazo, considere suas opções globais. Preencha o roteiro a seguir.

Globalização: Desenvolvimento futuro

Preencha este roteiro para identificar possíveis oportunidades internacionais e definir aproximadamente quando espera iniciar sua atuação em outros países.

Que países seriam bons candidatos aos seus produtos/serviços no futuro? _____
_____
_____
_____
_____

Em que países você poderia localizar suas operações (manufatura, administração, serviço ao cliente, call centers etc.) no futuro? _____
_____
_____
_____
_____

Enumere os países específicos para os quais você pretende se expandir e o ano em que pretende ingressar em cada país:

País	Atividade	Ano

Plano de saída

Quando instituições bancárias ou pessoas físicas emprestam dinheiro, deixam claro como esperam recuperar o investimento e lucrar: você deve pagar esse empréstimo com juros, com o faturamento que gerar. Elas avaliam seu negócio para ver se há uma boa margem de lucro no seu orçamento operacional que permita o pagamento do empréstimo.

Mas como os investidores recuperam o dinheiro investido? Como os investidores tornam-se proprietários da empresa (por meio da participação acionária), seu lucro vem de uma fonte de lucros diferente daquela dos bancos e outras instituições de crédito. Alguns investidores podem alocar capital pensando no longo prazo, esperando desempenhar um papel ativo no desenvolvimento e na operação da empresa e, assim, recuperar o investimento por meio da distribuição de lucros.

Entretanto, outros investidores, em especial os investidores de capital de risco, talvez optem por liquidar o investimento – converter o controle acionário em dinheiro ou ações facilmente negociáveis. O ideal é que esses investidores saibam desde o início como terão lucros substanciais com o investimento que fizeram. Eles querem ver seu plano de saída.

Desenvolvendo um plano de saída

Levar em consideração um possível plano de saída é vantajoso para você e também para os investidores. Afinal, você investiu tempo e dinheiro próprios nessa empresa, e agora é o momento de ter uma ideia de como vai colher os frutos. O faturamento anual é a principal motivação de muitos empresários, mas o ideal é que o valor da sua empresa seja muito maior do que os lucros anuais e, com o tempo, você deve se beneficiar desse patrimônio.

Se houver mais de um sócio no negócio, ter uma estratégia de saída clara pode reduzir o atrito resultante de suposições no plano de saída que não foram expressamente mencionadas. Um dos fundadores poderia sonhar com a criação de uma empresa que valesse milhões, pensando em vendê-la em poucos anos, enquanto outro talvez quisesse criar um negócio modesto e mantê-lo por muitos anos.

Há várias opções para sair de uma empresa, embora os investidores de capital de risco talvez só estejam interessados em duas ou três. Geralmente, investidores esclarecidos procuram empresas que possam abrir o capital (vender ações que serão negociadas para o público em geral em bolsas de valores ou no "mercado de balcão") ou que sejam candidatas à aquisição por empresas maiores. Os investidores gostam dessas estratégias de saída porque saem da empresa honestamente, em geral com lucros substanciais, baseados em um único evento: uma IPO – uma oferta pública inicial de ações (quando as ações são negociadas publicamente pela primeira vez) – ou a venda da empresa.

"Queremos saber como essa empresa pode crescer. Para nós, as empresas precisam ser capazes de mostrar que poderiam crescer até o ponto de abrir o capital em um prazo realista."
Ann Winblad
Investidora de capital de risco

Essas duas estratégias, porém, costumam exigir a saída da alta gerência, inclusive do(s) fundador(es), ou fazem a atual administração ter bem menos controle sobre a empresa. Essa pode ser uma opção aceitável, dada a natureza das recompensas financeiras envolvidas.

Os marinheiros de primeira viagem muitas vezes acreditam ser capazes de adquirir a parte dos investidores, mas essa normalmente não é uma opção realista. Em empresas muito bem-sucedidas, o investidor tem pouca motivação para vender sua parte, e o volume de capital necessário para adquirir essas ações pode ser proibitivo. Em empresas menos bem-sucedidas, é possível que os investidores queiram sair do negócio, mas é pouco provável que o empreendedor tenha recursos suficientes para comprar as ações dos investidores.

As opções do plano de saída são apresentadas resumidamente ao final deste capítulo, descrevendo as principais estratégias de saída e suas vantagens e desvantagens. As desvantagens pressupõem que a atual gerência gostaria de continuar a desempenhar um papel na empresa, o que pode ou não acontecer no seu caso.

Preparando a seção desenvolvimento, marcos e estratégia de saída do seu plano

Ao preparar um plano de negócios para investidores externos, os dois aspectos mais importantes da seção desenvolvimento são as listas de marcos e a descrição do plano de saída. Por meio delas, os investidores têm uma ideia clara de como a empresa cresceu, de como continuará a crescer e de como colherão as recompensas financeiras do investimento realizado.

No caso de um plano a ser utilizado para objetivos internos, é possível incluir outros detalhes sobre prioridades específicas para gastos com recursos, o que torna seu plano uma ferramenta útil que você poderá consultar frequentemente para tomar decisões básicas sobre gastos.

Na página 279, você vai encontrar um formulário para preparação do plano que o ajudará a esboçar a seção desenvolvimento do seu plano de negócios.

Resumo

A seção desenvolvimento do plano de negócios mostra que você avaliou cuidadosamente como a empresa crescerá ao longo do tempo. Incluindo o roteiro dos marcos futuros, você fornece um cronograma claro do desenvolvimento da sua empresa e permite ser avaliado por indicadores objetivos. Descrevendo os possíveis riscos que a empresa enfrenta, você mostra confiança na sua capacidade de superar esses riscos. Os investidores estarão interessados em como vão recuperar o dinheiro investido na sua empresa e reconhecerão que você levou em consideração um plano de saída realista.

"É fácil entrar em um investimento, mas o que os investidores querem saber é como sair. Não basta dizer que haverá uma IPO porque, em alguns momentos, comercializar as ações em bolsa talvez não seja uma opção realista. Portanto, mostre que você tem um negócio atraente que outras empresas vão querer comprar, seja porque complementa uma linha de produtos existente, seja por ser um produto em si mesmo."

Eugene Kleiner
Investidor de capital de risco

Opções do plano de saída

Opção	Descrição	Vantagens	Desvantagens
Abertura de capital	Vender ações da empresa para o público, negociadas em bolsa de valores ou no "mercado de balcão".	Ações que podem ser facilmente convertidas em dinheiro, liquidez; a gerência atual permanece.	Deve ser uma empresa de grande porte, valendo aproximadamente US$25 a US$50 milhões ou altamente regulamentada; a gerência pode ser substituída pelos acionistas.
Aquisição	Compra por outra empresa existente.	Receber dinheiro e/ou ações; a gerência atual pode continuar a desempenhar um papel.	Deve ser uma opção adequada para a empresa existente; a gerência sai ou tem um novo chefe.
Venda	Compra por indivíduos.	Receber dinheiro.	Deve encontrar um comprador disposto; a gerência sai.
Fusão	Associação com uma empresa existente.	Recursos unificados; a gerência atual pode permanecer; pode receber ações ou algum dinheiro.	Novos sócios ou chefes; normalmente pouco ou nenhum dinheiro; menos controle.
Transferência de controle acionário	Um ou vários acionistas compram a participação acionária de outros.	A parte vendedora recebe dinheiro vivo; os outros permanecem no controle da empresa.	É preciso haver capital suficiente; a parte vendedora precisa estar disposta a se desfazer de sua parte.
Franquia	Venda do conceito para que outros o reproduzam.	Receber dinheiro; a gerência atual permanece; potencial futuro.	O conceito deve ser apropriado; processo juridicamente complexo.
Transmissão	Empresa passa para a próxima geração.	Permanece na família; a gerência atual pode continuar.	Tensões na família; nenhum dinheiro envolvido; implicações fiscais.
Fechamento	Fim das operações.	Relativamente fácil; sensação de estar acabado.	Nenhum lucro; sensação de perda.

Formulário para preparação do plano de desenvolvimento

Descreva os objetivos da sua empresa para os próximos cinco ou 10 anos, em termos da posição no mercado, vendas, número de empregados etc.: _____
_____
_____
_____
_____
_____
_____

Descreva a estratégia básica que você utilizará para alcançar esses objetivos e as prioridades para o dispêndio dos fundos: _____
_____
_____
_____
_____
_____
_____
_____

Descreva os principais riscos que sua empresa enfrenta: _____
_____
_____
_____
_____
_____
_____

Descreva o plano de saída para seus investidores: _____
_____
_____
_____
_____
_____
_____
_____
_____
_____
_____
_____

Utilize essas informações como base para a seção desenvolvimento do seu plano de negócios.

EXEMPLO: DESENVOLVIMENTO E PLANO DE SAÍDA

DESENVOLVIMENTO E PLANO DE SAÍDA

Objetivos de longo prazo

A ComputerEase planeja crescer constantemente nos próximos cinco anos e tornar-se uma marca conhecida e respeitada no treinamento presencial e on-line em software para empresas de grande e médio porte. Na próxima década, a empresa vai gerar US$5 milhões anuais em vendas on-line. No treinamento presencial, planeja ter uma participação no mercado de pelo menos 50% de todo o setor de treinamento corporativo em software na Grande Vespucci. Dentro de 10 anos, a empresa planeja ter expandido sua presença física em todo o país, com cinco a 10 filiais, e ter conquistado pelo menos um terço da fatia de mercado no setor de treinamento corporativo em softwares nos Estados Unidos, com faturamento anual de US$3 milhões. Ao todo, dentro de 10 anos, a empresa espera conseguir gerar US$8 milhões anuais em vendas.

Apresenta a visão da empresa.

Estratégia para alcançar os objetivos

Para alcançar os objetivos de longo prazo de tornar-se um dos maiores players em treinamento em software corporativo no mundo on-line e ser o fornecedor dominante de treinamento no Meio-Oeste dos Estados Unidos, continuará adicionando novos cursos à sua linha de produtos, pessoal e salas de aula para treinamento.

Prioriza o investimento dos recursos.

A maior prioridade é dobrar o número de produtos no portfólio de cursos on-line da empresa dentro do primeiro ano e continuar expandindo-o a cada ano. A segunda prioridade, dentro desse mesmo prazo, é abrir o segundo centro de treinamento corporativo na cidade de Whitten Park. O local servirá tanto como sala de aula adicional quanto como base para atividades de marketing adicionais.

Nos dois anos seguintes, a ComputerEase pretende conquistar pelo menos 10 novas contas corporativas importantes para oferecer treinamento on-line personalizado para aplicativos empresariais e também para pacotes de software prontos. A ComputerEase planeja também abrir pelo menos um centro de treinamento corporativo adicional por ano, concentrando-se em cidades que fiquem a uma distância de três horas de carro de Vespucci, onde exista um número substancial de empresas de médio e grande porte.

Até o terceiro ano, a gerência da empresa avaliará as futuras opções de crescimento. Entre os cenários prováveis estão o acréscimo de outros centros de treinamento administrados pela empresa, a possibilidade de formar uma franquia da operação ou a possibilidade de fundir-se ou ser adquirida por outra empresa de treinamento on-line.

Planos de expansão maior

Além de expandir suas operações on-line, a ComputerEase continuará desenvolvendo também programas de treinamento presencial. A ComputerEase escolherá as principais áreas metropolitanas com base em uma avaliação do potencial de vendas e na intensidade

EXEMPLO: DESENVOLVIMENTO E PLANO DE SAÍDA *(continuação)*

da concorrência em cada mercado, no momento da expansão. Estima-se que pelo menos uma área metropolitana seja adicionada a cada ano. Para financiar essa expansão, a empresa precisará de capital adicional; o ideal seria que esse capital fosse proveniente de financiamento bancário. Caso o financiamento convencional não possa ser obtido, a empresa buscará financiamento junto a investidores.

O conceito da ComputerEase para treinamento presencial também é adequado a um sistema de franquia. Como corporações com escritórios por todo o território norte-americano muitas vezes preferem que todo o treinamento em informática seja fornecido pela mesma empresa, um sistema de franquia dá à empresa maior poder de marketing. Além disso, com o conceito de franquia, a empresa recebe receitas adicionais dos franqueados, taxas de franquia e compra de materiais e treinamento de pessoal. Se a decisão tomada for um sistema de franquia, será buscado investimento de capital de risco. Os atuais investidores podem optar por liquidar sua participação na ComputerEase nesse momento ou transformar sua participação em ações no sistema de franquia.

Descreve possível oportunidade de saída para o investidor.

Além de expandir-se nos Estados Unidos, a ComputerEase tem planos de se transformar no maior fornecedor on-line de treinamento em software em países de língua inglesa onde a automação faça parte da vida cotidiana das empresas. Planejamos também oferecer conteúdo em outros idiomas no futuro, a começar pelo espanhol, devido à proporção de falantes do espanhol na América do Norte e na América Latina.

Riscos associados à expansão

A ComputerEase enfrenta riscos em dois fronts. O primeiro é o fato de a concorrência no mercado de treinamento on-line tornar-se tão acirrada que as margens venham a cair, derrubando a lucratividade do negócio em decorrência do custo de desenvolvimento de material de curso de alta qualidade. O segundo é o ingresso de novos concorrentes na área de treinamento presencial. É altamente provável que empresas de treinamento em software em sistema de franquia, provenientes de outras partes do país, abram franquias nessa região. Como essas empresas nacionais oferecem financiamento a seus franqueados, a maior barreira à entrada – o custo de montagem de um centro de treinamento – pode ser superada. Se os franqueados forem altamente capazes, isso representará um grande risco à ComputerEase.

Para preparar-se para essa eventualidade, é essencial que a ComputerEase aumente rápida e agressivamente sua participação no mercado – tanto no mercado geográfico quanto on-line – e comece a construir forte consciência de marca para seus produtos. Os clientes corporativos demoram para mudar os fornecedores estabelecidos, e a ComputerEase prevê que será capaz de manter alto percentual dos clientes existentes, mesmo diante da nova concorrência. Além disso, a gerência da empresa continua aberta à possibilidade de fusão ou outros acordos com uma empresa nacional, caso considere essa uma melhor opção financeira.

Reconhece os possíveis riscos.

EXEMPLO: DESENVOLVIMENTO E PLANO DE SAÍDA *(continuação)*

Outro risco é a possível deterioração das condições de mercado. A ComputerEase é altamente dependente das condições da economia. A redução do orçamento para treinamento nas empresas terá um impacto direto negativo na receita da ComputerEase.

Para combater isso, a empresa está aumentando rapidamente seu marketing para consumidores individuais – na internet, em publicações impressas e com a oferta de aulas noturnas e aos sábados. Diante de crises econômicas ou demissões, as pessoas precisam fazer cursos para melhorar suas habilidades, e isso proporciona certo equilíbrio nas flutuações do mercado corporativo.

O plano de saída

Ao se estabelecer como líder de mercado, a ComputerEase vai se tornar provável alvo para aquisição ou fusão com uma empresa de treinamento em software nacional ou outra instituição educacional nacional com fins lucrativos. As empresas com fins lucrativos desse mercado estão entre as que mais rápido crescem nos Estados Unidos, adquirindo regularmente cursos de treinamento existentes como método para alcançar suas metas de crescimento.

Além disso, como demonstraram outras empresas de treinamento em software, o conceito da ComputerEase presta-se bem ao sistema de franquia. O sistema de franquia produziria fluxos de receita adicionais à empresa proveniente dos franqueados, tanto por meio das taxas pagas pelos franqueados quanto por meio da compra de material e treinamento de equipes. Se a decisão de franquear for tomada, deve-se buscar também capital para investimento. Os atuais investidores podem optar por liquidar sua participação na ComputerEase nesse momento ou converter sua participação em ações na operação de franquia.

16
Finanças

Os números são apenas o reflexo das decisões que tomamos.

Como lidar com números e formulários financeiros sem sofrimento

Em geral, nos negócios existem dois tipos de pessoas: as pessoas fascinadas pelos números e as que se sentem intimidadas por eles. Se for do primeiro tipo, você provavelmente vai se sentir eufórico por finalmente ter chegado a esta seção. Talvez até tenha pulado as seções anteriores para ler primeiro esta. Se for do segundo tipo, porém, você provavelmente se sentirá intimidado exatamente pela mesma necessidade de preencher os formulários encontrados neste capítulo.

> *"Muitos empresários não prestam atenção ao lado financeiro do negócio e é exatamente aí que vemos muitos deles fracassarem. Relegam ao segundo plano as finanças e a contabilidade."*
> **Damon Doe**
> **Diretor-geral, Montage Capital**

Os números representam suas decisões

Coragem: os números não são mágicos nem misteriosos ou ameaçadores. Eles apenas refletem outras decisões tomadas anteriormente no planejamento do negócio. Se você decidiu anunciar semanalmente no jornal local, há um número associado a essa decisão. Se projetou as vendas em determinado nível, também há um número ligado a essa decisão.

Toda decisão de negócios gera um número e, combinados, esses números formam a base dos formulários financeiros. Mas, analisados isoladamente, os números não são decisões. Você não pode inventar um número do nada porque os formulários financeiros que está preenchendo exigem um número específico em uma linha específica. Ao contrário, seus números devem ser sempre o resultado de planejamento cuidadoso.

Mantenha as finanças sob controle

Mesmo se não for responsável pela preparação dos relatórios financeiros no dia a dia, você precisa entender os demonstrativos financeiros para controlar melhor a empresa.

Os demonstrativos financeiros fornecem as informações necessárias que nos permitem tomar decisões. Muitos administradores acreditam equivocadamente que são responsáveis pela visão geral, enquanto os contadores e técnicos em contabilidade se ocupam de meros detalhes. Os números não são simples detalhes, são os sinais vitais de qualquer negócio; é preciso entender os números da sua empresa para avaliar realisticamente a situação do negócio.

Leia os relatórios financeiros

Adquira o hábito de ler os relatórios financeiros pelo menos mensalmente e de entender o que está escrito. Controle itens como recibos de vendas com a periodicidade apropriada, por exemplo, diária ou semanalmente. Não espere que os relatórios voltem dos contadores para saber a situação do caixa. Você verá que se sente mais confiante nas suas decisões se entender as implicações financeiras de cada uma de suas escolhas.

Tente analisar os relatórios financeiros com certa imparcialidade. É difícil não deixar as emoções interferirem na sua capacidade de examinar corretamente os relatórios financeiros, sobretudo quando você é dono do negócio. Se você sabe que o mês apresentou um desempenho ruim, pode ficar tentado a ignorar o fluxo de caixa ou o demonstrativo de resultados do exercício daquele mês. Não faça isso.

Defina diretrizes e não deixe de segui-las

Estabeleça diretrizes financeiras e atenha-se rigorosamente a elas nos momentos bons e nos momentos ruins. Muitos negócios, até grandes empresas, enfrentam problemas por procedimentos inadequados de faturamento e cobrança. Controle suas finanças.

Ao abrir uma empresa, procure ajuda profissional de contabilidade. Um profissional pode criar os livros contábeis iniciais, ajudá-lo a entender termos financeiros e dar conselhos valiosos sobre procedimentos de cobrança, emissão de faturas, pagamento e folha de pagamentos.

Regime de caixa

Um aspecto do negócio no qual é importante recorrer à ajuda de um contador é a necessidade de elaborar livros em regime de competência ou regime de caixa. Em geral, na maior parte dos pequenos negócios, aconselha-se conduzir o negócio em regime de caixa, o que significa que as receitas e as despesas são lançadas nos livros na data em que foram realmente recebidas ou pagas.

> *"Tive a chance de financiar o Google bem no início da empresa, quando era composta de apenas três ou quatro pessoas, e declinei. Hoje, na minha percepção, parece ter sido uma grande tolice, mas em um caso como esse são apostas, e o Google explodiu de crescer. É difícil prever coisas assim."*
> **Damon Doe,**
> **Diretor-geral, Montage Capital**

Assim, se você receber um pedido de US$5.000 em janeiro mas só receber o pagamento em março, o crédito de US$5.000 só aparecerá como receita nos relatórios de março. Isso oferece um retrato mais fidedigno da capacidade de uma empresa no cumprimento de suas obrigações financeiras do que uma contabilidade em regime de competência.

Regime de competência

Nesse regime contábil, as receitas e as despesas são contabilizadas na data em que são originalmente realizadas; dessa forma, o pedido de US$5.000 aparecerá como receita em janeiro. Se o pagamento nunca fosse feito, seria necessário fazer posteriormente entradas contábeis adicionais para registrar a perda. Negócios maiores escolhem esse regime contábil para ter uma ideia melhor da rentabilidade total.

Globalização: Considerações financeiras

Sempre que você cruza a fronteira de um país, cruza as fronteiras financeiras também. Fazendo negócios internacionalmente, você vai encontrar uma série de questões financeiras que precisa ter em mente e para as quais deve se preparar. Entre elas estão:

- câmbio de moeda estrangeira
- flutuações na taxa de câmbio
- diferentes termos/prazos de pagamento
- diferentes leis/termos financeiros
- impostos e tarifas adicionais
- custos alfandegários
- custos e práticas bancárias
- taxas de juros
- segurança dos fundos em instituições financeiras
- possível inflação
- outras variáveis financeiras internacionais

Você precisa entender a situação financeira dos países específicos com os quais vai fazer negócios e se preparar para as práticas financeiras que podem ser diferentes das que vigoram em seu país de origem. Por exemplo, nos Estados Unidos é comum os clientes de B2B estenderem o crédito com condições de pagamento "em 30 dias corridos" e os consumidores pagarem com cartão de crédito. Esses prazos podem ser muito diferentes nos países onde você está fazendo negócios; em alguns países, os consumidores normalmente não usam cartão de crédito.

Na medida do possível, programe-se para os diversos fatores que podem afetar adversamente a sua situação financeira ao fazer negócios *offshore*. Por exemplo, algumas moedas são historicamente muito estáveis, enquanto outras flutuam enormemente. Alguns países enfrentam regularmente inflação galopante. É preciso também examinar as práticas e as leis relacionadas com a manutenção de recursos em instituições financeiras estrangeiras – são seguras, que tipos de taxas de juros elas pagam, os fundos são protegidos por seguro? Turbulências políticas ou emergências climáticas também podem afetar o valor e a segurança de seus fundos.

É preciso levar em conta todos esses fatores na definição dos preços de seus produtos e serviços internacionalmente, estabelecer políticas de crédito e encargos e determinar onde manter os fundos e que parcela desses fundos deve ser mantida no exterior.

Consulte um contador experiente em operações em outros países, que possa ajudá-lo a planejar suas finanças, caso seu volume de negócios no estrangeiro seja significativo. Não deixe de fazer perguntas sobre implicações fiscais, pois as questões relacionadas com impostos podem ser complicadas quando se lida com operações internacionais.

Use o roteiro Globalização: Considerações financeiras, apresentado na página a seguir, para avaliar alguns dos problemas financeiros típicos de empresas com atuação internacional.

Utilizando o método de Abrams de transferência de dados financeiros

Uma das perguntas mais difíceis, especialmente para os novos negócios, é: "Onde vou conseguir os números para os meus formulários financeiros?"

Se tiver preenchido as planilhas de transferência automática de dados financeiros dos capítulos anteriores, você já compilou muitos dos números de que precisava para completar as planilhas deste capítulo. Por exemplo, você já calculou o orçamento de marketing no Capítulo 10. Do mesmo modo, em outras planilhas e roteiros, você detalhou custos de salários, equipamento e outros aspectos do negócio.

Agora transfira os números de cada uma das planilhas de fluxo financeiro (marcadas com o de sinal de dólar) para a(s) linha(s) apropriada(s) nos formulários de demonstrativos financeiros apresentados a seguir. Consulte a tabela das páginas 288-289 para ver em que formulário e linha cada número específico deve ser lançado.

Planilhas financeiras eletrônicas

Para facilitar ainda mais esse processo, você pode adquirir um pacote de planilhas financeiras no Excel como suplemento para este livro. As planilhas

> "Em demonstrativos financeiros, procuramos o profissionalismo. Use formatos padronizados. Costuma-se contratar um contador mais para preencher os formulários do que para lançar os números. Queremos ver uma análise de fluxo de caixa tanto quanto qualquer outro aspecto em um relatório anual padrão (balanço patrimonial, demonstrativo de resultados). Você ou um contador deve comparar seus números com os números das empresas existentes. Se forem muito diferentes daqueles das empresas bem gerenciadas, eles podem não ser realistas."
> **Eugene Kleiner**
> **Investidor de capital de risco**

Globalização: Considerações financeiras

Responda às perguntas a seguir se lidar com moeda estrangeira, realizar operações internacionais ou vender seus produtos ou serviços internacionalmente.

Você já avaliou o impacto das taxas de câmbio nas suas análises e projeções financeiras? _____

Qual é o grau de estabilidade das moedas estrangeiras dos países nos quais você vai atuar? São historicamente estáveis ou as taxas de câmbio flutuam muito? A instabilidade política local poderia afetar o valor da moeda nas regiões em que você pretende atuar? _____

Existem custos iniciais singulares associados à sua atuação em algumas regiões? _____

Existem considerações fiscais ou tarifárias singulares sobre as quais você deveria estar ciente nos países em que pretende operar? _____

Quais fatores sazonais podem afetar as projeções financeiras ou causar flutuações na receita das regiões em que você pretende operar? _____

Você vai oferecer remuneração em moeda estrangeira? Em caso afirmativo, qual a média salarial dos cargos para os quais pretende contratar profissionais? Existe algum benefício específico à região sobre o qual você deva estar ciente? _____

Quais são os custos médios de suprimentos, mercadorias ou serviços que você pode adquirir localmente se estiver atuando em nível internacional? Seria mais econômico, em alguns casos, adquirir mercadorias nos Estados Unidos e enviá-las a outros países? _____

Método de Abrams de transferência de dados financeiros

As planilhas para transferência de dados financeiros apresentadas ao longo do livro são reconhecidas pelo símbolo de dólar no canto superior direito.

PLANILHA	CAPÍTULO	TRANSFIRA PARA	USE NAS LINHAS
Fatores sazonais	6, página 88	Projeção de fluxo de caixa	Vendas, Cobranças, Custo de venda de mercadorias, Despesas operacionais
		Demonstrativo de resultados	Vendas, Custo de mercadorias, Marketing
Padrões financeiros	6, página 94	Demonstrativo de resultados	Vendas, Devoluções, Custo de mercadorias, Comissões, Serviços de utilidade pública, Salários
		Projeção de fluxo de caixa	Vendas, Custo de mercadorias, Despesas operacionais
		Análise do ponto de equilíbrio	
Veículos de marketing	10, página 161	Orçamento de marketing (Capítulo 10, página 161)	
		Demonstrativo de resultados	Marketing
		Projeção de fluxo de caixa	Despesas operacionais
Táticas tradicionais de marketing	10, página 163	Orçamento de marketing (Capítulo 10, página 163)	
		Demonstrativo de resultados	Margem de lucro, Marketing
		Projeção de fluxo de caixa	Despesas operacionais
Orçamento de marketing	10, página 180	Demonstrativo de resultados	Marketing, Viagens/entretenimento, Serviços profissionais
		Projeção de fluxo de caixa	Despesas operacionais
Projeções de vendas	10, página 182	Demonstrativo de resultados	Vendas, Comissões
Projeções	10, página 182	Projeção de fluxo de caixa	Despesas operacionais
Instalações	11, página 193	Demonstrativo de resultados	Aluguel, Serviços de utilidade pública, Manutenção
		Projeção de fluxo de caixa	Despesas operacionais, Outras despesas
		Balanço	Ativos fixos, Depreciação
Produção	11, página 196	Demonstrativo de resultados	Custo de mercadorias, Salários, Benefícios empregatícios, Impostos na folha de pagamentos
		Projeção de fluxo de caixa	Despesas operacionais
Relação de equipamentos	11, página 198	Demonstrativo de resultados	Depreciação, Aluguel de equipamento, Móveis e equipamentos
		Projeção de fluxo de caixa	Despesas operacionais, Compra de equipamentos
		Balanço	Ativos fixos, Depreciação

PLANILHA	CAPÍTULO	TRANSFIRA PARA	USE NAS LINHAS
Abastecimento e distribuição	11, página 203	Demonstrativo de resultados	Custo de venda de mercadorias, Comissões
		Projeção de fluxo de caixa	Custo de mercadorias, Despesas operacionais
Atendimento de pedidos	11, página 205	Demonstrativo de resultados	Correio e remessas, Devoluções e subsídios, Salários (pessoal de serviço ao cliente)
		Projeção de fluxo de caixa	Despesas operacionais
Pesquisa e desenvolvimento	11, página 208	Demonstrativo de resultados	Alocação de custos às linhas apropriadas (por exemplo, salários, equipamento) ou criação de linha de P&D separada
		Projeção de fluxo de caixa	Despesas operacionais
Outras questões operacionais	11, página 212	Demonstrativo de resultados	Seguro, Serviços profissionais, Outros (concessões, licenças)
		Projeção de fluxo de caixa	Despesas operacionais
Custos iniciais	11, página 214	Demonstrativo de resultados	Despesas operacionais do primeiro mês em linhas apropriadas
		Projeção de fluxo de caixa	Despesas operacionais do primeiro mês (e meses de pagamentos a prazo)
		Balanço	Ativo circulante e fixo, passivo circulante e passivo de longo prazo (para empréstimos obtidos para pagamento de custos) ou Patrimônio líquido
Orçamento de tecnologia	12, página 225	Ativos circulantes	Depreciação, Aluguel de equipamento, Móveis e equipamento
		Projeção de fluxo de caixa	Despesas operacionais, Equipamentos, Compras
		Balanço	Ativos fixos, Depreciação
Remuneração e incentivos	13, página 235	Ativos circulantes	Salários, Benefícios empregatícios, Impostos na folha de pagamentos
		Projeção de fluxo de caixa	Despesas operacionais
Empregados-chave da gerência a serem contratados	13, página 241	Demonstrativo de resultados do exercício e Projeção de fluxo de caixa	Salários (projeções para futuros meses e anos)
Orçamento para pessoal	16, página 298	Ativos circulantes	Salários, Benefícios, Impostos na folha de pagamentos
Projeções de faturamento mensal	16, página 300	Ativos circulantes	Vendas brutas (a menos que o negócio seja baseado em regime de competência)

são idênticas às planilhas financeiras encontradas no livro e abrangem a metodologia de transferência de dados financeiros aqui utilizada. Além disso, as planilhas eletrônicas realizam todos os cálculos, geram gráficos e permitem que você faça "ajustes" nos seus números para obter o quadro financeiro mais exato. Quando estiver satisfeito com os números, poderá imprimir todos os formulários financeiros necessários para incluir em seu plano de negócios.

Tipos de formulários financeiros

Para a parte financeira do plano de negócios, os três formulários mais importantes são:

- **Demonstrativo de resultados do exercício.** Demonstra se a sua empresa está gerando lucros.
- **Projeção de fluxo de caixa.** Demonstra se a empresa tem dinheiro para pagar suas contas.
- **Balanço patrimonial.** Demonstra o valor da empresa.

Outros formulários são:

- **Fontes e utilização de fundos.** Mostra onde você obterá financiamento para o negócio e como gastará o dinheiro investido ou tomado emprestado. Um possível investidor ou analista de crédito gostará de ver esse formulário.
- **Análise do ponto de equilíbrio.** Mostra em que ponto as vendas excedem os custos e em que momento se começa a ter lucro. Aconselhável para planejamento interno.
- **Custos iniciais.** Para novos negócios, mostra o investimento inicial necessário para começar as operações. Um formulário dos custos iniciais pode ser encontrado no Capítulo 11 e deve ser incluído no seu plano de negócios.
- **Planilha de premissas.** Mostra, a quem ler seu demonstrativo financeiro, como você chegou aos números utilizados. Um bom anexo para outros formulários.

Prazos que os formulários devem abranger

Em geral, os investidores querem ver projeções financeiras para os próximos três a cinco anos e registros históricos dos últimos três a cinco anos para os negócios em operação atualmente. Se possível, descubra que períodos de tempo a instituição de empréstimo ou possível investidor quer ver e prepare os formulários adequadamente. Caso contrário, prepare formulários para cobrir os intervalos de tempo citados a seguir.

- **Demonstrativos de resultados do exercício.** Primeiro ano: projeções mensais. Segundo e terceiro anos: projeções trimestrais. Quarto e quinto anos: projeções anuais. Negócios existentes: demonstrativos de resultados do exercício reais dos três últimos anos.
- **Fluxo de caixa.** Primeiro ano: projeções mensais. Segundo e terceiro anos: projeções trimestrais.
- **Balanço.** Primeiro ano: projeções trimestrais. Segundo ao quinto anos: projeções anuais. Negócios existentes: balanço geral atual e balanços reais dos dois últimos anos.

Termos financeiros gerais

Os termos a seguir são muito utilizados em formulários financeiros. Se estiver no negócio, você já deve estar familiarizados com eles.

Mesmo que esteja familiarizado com relatórios financeiros, você pode levar alguns minutos para se lembrar dessas palavras-chave; e, se você nunca produziu (ou revisou) um relatório financeiro antes, estude esses termos até se sentir familiarizado com eles.

Contas a pagar. Obrigações devidas a outros; lista de contas atrasadas.

Contas a receber. Obrigações da sua empresa por outros; uma lista de faturas em aberto.

Depreciação acumulada. A quantidade de depreciação que uma empresa já sofreu na forma de deduções fiscais; tal depreciação acumulada deve ser considerada ao vender ativos fixos.

Ativos. Tudo o que a empresa possui que tem um valor monetário positivo.

Dinheiro em espécie. Dinheiro imediatamente disponível na forma de moeda, cheques ou depósitos em banco.

Custo de mercadorias. Despesas diretamente associadas à produção e à criação de um produto específico. As empresas diferem quanto às despesas que atribuem ao custo dos bens, mas, em geral, itens como matéria-prima, mão de obra direta e frete são incluídos.

Custo de vendas. Despesas diretamente associadas com a venda de um produto ou serviço. Normalmente, isso inclui itens como comissões de vendas, taxas de distribuidor etc., mas não costuma incluir custos mais indiretos, como marketing.

Ativo circulante. Ativos que podem ser convertidos rapidamente e com relativa facilidade em dinheiro vivo; esses ativos são para serem consumidos no curso normal das operações da empresa, tais como depósitos bancários, estoque e contas a receber.

Passivo circulante. Quaisquer contas, dívidas ou obrigações que ocorrem no curso contínuo do negócio; qualquer débito devido dentro do próximo ano. Inclui contas a pagar, despesas com a folha de pagamentos e empréstimos e linhas de crédito com data de vencimento inferior a um ano.

Dívida. Encargo contínuo da empresa, como um empréstimo bancário.

Depreciação. A deterioração pelo uso do ativo fixo – não um gasto monetário, mas um gasto contínuo do negócio à medida que o equipamento se desgasta. Uma dedução fiscal.

Valor líquido. Propriedade de uma empresa, normalmente distribuída por meio de ações.

Taxa de câmbio. Taxa de conversão de uma moeda em outra. Por exemplo, se 100 dólares norte-americanos valem 12 dólares australianos, a taxa de câmbio será de 1,2, e se 100 dólares norte-americanos valem 80 euros, a taxa de câmbio será 0,8.

Ativos fixos (ou propriedade, planta e equipamento). Ativos que constituem meios contínuos de fazer negócios; esses ativos normalmente não podem ser transformados em dinheiro com facilidade; incluem prédios, terrenos e equipamentos.

Custos fixos. Despesas contínuas ou despesas indiretas de um negócio que ocorrem independentemente da quantia de vendas. Essas despesas normalmente incluem itens como aluguel, gastos com serviços públicos e salários.

Lucro bruto. Percentual do lucro que a empresa realiza em cada venda antes de deduzidas as despesas administrativas.

Passivo. Qualquer obrigação pendente ou dívida da empresa.

Passivo exigível a longo prazo. Financiamentos e outras dívidas que serão pagas com prazo superior a um ano. O pagamento de juros desse ano sobre tais empréstimos ou serviço de dívidas são incluídos no passivo circulante.

Lucro líquido. Total da receita depois de deduzidos todos os custos para a operação do negócio, inclusive despesas administrativas e outros custos fixos.

Patrimônio líquido. Valor de uma empresa depois de deduzido o passivo do ativo.

Outros ativos ou ativos intangíveis. Aspectos de sua empresa cujo valor não é facilmente interpretado em termos monetários específicos nem pode ser diretamente convertido em dinheiro vivo; ativos como nomes, marcas registradas e a reputação que uma empresa acumulou ao longo do tempo.

Lucro. Quantia que uma empresa ganha depois de descontadas as despesas.

Pro forma. Demonstrativos financeiros baseados no desempenho futuro projetado, em vez dos dados históricos reais.

Lucros não distribuídos. Parte do valor líquido que a empresa mantém internamente para o desenvolvimento contínuo do negócio, em vez de distribuir aos acionistas.

Símbolos financeiros

Os símbolos a seguir aparecem comumente em formulários financeiros:

( )   Números que aparecem entre parênteses são números negativos; representam prejuízo.
----- Linhas simples representam subtotais.
=== Linhas duplas representam totais.
000 Indica que os números são expressos em milhares.

Diretrizes para a preparação de formulários financeiros

Durante a preparação de formulários e relatórios financeiros, muitas vezes surgem dúvidas sobre a atribuição de determinadas despesas. Uma delas é se deve-se atribuir comissões de vendas ao custo de mercadorias vendidas ou despesas operacionais. Práticas contábeis diferem umas das outras; portanto, siga estas diretrizes.

Ao preparar formulários financeiros, lembre-se dos seguintes imperativos:

1. **Seja conservador.** Evite ao máximo a tendência de acrescentar detalhes excessivamente otimistas; isso reduz sua credibilidade.
2. **Seja honesto.** Fontes de financiamento experientes perceberão estimativas desonestas ou manipuladas; você com certeza será solicitado a justificar seus números.
3. **Não seja criativo.** Use formatos padrões e termos financeiros; caso contrário, parecerá inexperiente aos olhos das fontes de investimento.
4. **Consulte um contador.**
5. **Siga as práticas utilizadas no seu setor.**
6. **Escolha o método contábil apropriado.**
7. **Seja consistente.** Tome uma decisão e atenha-se a ela o tempo todo; caso contrário, você não pode comparar números de um ano com os de outro.

Orçamento para contratação de pessoal

Em muitas empresas, os custos associados aos empregados constituem as maiores despesas do estabelecimento. Em qualquer empresa, os custos trabalhistas são uma questão fundamental. Ao planejar um negócio, é fácil subestimar ou negligenciar custos trabalhistas.

Número e *timing*

Primeiro, é preciso descobrir de quantos empregados precisará e quando exatamente você vai precisar deles. É fácil subestimar esse número, pois a expectativa é de só contratar bons empregados, os quais trabalharão em sua capacidade máxima. Lembre-se, porém, que provavelmente os empregados não se esforçarão tanto quanto você; portanto, não planeje suas despesas baseando-se exclusivamente no seu nível de produtividade pessoal.

Alguns setores, como o de serviços, fazem uso intensivo de mão de obra. Em empresas pequenas, os clientes muitas vezes esperam níveis muito altos de serviço pessoal, o que pode significar equipes mais numerosas. Mesmo se você for o único empresário e empregado do seu negócio, no caso de firmas individuais, sem empregados, de vez em quando você precisará contratar algum serviço auxiliar, e deve se programar para isso.

Se o seu negócio for novo, você pode querer consultar empresários de negócios existentes e lhes perguntar sobre a necessidade de empregados e o momento ideal para sua contratação, a fim de elaborar suas próprias projeções. Se estiver montando um negócio diferente, qual será o efeito de suas novas necessidades sobre os níveis e distribuição do quadro de empregados? Os empregados atuais poderão ser treinados para novas tarefas ou haverá necessidade de contratar pessoal novo?

Nem todos os empregados serão contratados ao mesmo tempo nem todos serão permanentes. O orçamento para contratação de empregados permite alterar o número de empregados em cada categoria dependendo do(s) mês(eses) real(is) que trabalharem. Você pode ter trabalho sazonal que requer pessoal adicional em alguns períodos do ano. Controlar o período de contratação pode ser muito importante para constatar se você está adequadamente preparado para o volume de trabalho exigido. Em geral, as pessoas, até as que estão no negócio há muito tempo, subestimam o tempo necessário para contratar e treinar novos empregados. Reserve um tempo realista para o recrutamento de empregados e não se esqueça de considerar os custos de qualquer ajuda temporária da qual você pode precisar, até que o pessoal efetivo esteja contratado.

Além disso, é quase inevitável que em algum momento você contrate pessoas que não trabalham bem. Sua demissão acarretará custos adicionais. Esses custos podem incluir ajuda temporária para o preenchimento de vagas durante o período em que você procura reposição de empregados e qualquer indenização em caso de demissão que seja exigida por contrato ou lei.

Benefícios e impostos

Uma das primeiras coisas que você terá de fazer é entender os benefícios que precisará oferecer para atrair e manter o pessoal qualificado. Esses benefícios podem incluir assistência médica e odontológica, seguro de vida, aposentadoria por invalidez, aposentadoria por idade e férias remuneradas.

Alguns custos empregatícios são exigidos por lei. Verifique no Ministério do Trabalho quais são os benefícios obrigatórios, como indenização por acidente de trabalho. Também haverá impostos na folha de pagamentos, que podem onerar significativamente os custos empregatícios totais. Talvez seja interessante consultar um contador ou advogado para saber quais custos relacionados com benefícios e impostos devem ser previstos.

O roteiro sobre orçamento de recursos humanos a seguir o ajudará a organizar todos os custos trabalhistas associados ao seu negócio. O roteiro é apresentado em um formato mensal, para permitir que você reflita as mudanças no quadro de empregados, dependendo de quando contrata novos empregados, quando cria novas divisões ou quando utiliza mão de obra sazonal ou variável.

As informações contidas nesse orçamento são transferidas para as linhas salários/pagamentos, benefícios empregatícios e impostos da folha de pagamentos no demonstrativo dos resultados da página 300-301. O pacote de planilhas eletrônicas suplementar disponível em www.planningShop.com inclui o orçamento de recursos humanos e tratará automaticamente desses cálculos e transferências para você.

> "As projeções na realidade são muito menos importantes do que as premissas das projeções. Em geral, demonstrativos financeiros ruins tendem a ser indicadores negativos, e os bons demonstrativos financeiros normalmente não são necessariamente indicadores positivos. Você acredita ter uma participação de mercado de 80% quando não existe nenhum modo de obter 10%? Acredita mesmo nisso?"
> **Andrew Anker**
> **Investidor de capital de risco**

Projeções de caixa

Um fato importante a ser lembrado ao preparar projeções financeiras é que, em geral, você não receberá o pagamento integral na data de uma venda ou transação real. Projetar apenas o fluxo de caixa referente às vendas realizadas, em vez do dinheiro realmente recebido, pode causar escassez de recursos.

Em alguns setores, o intervalo entre pedidos e pagamento é especialmente longo. Isso pode se aplicar especialmente às indústrias. Um fabricante de roupas, por exemplo, pode vender a mercadoria muitos meses antes de receber o pagamento. Mesmo no varejo, muitas vezes são criadas contas de crédito para clientes muito grandes ou compradores assíduos, e esses clientes demoram mais para efetuar o pagamento.

Seu negócio pode permitir condições de pagamento ao longo de vários meses ou o seu tipo de trabalho pode tornar o pagamento ao longo do tempo uma necessidade. Em quase toda empresa, alguns clientes farão o pagamento com atraso. Embora a maioria dos clientes possa pagar dentro de 30 dias, alguns podem levar até 120 dias para pagar, e outros nunca pagarão. Por exemplo, ao fazer uma venda de US$10.000 no mês de fevereiro, pode receber apenas um depósito de US$2.500 em fevereiro, sendo o restante do pagamento efetuado em parcelas mensais até junho. Evidentemente, você pode tentar reduzir a quantidade de pagadores atrasados e inadimplentes exigindo um percentual maior de pagamento no momento da venda ou na entrega, ou cobrando juros sobre as parcelas vencidas, mas, mesmo assim, é necessário prever padrões de pagamento reais nas suas projeções de fluxo de caixa.

Também é uma boa ideia diferenciar entre a renda de cada produto ou linha de serviço. Embora possa parecer um pouco mais trabalhoso controlar separadamente a receita de cada linha de produto ou serviço, essas informações o ajudarão a tomar decisões sobre a direção que sua empresa vai tomar no longo prazo e a entender melhor de onde exatamente vêm os lucros.

Complete o roteiro sobre projeções de receitas mensais. As informações nele contidas podem então ser transferidas para os formulários de projeção de fluxo de caixa e os formulários de demonstrativo de resultados, se você administrar o negócio usando dinheiro vivo, em vez do método contábil em regime de competência. Se seu negócio for uma empresa já existente, analise os últimos registros para definir o padrão de pagamento médio a ser utilizado nesse formulário. Se for um negócio novo, consulte outras empresas do setor para ver quais são os modelos de pagamento típicos. Seja conservador em suas projeções. É sempre melhor descobrir que você tem mais dinheiro do que esperava, e não menos.

Demonstrativos de resultados

Os demonstrativos de resultados mostram quanto sua empresa é lucrativa – quanto dinheiro ela ganha depois de deduzidas todas as despesas. Os demonstrativos de resultados não fornecem uma visão geral do valor da empresa como um todo ou de sua posição de caixa.

Uma empresa pode estar gerando prejuízo, mas ainda valer muito por possuir propriedades valiosas, ou ser lucrativa, mas ainda não ter dinheiro suficiente para pagar suas contas, por problemas de fluxo de caixa. Um demonstrativo de resultados não revela nenhuma dessas situações "ocultas".

> *Que tipo de números gostamos de ver? Quanto mais desenvolvido for um negócio, mais nos valemos dos números. Para um negócio mais novo, os números importam menos, e as palavras são mais significativas.*
> **Robert Mahoney**
> **Corporate banker**

O demonstrativo de resultados é lido de cima para baixo. A primeira linha considera as vendas. Cada linha subsequente representa deduções da receita. O resultado é o lucro da empresa (ou, em alguns casos, o prejuízo).

Para preparar um demonstrativo de resultados, reúna informações detalhadas sobre as vendas e despesas. As linhas específicas no formulário devem espelhar as categorias nas quais você mantém as suas contas. Ao terminar de preencher o demonstrativo de resultados, consulte a lista anterior sobre termos financeiros.

Além disso, anote as seguintes referências:

Vendas brutas. Vendas totais de todas as categorias da linha de produtos.

Benefícios empregatícios. Itens como assistência médica e odontológica; qualquer outro benefício com custos específicos associados.

Depreciação e amortização. O valor dos ativos fixos (depreciação) ou ativos intangíveis (amortização) alocado como despesa anual ou considerado perdido todo ano, por uso ou obsolescência.

Material de escritório. Suprimentos de escritório ou para o negócio, e não as matérias-primas necessárias para produzir o item da venda.

Marketing. Outras despesas com publicidade e marketing que não viagens, entretenimento/refeições, que podem ter tratamentos fiscais diferentes; transfira esse número do roteiro para o orçamento de marketing apresentado no Capítulo 10.

Viagens. Custos com viagens necessárias, inclusive passagens, hotéis, táxis etc.; despesas com automóveis (que podem ter tratamento fiscal diferente) podem entrar aqui ou em uma linha separada.

Entretenimento/refeições. Custos para recepcionar clientes, possíveis clientes, empregados, incluindo eventos, festas, refeições etc. Em geral, essas despesas só são parcialmente dedutíveis.

Seguro. Prêmios de seguro, como aqueles por responsabilidade civil/legal, má conduta profissional, seguro de automóveis ou de equipamentos. Exclua o seguro incluído na linha Benefícios empregatícios.

Serviços profissionais. Taxas de advogados, contadores, designers, especialistas em tecnologia e consultores.

Manutenção. Serviços de portaria/zeladoria ou limpeza, programas de manutenção regular ou contratos de serviço e reparos.

Telefone/telecomunicações. Custos de serviços de telefonia e telecomunicações. Os custos de acesso à internet podem entrar nessa linha ou em serviços de utilidade pública (água, luz etc.).

Complete os demonstrativos das páginas a seguir. Documente receitas mensalmente (primeiro ano), a cada três meses (primeiros dois a três anos) e anualmente (quatro e cinco anos). Se necessário, ajuste o formulário de acordo com as necessidades da empresa.

O pacote de planilhas eletrônicas suplementares disponível (em inglês) em www.PlanningShop.com inclui as planilhas de demonstrativos de resultados e realiza automaticamente os cálculos e transferências de outras planilhas/roteiros para você.

Orçamento para contratação de pessoal					
Ano:	Janeiro	Fevereiro	Março	Abril	Maio
Gerência N. de empregados					
Salário/remuneração					
Benefícios					
Impostos na folha de pagamentos					
Custos totais					
Administrativo/suporte N. de empregados					
Salário/remuneração					
Benefícios					
Impostos na folha de pagamentos					
Custos totais					
Vendas/marketing N. de empregados					
Salário/remuneração					
Benefícios					
Impostos na folha de pagamentos					
Custos totais					
Operações/produção N. de empregados					
Salário/remuneração					
Benefícios					
Impostos na folha de pagamentos					
Custos totais					
Outros N. de empregados					
Salário/remuneração					
Benefícios					
Impostos na folha de pagamentos					
Custos totais					
TOTAIS N. de empregados					
Salário/remuneração					
Benefícios					
Impostos na folha de pagamentos					
Custos totais					
CUSTOS TOTAIS					

 OBS.: Há uma versão computadorizada dessa em www.PlanningShop.com.

Junho	Julho	Agosto	Setembro	Outubro	Novembro	Dezembro	TOTAL

Projeções de faturamento mensal

Ano:	Janeiro	Fevereiro	Março	Abril	Maio
VENDAS DA LINHA DE PRODUTOS N. 1 **Dinheiro recebido**					
Vendas do mês atual					
Vendas dos 30 dias anteriores					
Vendas dos 60 dias anteriores					
Vendas dos 90 dias anteriores					
Vendas dos 120 dias anteriores					
Total da Receita Produto N. 1					
VENDAS DA LINHA DE PRODUTOS N. 2 **Dinheiro recebido**					
Vendas do mês atual					
Vendas dos 30 dias anteriores					
Vendas dos 60 dias anteriores					
Vendas dos 90 dias anteriores					
Vendas dos 120 dias anteriores					
Total da Receita Produto N. 2					
VENDAS DA LINHA DE PRODUTOS N. 3 **Dinheiro recebido**					
Vendas do mês atual					
Vendas dos 30 dias anteriores					
Vendas dos 60 dias anteriores					
Vendas dos 90 dias anteriores					
Vendas dos 120 dias anteriores					
Total da Receita Produto N. 3					
VENDAS DA LINHA DE PRODUTOS N. 4 **Dinheiro recebido**					
Vendas do mês atual					
Vendas dos 30 dias anteriores					
Vendas dos 60 dias anteriores					
Vendas dos 90 dias anteriores					
Vendas dos 120 dias anteriores					
Total da Receita Produto N. 4					
TOTAL DA RECEITA					

FINANÇAS

$ ➤ $$ ➤ $$$

Junho	Julho	Agosto	Setembro	Outubro	Novembro	Dezembro	TOTAL

Demonstrativo de resultados: Anual por mês

Ano:	Janeiro	Fevereiro	Março	Abril	Maio
RECEITA					
Vendas brutas					
(Comissões)					
(Devoluções e reembolsos)					
Vendas líquidas					
(Custo de mercadorias)					
LUCRO BRUTO					
DESPESAS – Gerais e administrativas Salários e remuneração					
Benefícios trabalhistas					
Impostos na folha de pagamentos					
Serviços profissionais					
Marketing e propaganda					
Aluguel					
Aluguel de equipamento					
Manutenção					
Depreciação					
Seguro					
Telecomunicações					
Gastos com juros					
Serviços de utilidade pública (água, luz etc.)					
Materiais de escritório					
Postagem e remessas					
Viagens					
Entretenimento					
Juros dos empréstimos					
Outros:					
Outros:					
DESPESAS TOTAIS					
Faturamento líquido antes dos impostos					
Provisão para imposto de renda					
LUCRO LÍQUIDO					

 OBS.: Há uma versão computadorizada dessa planilha em www.PlanningShop.com.

Junho	Julho	Agosto	Setembro	Outubro	Novembro	Dezembro	TOTAL

Demonstrativo de resultados: Anual por trimestre				$ ➤ $$ ➤ $$$	
Ano:	1º Trimestre	2º Trimestre	3º Trimestre	4º Trimestre	TOTAL
RECEITA					
Vendas brutas					
(Comissões)					
(Devoluções e reembolsos)					
Vendas líquidas					
(Custo de mercadorias)					
LUCRO BRUTO					
DESPESAS – Gerais e administrativas					
Salários e remuneração					
Benefícios trabalhistas					
Impostos na folha de pagamentos					
Serviços profissionais					
Marketing e propaganda					
Aluguel					
Aluguel de equipamento					
Manutenção					
Depreciação					
Seguro					
Telecomunicações					
Gastos com juros					
Serviços de utilidade pública (água, luz etc.)					
Materiais de escritório					
Postagem e remessas					
Viagens					
Entretenimento					
Juros dos empréstimos					
Outros:					
Outros:					
DESPESAS TOTAIS					
Faturamento líquido antes dos impostos					
Provisão para imposto de renda					
LUCRO LÍQUIDO					

Demonstrativo de resultados: Anual para cinco anos

Ano:	Ano	Ano	Ano	Ano	TOTAL
RECEITA					
Vendas brutas					
(Comissões)					
(Devoluções e reembolsos)					
Vendas líquidas					
(Custo de mercadorias)					
LUCRO BRUTO					
DESPESAS – Gerais e administrativas					
Salários e remuneração					
Benefícios trabalhistas					
Impostos na folha de pagamentos					
Serviços profissionais					
Marketing e propaganda					
Aluguel					
Aluguel de equipamento					
Manutenção					
Depreciação					
Seguro					
Telecomunicações					
Gastos com juros					
Serviços de utilidade pública (água, luz etc.)					
Materiais de escritório					
Postagem e remessas					
Viagens					
Entretenimento					
Juros dos empréstimos					
Outros:					
Outros:					
DESPESAS TOTAIS					
Faturamento líquido antes dos impostos					
Provisão para imposto de renda					
LUCRO LÍQUIDO					

Projeções de fluxo de caixa

Em quase todos os negócios, a análise de fluxo de caixa é a avaliação financeira mais importante. Afinal, se não puder pagar a seus empregados, suas contas ou a si mesmo, você não vai se manter no negócio por muito tempo e, com certeza, não dormirá bem à noite.

A projeção de fluxo de caixa não tem a ver com lucro – tem a ver com a quantia que você tem no banco. Não informa se sua empresa terá lucro no fim do ano ou quantos pedidos foram feitos; ao contrário, oferece uma visão real do volume de dinheiro que entra e que sai do seu negócio mensalmente.

A análise de fluxo de caixa é especialmente importante para negócios sazonais, com grandes estoques ou que vendem a maior parte de suas mercadorias a crédito. Você precisa se planejar para eventuais longos prazos entre o pagamento de matéria-prima e o efetivo recebimento pelos produtos vendidos.

A manutenção de registros históricos de fluxo de caixa dá uma ideia do que esperar em certos meses do ano e ajuda a planejar a administração de dinheiro no futuro. Adquira o hábito de organizar mensalmente seu fluxo de caixa.

Ao preparar os formulários, separe o dinheiro que recebe do negócio (vendas) do dinheiro que obtém por meio de empréstimos ou investimentos (financiamento). Isso lhe dará uma noção melhor de onde está vindo o dinheiro e do volume de investimentos com o qual você conta. Lance os seguintes itens usados na análise de fluxo de caixa:

Vendas à vista. Vendas feitas mediante pagamento em dinheiro, imediato, ou pagamento antecipado.

Cobranças. Receita proveniente de vendas efetuadas em um período anterior.

Receita de juros. Receita obtida em bancos e outras contas remuneradas.

Montante do empréstimo. Receita proveniente de empréstimos obtidos no banco e outras linhas de crédito.

Custo de mercadorias. Pagamentos reais realizados por itens nessa categoria. Métodos contábeis em regime de caixa e em regime de competência tratam essa linha de maneira diferente; consulte seu contador.

Despesas operacionais. Pagamentos reais de itens nessa categoria menos a depreciação (uma vez que a depreciação não é um pagamento à vista real). Como os métodos contábeis em regime de caixa e em regime de competência tratam essa linha diferentemente, consulte o seu contador.

Reserva. Dinheiro colocado em contas para despesas futuras que não haviam sido previstas.

Retirada do proprietário. Dinheiro pago ao proprietário no lugar do salário em uma firma individual ou o dinheiro distribuído entre os proprietários (exceto para reembolso de despesas). Em uma sociedade, isso é chamado de dividendos e é pago após a dedução fiscal. Como essa receita do proprietário está sujeita a impostos federais e estaduais, o contador pode sugerir que você adicione uma provisão para impostos à linha de imposto de renda no formulário de fluxo de caixa.

Fluxo de caixa líquido. O dinheiro que sobra depois de todas as saídas terem sido deduzidas do dinheiro recebido.

> **"** O fluxo de caixa é a única coisa com a qual você se preocupa durante os quatro primeiros anos. Faça projeções de caixa! Só seis meses depois comecei a preparar demonstrativos de resultados. O único número que interessa é o que diz se você consegue ou não pagar as contas. **"**
>
> **Larry Leigon**
> **Fundador, Ariel Vineyards**

Saldo de caixa inicial. Quantidade de dinheiro no banco no início do mês em avaliação; deve ser o mesmo saldo de caixa final do mês anterior.

Preencha a seguinte análise de fluxo de caixa, mensalmente durante o primeiro ano (ou segundo) e a cada três meses para o próximo ano. O pacote suplementar de planilhas eletrônicas disponível em www.PlanningShop.com inclui a planilha de fluxo de caixa e fará automaticamente cálculos e transferências de outras planilhas para você.

Balanço

Entre os iniciantes, é provável que o balanço seja o menos entendido dos formulários financeiros. Em essência, o balanço fornece um retrato instantâneo do valor financeiro total da empresa – o valor de seus vários componentes e a extensão de todas as suas obrigações.

O balanço considera os ativos da empresa menos os passivos. O valor restante (se houver algum) é o patrimônio líquido da empresa. O patrimônio líquido é então distribuído como algo pertencente aos proprietários da empresa – participação acionária – ou como lucros não distribuídos para a empresa utilizar. Essas distribuições são lançadas na categoria de passivo. Depois que você faz isso, os valores nas categorias Ativo e Passivo serão iguais: elas se equilibram.

Embora os empresários raramente analisem o balanço patrimonial como ferramenta de planejamento, banqueiros e investidores recorrem a esse demonstrativo para ter uma visão mais geral do valor da empresa. Apenas no balanço patrimonial pode-se ver o valor das propriedades e equipamentos existentes. Algumas empresas têm terrenos e imóveis valiosos que excedem de longe o faturamento do negócio; outras possuem maquinário caro. Outras podem ser lucrativas, mas altamente endividadas.

Consulte a seção Termos Financeiros Gerais no início deste capítulo para ver uma explicação dos itens que constam do balanço.

Além disso, observe que o balanço patrimonial utiliza os seguintes termos:

Projeção de fluxo de caixa: Anual por mês

Ano:	Janeiro	Fevereiro	Março	Abril	Maio
ENTRADAS					
Receita das vendas					
Vendas à vista					
Cobranças					
Dinheiro total obtido com as vendas					
Receita de financiamentos					
Receita gerada por juros					
Montante do empréstimo					
Aporte de capital					
Outras entradas de caixa					
TOTAL DE ENTRADAS DE CAIXA					
SAÍDAS					
Estoque					
Despesas operacionais					
Comissões/devoluções e descontos					
Gastos de capital					
Pagamento de empréstimo					
Pagamentos de imposto de receita					
Pagamentos de dividendos aos investidores					
Retirada do proprietário					
TOTAL DE SAÍDA DE CAIXA					
FLUXO DE CAIXA LÍQUIDO					
Saldo de caixa inicial					
Entradas de caixa					
Saídas de caixa					
SALDO FINAL DE CAIXA					

OBS.: Há uma versão computadorizada dessa planilha em www.PlanningShop.com.

Junho	Julho	Agosto	Setembro	Outubro	Novembro	Dezembro	TOTAL

$ => $$ > $$$

Projeção de fluxo de caixa: Anual por trimestre				$ => $$ > $$$	
Ano:	1º Trimestre	2º Trimestre	3º Trimestre	4º Trimestre	TOTAL
ENTRADAS **Receita das vendas**					
Vendas à vista					
Cobranças					
Dinheiro total obtido com as vendas					
Receita de financiamentos					
Receita gerada por juros					
Montante do empréstimo					
Aporte de capital					
Outras entradas de caixa					
TOTAL DE ENTRADAS DE CAIXA					
SAÍDAS Estoque					
Despesas operacionais					
Comissões/devoluções e descontos					
Gastos de capital					
Pagamento de empréstimo					
Pagamentos de imposto de receita					
Pagamentos de dividendos aos investidores					
Retirada do proprietário					
TOTAL DE SAÍDA DE CAIXA					
FLUXO DE CAIXA LÍQUIDO					
Saldo de caixa inicial					
Entradas de caixa					
Saídas de caixa					
SALDO FINAL DE CAIXA					

Balanço $ ➤ $$ ➤ $$$

Balanço

Empresa: _____

Período: _____ que termina em: _____, 20____

ATIVOS
- Dinheiro em espécie   _____
- Contas a receber   _____
- Estoque   _____
- Outros ativos circulantes _____

Total do ativo circulante   _____

Ativos fixos
- Terrenos   _____
- Instalações físicas   _____
- Equipamentos   _____
- Computadores e telecomunicação   _____
- (Menos depreciação acumulada)   _____

Total de ativos fixos   _____

Outros ativos   _____

TOTAL DOS ATIVOS

PASSIVO

Passivo circulante
- Títulos a pagar de curto prazo   _____
- Impostos a pagar   _____
- Outros passivos circulantes   _____

Total do passivo circulante   _____

Passivo exigível de longo prazo
- Títulos a pagar de longo prazo   _____
- Outros passivos exigíveis de longo prazo _____

Total do passivo exigível de longo prazo _____

Patrimônio líquido
- Total do patrimônio líquido   _____
- Ganhos não distribuídos   _____

Total do patrimônio líquido   _____

TOTAL DO PASSIVO E DO PATRIMÔNIO LÍQUIDO

Incluir na seção finanças do plano de negócios.

OBS.: Há uma versão computadorizada dessa planilha em www.PlanningShop.com.

- **Terrenos:** Em geral, apresentados separadamente em um balanço porque, ao contrário das outras propriedades – como prédios – estão sujeitos a um tratamento fiscal diferente e muitas vezes são mais valorizados.
- **Instalações:** Valor de todos os prédios, depósitos ou outras propriedades físicas de propriedade do negócio, exceto terreno e equipamento.
- **Notas promissórias de curto prazo:** Dívidas que normalmente precisam ser pagas dentro de um ano. Incluem linhas de crédito e outros créditos, exceto contas a pagar.
- **Outros passivos correntes:** Outras dívidas, inclusive contas a pagar.

Ao preparar o balanço, talvez você descubra que precisa de mais ajuda com o formulário do que com qualquer outro, em especial quando estiver tentando calcular a depreciação acumulada ou o valor do estoque. Solicite a ajuda do seu contador ou peça-lhe para preparar o formulário para você. Mesmo assim, você precisa entendê-lo.

Como a maior parte das informações em balanços patrimoniais não muda muito, é possível preparar balanços patrimoniais trimestral ou anualmente (a menos, é claro, que suas possíveis fontes de financiamento queiram projeções mensais).

O pacote suplementar de planilhas eletrônicas disponível em www.PlanningShop.com inclui as planilhas de balanço patrimonial e tratará automaticamente de cálculos e transferências de outras planilhas para você.

Fontes e uso dos fundos

Se você estiver buscando financiamento externo por meio de empréstimos ou investidores, os leitores do seu plano de negócios naturalmente vão gostar de saber o que você vai fazer com o dinheiro que levantar. Eles também vão querer ver quais outras fontes de dinheiro você tem (se houver alguma) e se você contribuiu com fundos próprios.

Para fornecer essas informações, elabore uma descrição de uma página sobre as fontes e utilização de fundos. Essa descrição pode entrar no próprio plano de negócios ou ser enviada junto com a carta de apresentação às possíveis fontes de financiamento. A carta deve informar a um possível investidor que você tem planos específicos para o dinheiro que levantar, que não está assumindo dívidas ou abrindo mão de parte da participação acionária irrefletidamente e que os recursos serão investidos no crescimento do negócio.

O demonstrativo sobre as fontes e o uso de financiamentos é especialmente útil quando se lida com investidores ou credores se você quer mostrar que está empregando seus fundos para iniciar ou expandir um negócio, e não para quitar dívidas existentes (um uso que os investidores notoriamente não apreciam), se você já tiver algum

"Um plano que mostra o uso inadequado de fundos está fadado à rejeição. Se os fundos não forem usados para construir o negócio, não nos interessamos em financiá-lo."
Ann Winblad
Investidora de capital de risco

compromisso de financiamento de fontes respeitadas (o que mostra que outras pessoas acreditam na sua empresa) ou estiver comprometendo fundos pessoais significativos (o que mostra que você acredita suficientemente no projeto para correr um risco pessoal substancial).

Em "Fontes de Financiamento", inclua tanto os fundos que recebeu até o momento quanto as quantias que está buscando agora, especificando claramente cada um.

Ao preparar o demonstrativo sobre as fontes e o uso de financiamentos, considere as seguintes questões e termos:

Rodadas de financiamento. O número de etapas de desenvolvimento nas quais você procurará financiamento da comunidade de investimentos.

Montante total. A quantia em dinheiro que busca nessa rodada de financiamento, de todas as fontes de financiamento.

Financiamento com capital próprio. Quantia que você levantará vendendo participação acionária na empresa.

Ação preferencial. Parcela representativa do capital social de uma empresa à qual serão pagos dividendos antes que outros dividendos possam ser pagos para a ação ordinária ou antes que outras obrigações da empresa sejam pagas; em geral, os investidores querem ações preferenciais.

Ação ordinária. Ação para a qual os dividendos são pagos quando a empresa é lucrativa e pagou dividendos de ações preferenciais e outras obrigações.

Financiamento por endividamento. Quantia em dinheiro levantada por meio de empréstimos.

Empréstimos de longo prazo. Empréstimos a serem quitados depois de um ano.

Empréstimos hipotecários. Empréstimos feitos dando como garantia uma propriedade.

Empréstimos a curto prazo. Empréstimos a curtíssimo prazo, linhas de crédito e outros empréstimos a serem quitados em menos de um ano.

Dívida conversível. Empréstimos conversíveis em ações no futuro a critério do financiador, o que oferece tanto a segurança de um empréstimo como o potencial de valorização das ações.

Investimento dos sócios. Quantia em dinheiro que você ou outros empregados importantes estão investindo na empresa; pode ser na forma de dinheiro vivo ou propriedade.

Despesas de capital. Compra do equipamento ou da propriedade necessária.

Capital de giro. Fundos para pagar as despesas operacionais contínuas do negócio.

Resgate de dívidas. Fundos utilizados para pagar empréstimos ou obrigações existentes.

Fontes e uso de financiamentos

Complete o formulário a seguir para descrever quanto dinheiro está buscando e como utilizará os fundos levantados. Seja o mais específico possível: se souber quais equipamentos vai comprar, liste-os; se tiver um empréstimo de banco estatal, declare o nome da instituição de empréstimo, quantidade e termos.

Número de rodadas esperadas para o financiamento integral:_____

Quantia total buscada nessa rodada: _____

Fontes de financiamento

    Financiamento com capital próprio:

    Ações preferenciais: _____

    Ações ordinárias: _____

    Financiamento por endividamento:

    Empréstimos hipotecários: _____

    Outros empréstimos de longo prazo: _____

    Empréstimos a curto prazo: _____

    Dívida conversível: _____

    Investimento dos sócios: _____

Usos de fundos

    Despesas de capital:

    Compra de propriedade: _____

    Benfeitorias em instalações arrendadas: _____

    Compra de equipamento/mobiliário: _____

    Outros: _____

    Capital de giro:

    Compra de estoque: _____

    Contratação de empregados: _____

    Lançamento de nova linha de produtos: _____

    Atividades de marketing adicionais: _____

    Outras atividades de expansão do negócio: _____

    Outros: _____

    Resgate de dívidas:

    Reserva de caixa:

Envie este formulário junto com a seção finanças do seu plano de negócios.

Roteiro de premissas

Os formulários financeiros são meros números sem sentido, a menos que estejam baseados em decisões e fatos. Suas possíveis fontes de financiamento querem ver como você chegou aos seus números e devem ser convencidas de que as suas premissas são razoavelmente precisas. Por exemplo, se tiver indicado suas vendas em determinada quantia, os investidores querem ver o tamanho de mercado que você supõe e que percentual dele será capaz de conquistar. Se esses números parecerem realistas, sua credibilidade aumentará; se as premissas parecerem baseadas em números inexatos ou projeções otimistas demais, os investidores verão o restante do seu plano com maior ceticismo.

> *"Nos relatórios financeiros, procuro um balanço patrimonial benfeito e bem detalhado. E gosto quando encontro um roteiro das premissas com o demonstrativo de resultados do exercício; desse modo, sei exatamente como esses números chegaram lá."*
> **Ann Winblad**
> **Investidora de capital de risco**

É importante também forçar-se a aprender a desenvolver um roteiro de premissas sempre que fizer projeções financeiras. Caso contrário, você pode ficar facilmente tentado a escrever números que no papel parecem bons, mas que têm pouco a ver com a realidade.

Se já tiver concluído o processo de planejamento do negócio, elaborar um roteiro de premissas deve ser uma tarefa relativamente fácil. Você já fez a si mesmo a maior parte das perguntas necessárias nesse formulário e deve ter as respostas na ponta da língua.

Um roteiro de premissas deve listar informações de forma clara e simples; não exige muitos detalhes ou explicações. Você não precisa nem mesmo utilizar frases, apenas fornecer os dados em cada categoria. (Você pode utilizar a primeira frase que aparece no nosso roteiro ao elaborar o seu.) Familiarize-se com essas premissas e prepare-se para defendê-las ao se reunir com os investidores.

Preencha o roteiro de premissas apresentado mais adiante e inclua-o na conclusão dos formulários financeiros do seu plano de negócios.

Análise do ponto de equilíbrio

Por fim, você quer definir o faturamento que precisa gerar para pagar as despesas – um ponto de equilíbrio entre receita e despesa. Nesse ponto de equilíbrio, você não tem lucro nem prejuízo; apenas cobre o custo de estar no negócio e fazer suas vendas. A maior parte dos novatos em negócios pressupõe que seu ponto de equilíbrio ocorra quando as vendas se igualam às despesas fixas: aluguel, telefone, seguros etc. É fácil calcular as despesas fixas, pois são definidas assim que você abre as portas do estabelecimento e permanecem relativamente estáveis independentemente do volume de vendas.

Entretanto, como quase todas as vendas têm alguns custos associados, é preciso imaginar também o custo variável de vendas na análise do ponto de equilíbrio; caso contrário, não terá um retrato real do custo de sua atividade.

Por exemplo, se tiver uma floricultura, e as despesas fixas (aluguel, serviços de utilidade pública, salários etc.) forem de US$20.000 por mês, não basta gerar US$20.000 em vendas: você ainda estaria tendo prejuízo. É preciso pagar pelas flores, vasos, entrega, comissões para serviços de arranjos florais etc., para obter uma receita sobre uma venda. Se esses custos forem equivalentes a uma média de 30% do custo de cada venda, sobre uma receita de US$20.000, haverá um débito de US$6.000 (US$20.000 em despesas fixas mais US$6.000 em custos das mercadorias).

O custo total das mercadorias continua aumentando à medida que as vendas aumentam; diferentemente dos custos fixos, o número permanece em constante mudança e é mais difícil de indicar com precisão. Mas sua margem de lucro bruto – o percentual médio que você ganha em cada venda depois de deduzidos os custos diretos – permanece basicamente a mesma. (À medida que vende maiores quantidades, pode conseguir aumentar a margem de lucro recebendo descontos por volume; para os propósitos do nosso exercício aqui, porém, vamos partir do pressuposto de que a margem de lucro bruto é estável.)

Para determinar um ponto de equilíbrio real, é preciso conhecer:

- Despesas fixas
- Margem de lucro bruto (percentual médio de receita bruta realizada depois de deduzido o custo de venda das mercadorias)

Sendo assim, para descobrir o total de vendas necessário para o ponto de equilíbrio, utiliza-se a seguinte equação:

$$\text{Despesas fixas} = \text{Total de vendas} \times \text{Margem de lucro bruto}$$

ou:

$$\frac{\text{Despesas fixas}}{\text{Margem de lucro bruto (MLB)}} = \text{Total de vendas para o ponto de equilíbrio}$$

Nesse exemplo da floricultura, sabemos que:

- Despesas fixas = US$20.000
- Margem de lucro bruto (MLB) = 70% (uma vez que o custo de venda de mercadorias é 30%)

> *Os melhores planos de negócios são uma combinação de uma apresentação em PowerPoint e um modelo operacional sucinto e bem elaborado, mostrando como o negócio será administrado considerando-se receitas e despesas. A coisa mais importante é que o plano esteja baseado na fórmula 'receita igual a preço vezes quantidade'. Deve ser um modelo financeiro 'de baixo para cima' em vez do modelo 'Vou conquistar 10% do mercado'.*
>
> **Mark Gorenberg**
> **Investidor de capital de risco**

Desse modo, os números serão:

$$\frac{20.000}{0,70} = \text{Total de vendas para o ponto de equilíbrio}$$

Fazendo os cálculos, vemos que esse florista precisaria gerar US$28.571 para alcançar o ponto de equilíbrio.

Uma análise do ponto de equilíbrio é uma ferramenta importante do planejamento interno. Contudo, não é necessário incluir uma análise do ponto de equilíbrio em um plano de negócios enviado a fontes de financiamento externas. (Naturalmente, não há nenhum mal em fazê-lo, se você quiser.)

Preencha o roteiro a seguir para calcular o ponto de equilíbrio do seu negócio. O pacote suplementar de planilhas eletrônicas disponível em www.PlanningShop.com realizará uma análise do ponto de equilíbrio para você.

Análise do ponto de equilíbrio

Despesas fixas totais mensais (DF): $ _____

Margem de lucro bruto (MLB): _____ %

Divida: $\dfrac{DF = \$_____}{MLB \%}$ = $ _____ (vendas para alcançar o ponto de equilíbrio)

Resumo

A parte financeira do plano de negócios consistirá basicamente em projeções financeiras reais. Inclua os seguintes formulários:

- Demonstrativo de resultados
- Análise do fluxo de caixa
- Balanço geral
- Fontes e utilizações de fundos
- Roteiro de premissas
- Custos iniciais (no caso de um novo negócio)

Além disso, você vai querer fazer uma análise do ponto de equilíbrio para planejamento interno.

É aconselhável obter ajuda profissional para desenvolver os formulários financeiros. Estabeleça bons procedimentos financeiros desde o início do negócio e siga-os rigorosamente. Se já tiver um negócio, analise suas estratégias para se certificar de que tem o controle adequado de cobranças e pagamentos.

Adquira o hábito de analisar regularmente seus relatórios financeiros e tentar entender o que está escrito. Não deixe as finanças inteiramente para os outros e não se deixe intimidar pelos números.

Roteiro de premissas

Os números nos formulários financeiros anteriores são baseados nas seguintes premissas:

VENDAS

Linha de produto	Ano $	Unidades	Ano $	Unidades	Ano $	Unidades	Crescimento anual Taxa %
Total							

Descreva o aumento/redução projetado no preço de venda de cada linha de produto/serviço. _____
_____
_____

PESSOAL/GERÊNCIA

Descreva o número de empregados e as premissas relacionadas com a folha de pagamentos total projetada nos formulários financeiros. _____
_____

Descreva cargos-chave em nível gerencial a serem adicionados e o momento oportuno._____
_____
_____

MARGEM DE LUCRO BRUTO

Liste a margem de lucro bruto projetada de cada linha de produtos ou serviço. _____
_____
_____

Descreva qualquer mudança importante no custo de venda de mercadorias que possa afetar a margem de lucro bruto. _____
_____
_____

PRINCIPAIS DESPESAS

Descreva a cronologia e os custos das principais despesas projetadas.

Expansão da fábrica ou novas filiais _____

_____

Principais aquisições de capital _____

_____

Principais despesas de marketing _____

_____

Pesquisa e desenvolvimento _____

_____

Outras despesas importantes _____

FINANCIAMENTO

Descreva quaisquer dívidas de financiamentos (empréstimos) projetadas para serem adicionadas ou retiradas. _____

_____

_____

_____

Descreva as taxas de juros que se pressupõem serem vigentes para essas projeções financeiras. _

_____

OUTROS

Descreva qualquer outro desenvolvimento importante assumido na criação de projeções financeiras (como parcerias estratégicas, situação competitiva etc.).

_____

_____

_____

_____

_____

_____

_____

Envie este formulário junto com a seção finanças do seu plano de negócios.

Observações

EXEMPLO: PROJEÇÃO DE DEMONSTRATIVO DE RESULTADOS PARA TRÊS ANOS

DEMONSTRATIVO DE RESULTADOS

	2010	2011	2012	
RECEITA				
Vendas brutas	$466.000	$987.750	$1.637.230	
(Comissões)	19.220	122.720	165.840	
(Retornos e reembolsos)	0	0	0	
Vendas líquidas	446.780	865.030	1.471.390	*Mostra*
(Custo de mercadorias)	77.740	124.266	173.220	*aumento na*
LUCRO BRUTO	**369.040**	**740.764**	**1.298.170**	*margem de lucro.*
DESPESAS — Gerais e Administrativas				
Salário e remuneração	178.000	353.600	453.200	
Benefícios trabalhistas	13.200	30.000	43.200	
Impostos na folha de pagamento	12.190	30.000	40.000	*Inclui*
Serviços profissionais	15.100	10.000	12.000	*salários de*
Marketing e propaganda	40.100	60.000	90.000	*vendedores*
Aluguel	21.000	78.000	78.000	*em Despesas*
Aluguel de equipamento	23.500	76.000	96.000	*Gerais e*
Manutenção	1.200	4.800	9.000	*Adminis-*
Depreciação	4.000	8.000	8.000	*trativas.*
Seguro	6.800	8.400	11.000	
Telecomunicações	3.500	3.600	4.000	
Serviços de utilidade pública (água, luz etc.)	4.400	10.000	11.000	
Materiais de escritório	6.790	10.000	12.000	
Postagem e expedição	5.010	7.200	10.000	
Viagens	2.360	5.190	9.140	
Entretenimento	2.370	3.610	6.860	
Juros dos empréstimos	2.750	3.000	0	
Outras: tecnologia	12.000	20.000	28.000	
Outras: móveis	820	1.000	0	
DESPESAS TOTAIS	**355.090**	**722.400**	**921.400**	
Receita líquida antes dos impostos	13.950	18.364	376.770	
Provisão para imposto de renda	2.092	2.754	113.440	
LUCRO LÍQUIDO	**11.858**	**15.610**	**263.330**	

EXEMPLO: DEMONSTRATIVO DO RESULTADO ANUAL

DEMONSTRATIVO DE RESULTADOS

Ano: 2010 (até 31 de agosto de 2010)

	Janeiro	Fevereiro	Março	Abril	Maio	
RECEITA						
Vendas brutas	$0	$4.000	$4.000	$10.000	$24.000	
(Comissões)	0	0	0	0	700	*Inclui*
(Devoluções e reembolsos)	0	0	0	0	0	*materiais e*
Vendas líquidas	0	4.000	4.000	10.000	23.300	*frete no custo*
(Custo de mercadorias)	0	648	648	1.624	3.892	*de venda de*
LUCRO BRUTO	0	3.352	3.352	8.376	19.408	*mercadorias.*
DESPESAS – Gerais e Administrativas						*Inclui o*
Salário e remuneração	5.000	7.400	11.400	12.400	15.400	*trabalho*
Benefícios trabalhistas	550	550	1.020	1.020	1.020	*variável em*
Impostos na folha de pagamentos	420	620	1.010	1.010	1.010	*Salários*
Serviços profissionais	5.000	500	4.000	400	400	*e Remune-*
Marketing e propaganda	6.400	3.600	8.000	3.000	3.000	*ração.*
Aluguel	0	0	0	0	0	
Aluguel de equipamento	500	500	500	500	500	*Compra de*
Manutenção	0	0	0	0	0	*móveis e*
Depreciação	4.000	0	0	0	0	*equipamento*
Seguro	800	0	0	400	0	*no valor de*
Telecomunicações	200	100	200	200	240	*US$20.000 e*
Serviços de utilidade pública (água, luz etc.)	500	120	250	420	320	*depreciação ao longo de*
Materiais de escritório	900	250	430	370	250	*cinco anos;*
Postagem e expedição	420	160	620	130	900	*inserido*
Viagens	110	300	200	300	0	*na linha*
Entretenimento	0	0	220	640	390	*Depreciação.*
Juros dos empréstimos	0	250	250	250	250	
Outras: Tecnologia	6.000	0	0	0	0	
Outras: Móveis	0	0	0	820	0	
DESPESAS TOTAIS	30.800	14.350	28.100	21.860	23.680	
Receita líquida antes dos impostos	(30.800)	(10.998)	(24.748)	(13.484)	(4.272)	
Provisão para imposto de renda	0	0	0	0	0	
LUCRO LÍQUIDO	(30.800)	(10.998)	(24.748)	(13.484)	(4.272)	

EXEMPLO: DEMONSTRATIVO DO RESULTADO ANUAL *(continuação)*

Junho	Julho	Agosto	Setembro	Outubro	Novembro	Dezembro	TOTAL
$32.000	**$41.000**	**$56.000**	**$68.400**	**$83.600**	**$100.000**	**$43.000**	**$466.000**
1.500	1.550	2.470	3.000	3.700	4.400	1.900	$19.220
0	0	0	0	0	0	0	$0
30.500	**39.450**	**53.530**	**65.400**	**79.900**	**95.600**	**41.100**	**$446.780**
5.190	6.898	9.482	11.382	13.852	16.800	7.324	$77.740
25.310	**32.552**	**44.048**	**54.018**	**66.048**	**78.800**	**33.776**	**$369.040**
16.800	12.600	19.800	18.200	20.200	22.200	16.600	$178.000
1.020	1.020	1.400	1.400	1.400	1.400	1.400	$13.200
1.010	1.010	1.220	1.220	1.220	1.220	1.220	$12.190
400	400	2.400	400	400	400	400	$15.100
600	3.000	3.500	4.000	500	4.000	500	$40.100
0	0	4.200	4.200	4.200	4.200	4.200	$21.000
500	500	4.000	4.000	4.000	4.000	4.000	$23.500
0	0	240	240	240	240	240	$1.200
0	0	0	0	0	0	0	$4.000
0	400	2.000	700	1.100	700	700	$6.800
260	200	500	400	400	400	400	$3.500
400	350	520	440	420	360	300	$4.400
170	220	2.200	500	500	500	500	$6.790
170	520	120	820	150	600	400	$5.010
50	200	0	300	300	300	300	$2.360
400	150	170	100	100	100	100	$2.370
250	250	250	250	250	250	250	$2.750
6.000	0	0	0	0	0	0	$12.000
0	0	0	0	0	0	0	$820
28.030	**20.820**	**42.520**	**37.170**	**35.380**	**40.870**	**31.510**	**$355.090**
(2.720)	11.732	1.528	16.848	30.668	37.930	2.266	$13.950
0	0	0	0	0	0	2.092	$2.092
(2.720)	**11.732**	**1.528**	**16.848**	**30.668**	**37.930**	**174**	**$11.858**

EXEMPLO: PROJEÇÃO DE FLUXO DE CAIXA

PROJEÇÃO DE FLUXO DE CAIXA

Ano: 2010

	Janeiro	Fevereiro	Março	Abril	Maio	
ENTRADAS						
Receita das vendas						
Vendas à vista	$0	$4.000	$4.000	$10.000	$24.000	*Entra investimento de Scott Connors como Outras entradas de caixa.*
Cobranças	0	0	0	0	0	
Dinheiro total obtido com as vendas	0	4.000	4.000	10.000	24.000	
Receita de financiamentos						
Receita gerada por juros	0	0	0	0	0	
Montante do empréstimo	30.000	0	0	12.000	20.000	
Aporte de capital	40.000	0	20.000	0	0	*Despesas Operacionais equivalem ao total de Despesas Gerais & Administrativas e Despesas de Vendas menos depreciação.*
Dinheiro total obtido com financiamentos	70.000	0	20.000	12.000	20.000	
Outras entradas de caixa	0	0	0	0	0	
TOTAL DE ENTRADAS DE CAIXA	70.000	4.000	24.000	22.000	44.000	
SAÍDAS						
Estoque	0	648	648	1.624	3.892	
Despesas operacionais	30.800	14.350	28.100	21.860	23.680	
Comissões/devoluções e descontos	0	0	0	0	700	*Mostra US$20.000 em pagamento de Equipamentos e Móveis como Saída no mês de janeiro.*
Gastos de capital	20.000	0	0	0	0	
Pagamento de empréstimo	0	250	250	250	250	
Pagamentos de imposto de receita	0	0	0	0	0	
Pagamentos de dividendos aos investidores	0	0	0	0	0	
Retirada do proprietário	0	0	0	0	0	
TOTAL DE SAÍDA DE CAIXA	50.800	15.248	28.998	23.734	28.522	
FLUXO DE CAIXA LÍQUIDO	19.200	(11.248)	(4.998)	(1.734)	15.478	*Saídas de caixa deduzidas do saldo de caixa inicial e das entradas de caixa.*
Saldo de caixa inicial	0	19.200	7.952	2.954	1.220	
Entradas de caixa	70.000	4.000	24.000	22.000	44.000	
Saídas de caixa	(50.800)	(15.248)	(28.998)	(23.734)	(28.522)	
SALDO FINAL DE CAIXA	19.200	7.952	2.954	1.220	16.698	

EXEMPLO: PROJEÇÃO DE FLUXO DE CAIXA *(continuação)*

Junho	Julho	Agosto	Setembro	Outubro	Novembro	Dezembro	TOTAL
$24.000	31.000	39.600	40.000	61.600	70.000	31.000	$339.200
8.000	10.000	16.400	28.400	22.000	30.000	12.000	$126.800
32.000	41.000	56.000	68.400	83.600	100.000	43.000	$466.000
0	0	0	0	0	0	0	$0
0	0	8.000	0	0	0	0	$70.000
0	0	0	0	0	0	0	$60.000
0	0	8.000	0	0	0	0	$130.000
32.000	41.000	64.000	68.400	83.600	100.000	43.000	$596.000
0	0	0	0	0	0	0	0
32.000	41.000	64.000	68.400	83.600	100.000	43.000	$596.000
5.190	6.898	9.482	11.382	13.852	16.800	7.324	$77.740
28.030	20.820	42.520	37.170	35.380	40.870	31.510	$355.090
1.500	1.550	2.470	3.000	3.700	4.400	1.900	$19.220
0	0	0	0	0	0	0	$20.000
250	250	250	250	250	10.250	20.250	$32.750
0	0	0	0	0	0	0	$0
0	0	0	0	0	0	0	$0
0	0	0	0	0	5.000	5.000	$10.000
34.970	29.518	54.722	51.802	53.182	82.320	70.984	$524.800
(2.970)	11.482	9.278	16.598	30.418	17.680	(27.984)	$72.200
16.698	13.728	25.210	34.488	51.086	81.504	99.184	$0
32.000	41.000	64.000	68.400	83.600	100.000	43.000	$596.000
(34.970)	(29.518)	(54.722)	(51.802)	(53.182)	(82.320)	(70.984)	($524.800)
13.728	25.210	34.488	51.086	81.504	99.184	71.200	

EXEMPLO: BALANÇO

BALANÇO

ComputerEase, Inc.

Referente ao ano findo em: 31 de dezembro de 2010

ATIVOS

Ativos circulantes

Dinheiro em espécie	$71.200	
Contas a receber	34.400	
Estoque	2.100	
Outros ativos circulantes	1.560	
Total do ativo circulante		$111.360

Ativos fixos

Terrenos	0	
Instalações	0	
Equipamento	20.000	
Computadores e telecomunicações	0	
Menos depreciação acumulada	(4.000)	
Total de ativos fixos		$16.000
Outros ativos		0
TOTAL DOS ATIVOS		$127.360

A quantia de US$10.000 em Móveis e Equipamentos aparece como ativo da empresa menos a depreciação considerada como despesa.

PASSIVO

Passivo circulante

Promissórias a pagar no curto prazo	27.350	
Impostos e contribuições	6.100	
Outros passivos circulantes	590	
Total do passivo circulante		$34.040

Empréstimo a curto prazo de S. Connors com vencimento em menos de um ano.

Passivo exigível a longo prazo

Títulos a pagar a longo prazo	30.000	
Outros passivos a longo prazo	0	
Total do passivo exigível a longo prazo		$30.000

Empréstimo de longo prazo de L. Silver com vencimento em mais de um ano.

Patrimônio líquido

Patrimônio líquido dos acionistas	63.320	
Ganhos não distribuídos	0	
Total do patrimônio líquido		$63.320
TOTAL DO PASSIVO E PATRIMÔNIO LÍQUIDO		$127.360

A participação societária do proprietário é avaliada em US$63.320 no fim do ano.

EXEMPLO: FONTES E UTILIZAÇÃO DE FUNDOS

FONTES E UTILIZAÇÃO DE FUNDOS

Volume total de dólares que está sendo buscado: US$160.000 em financiamento com capital próprio. A empresa prefere que o aporte dessa quantia seja realizado por um único investidor.

Rodadas de financiamento: Caso a empresa resolva franquear suas operações em uma etapa posterior, será considerada outra rodada de financiamento na ocasião.

USO DOS FUNDOS

Despesas de capital:	
Benfeitorias em propriedade arrendada	$10.000
Compra de equipamento e móveis	30.000
Total de despesas de capital	**40.000**
Capital de giro	
Aquisição de estoque	10.000
Contratação de empregados	50.000
Atividades de marketing adicionais	30.000
Outras atividades de expansão do negócio	30.000
Total do capital do giro	**120.000**
TOTAL DE USO DOS FUNDOS	**$160.000**

EXEMPLO: PREMISSAS

PREMISSAS

Os números nos formulários financeiros anteriores são baseados nas seguintes premissas:

Vendas por linha ($ expresso em milhares)	2010 $/Unidades	2011 $/Unidades	2012 $/Unidades	Taxa de crescimento 2011-2012
Aulas no centro de treinamento (corporativo)	91/11	228/25	443/45	80%
Nas empresas (corporativo)	223/25	310,5/30	440,3/39	30%
Aulas no centro (sábado)	27,7/11	207,1/40	207,1/60	50%
Classes on-line	125/16	242,2/28	545,5/58	107%

Esses números de vendas refletem aumentos de 10% anuais nos preços para aulas no Centro de treinamento corporativo; 15% em 2011, 10% em 2012, para aulas de treinamento corporativo no local, 10% em 2011, 15% em 2012, para aulas aos sábados.

Pessoal

O tamanho da equipe da empresa (dois profissionais em tempo integral e um profissional em meio período) permanecerá constante até o final de 2010. Em 2011, a folha de pagamentos aumenta para quatro profissionais em tempo integral, um profissional de suporte em tempo integral, um profissional de suporte em meio período. Em 2012, projetamos uma folha de pagamentos com quatro profissionais em tempo integral, um profissional em meio período e dois profissionais de suporte em tempo integral.

Expansão

Os números nessas projeções assumem a abertura de uma segunda sala de aula do centro de treinamento em 1/1/2011. Os custos diretos associados com a expansão incluem benfeitorias na propriedade arrendada, equipamento/mobiliário e marketing. Os custos operacionais adicionais incluem o aluguel de equipamento além de um instrutor de equipe. Essa expansão aumenta a capacidade das aulas corporativas de treinamento em 100%.

Financiamento

Até esta data, a ComputerEase foi financiada por um investimento de US$60.000 de Scott E. Connors; um empréstimo de US$30.000 a 10% de juros anuais de L. Silver (cunhada de Scott Connors), com vencimento programado para 31/12/2010; e um empréstimo sem juros de US$40.000 de Scott Connors, cujo principal vence antes de 31/3/2011. As projeções exigem o resgate de US$30.000 do empréstimo de Connors em 2010, com o restante antes de 31/3/2011, e o restante do empréstimo de Silver no seu vencimento. As projeções financeiras de 2011-2012 pressupõem a obtenção de mais US$80.000 em investimentos até 1/1/2011.

17
O anexo do plano

A coisa não termina até estar terminada e, mesmo assim, ainda não acabou.

Utilize um anexo para reforçar o conteúdo do seu plano

Uma das frustrações do desenvolvimento de um plano de negócios é a limitação da quantidade de informações que se pode incluir. Você pode estar animado com a nova embalagem do produto, um contrato de um grande cliente ou resultados positivos de uma pesquisa de mercado, mas não deve entrar em detalhes sobre esses itens no plano de negócios em si, pois tais detalhes tornam o documento longo demais.

> *"Se houver muitos anexos, coloque-os em uma pasta separada, de modo que o plano em si não fique volumoso demais."*
> **Ann Winblad**
> **Investidora de capital de risco**

Por isso, o anexo do plano é o lugar ideal para fornecer informações que fundamentam, confirmam e reforçam as conclusões alcançadas no plano. Um anexo é o espaço em que você pode apresentar mais detalhes de determinados aspectos abordados no plano e incluir detalhes muito específicos relacionados com pesquisas de mercado, tecnologia, localização etc. Entretanto, o anexo não é o lugar apropriado para dados que sejam essenciais à compreensão do negócio.

Informações essenciais entram no próprio plano.

Orientações
Se optar por incluir um anexo, siga estas orientações:

1. Seu plano de negócios deve conter todas as informações essenciais; muitas pessoas não leem anexos, especialmente ao lerem um plano de negócios pela primeira vez.

2. Você não precisa incluir um anexo; acrescente-o se acreditar que as informações adicionais são persuasivas (no caso de um plano para buscar financiamento externo) ou podem ser utilizadas como referência (no caso de planos internos).
3. Não inclua no anexo informações totalmente desvinculadas do plano; o material do anexo deve estar diretamente relacionado para conter as informações do plano ou fundamentá-las.
4. Mantenha a concisão. O anexo não deve ser maior do que o plano em si. Se o plano e o anexo tiverem quase o mesmo tamanho, pense em colocar o anexo em uma pasta separada.

Lembre-se: o plano não deve ser longo demais nem intimidar o leitor, por isso estude o que você coloca no anexo com o mesmo zelo que estudou o conteúdo do plano de negócios.

Opções de conteúdo do anexo

Os tipos de informações descritos a seguir são adequados aos anexos. Observe que esse material fundamenta as informações já incorporadas ao seu plano.

Carta ou protocolo de intenções/contratos importantes
Um dos melhores itens a incluir em um anexo é uma cópia de uma carta de intenções para compra ou um contrato de um cliente-chave, especialmente para um novo negócio. Isso mostra imediatamente que o negócio tem uma fonte de receita e que os clientes estão interessados no produto ou serviço.

Endossos
Cartas, artigos ou outras informações de fontes confiáveis, em particular clientes, reforçam a noção de que a empresa é capaz e o produto ou serviço é desejável. Artigos de revista ou jornal elogiosos sobre a empresa são apropriados e transmitem a mensagem de que a empresa é sólida ou capaz de gerar publicidade.

Fotos
Em geral, as fotos não pertencem ao corpo do plano de negócios; assim, se as fotos do produto, localização, vitrines etc. forem úteis, inclua-os no anexo. Na maioria dos casos, evite fotos da equipe gerencial.

Lista de localizações
Se a empresa tiver várias localizações – lojas, filiais, fábricas – , uma lista completa pode entrar no anexo, em vez de ser incluída no plano.

Resultados de pesquisa de mercado
Se tiver realizado ampla pesquisa de mercado como parte do processo de planejamento do negócio, você pode incluir as descrições dos seus achados no anexo. Você também pode incluir informações de departamentos de planejamento de municípios ou outros órgãos governamentais que fornecem detalhes adicionais sobre a natureza do seu mercado.

Currículos dos principais gerentes
Se os currículos dos principais gerentes realmente causarem boa impressão, considere a possibilidade de incluí-los no anexo; caso contrário, a descrição na seção de gerência deve ser suficiente.

Informações técnicas
Se a empresa estiver utilizando ou desenvolvendo novas tecnologias, e os leitores do plano conhecerem essas áreas, as descrições mais detalhadas da tecnologia podem ser inseridas no anexo, em vez de serem acrescentadas ao plano de negócios. Você talvez queira incluir também desenhos técnicos.

> *O único tipo de pesquisa de mercado que me impressiona é ver o que você aprendeu com o teste do seu produto no mundo real e obter uma lista das empresas que já usam o produto.*
> **Ann Winblad**
> **Investidora de capital de risco**

Informações de produção
Se seu negócio encontra-se na indústria manufatureira, talvez seja interessante incluir uma descrição detalhada do processo de produção ou um fluxograma descrevendo o processo.

Material de marketing
Você pode incluir um material de marketing pouco volumoso, como uma brochura ou folheto. No caso de materiais de marketing difíceis de manusear, como embalagens, utilize uma foto.

Cronograma de trabalho
Você pode incluir um cronograma de trabalho que descreva a utilização dos empregados; essa agenda é útil quando existe mais de um turno de trabalho na empresa.

Planta baixa
Você talvez queira incluir uma planta baixa mostrando o layout e a utilização do espaço, principalmente se o negócio for do setor varejista ou manufatureiro.

Outras informações
Você também pode incluir outras informações derivadas do processo de planejamento de negócio, como por exemplo:

- Análise da concorrência (Capítulo 8).
- Orçamentos de marketing (Capítulo 10).
- Programação de equipamentos (Capítulo 11).

Inclua no anexo outras informações que possam fundamentar e reforçar as informações fornecidas no corpo do plano de negócios.

Resumo

Utilize um anexo para fornecer informações muito detalhadas para serem incluídas no plano de negócios. Lembre-se: se você enviar o plano de negócios para fontes de financiamento externas, provavelmente o anexo será analisado apenas por aqueles que já leram o plano e concluíram que ele merece uma análise mais minuciosa. Se os leitores perderem o interesse pelo plano, nem tocarão no anexo. Entretanto, se depois de analisado o plano eles ainda estiverem interessados no negócio, o anexo se tornará uma ferramenta de marketing sutil. Portanto, utilize o anexo apenas para informações que reforçam a ideia de que o seu negócio é bem concebido e bem administrado.

PARTE III

Colocando o plano em funcionamento

18. Preparação, apresentação e distribuição do plano
19. Procurando investimentos
20. Utilizando seu plano para aulas e competições
21. Planejamento interno para negócios e corporações existentes
22. Dicas para otimização do tempo

18
Preparação, apresentação e distribuição do plano

Não é só o que você tem; é o que você faz com o que tem.

Agora, que o plano está pronto ou quase pronto, é hora de colocá-lo em prática. Espero que este livro o tenha ajudado a passar pelo processo de desenvolvimento do plano e melhorado sua compreensão das forças que afetam o sucesso do negócio. Mesmo que agora você arquive o documento por escrito na prateleira e nunca mais o examine, ainda assim terá colhido importantes benefícios.

Entretanto, um plano de negócios é um documento prático, e talvez você tenha uma ideia específica de como pretende utilizá-lo. Muito provavelmente, deseja utilizar seu plano de negócios como: 1) uma ferramenta para levantar fundos (investimentos ou empréstimos); 2) um documento de referência interno para orientar o desenvolvimento da sua empresa; ou 3) uma ferramenta de recrutamento para empregados-chave; ou tudo isso. Se estiver utilizando-o para uma aula ou uma competição de planos de negócios, não deixe de ler o Capítulo 20 para obter outras ideias úteis.

Seja para uso interno ou externo, o plano de negócios deve estar apresentável antes de ser examinado por terceiros. Avalie como distribuir melhor o plano para obter o máximo impacto e como tornar o plano pronto um instrumento eficaz para alcançar seus objetivos.

Existem várias maneiras de apresentar seu plano. Enquanto um banqueiro provavelmente vai querer um plano por escrito, um investidor ou parceiro estratégico pode precisar de algo mais atraente, como uma apresentação eletrônica.

> **"**Quem você conhece é importante. Faz muito sentido ter consultores de primeira linha. Descubra quem são os bons advogados e contadores especializados em pequenas empresas na sua cidade e procure-os. Então, você poderá dizer: 'Encontrei o melhor escritório de advocacia, o melhor contador e agora estou procurando o melhor banco para completar minha equipe.**"**
> **Robert Mahoney**
> **Corporate banker**

Sobre acordos de confidencialidade

Assim que começar a distribuir seu plano de negócios, você inevitavelmente começará a se preocupar com o sigilo de suas informações. Obviamente, você não vai querer que os concorrentes, ou possíveis concorrentes, conheçam sua estratégia ou tecnologia.

É provável que os novos empresários, em geral, estejam preocupados com questões de confidencialidade. Afinal, pouquíssimas ideias de negócios são realmente novas – é a execução, e não o conceito, que faz um negócio ser bem-sucedido.

Geralmente, banqueiros e investidores sofisticados respeitam a confidencialidade dos planos que recebem; eles são especialistas em finanças, não empresários, e não estão interessados em administrar negócios. No entanto, vale a pena ser cuidadoso.

> **"**Se precisar de total sigilo, não busque capital de risco como fonte de financiamento. Embora os investidores de capital de risco sejam experientes quanto ao sigilo, em geral eles não assinam acordos de confidencialidade por várias razões justificáveis. Além disso, se não precisar de muito dinheiro nessa etapa, não procure capital de risco. Você conseguirá um preço melhor e aumentará a probabilidade de obter financiamento se a empresa se desenvolver um pouco mais.**"**
> **Eugene Kleiner**
> **Investidor de capital de risco**

Para ajudar a garantir a confidencialidade, talvez seja interessante elaborar um "acordo de confidencialidade" que uma das partes deve assinar antes de receber o plano.

Você pode utilizar os acordos de confidencialidade com investidores menos sofisticados, possíveis empregados, fornecedores etc.

Contudo, muitos investidores profissionais – em particular investidores de capital de risco – não assinam tais acordos. Essa é a política padrão entre os investidores de capital de risco, e pedir-lhes para assinar um acordo de confidencialidade é visto como sinal de inexperiência. Eles veem tantos planos em tantos setores relacionados que inevitavelmente haveria possibilidade de conflito. Faz parte do negócio desse tipo de investidor respeitar a confidencialidade de empresários; além disso, é a reputação deles que está em jogo.

O melhor modo de proteger suas informações é ser seletivo com relação às pessoas a quem você mostrará o plano. Pesquise os destinatários e verifique se eles já não estão financiando um concorrente. Analise sua reputação de honestidade e discrição. Negocie apenas com pessoas de boa reputação. Além do mais, limite o número de cópias do plano em circulação e não inclua informações altamente técnicas e/ou sigilosas. Você pode fornecer essas informações mais tarde, exclusivamente para as fontes mais sérias de financiamento.

Um advogado pode ajudá-lo a esboçar um acordo de confidencialidade; apresentamos um exemplo a seguir.

Preparando o plano para distribuição

O plano deve ser tão bom quanto o negócio em si. É uma pena quando um excelente negócio é desconsiderado ou rejeitado por investidores porque o plano não representa bem a empresa.

Antes de preparar o plano para a distribuição interna ou externa, consulte o Capítulo 3. Agora está na hora de editar e revisar o plano; veja como pode tornar a linguagem mais concisa e clara. Peça também a outra pessoa para editar e revisar o plano. É recomendável utilizar os serviços de um redator profissional para ajudar a tornar a linguagem mais clara ou um designer gráfico para ajudá-lo a diagramar o plano ou criar gráficos e tabelas para causar bom impacto.

Independentemente de você mesmo preparar o plano ou recorrer a um profissional, garanta que o plano faça uma boa representação da sua pessoa e da empresa, e que tenha um layout atraente. Preste atenção aos detalhes de diagramação e elementos gráficos para que sua leitura seja fácil e rápida. Assim que tiver certeza de que o plano é fácil de ler e visualmente estimulante, você pode dar os toques finais e prepará-lo para distribuição.

Folha de rosto

A primeira página do plano deve ser uma folha de rosto simples (diferentemente da carta de apresentação). Ao encadernar o plano com uma capa plástica transparente (o que é recomendado), a folha de rosto torna-se na realidade a capa do plano. Desse modo, deve causar uma primeira impressão positiva. Não deve estar poluída com muitos elementos e deve ter aspecto profissional. Na página de rosto, inclua as seguintes informações:

- As palavras "Plano de Negócios".
- O nome da empresa.
- A data.
- Um número de cópia.
- Uma declaração de isenção de responsabilidade.
- Nome, endereço, número de telefone e e-mail da pessoa para contato (para distribuição externa).
- O nome da divisão ou departamento e pessoa para contato (para planos internos).
- O logotipo da empresa, se quiser.

Parece demais, mas não é. Você deve ser capaz de colocar todas essas informações em uma página de rosto e ainda deixar a página arejada, com espaços em branco.

Se estiver utilizando outro tipo de capa que não uma capa de plástico transparente com a página de rosto visível, verifique se o nome da empresa está impresso na capa. Em geral, os financiadores têm pilhas de planos de negócios na mesa; é importante que eles consigam localizar facilmente o plano sem precisar abri-lo.

Contrato de confidencialidade

Contrato de confidencialidade

Ref.: (Nome da empresa)

Concordo que quaisquer informações a mim reveladas pela empresa _____ em relação à minha análise da empresa serão consideradas sigilosas e confidenciais, inclusive aquelas que se relacionam com atividades passadas, presentes ou futuras relacionadas com o negócio, a pesquisa, o design ou desenvolvimento de produto, o quadro de empregados e as oportunidades de negócios da empresa.

Entende-se por "Informações Confidenciais" quaisquer informações divulgadas, direta ou indiretamente, por escrito, oralmente por inspeção de objetos tangíveis (inclusive planos de negócios, pesquisas, planos de produtos, produtos, serviços, clientes, mercados, software, invenções, processos, projetos, desenhos, engenharia, marketing ou finanças).

As informações confidenciais não devem incluir informações já conhecidas por mim, pelo público em geral ou já reconhecidas como prática padrão no campo. Tampouco devem incluir informações disponibilizadas em domínio público por meio de ação ou inação de minha parte, de meus empregados ou outros a mim associados.

Concordo em não usar as Informações Confidenciais para qualquer propósito que não seja a avaliação e, quando aplicável, implementação de uma possível relação de negócios com a empresa _____. Concordo em não revelar quaisquer Informações Confidenciais a terceiro ou a qualquer outra pessoa, exceto aquelas que realmente necessitem ter acesso a elas para proceder à avaliação ou para fundamentar discussões referentes à relação comercial contemplada.

Concordo que, durante o período de cinco anos, manterei em segredo todas as informações confidenciais e sigilosas e não as utilizarei, exceto quando autorizado pela empresa, e evitarei sua divulgação não autorizada. Reconheço que a revelação não autorizada pode causar dano irreparável e significativo à empresa. Concordo que, sempre que solicitado, devolverei à empresa todo o material escrito ou descritivo, inclusive o plano de negócios e documentos anexos.

Aceito e acordado:

_____

Assinatura

_____

Nome em letra de forma

_____

Empresa/Cargo

_____

Data

Tanto você quanto seus leitores verão que a numeração de páginas facilita a consulta de informações específicas ao discutir o plano. Em vez de numerar as páginas consecutivamente do começo ao fim (página 1, 2, 3 etc.), melhor método seria numerar as páginas por seção e página. Assim, o sumário executivo seria 1-1, 1-2, 1-3 etc.; a próxima seção 2-1, 2-2, 2-3 etc.; a seção seguinte 3-1, 3-2, 3-3 etc., e assim por diante. Esse método de paginação permite atualizar ou fazer alterações em uma seção sem a necessidade de reimprimir o plano inteiro. Naturalmente, se mudar a ordem das seções para confeccionar o plano para leitores específicos, você terá de renumerar o plano.

Sumário

Qualquer plano com mais de 10 páginas se beneficia de um sumário. Coloque-o no começo do plano, logo depois da página de rosto e antes do sumário executivo. Coloque o título "Sumário", e liste as seções e o número da página correspondente em que cada seção inicia. Se quiser chamar a atenção para determinadas partes de certas seções, faça isso utilizando os subtítulos dessas seções no sumário, mas não exagere. Afinal, um plano de negócios é relativamente breve, e seus leitores podem se achar com relativa facilidade.

Data

Como a obtenção do financiamento pode demorar, seja cuidadoso ao distribuir um plano que pareça desatualizado. Um leitor que em novembro recebe um plano de março pode supor facilmente que você não conseguiu nada além de rejeições durante vários meses. Portanto, é aconselhável utilizar apenas uma folha de rosto para o ano: "Plano de Negócios, 2011." Você também pode escolher gerar uma nova folha de rosto para cada destinatário incluindo o mês e o ano: "Plano de Negócios, agosto de 2011." Você não precisa citar nada mais específico do que o mês.

Número da cópia

Numere cada cópia do plano de negócios antes da distribuição e mantenha uma lista de cada indivíduo que o recebeu. Dessa forma, você pode controlar o número de cópias em circulação e, se necessário, solicitar sua devolução. Mais importante, se uma cópia estiver em circulação sem sua permissão, é mais fácil rastrear quem foi o responsável.

Além disso, como é possível ocorrer uma revisão do plano à medida que o negócio se desenvolve, você pode produzir diferentes versões dele. Para controlar a versão enviada, talvez seja interessante elaborar um número de código ou carta com o número da cópia. Evite escrever "Versão 16" no plano, isso causa má impressão. Um código como "Cópia C.4" poderia indicar que essa é a terceira versão, quarta cópia. "Cópia 3.4" poderia indicar que é a terceira versão, quarta cópia, ou poderia ser "Cópia 7.4", que poderia significar a versão feita em julho, quarta cópia.

Termo de isenção de responsabilidades

Ao circular o plano de negócios entre fontes de financiamento externas, você garante que não vai se deparar com grandes problemas jurídicos. Podem surgir dificuldades quando você oferecer participações acionárias na sua empresa em troca de um investimento; na realidade, você está vendendo ações da sua empresa, e leis federais regulamentam a venda de ações.

O melhor modo de se proteger é consultar um advogado. Você também pode incluir um termo de responsabilidade na página de rosto indicando que o plano não é uma oferta de venda, mas apenas um documento com propósitos informativos. O mesmo termo de isenção de responsabilidades também pode ser utilizado para ajudar a proteger o sigilo do plano de negócios, sobretudo quando você não incorpora um acordo de confidencialidade. Seu advogado pode fornecer a melhor linguagem, mas um típico termo de isenção de responsabilidades poderia ser mais ou menos assim:

> *Este documento tem somente finalidade informativa e não é uma oferta de venda de ações da empresa. As informações reveladas neste documento devem ser consideradas reservadas e confidenciais. O documento é de propriedade da empresa _____ e não pode ser revelado, distribuído ou reproduzido sem a expressa permissão escrita da empresa _____.*

Layout, design e apresentação

Como precisa limitar o número total de páginas no plano de negócios, talvez fique tentado a preencher todas as páginas com informações. Resista à tentação. Uma página abarrotada de informações intimida e pode até irritar o leitor.

As pessoas descobrem a dificuldade de ler uma página antes mesmo de começar a lê-la. Portanto, diagrame o plano com páginas bem "arejadas" (com bastante espaço em branco) para tornar o texto atraente ao leitor.

"Enquadre" o texto usando margens em branco em torno dele. Em geral, costuma-se dar 2,5cm para as margens superior e direita, e um pouco mais (como 3cm) para as margens inferior e esquerda (a fim de permitir a encadernação). Imprima apenas em um lado da página.

Formate o texto com espaço simples, mas deixe espaço duplo entre os parágrafos. Mantenha os parágrafos breves. Destaque os títulos usando sublinhado ou negrito (como o título imediatamente abaixo deste parágrafo) para iniciar cada seção ou mostrar uma mudança de tópico.

> *"Quer saber a receita para a rejeição automática de um plano? Imprimir dos dois lados da folha. Erros de digitação. Não saber como apresentar dados financeiros. Use sempre dados financeiros simples e diretos; não seja criativo. Evite capas enfeitadas; use capas pretas ou transparentes. Diagrame o plano em um programa de editoração eletrônica ou, melhor ainda, contrate um estúdio profissional para diagramá-lo. A aparência conta muito."*
> **Robert Mahoney**
> **Corporate banker**

Use gráficos e imagens em seu plano de negócios. Eles atraem a atenção do leitor e destacam informações importantes e impressionantes.

A escolha da fonte

Programas de computador fornecem muitas opções de fonte com e sem serifa. Uma fonte com serifa é um estilo mais tradicional cujas letras têm pequenos traços finos, ou "remates", que tornam as palavras e linhas mais fáceis de ler; isso é especialmente eficaz quando um documento tem muito texto, como no caso de um plano de negócios.

Fontes sem serifa têm aparência mais moderna porque não têm esses remates. Utilize-as para títulos, listas e outros lugares onde há uma quantidade limitada de texto.

Mostramos a seguir, em sua forma real, alguns dos tipos com e sem serifa mais utilizados:

COM SERIFA:

Garamond

Times ou Times Roman

Bembo

Palatino

SEM SERIFA:

Univers Condensed

Univers Bold

Helvetica Condensed

Helvetica Bold

Arial Black

Ao selecionar fontes tipográficas para o plano de negócios, siga estas diretrizes:

- Escolha uma fonte fácil de ler e de aspecto profissional.
- Utilize não mais de dois tipos redondos e um itálico.
- Utilize um tipo com serifa para o corpo do texto e um tipo com ou sem serifa para os títulos.

O tamanho da fonte é medido em "pontos". Para o texto, recomenda-se uma fonte de 10 pontos; fontes menores que 9 pontos cansam a vista. (A fonte que você lê agora está em corpo 11.) Em geral, os títulos e subtítulos de seção podem ser estabelecidos entre 12 e 14 pontos.

Etapa final: editando o plano

Assim que terminar o plano, revise-o inteiramente. Descubra como tornar suas orações mais breves e mais fáceis de entender.

Elimine palavras desnecessárias. Substitua os verbos na voz passiva e os jargões por uma linguagem clara, ativa. Por exemplo, em vez de dizer "A rentabilidade será alcançada pela empresa no seu terceiro ano de operação", seja mais direto usando um tipo de uma oração como esta: "A empresa começará a dar lucros no terceiro ano."

Um plano de negócios deve inspirar confiança. Erros de ortografia, erros de digitação e uso incorreto da gramática minam a confiança. Revise esses erros e faça outra pessoa revisá-los também.

Preparando uma apresentação eletrônica

Para a maioria dos investidores sofisticados, como investidores de capital de risco, você vai querer – ou precisar – preparar uma apresentação no computador, enfatizando os destaques do plano de negócios, especialmente se for convidado para uma reunião. Uma apresentação de slides é uma excelente maneira de transmitir os aspectos mais importantes do negócio em curto espaço de tempo. (Uma apresentação digital também pode ser chamada de "slide show", já que cada quadro de uma apresentação digital é chamado de "slide".)

Alguns investidores de capital de risco e outros grupos de investimento preferem agora ver apresentações digitais, em vez de planos de negócios no papel. Enquanto, antes, eles costumavam pedir o sumário executivo e os dados financeiros, agora pedem seus slides e dados financeiros. Contudo, você ainda precisará de um plano por escrito, para ser analisado antes de uma reunião ou para ser deixado com os possíveis investidores depois da reunião.

> **"***O valor de uma apresentação em PowerPoint é que você (o empresário) tem controle sobre a pauta da reunião. Caso contrário, podemos ter uma discussão vaga, sem começo, meio ou fim, mas vou controlar a reunião fazendo minhas perguntas em vez de ser guiado pela sua apresentação de slides. Se tiver uma apresentação no computador, você pode garantir que vai discutir todos os pontos desejados.***"**
> **Mark Gorenberg**
> **Investidor de capital de risco**

Em alguns casos, você não apresentará pessoalmente o seu plano. Muitos investidores provavelmente pedirão uma apresentação de slides antes mesmo de pensar em analisar seu plano. Nesses casos, você envia a apresentação pela internet. Por isso, precisa criar uma apresentação suficientemente atraente, que não necessite do apresentador.

Aproveite os meios eletrônicos. Pense em inserir recursos de vídeo e áudio na apresentação. O conteúdo pode incluir um protótipo, se houver, uma demonstração de como seu serviço será realizado, uma visita virtual à empresa ou qualquer outra coisa que torne o plano mais compreensível e interessante. Você pode também inserir um link para um vídeo protegido por senha no YouTube, se quiser. Outra opção seria postar os slides on-line em um site protegido por senha (veja mais sobre o assunto na página 344).

Uma apresentação digital é uma excelente oportunidade para mostrar aos investidores as razões mais fortes para investir no seu negócio. Como você controla o conteúdo da apresentação, destaque os aspectos do negócio que serão mais atraentes para seu possível investidor ou financiador.

Naturalmente, a apresentação digital deve conter os principais pontos do plano de negócios. Você não precisa apresentá-los na ordem exata do plano por escrito, mas deve explicar alguns elementos antes, para que outros pontos sejam compreensíveis. Quando fizer a apresentação, os investidores o interromperão para fazer perguntas, contestar suas premissas etc.; portanto, certifique-se de colocar os pontos mais importantes nos slides. Se houver problemas óbvios com o plano, como a entrada de um concorrente e peso no mesmo nicho, aborde-o antes que os investidores o façam.

> **"** A apresentação em PowerPoint deve ter meia hora, no máximo. Acima de tudo, temos de entender o que você está vendendo. Esse é o objetivo do primeiro ao último slide. Você está contando uma história: é importante ter começo, meio e fim. Não revele o fim do mistério primeiro. Conte as partes da história: a grande ideia que o instiga, a execução, o fato de que você é um dos que podem realizá-la. Defina o cenário e forneça um bom fecho para a história. Termine mostrando o valor que você agrega, para ficarmos realmente interessados. **"**
> **Andrew Anker**
> **Investidor de capital de risco**

Ajuste o conteúdo dos slides de acordo com a base de conhecimento do seu público. Não o aborreça com informações que eles já têm ou que não precisam ter, como os detalhes específicos de suas operações cotidianas. Você pode, entretanto, incluir informações básicas se os destinatários precisarem delas. E faça o dever de casa. Uma pesquisa rápida sobre seus possíveis investidores pode gerar grandes recompensas. Se incluir parte dessas informações em sua apresentação, sua credibilidade vai aumentar radicalmente.

Ao montar sua apresentação, não tente sobrecarregar um investidor com muitos slides. Lembre-se: devem satisfazer o apetite deles. Embora não exista um número certo para cada negócio, você deve tentar transmitir os principais detalhes da empresa em não mais que 12 slides. Se tiver muitos slides e estiver fazendo a apresentação pessoalmente, vai sentir que deve apressar a apresentação para passar por todos eles.

O texto de cada slide deve ser principalmente disposto na forma de tópicos ou lista de itens. Raramente você precisará de frases inteiras em um slide. Coloque não mais de 3-5 tópicos por slide. Você pode utilizar um efeito que faz os tópicos aparecerem um a um; isso lhe dará controle sobre o fluxo das informações durante a apresentação.

Se estiver apresentando os slides pessoalmente, ensaie a apresentação antes de aparecer diante dos investidores. Sinta-se à vontade com o computador e o software usados para não se distrair durante a reunião.

Os 12 slides fundamentais

- **Título:** nome da empresa, uma breve descrição, nome do apresentador (se a apresentação for realizada presencialmente).

- **O plano-relâmpago:** breve descrição dos seus produtos ou serviços, mercado e vantagens competitivas. Use uma linguagem vibrante e, se possível, incorpore recursos de áudio e vídeo para demonstrar seu produto ou serviço.

- **Tamanho da oportunidade:** é isso o que os investidores querem saber – mais os investidores de capital de risco do que os "anjos". Até que tamanho sua empresa pode crescer e quais são seus planos de desenvolvimento no futuro?

- **Seus clientes-alvo:** quem são e quais são as necessidades dos clientes que seu produto/serviço vai suprir.

- **Tamanho do mercado:** números e valores monetários, crescimento passado, projeções de crescimento.

- **Concorrentes:** divisão da participação de mercado, de que forma seu produto se compara com os deles, sua proposição de valor em comparação com a dos concorrentes e as barreiras à entrada.

- **Sua equipe:** quem são, experiência, por que estão qualificados para o trabalho.

- **Modelo de negócios:** como você vai distribuir o produto, quais são as estratégias de precificação, como você chegará até os clientes.

- **Linha de tempo:** quando você espera alcançar os marcos definidos.

- **Aspectos financeiros:** breve resumo dos pontos-chave do seu demonstrativo de resultados, balancete e projeções de fluxo de caixa.

- **Financiamento:** quanto você está pedindo no momento, quantas rodadas de financiamento futuro espera obter, quanto pedirá durante essas rodadas e como serão usados os fundos obtidos.

- **Oportunidade de investimento:** possíveis estratégias de saída e retorno financeiro para os investidores.

Colocando o plano de negócios on-line

Alguns empresários, especialmente os envolvidos em negócios relacionados com internet ou tecnologia, podem optar por colocar o plano de negócio em um site. Há muitas vantagens em se ter o plano na internet: permanece facilmente disponível para você ou potenciais investidores, pode ser atualizado com frequência e os investidores podem acessá-lo de qualquer lugar onde exista conexão com internet.

Naturalmente, também há muitas desvantagens. A maior é a segurança. NUNCA coloque um plano de negócios na internet sem protegê-lo com senha. Mesmo se acreditar que ninguém o localizará porque está em algum site obscuro, os mecanismos de busca podem revelar suas páginas ao pesquisar palavras-chave. Além disso, os investidores verão com ceticismo qualquer plano de negócios que esteja livremente disponível para o mundo inteiro ver.

Outra desvantagem de ter o plano on-line é que muitas pessoas têm dificuldade de ler um documento longo demais na tela de um computador (supondo que não o imprimam); é difícil "folhear" o plano para ter uma visão geral do negócio ou fazer um elemento gráfico colorido despertar a atenção do leitor; além disso, se o leitor em potencial não tiver acesso à internet, ele não conseguirá ler o plano.

> *Colocar o plano em uma área segura em um site é um modo conveniente de disponibilizar o plano para que possíveis leitores o acessem. Seria mais fácil ler o plano impresso, mas na internet ele é muito mais acessível do que o papel. É uma coisa a menos para carregar se eu quiser lê-lo em casa ou no trânsito. Posso baixá-lo em meu notebook e ler no avião. Posso imprimir e jogar fora, sabendo que ele sempre estará disponível para leitura.*
> **Mark Gorenberg**
> **Investidor de capital de risco**

Se resolver colocar o plano de negócios na internet, crie uma homepage com hiperlinks para cada seção e/ou subseções do plano. Você quer que o leitor seja capaz de chegar facilmente às informações que o interessam sem ter de rolar por todas as páginas do texto.

Tenha em mente que os formulários financeiros podem ser especialmente difíceis de ler na internet e a formatação pode se perder ou ser modificada na hora da impressão. Elementos gráficos, porém, costumam funcionar perfeitamente.

Por todas essas razões, sempre tenha também cópias impressas do seu plano de negócios. Não deixe que a internet seja o único método de apresentar seu negócio ao mundo de investimentos.

Atualizando o plano

Sua busca por financiamento pode durar muitos meses, e seus planos para a empresa podem mudar nesse meio-tempo, especialmente quando se trata de um novo negócio. Você quer ter certeza de que o plano escrito esteja sempre razoavelmente atualizado em relação à estratégia e à posição real do negócio.

Portanto, antes de distribuir um plano para uma nova fonte de financiamento, revise seu conteúdo e atualize-o. Atualize as informações financeiras até o último mês ou trimestre, revise as projeções financeiras de modo a refletir acontecimentos recentes e adicione descrições de qualquer novo membro da gerência.

Resumo

A aparência do seu plano de negócios deve ter a mesma qualidade do conteúdo. Deve ser uma boa representação da sua pessoa e da empresa. Prepare cuidadosamente o plano de negócios, incluindo linguagem ativa, tabelas e gráficos com layout de página e tipologia atraentes. Preste atenção aos toques finais, como a folha de rosto e o sumário. Depois de pronto o plano por escrito, revise-o, edite-o e atualize-o, se necessário. Antes de distribuí-lo, talvez seja interessante redigir um acordo de confidencialidade para que os investidores menos sofisticados, possíveis empregados, fornecedores etc. assinem.

Pense em preparar uma apresentação de slides, pois os investidores mais sofisticados vão querer vê-la antes de analisar o plano no papel. Talvez você possa também postar seu plano on-line em um site protegido por senha.

19

Buscando investimentos

Dinheiro compra tempo; quando você fica sem dinheiro, seu negócio fica sem tempo.

Nem todo dinheiro é igual. Da primeira vez em que procuram financiamento, as pessoas tendem a acreditar que levarão todo o dinheiro necessário, mas é preciso ter cuidado. Várias fontes de capital exigem diferentes tipos de retorno de investimento, têm níveis variados de sofisticação, facilidades e riscos, e oferecem benefícios e desvantagens adicionais significativamente diferentes.

> "Conseguir um investidor é como um casamento. Mas é mais difícil se divorciar dos seus investidores do que se divorciar do seu cônjuge."
> **Mark Gorenberg**
> **Investidor de capital de risco**

O dinheiro de quem você quer? Antes de iniciar sua busca por financiamento, pare e faça-se as seguintes perguntas:

- Você está disposto a abrir mão de alguma parte da propriedade da empresa?
- Está disposto a assumir uma dívida que você precisará liquidar?
- Está disposto a arriscar a propriedade ou outros ativos?
- Até que ponto está disposto a abrir mão de parte do controle da direção e operação da empresa?
- Que outro tipo de ajuda você deseja de uma instituição de financiamento, além da ajuda monetária?
- Em que ritmo deseja crescer?
- Que tamanho quer que a sua empresa tenha?
- Como vê a relação de longo prazo entre você e a sua fonte de financiamento?

Lembre-se de que terá uma relação contínua com a fonte de capital; portanto, é essencial que seja uma pessoa com a qual você conviva bem.

Financiamento por endividamento *versus* endividamento com capital próprio

Quem empresta dinheiro para um negócio inevitavelmente quer alguma coisa em troca. Os financiadores querem que o dinheiro deles seja devolvido com juros ou querem participação nos lucros que a sua empresa venha a ter. Há duas formulações básicas de financiar seu negócio: assumir uma dívida ou ceder parte da participação acionária em troca do investimento.

Financiamento por endividamento

O financiamento por endividamento tem a vantagem de manter intacta a propriedade do negócio. Você mantém o controle e também todos os eventuais lucros. Você toma emprestada uma quantia específica e tem de devolver apenas esse valor acrescido dos juros, independentemente dos lucros que a empresa tiver. O credor não entra na divisão dos lucros.

Como não obtêm os benefícios de lucros substanciais, os credores precisam reduzir ao máximo os riscos. Para tanto, eles podem lhe pedir, em troca da concessão do empréstimo, seus ativos como garantia (inclusive sua casa). Utilizar financiamento por endividamento pode comprometer esses ativos se a renda dos negócios for insuficiente para quitar o empréstimo e, se o negócio fracassar, você ainda continuará tendo a dívida.

> *As empresárias tendem a se sentir pouco à vontade ao lidar com a questão do dinheiro e não são muito hábeis em pedir empréstimos. Mas é algo que realmente precisam fazer, pois não vale a pena usar todo o dinheiro que têm guardado ou os recursos dos amigos e dos familiares.*
>
> **Pauline Lewis**
> **Proprietária, oovoo design**

Esse é o principal risco, especialmente para empresários novatos. Seja extremamente cauteloso antes de arriscar sua casa, a educação de seus filhos ou outros recursos dos quais dependa seu estilo de vida.

Empresas novas têm dificuldade de obter empréstimos de bancos e de outras instituições creditícias (em geral, conhecidas como instituições de financiamento convencional). Muitos bancos só financiam negócios que estejam em operação há mais de três anos, e negócios muito pequenos podem ter dificuldades a qualquer momento. As cooperativas de crédito podem ser um pouco mais tolerantes do que os bancos. E, para financiamento de curtíssimo prazo, algumas empresas pequenas têm utilizado até adiantamentos de dinheiro com cartões de crédito.

Seja especialmente cuidadoso com empresas de empréstimo suspeitas que se aproveitam da abertura de pequenos negócios; elas fazem empréstimos facilmente, exigindo garantia pessoal significativa, sabendo que a maioria dos negócios que financiam vai fracassar e os ativos serão arrestados. Ou cobram antecipadamente pesadas taxas de abertura de crédito para supostamente ajudar a obter financiamento que as empresas nunca vão chegar a obter.

Negócios bem estabelecidos são candidatos muito melhores para financiamento convencional do que empresas iniciantes. Um negócio próspero e já em andamento, precisando de fundos para uma modesta expansão de atividades, deve considerar o financiamento bancário. Se o negócio for uma sociedade anônima, a própria empresa pode assumir a dívida do empréstimo e proteger os proprietários da responsabilidade pessoal na maioria dos casos.

Financiamento com capital próprio

O financiamento com capital próprio, por outro lado, permite evitar o risco pessoal de assumir a dívida. Em vez de se comprometer em liquidar o pagamento de uma quantia específica de dinheiro, você pode dar ao investidor uma parte dos eventuais lucros. Isso assume a forma de ações na empresa ou um percentual do negócio. Se sua empresa for muito bem-sucedida, o investidor que comprou ações da empresa pode acabar recebendo muitas vezes o valor originalmente investido. Contudo, se a empresa não conseguir gerar lucro suficiente, esses investidores talvez nunca recuperem o investimento.

Assim, os investidores que adquiriram participação acionária costumam querer participar também dos processos de tomada de decisão para assegurar que a empresa opera de maneira adequada para produzir lucros. Eles podem assumir posições no conselho de administração ou até desempenhar um papel ativo na gerência da empresa.

Em alguns casos, talvez você precise abrir mão de uma parte tão grande da participação acionária, que o controle da empresa acaba nas mãos de outras pessoas. Nesses casos, os investidores podem até ser capazes de tirá-lo completamente da gerência. Ainda assim, um investidor competente pode lhe dar bons conselhos para a administração do negócio e contatos comerciais úteis, além de poder oferecer mais financiamento futuramente.

O financiamento com capital próprio é um método comum e prático de financiar empresas iniciantes. A maior parte das empresas famosas de alta tecnologia é financiada por investidores que adquirem participações acionárias. A popularidade dos investimentos em empresas iniciantes – e, portanto, a disponibilidade de dinheiro – passa por ciclos. É muito mais fácil para um novo negócio obter financiamento quando o mercado está premiando novas iniciativas empresariais, em particular por meio do crescimento ou aumento da valorização da empresa e suas ações.

Como se mostrou tão bem-sucedido, o financiamento com capital próprio tornou-se

> *"Se começar do zero e quiser crescimento rápido, você precisa ser capaz de financiar dívidas internamente com margens muito altas ou terá de decidir vender tudo ou aceitar financiamento externo de fontes e abrir mão da participação acionária."*
> **Larry Leigon**
> **Fundador, Ariel Vineyards**

> *"Quando me perguntam o que eu faria de maneira diferente, na verdade não consigo identificar muitas coisas, mas uma delas é que eu, definitivamente, usaria o dinheiro de outra pessoa."*
> **Pauline Lewis**
> **Proprietária, oovoo design**

institucionalizado por empresas de investimento de capital de risco, *angel investors* ("anjos") e outras entidades, como empresas de investimento especializadas em pequenos negócios. Mas o financiamento com capital próprio não deve ser buscado apenas nessas fontes de financiamento profissionais. Seu contador ou advogado podem colocá-lo em contato com alguém que esteja procurando um investimento, ou seu cunhado ou companheiro de quarto na faculdade podem estar dispostos a financiar seu negócio.

Fontes de dinheiro

Onde você encontrará o dinheiro de que precisa? E quais são as obrigações e benefícios de cada fonte de recursos? As tabelas apresentadas no final deste capítulo descrevem várias fontes de financiamento por endividamento e com capital próprio disponíveis para os negócios.

Ao escolher fontes de financiamento (e você de fato as escolhe, assim como eles o escolhem), preste muita atenção às qualidades pessoais do indivíduo e à reputação da empresa de financiamento à qual recorre. Assim, como nem todos os bancos são iguais, certamente nem todos os investidores são iguais.

É recomendável escolher uma fonte de financiamento que:

- Permaneça ao seu lado nos tempos difíceis e trabalha para superar adversidades.
- Negocie com você de maneira profissional e pragmática.
- Avalie sua contribuição com a empresa.
- Mantenha canais de comunicação sempre abertos e francos.
- Seja razoável, ética e honesta.

O ideal é que sua fonte de financiamento também lhe dê bons conselhos para a administração do negócio, proporcione excelentes conexões comerciais e capacidade de ajudar a obter apoio financeiro no futuro. Essas qualidades são especialmente importantes ao procurar um investidor anjo ou investidor de capital de risco. Esse investidor provavelmente desempenhará um papel muito ativo na sua empresa; por isso, é importante que seja alguém que ofereça à sua empresa outros benefícios além do dinheiro.

Investidores de capital de risco

Ao buscar investimento, você provavelmente ouvirá muito a expressão "investidor de capital de risco" (*venture capitalist*), mas aqueles que o empregam podem estar se referindo a entidades diferentes. As verdadeiras empresas de investimento de capital de risco estão entre os investidores mais sofisticados disponíveis, em geral com um empresário oferecendo mais do que dinheiro. Seu conhecimento, experiência e relações pessoais podem se revelar tão importantes para a sua empresa quanto o dinheiro que eles trazem.

As empresas de investimento de capital de risco investem altas somas de dinheiro gerado a partir de várias fontes, como fundos de pensão e investidores institucionais. Essas firmas privadas são criadas expressamente com o objetivo de investir no desenvolvimento de empresas. Seus sócios e associados geralmente têm conhecimento em gerência de negócios e/ou dos setores nos quais investem.

Em geral, as firmas de investimento de capital de risco investem apenas em empresas em que acreditam ter grande potencial de crescimento: em geral, centenas de milhões ou bilhões de dólares em valores finais. Desse modo, costumam investir grande quantia de dinheiro de uma vez para ajudar essas empresas a crescer rapidamente. Não são veículos apropriados para empresas com objetivos ou necessidades financeiras mais modestos.

As firmas de investimento de capital de risco são especializadas em determinados setores ou etapas de desenvolvimento de uma empresa. Se sua empresa está apenas em formação, você precisa procurar uma firma de investimento de capital de risco que invista em empresas "incubadas" ou nos seus "primeiros estágios".

É de se esperar que investidores de capital de risco assumam um papel muito ativo no crescimento e desenvolvimento da empresa como membros do conselho de administração, na seleção de executivos e, possivelmente, até na determinação da natureza do seu negócio. Como terão essa influência, até mesmo o controle sobre o seu destino e o da sua empresa, escolha seu investidor com sabedoria.

Investidores privados ou "anjos"

Uma fonte frequente de capital para empreendedores novos ou pequenos é o investidor privado, ou "investidor anjo". Normalmente, os investidores privados são indivíduos prósperos em busca de investimentos que proporcionem satisfação pessoal e o potencial de maior recompensa financeira do que o potencial oferecido por investimentos

> **"**Um empresário só deve negociar com um investidor de capital de risco se quiser o valor agregado que tal investidor pode proporcionar. Com um investidor de capital de risco, você está não só solicitando o investimento em dinheiro mas também usando toda a influência que ele tem, cada negócio e contato no setor, liderança e suporte em ciclos de financiamento subsequentes, e uma avaliação honesta do seu negócio. E é útil chamar o investidor a integrar o conselho de administração da empresa.**"**
>
> **Ann Winblad**
> **Investidora de capital de risco**

> **"**O lado bom de falar com investidores de capital de risco é que eles lhe mostrarão a realidade. Não que sejam negativos, mas lhe darão uma ideia do que realmente poderá levá-lo ao sucesso. Com um investidor privado, um parente ou amigo, você não terá números realistas. Com um investidor de capital de risco, você tem mais do que dinheiro; tem parceiros que lhe dão ajuda valiosa. Eles podem lhe apresentar a outros e compartilhar o benefício da experiência deles. Mas, com essa ajuda, vem a supervisão e alguém vigiando seus passos. Mesmo assim, se seu plano puder atrair investimento de capital risco, não hesite em buscá-lo.**"**
>
> **Eugene Kleiner**
> **Investidor de capital de risco**

convencionais, como ações, títulos ou obrigações. Os investidores privados podem ser uma excelente fonte de financiamento.

Ser um investidor "anjo" tornou-se mais popular ao longo dos anos, e hoje existem organizações ou grupos de investidores anjos. Esses grupos ajudam a facilitar reuniões entre empresários e possíveis investidores.

Normalmente, investidores "anjos" que fazem parte de uma rede podem fornecer maior espectro de ajuda (além de dinheiro) do que um único investidor privado. Outros métodos de localizar investidores "anjos" são por meio de conselheiros financeiros profissionais, contadores, advogados etc., que costumam conhecer pessoas ricas em busca de oportunidades de investimento.

Naturalmente, a qualidade e a natureza dos investidores privados variam bastante. Alguns são empresários que foram bem-sucedidos no negócio e agora querem utilizar seu dinheiro e experiência para investir em empresas relacionadas com sua área da perícia. Esses "anjos" podem trazer excelentes ativos para sua empresa.

Outros investidores privados podem ter pouco a oferecer além do dinheiro. Investidores menos sofisticados costumam ter expectativas irreais sobre o valor e o momento da realização dos lucros. Eles costumar estar pouco familiarizados com os riscos e, por isso, ser um pouco inseguros; além disso, podem exercer pressão pela geração de lucros muito antes de um negócio ter tempo razoável para tanto ou antes do que seria recomendável para um negócio sadio. Se você realmente buscar investidores privados, verifique se o investidor entende a natureza do seu negócio e seja especialmente conservador nas projeções de lucros.

Principais diferenças entre investidores anjos e investidores de capital de risco

	Amigos e membros da família	Investidor de capital de risco
Critérios de investimento	Empresa em crescimento	Empresa de altíssimo crescimento
Fonte dos dólares de investimento	Ativos pessoais	Dinheiro de outras pessoas; fundos institucionais
Faixa de investimento	US$25.000-2.000.000	US$2.000.000+
Retorno esperado	3-10 vezes o investimento original	5-10 vezes o investimento original
Estágio de investimento típico	Semente, *start-up* ou inicial	Start-up de alto crescimento e expansão
O que eles levam para o arranjo	Financiamento inicial e expertise prática	Grande quantidade de dinheiro, formação de equipe, pontos fortes específicos ao setor
Extensão da due diligence	Alguma a significativa	Significativa a enorme
Substituirão o fundador como CEO?	Menos provável	Mais provável
Número de acordos	1-3 por ano	15-18 por ano

Amigos e familiares

Tenha cuidado ao buscar financiamento para o seu negócio junto a familiares ou amigos, seja por meio de empréstimos, seja por investimentos. Esse dinheiro pode ser o mais fácil de obter, mas pode colocar em risco as suas relações pessoais, misturar assuntos pessoais e negócios, e você pode acabar descobrindo que tornou tanto a sua vida profissional como sua vida pessoal mais difíceis. Investidores inexperientes ficam tensos em relação ao dinheiro – não entendem que leva tempo para surgirem os lucros. Eles veem cada atraso natural ou contratempo com alarmismo.

Se você realmente contrair um empréstimo de amigos e/ou familiares, liquidá-lo com o acréscimo de juros acrescidos e depois tornar seu negócio muito bem-sucedido, o amigo ou familiar pode não entender por que não teve participação nos lucros. E, se você não conseguir quitar o empréstimo, o parente talvez nunca se esqueça e lembre-se do seu insucesso em todas as reuniões familiares pelos próximos 20 anos.

> *"Para um banco, é mais importante cobrir nossas posições de retaguarda do que medir as melhores posições financeiras. Um banco é diferente de um investidor de capital de risco; não teremos lucros maiores se a empresa for bem-sucedida. Portanto, em caso de erro, passamos a maior parte do nosso tempo avaliando as soluções alternativas para um plano no caso de erro. As soluções alternativas que visamos são contas a receber, garantias, estoques e ativos fixos."*
> **Robert Mahoney**
> **Corporate banker**

Clientes – levantando dinheiro por meio da receita

Nunca se esqueça do poder das vendas. O melhor dinheiro vem dos clientes. Você não precisa abrir mão de uma parte de sua empresa (como no caso dos acordos com investidores) nem (necessariamente) se endividar (como no caso de um empréstimo). No processo da busca por dinheiro, não menospreze o potencial de levantamento de capital por meio de vendas.

Os clientes lhe dão mais do que dinheiro. Eles mostram aos possíveis investidores que você tem uma empresa que está atendendo as verdadeiras necessidades do mercado. Conseguir pedidos, naturalmente, pode custar dinheiro. Se tiver sorte o bastante para conseguir um grande pedido quando sua empresa é ainda jovem, você pode não ter os recursos para cumprir esses pedidos. Mas essa é a melhor hora para buscar fontes de financiamento. Você pode descobrir um banco ou outro credor muito mais receptivo quando tiver um contrato na mão. Alguns bancos são particularmente voltados para empreendedores. Você também pode descobrir que os investidores estão muito mais dispostos a se associarem a você quando você tem clientes, especialmente se alguns desses clientes forem empresas que demonstram sua capacidade de fazer acordos importantes.

> *"O melhor e mais animador modo de iniciar um negócio é não dispor de muito dinheiro. Assim, você precisa ser criativo para manter o andamento dos negócios. Você precisa comprar atenta e criativamente se não tiver muito dinheiro. Consegui fazer muito com pouco dinheiro. A meta era fazer produtos suficientes para criar pelo menos um pequeno fluxo de renda, o bastante para continuar produzindo mais."*
> **Deborah Mullis**
> **Empresária**

O processo de levantar fundos pode demorar muito tempo; portanto, considere a possibilidade de continuar os negócios com sua própria receita enquanto procura o capital necessário. Vendas são algo muito positivo.

Aumentando suas chances de obter financiamento

Ao utilizar seu plano de negócios para levantar dinheiro, você pode aumentar as chances de ser financiado pesquisando possíveis financiadores, seus interesses e áreas de experiência. Você pode melhorar ainda mais a possibilidade do sucesso entendendo como funciona o processo de financiamento, quanto tempo leva e como permanecer em contato com os possíveis financiadores.

Investigando os financiadores

Vale a pena investigar os possíveis financiadores para entender a natureza dos investimentos ou empréstimos concedidos por eles. É um desperdício de tempo para todas as partes enviar um plano de negócios do seu estabelecimento de prestação de serviços a uma firma de investimento de capital de risco que financia apenas indústrias ou buscar um empréstimo para seu novo estabelecimento em um banco que financia apenas empresas criadas há mais de três anos. Você acabará esperando durante semanas ou meses só para ouvir o inevitável "não".

Por isso, uma breve investigação pode lhe poupar muito tempo. Com frequência, bastam alguns telefonemas, especialmente se os possíveis alvos de financiamento forem firmas de investimento de capital de risco estabelecidas ou bancos. Essas instituições estão acostumadas a responder às perguntas sobre os seus modelos de financiamento e têm diretrizes e práticas definidas. Comece visitando os sites dessas instituições. Muitas firmas de investimento de capital de risco indicam exatamente os tipos de empresas com que negociam, os critérios de investimentos e incluem uma lista de empresas que já financiaram – seu "portfólio" de empresas. Se não conseguir encontrar o que precisa na internet, não hesite em entrar em contato com essas fontes de financiamento profissionais para obter informações; é mais certo que respondam às suas perguntas agora do que desperdicem tempo tendo de processar um plano de negócios no qual não têm nenhum interesse.

No caso de outras fontes, como investidores privados ou anjos, talvez seja um pouco mais difícil obter informações. Se fizerem parte de uma rede de investimento anjo, essas fontes podem listar os tipos de empresas em que estão interessadas. É muito menos provável que essas fontes ofereçam critérios específicos do que os investidores de capital de risco os ofereçam. Ainda assim, é mais profissional enviar uma carta de consulta para verificar os tipos de investimentos que essas fontes estão dispostas a considerar antes de lhes enviar seu plano.

Ao pesquisar possíveis fontes de financiamento, estas são as perguntas que você deve fazer:

- Essas fontes financiam negócios no seu setor?
- Em que etapa de desenvolvimento de negócios elas fornecem financiamento?
- Quais são as quantias mínima e máxima de financiamento que consideram?
- Quais são os portes mínimo e máximo dos negócios que financiam?
- Que outros critérios utilizam para tomar decisões de financiamento?
- Que tipo de financiamento oferecem: financiamento com capital próprio ou financiamento por endividamento?
- Que outras empresas no mesmo setor elas já financiaram?
- Que tipo de informações elas precisam que você envie junto com o plano? Por exemplo, quantos anos de projeções financeiras elas querem examinar?

> *Há muitas razões para não recorrer a investidores de capital de risco. Em primeiro lugar, demora muito para obter uma resposta, de um a oito meses. Em segundo lugar, muito poucos negócios são financiados pelo investimento de capital de risco. Aceitamos apenas um de cada 200 planos. Você pode não querer que seu estabelecimento se torne um grande negócio; investidores de capital de risco se interessam por negócios que se tornarão grandes. Por fim, talvez você não queira se comprometer a abrir o capital da empresa ou ser adquirido por outra. Investidores de capital de risco precisam de um modo de empregar o dinheiro.*
>
> **Ann Winblad**
> **Investidora de capital de risco**

Assim que tiver essas informações, você pode avaliar melhor se uma fonte de financiamento é apropriada para seu negócio. Certifique-se de que o tipo do negócio e o escopo financeiro estão incluídos nas áreas de interesse do seu possível destinatário. Não envie um plano solicitando um investimento de US$50.000 para uma firma de investimento de capital de risco que só financia empresas em busca um milhão de dólares no mínimo (muitas fazem isso).

Se possível, é recomendável também descobrir informações menos tangíveis sobre suas fontes de financiamento. Como é realmente o possível financiador? Ao decidir sobre o financiamento, o financiador tende a dar mais ênfase à experiência gerencial, ao produto ou serviço, ou ao potencial de mercado? O financiador leva muito tempo para tomar decisões ou reage rapidamente? Depois que financia uma empresa, como se comporta como sócio de um negócio em andamento? Qual é a reputação dele no setor?

Algumas dessas perguntas podem ser feitas por telefone a um sócio ou membro da instituição financeira; melhor ainda, você pode solicitar uma entrevista informativa com o financiador (veja a seguir).

Você também pode obter muitas informações sobre financiadores reunindo-se com grupos de empresários da sua comunidade ou setor. Muitas cidades maiores têm organizações nas quais os empresários ajudam uns aos outros a começar, e os membros costumam ter experiência direta com fontes de financiamento.

Se o financiador for importante, você pode localizar informações sobre ele na internet, em fontes como artigos de revista e jornal. Em seguida, veja se pode falar com alguns outros empresários que receberam financiamento da mesma fonte, em particular nos últimos anos. Eles podem fornecer informações valiosas e, se você se der bem com eles, talvez eles lhe apresentem o financiador.

Entrevista informativa

Se você pretende enviar seu plano para uma fonte de financiamento grande ou bem estabelecida, como um banco ou firma de investimento de capital de risco, pense em marcar uma entrevista informativa para ter uma ideia da instituição e determinar mais exatamente o que ela está procurando em um negócio.

Solicite isso somente depois de pesquisar a fonte de financiamento e concluir seu plano. A entrevista não precisa ser longa; 10-15 minutos bastam. Sua reunião não precisa ser com um sócio ou responsável pela tomada de decisões: um associado pode estar mais disposto a atendê-lo. Mesmo um assistente administrativo pode ser uma fonte de muitas informações.

Não será fácil agendar essa entrevista, então trate qualquer entrevista que conseguir marcar como uma excelente oportunidade, mesmo se for com uma secretária. Esse é o começo da sua relação com o financiador, e você quer causar uma impressão positiva. Além disso, você conhecerá uma pessoa de dentro da empresa e, quando enviar o plano, poderá enviá-lo diretamente para ela.

Não escolha o principal alvo de financiamento na primeira entrevista que agendar. Adquira alguma experiência com a segunda ou terceira escolha. Você estará menos tenso e aprenderá a causar uma boa impressão quando finalmente se reunir com a primeira escolha.

Procurando um intermediário

O melhor modo de distinguir seu plano de muitos outros recebidos por uma fonte de financiamento é encontrar alguém conhecido pelo financiador para atuar como intermediário.

Os intermediários podem enviar ou entregar o plano pessoalmente ou permitir que você use o nome deles quando você mesmo enviar ou entregar o plano.

O melhor intermediário é:

- Alguém em um negócio relacionado com o do financiador.

> "Se já tiver uma ou duas lojas bem-sucedidas, você tem uma chance muito melhor de conseguir financiamento de um investidor de capital de risco. Investidores de capital de risco no campo do varejo procuram um conceito comprovado com gerência experiente. Eles procuram conceitos generalistas, negócios que podem ser reproduzidos de modo quase idêntico de um local para outro."
>
> **Nancy Glaser**
> **Consultora de estratégias de negócios**

> "Se eu receber uma ligação sobre um plano de alguém que respeito, darei mais atenção a esse plano. Quem me envia um plano pode ser bem importante, mas, no final, o plano tem de ser autossuficiente."
>
> **Eugene Kleiner**
> **Investidor de capital de risco**

- Alguém que recebeu financiamento do financiador (e cujo negócio foi bem-sucedido).
- Um amigo ou parente do financiador.
- Alguém muito respeitado no setor ou na comunidade, mesmo se o financiador não o conhecer pessoalmente.

Ter um intermediário não garante o financiamento, mas melhora suas possibilidades de obter uma análise justa e cuidadosa.

Se tiver sorte o bastante para obter intermediários, não deixe de lhes enviar uma cópia de todas as cartas de apresentação em que você usou o nome deles como indicação (e talvez também uma cópia do plano de negócios). As possíveis fontes de financiamento podem muito bem ligar para um intermediário para falar sobre seu negócio, e quando isso acontecer você vai querer que o intermediário lembre quem você é.

Não utilize um financiador como intermediário para enviar seu plano para outro financiador, a menos que haja uma razão específica; caso contrário, ele questionará a razão por que seu próprio contato não está fornecendo financiamento. Se, por exemplo, você estiver tentando levantar dinheiro para um novo conceito de varejo e conhece alguém que só financia empresas do setor de software, faz sentido enviar seu plano para um amigo que financia empresas no varejo.

Personalizando o plano de acordo com o destinatário

Assim que tiver pesquisado seus possíveis financiadores, você deve organizar sua carta de apresentação e o sumário executivo para destacar os aspectos do negócio que muito provavelmente se ajustam às necessidades e interesses de cada financiador. A empresa de capital de risco está especialmente interessada em uma nova tecnologia patenteável? O banco só financiará aquelas empresas estabelecidas por mais de três anos? O presidente de divisão quer ver novas oportunidades de mercado? Se quiser, discuta essas áreas no primeiro parágrafo da carta de apresentação ou as enfatize mais no sumário.

Não deixe de abordar no sumário executivo os assuntos da empresa, em vez de abordar apenas as preferências de um indivíduo. Lembre-se, é muito mais provável que seu plano acabe nas mãos de uma pessoa diferente daquela a quem ele foi enviado originalmente.

> **"** O melhor modo de se apresentar a um banco é por meio de alguém que já tem uma relação com esse banco. Converse com um amigo que seja cliente, advogado ou contador. Abra uma conta. As referências são importantes para se apresentar a um banco, mas são irrelevantes na decisão do empréstimo em si. Exceto, é claro, se você tiver referências de clientes importantes que mostram intenção de comprar de você. **"**
> **Robert Mahoney**
> **Corporate banker**

Carta de apresentação

Inclua uma carta de apresentação em qualquer plano que envie ou entregue a uma possível fonte de financiamento. Talvez a carta de apresentação seja lida antes do plano; portanto, garanta que ela instigue o leitor a considerar o negócio com cuidado.

O melhor modo de iniciar uma carta de apresentação é com a seguinte frase:

_____ *(nome do intermediário) sugeriu que eu entrasse em contato com o senhor para falar sobre meu negócio,* _____ *(nome do negócio), um* _____ *(tipo do negócio).*

Por exemplo, a primeira frase poderia ser:

Aaron Schneider sugeriu que eu entrasse contato com o senhor para falar sobre meu negócio, a AAA, Inc., uma empresa de produtos e serviços alimentícios.

Isso já chama a atenção para a pessoa que o conecta à fonte de financiamento e lhe confere credibilidade (supondo, é claro, que seu intermediário seja confiável).

Depois, indique por que você (ou o intermediário) sente que o destinatário é uma fonte de financiamento adequada. Continuando com o exemplo mencionado, a próxima frase poderia ser assim:

> **"** Em uma carta de apresentação, quero saber como você ficou sabendo de mim. Como chegou até mim? Que outras pessoas torcem por você? Os primeiros planos que eu leio são aqueles que chegam até mim vindos de uma fonte confiável. **"**
>
> **Ann Winblad**
> **Investidora de capital de risco**

Ele conhece sua experiência no financiamento de empresas de produtos alimentícios e acredita que poderia se interessar pela AAA, Inc.

Se não tiver um intermediário, sua primeira frase deve incluir o nome e a natureza da sua empresa e por que o escolheu para enviar seu plano. Deve ser algo como:

Sabendo de seu interesse em financiar empresas de produtos alimentícios, estou anexando uma cópia do plano de negócios da AAA, Inc., uma empresa bem estabelecida de produtos e serviços alimentícios que agora busca financiamento a fim de expandir operações.

Geralmente, a carta de apresentação deve explicitar:

- Por que você escolheu esse financiador em particular para receber o plano.
- A natureza do negócio.
- O estágio de desenvolvimento do negócio.
- O volume de fundos buscado.
- Se você está procurando um investimento ou um empréstimo.
- Os termos do acordo, quando apropriado.

Seja breve. A carta de apresentação deve motivar o destinatário a ler seu plano e não o substituir. Um exemplo de carta de apresentação é apresentado no fim deste capítulo.

Acompanhamento

Seu trabalho não terminou depois do envio do plano de negócios; é preciso acompanhar o progresso para garantir uma resposta da fonte de financiamento. Alguns investidores ou bancos dizem exatamente quando você terá um retorno. Outros são muito menos atenciosos na comunicação com pessoas que buscam fundos. Você deve tomar a iniciativa.

De todo modo, não seja irritante. Suas consultas e seus pedidos de informação devem ser breves e profissionais; não ligue nem envie e-mails com muita frequência. Você pode fazer a primeira ligação aproximadamente uma semana depois de enviar o plano, apenas para perguntar se a pessoa recebeu seu plano. Nesse primeiro telefonema, é apropriado perguntar quando você pode esperar um retorno sobre o financiamento ou quando pode voltar a ligar. É perfeitamente aceitável solicitar um tempo apropriado para acompanhar novamente: "Posso ligar daqui a duas semanas para verificar o andamento do meu plano?"

Geralmente, procure não ligar com frequência maior do que a cada duas semanas. E, se lhe pedirem explicitamente para não ligar, NÃO ligue.

E-mail e correio de voz

Grande parte de sua interação com possíveis fontes de financiamento será feita por mensagens de e-mail e secretária eletrônica. Desse modo, é recomendável reservar um tempo para preparar o que quer dizer antes de pegar o telefone ou apertar "Enviar".

O e-mail pode ser uma forma excelente de contatar pessoas que são muito ocupadas para reuniões pessoais ou telefonemas. É também um modo especialmente adequado de acompanhar planos de negócios já enviados. Mas seja cuidadoso: a maioria das fontes de financiamento é inundada diariamente por e-mails e telefonemas – os seus podem ser facilmente vistos como mais uma intrusão.

Seja breve e sucinto em todos os e-mails iniciais ou inesperados e mensagens de voz. As chances de suas mensagens serem lidas e ouvidas aumentam se elas não forem muito longas. Se tiver trabalhado na sua "apresentação-relâmpago" (ver adiante), você terá de saber explicar rapidamente a natureza do seu negócio.

Se tiver a indicação de um intermediário que sugeriu que você entrasse em contato com a fonte de

> "Enviar um sumário por e-mail é hoje o mais comum e o melhor meio de conduzir um plano. Envie um sumário por e-mail com o intuito de tentar marcar uma reunião para fazer uma apresentação completa."
> **Mark Gorenberg**
> **Investidor de capital de risco**

financiamento, use o nome dele imediatamente, seja em um recado na secretária eletrônica ou no e-mail. Em uma mensagem de e-mail, o nome desse intermediário pode ser colocado na linha "Assunto" para aumentar a possibilidade de o destinatário abrir sua mensagem.

No caso de um recado na secretária eletrônica, diga logo a natureza de sua ligação e, então, informe, lenta e claramente, como você pode ser encontrado. Descreva sua empresa em termos gerais: não entre em muitos detalhes; eles podem não entender muito bem a natureza do negócio. Sempre indique que você também voltará a ligar – isso lhe dá uma abertura para telefonar outra vez sem parecer muito insistente.

A mensagem na secretária eletrônica pode ser algo como: "Aaron Schneider sugeriu que eu entrasse em contato para falar sobre minha nova empresa de serviços e produtos alimentícios, a AAA, Inc. Aaron acredita que nossa abordagem de crescimento e nossa base estabelecida de consumidores poderiam ser de seu interesse. Gostaria de conversar com você. Você pode me encontrar no telefone tal ou pelo e-mail arnie@aaa.com. Volto a entrar em contato novamente daqui a alguns dias. Obrigado."

A mensagem de e-mail pode ser muito semelhante ao recado deixado na secretária eletrônica. Deve ser curta e direta, e você deve apresentar um modo de eles entrarem em contato com você por telefone. Pode incluir o endereço do seu site, se tiver um site pronto e em funcionamento, e se estiver disposto a fazer o possível financiador examiná-lo antes que ele fale com você. Abstenha-se de anexar arquivos, em especial no primeiro contato. Procure não ser muito vago na sua linha de "Assunto", como "Grande oportunidade de negócios" ou "Novo empreendimento". O destinatário pode pensar que sua mensagem é um spam e excluí-la antes mesmo de abri-la.

A apresentação-relâmpago

Ao considerar um possível investimento, investidores de capital de risco e outros investidores costumam querer ouvir o que chamam de apresentação-relâmpago. Trata-se da descrição concisa de uma empresa – seu produto ou serviço, mercado, vantagens competitivas – que poderia ser exposta a um possível financiador em uma breve oportunidade que você tivesse, por exemplo, durante um encontro casual no elevador (mas não em um elevador de um arranha-céu!). Uma "apresentação-relâmpago" mostra que você entende do seu negócio. (Se você não for claro na sua posição estratégica, ainda estará balbuciando por volta do décimo quinto andar.)

Sua apresentação-relâmpago não precisa ser feita em um elevador para ser útil. Você verá que a utilizará muitas vezes: em e-mails para possíveis fontes de financiamento, para apresentar você e sua empresa em eventos de rede de comunicação, descrever o negócio para possíveis clientes. Reserve alguns instantes para descrever concisamente sua posição estratégica a seguir:

Sua apresentação-relâmpago

MINHA EMPRESA...

Chamada: _____

Faz: _____
_____
_____
_____

Atende o mercado: _____
_____
_____
_____

Ganha dinheiro da seguinte maneira: _____
_____
_____
_____

Semelhante às seguintes outras empresas: _____
_____
_____
_____

Terá sucesso porque: _____
_____
_____
_____

Metas: _____
_____
_____
_____

Resumo

Se estiver levantando financiamento para sua empresa, você pode aumentar as oportunidades de levantar o capital necessário pesquisando e cultivando contatos. Investigue as pessoas para quem deseja enviar seu plano de negócios com o objetivo de obter financiamento e personalize a apresentação do plano, de acordo com os interesses e as preferências delas. Escolha com sensatez as possíveis fontes de financiamento; lembre-se de que uma fonte de financiamento vai se tornar um participante permanente no seu negócio. E seja realista. Você sempre deve dar algo em troca do dinheiro que recebe.

Fontes de financiamento por endividamento

	O QUE ESSAS FONTES PROCURAM	VANTAGENS	DESVANTAGENS
Bancos e instituições de empréstimo	Capacidade de reembolso, garantia, faturamento sólido do negócio.	Não há participação nos lucros; não há obrigações de relação permanente depois da liquidação da dívida; valor predefinido acertado para reembolso.	Difícil de obter para novos negócios; deve colocar em risco ativos pessoais; a mesma obrigação financeira apesar do faturamento do negócio.
		Melhor para: Empresas estabelecidas que precisam financiar atividades específicas; problemas de fluxo de caixa de curto prazo.	**Pior para:** Despesas operacionais contínuas; empresas novatas com gerência relativamente inexperiente.
Empréstimos de amigos ou familiares	Probabilidade de liquidação da dívida; seu caráter pessoal; outras considerações de ordem pessoal.	Mais fácil de obter do que empréstimos institucionais; quantia específica para reembolso; nenhuma participação dos lucros.	Pode comprometer relações pessoais; credor ingênuo, em geral apreensivo com o empréstimo do dinheiro; provavelmente sem qualificação profissional; costuma dar conselhos não solicitados e fazer consultas frequentes.
		Melhor para: Empresas sem outra opção; empresas com futuro seguro.	**Pior para:** Empresas de alto risco; empresários em circunstâncias familiares difíceis.
Dinheiro antecipado em cartões de crédito pessoais	Capacidade de liquidação da dívida.	Relativamente fácil de obter.	Altas taxas de juros; quantia limitada de dinheiro; pode comprometer e arriscar o crédito pessoal.
		Melhor para: Negócios que precisam de pequenas quantias por tempo limitado; problemas de fluxo de caixa de curto prazo.	**Pior para:** Financiamento permanente, de longo prazo.

Fontes de financiamento com capital próprio

	O QUE ESSAS FONTES PROCURAM	VANTAGENS	DESVANTAGENS
Investidores de capital de risco	Negócios na sua área de interesse; empresas que podem crescer e atingir um porte significativo; gerência experiente; novas tecnologias.	Grandes somas disponíveis; investidor sofisticado familiarizado com o setor; pode trazer experiência, conexões e futuros financiamentos; entendimento de contratempos e capital de risco. **Melhor para:** Empresas potencialmente grandes; empresário sofisticado ou guru do setor.	Difícil de obter; deve apresentar possibilidades de saída em três a sete anos; assume participações acionárias substanciais, talvez até controlando a empresa. **Pior para:** Negócios de pequeno e médio porte; empresários inexperientes.
Investidores privados	Boas oportunidades de negócios com melhores retribuições possíveis do que investimentos convencionais, como o mercado de ações; conceito atraente.	Pode financiar negócios de pequeno e médio porte; mais fácil de obter do que investimentos de capital de risco e empréstimos bancários. **Melhor para:** Empresas menores; aquelas capazes de localizar investidores relativamente sofisticados ou competentes; aquelas com conceito de negócios atraente.	Em geral, investidor inexperiente, apreensivo; assume participação na empresa; pode querer envolver-se em decisões sem ter a qualificação necessária; relação de longo prazo; espera lucros imediatos. **Pior para:** Empresas que precisam de tempo considerável de desenvolvimento antes de gerar lucros; empresas que precisam de mais experiência.
Investimento de amigos e familiares	Interesse em você e no seu conceito de negócios; possibilidade de ganhar dinheiro.	Mais fácil obter do que de outros investidores; sem valor definido para liquidação da dívida. **Melhor para:** Empresas sem outras opções; empresários que têm amigos ou familiares com negócio significativo ou experiência no setor.	Compromete relações pessoais; envolvimento de longo prazo; investidor apreensivo com o empréstimo; confere ao amigo ou familiar poder de tomar decisão sobre seu negócio; não entende os riscos. **Pior para:** Empresas de alto risco; empresas que precisam de longo tempo de desenvolvimento antes de gerar lucros.

EXEMPLO: CARTA DE APRESENTAÇÃO

Sra. Tamara Santos
617 North Compton Boulevard
Vespucci, Indiana 98999

Cara Sra. Santos,

Meu representante, Sr. Kenneth Pollock, sugeriu que eu lhe escrevesse sobre o meu negócio, a ComputerEase. Atualmente, estou em busca de um investidor e acredito que minha empresa coincidiria com seu interesse em negócios de serviços relacionados com tecnologia. *Abre com referência ao intermediário.*

A ComputerEase está posicionada para aproveitar as oportunidades de mercado apresentadas no setor de treinamento de software corporativo. Por meio de uma abordagem profissional de marketing, gerência experiente e com ênfase no excelente atendimento e suporte ao cliente, pode tornar-se o primeiro provedor do treinamento de softwares presencial na região da Grande Vespucci. A partir daí, a empresa poderá se expandir e tornar-se uma força regional. Um potencial de crescimento ainda maior vem do treinamento on-line, no qual a empresa ainda não dominou o mercado.

Estamos em busca de US$160.000. Esperamos que essa seja a única rodada de financiamento necessária. Os recursos serão aplicados na montagem de mais um centro de treinamento, na expansão do quadro de empregados e na intensificação das atividades de marketing. *Especifica o volume de recursos buscado.*

Agradeço sua consideração ao analisar o plano de negócios da ComputerEase. Entrarei em contato daqui a aproximadamente 10 dias para ver se a senhora tem alguma dúvida.

Muito obrigado.

Atenciosamente,

Scott E. Connors
Presidente

20
Utilizando seu plano para aulas e competições

De vez em quando, o que aprendemos na escola pode ser de fato usado na vida real.

Desde a publicação da primeira edição, este livro vem sendo adotado por centenas de universidades e faculdades de negócios em todos os Estados Unidos como texto padrão. (É até usado por cursos de gastronomia para ajudar futuros *chefs* a planejarem restaurantes!) Vem sendo também empregado regularmente por equipes que preparam planos de negócios para competições, em geral patrocinadas por cursos de administração de empresas. Embora as questões fundamentais abrangidas neste livro sejam igualmente aplicáveis por empresários, equipes corporativas internas ou estudantes, esta seção tem como objetivo ajudar a abordar as necessidades especiais das pessoas que estão preparando um plano de negócios como parte de um projeto universitário ou de uma competição de planos de negócios.

"Empreendedorismo"

Nunca houve tantas novas empresas sendo abertas quanto atualmente. Hoje, os empreendedores são muito mais respeitados e compreendidos pela comunidade de negócios do que eram no passado, e um número cada vez maior de pessoas espera um dia abrir e administrar a própria empresa. Nos Estados Unidos, são abertos *por mês* mais de meio milhão de novos negócios.

Além disso, as pessoas não estão só abrindo novas empresas, estão se preparando para isso. Tem havido uma explosão de interesse em cursos que ensinam a iniciar e administrar novas empresas, e desenvolveu-se um novo campo de estudos e pesquisas. Faculdades de administração de empresas espalhadas pelos Estados Unidos e pelo mundo responderam a isso desenvolvendo disciplinas, e até cursos de especialização, em "empreendedorismo".

Os planos de negócios para cursos ou competições diferem dos planos do "mundo real"?

Uma grande diferença de se preparar um plano de negócios para sala de aula ou competição é que muito provavelmente você estará trabalhando com uma equipe – como iguais – em vez de ter um único empreendedor com uma visão orientando o processo. No "mundo real", em geral está claro quem é o líder e quem toma a decisão final.

Isso atribui mais importância ao gerenciamento do processo de desenvolvimento do plano e ao processo decisório. Uma de suas principais tarefas será entender como vai tomar decisões, delegar tarefas e monitorar prazos. De fato, em algumas aulas, parte de sua nota pode ser determinada pela sua capacidade de gerenciar a dinâmica de grupo. Embora isso torne o processo de planejamento do negócio mais complicado do que no "mundo real", é útil para desenvolver habilidades "reais" imprescindíveis para trabalhar em um grupo na criação de um negócio.

> *"Quando vemos um empreendedor na vida real, costumamos julgá-lo pelo seu grau de realismo em entender o crescimento financeiro e seus modelos de negócios. Em competições universitárias, tendemos a examinar os conceitos e produtos que eles constroem e não atribuímos muito peso às seções financeiras nas quais os alunos não têm muita experiência."*
> **Mark Gorenberg**
> **Investidor de capital de risco e juiz de competições**

Outra diferença importante do "mundo real" é o modo como o plano será "julgado", seja por um professor, seja por um juiz de competição. Quando você está no mercado levantando recursos, os possíveis financiadores têm critérios próprios para analisar planos de negócios, e esses critérios podem ser muito diferentes daqueles de uma competição ou aula. A diferença mais importante é que aulas e competições costumam enfatizar mais a qualidade do plano por escrito. No "mundo real", uma empresa com probabilidade genuína de ser muito bem-sucedida pode obter financiamento mesmo se o plano for um pouco desleixado. Além disso, em geral, parte da decisão dos investidores em potencial baseia-se mais nas capacidades dos principais fundadores do que no conteúdo do plano ou no conceito do negócio. Você pode ter um plano incrível – que teria nota "A" em um curso ou competição –, mas os possíveis investidores podem não acreditar na sua capacidade de executá-lo.

Entretanto, talvez a maior diferença seja a paixão com que você se dedica ao processo. No mundo real, ao desenvolver um plano de negócios para um negócio próprio, você tem uma visão da empresa que quer criar; é movido por um desejo de criar algo novo ou pelo velho sonho de ter o próprio negócio. Mas o aspecto negativo dessa paixão é que o empreendedor visionário pode não ter tanta objetividade para avaliar o conceito do negócio e a probabilidade de sucesso, pois seus sonhos estão em jogo. Se puder, leve um pouco de paixão, sem perder a objetividade, ao processo de desenvolvimento de um plano de negócios para um curso ou uma competição.

O trabalho em equipe

Como já foi mencionado, um dos principais desafios ao desenvolver um plano de negócios em um curso ou competição é o trabalho em equipe. Dominar a dinâmica do trabalho em equipe – como alcançar decisões, distribuir tarefas, comunicar-se etc. – vai ajudá-lo a se preparar para situações muito reais com as quais você vai se deparar ao desenvolver um negócio no mundo real.

As principais etapas do gerenciamento do processo incluem:

- Escolha da equipe
- Elaboração de um processo de tomada de decisão
- Seleção do negócio
- Identificação das questões-chave
- Atribuição de tarefas
- Reavaliação de pressupostos
- Integração do trabalho: preparação e apresentação do plano

A escolha da equipe

Talvez nenhuma decisão que você tome seja tão importante quanto quem você escolhe para fazer parte do grupo. As pessoas do seu grupo determinam seu sucesso. O mesmo se aplica quando você abre um negócio real, com uma diferença: se iniciar um negócio e seu vice-presidente de marketing não estiver se saindo bem, você pode despedi-lo. Nem sempre há a opção de desfazer-se de membros do grupo em sala de aula ou em uma competição. Portanto, escolha cuidadosamente. (Em algumas situações de aula, os membros da equipe são designados por terceiros, e não há escolha.)

Ao escolher os membros da equipe, você pode ficar tentado a se reunir apenas com o seu grupo de amigos. Resista a essa tentação! Embora seja vantajoso ter um grupo de pessoas que trabalham bem juntas, o ideal é se reunir com a melhor equipe possível. Seus amigos podem não ter o conjunto de conhecimentos ou habilidades para ajudá-lo a formar uma equipe equilibrada e, se você for sincero, alguns deles podem não ser tão responsáveis quanto você precisa.

Ao montar sua equipe, busque um equilíbrio entre as áreas funcionais que você abordará no plano. Pense nisso ao montar o grupo fundador do novo negócio: ter três

> "As melhores equipes em competições universitárias tendem a ser bem equilibradas. Alunos de engenharia com alunos de administração de empresas, e alunos de administração de empresas com alunos de outras disciplinas. Os planos mais bem-sucedidos são aqueles em que há um intercâmbio de ideias e métodos entre pessoas de diferentes departamentos. As equipes cujos membros são provenientes integralmente de uma única disciplina tendem a pensar de um único jeito."
>
> **Mark Gorenberg**
> **Investidor de capital de risco e juiz de competições**

excelentes profissionais de marketing pode ser um exagero, deixando-o sem profundidade suficiente nas áreas operacional, de tecnologia ou finanças. Se estiver planejando montar uma empresa de tecnologia, tente equilibrar o poder da tecnologia com capacidade gerencial. Certamente é possível formar um negócio exclusivamente em torno do trabalho de uma pessoa muito talentosa da área de tecnologia, mas você precisará de gerentes competentes para levar o negócio adiante.

As características pessoais mais importantes a considerar na escolha dos membros da sua equipe são:

- Capacidade, até excelência, em uma área funcional;
- Responsabilidade na realização de tarefas designadas, persistência;
- Inteligência, capacidade de avaliar dados e criatividade;
- Habilidades de comunicação e no relacionamento interpessoal;
- Capacidade de trabalhar em grupo e com um grupo; e
- Disposição para dedicar-se intensa e longamente para concluir o trabalho.

Antes de finalizar a equipe, você pode querer entrevistar possíveis membros para ver que habilidades eles têm como indivíduos e se vocês se dariam bem trabalhando em grupo.

O processo de tomada de decisões

A primeira decisão que qualquer grupo deve tomar é como serão tomadas as decisões. Desenvolver um processo de tomada de decisão claro e razoável torna toda decisão mais fácil e a interação de grupo mais agradável. A coisa importante na elaboração de um processo de tomada de decisão é que todos os membros da equipe "compactuam" com o processo. Isso não significa necessariamente que você tenha de tomar todas as decisões unanimemente ou por votação – a equipe pode estar disposta a ter sempre uma única pessoa a dizer a última palavra –, e isso significa que todos os membros da equipe devem estar de acordo quanto ao processo. Se avançar demais no processo, sem determinar como será o processo de tomada de decisões, você pode chegar ao fim do projeto ainda brigando para definir várias questões.

Uma área básica de preocupação é sobre quais decisões os membros do grupo podem tomar individualmente – os membros do grupo terão uma palavra final sobre suas áreas de responsabilidade? – e quais decisões devem ser tomadas por toda a equipe. Você pode querer operar por consenso, usar um sistema de votação ou exigir decisões unânimes. Se escolher tomar decisões por consenso – por meio da discussão em grupo de um problema até chegar a uma decisão, você precisa sentir se o grupo está apto a fazer isso em um prazo razoável, se os membros participam das discussões e se respeitam a opinião uns dos outros. Você também pode querer discutir o que acontece se um consenso não for alcançado. Se optar por decisões unânimes, você está realmente dando a cada membro da equipe um veto.

Se tiver um líder de equipe forte – talvez a pessoa que tem colocado outros para trabalhar na "visão" deles –, é de se esperar que essa pessoa tome a maior parte das decisões. Discuta até que ponto isso funcionará bem com outros membros da equipe.

A escolha do projeto

Como decidir para qual dos negócios você vai desenvolver um plano? Algumas aulas ou competições podem limitar os tipos de negócio que você pode escolher como projeto, mas geralmente há inúmeras opções. Como a qualidade do plano de negócios necessariamente reside na natureza do negócio que se planeja, escolha cuidadosamente.

Um membro da equipe pode ter uma visão muito clara do negócio que quer planejar. Talvez os membros tenham até formado a equipe em torno do conceito do negócio dele. Nesse caso, você já está em vantagem, mas ainda assim é útil submeter essa ideia ao mesmo tipo de análise a que você submeteria todas as outras sugestões. Isso o ajudará a identificar possíveis obstáculos e desafios para a ideia de negócio apresentada pelos membros.

Se não tiver escolhido uma ideia em particular, provavelmente começará o processo de seleção recorrendo a uma sessão de brainstorming junto com os membros da equipe, para criar uma lista de possibilidades. De fato, alguns professores exigem que você apresente vários possíveis projetos de plano de negócios. Consulte a seção e o roteiro sobre conceito do negócio apresentado no Capítulo 1 para ajudá-lo a focalizar o processo de seleção.

Provavelmente, você restringirá as escolhas às opções cuja natureza pareça razoável a você e aos membros da equipe. Para iniciar a escolha, faça mais estas perguntas:

- Em que medida a formação, as habilidades e a experiência dos membros se relacionam com cada negócio? Temos experiência suficiente para entender cada negócio?
- O que é de interesse dos membros do grupo?
- Os membros da equipe têm talentos ou conhecimentos únicos que poderiam nos proporcionar uma clara vantagem competitiva em determinado negócio?
- Como é possível coletar as informações de que precisamos sobre cada negócio no prazo designado?
- Como esses negócios se combinam com os valores e interesses sociais dos membros da equipe?
- Quais outros fatores afetam nossa capacidade de preparar um plano para cada um desses negócios? E, o mais importante:
- Que negócio acreditamos ter a melhor possibilidade de sucesso?

Identificação das questões-chave

Assim que decidir o negócio sobre o qual desenvolverá seu plano, você terá de identificar as questões-chave que precisará abordar no desenvolvimento desse plano.

Está na hora de discutir mais detalhadamente o conceito do negócio. Reúna o grupo para analisar o roteiro sobre o conceito do negócio no Capítulo 1. Seja criterioso e não tenha medo de descartar sua ideia de negócios. Faça você mesmo todas as perguntas difíceis que um leitor – seja um professor, juiz ou possível investidor – inevitavelmente fará. O melhor método para identificar questões-chave consiste em questionar a si mesmo (consulte o Capítulo 2); assim, faça uma sessão de brainstorming para elaborar essas perguntas.

Assim que tiver uma lista de perguntas, você terá uma lista de questões a examinar. Utilize o roteiro sobre perguntas relacionadas com a pesquisa no Capítulo 2 para organizar e esclarecer essas questões.

Atribuição de tarefas

Ao atribuir as tarefas, provavelmente a primeira decisão que você vai tomar é escolher um líder de grupo. Normalmente, é muito mais fácil trabalhar em um grupo quando se atribui a função de "líder" a um dos membros. O grupo pode decidir a natureza e a extensão das responsabilidades do líder, mas, em geral, é útil ter uma pessoa-chave atuando como o ponto focal a quem se reportar, com quem marcar reuniões etc.

Você pode optar por dividir as tarefas operacionais por áreas funcionais ou compartilhar todas as tarefas entre os membros da equipe. Alguns professores podem exigir que você alterne tarefas entre os membros da equipe para que cada integrante adquira experiência em todas as áreas.

Divisão funcional: Isso lembra mais o "mundo real", onde cada pessoa prepararia a parte do plano relacionada com suas responsabilidades de trabalho. Por exemplo, o vice-presidente de marketing cuidaria do departamento de marketing, o diretor de operações prepararia a departamento de operações etc. A vantagem de dividir as tarefas entre as linhas funcionais é que assim se utilizam melhor as habilidades e os talentos dos membros da equipe e se faz melhor uso do tempo. A desvantagem é que podem acabar entendendo pouco ou nada de outras áreas, diferentes daquelas em que atuam; a qualidade e o conteúdo de informações podem ser inconsistentes e, se um único membro não tiver um bom desempenho, a área inteira do plano será prejudicada.

Divisão de tarefas: Nessa divisão de responsabilidades, cada membro da equipe continua trabalhando em cada questão ou na maioria delas. Você pode designar tarefas por tempo: esta semana todo mundo trabalha em marketing, na próxima em operações etc. A vantagem é que os membros da equipe compreendem melhor todas as questões que o negócio enfrenta, os tópicos podem ser abordados mais completamente, pois mais pessoas estão trabalhando neles, e você pode despertar a criatividade entre funções e entre departamentos. A desvantagem é que isso cria muita duplicidade de trabalho, o processo é mais demorado e pode deixá-lo com pouco tempo para explorar cada área.

Também é possível trabalhar em alguma combinação dessa divisão: atribuindo a uma pessoa a responsabilidade principal por determinada área ao longo do projeto, mas fazendo o grupo inteiro trabalhar em cada área por um curto período de tempo.

Assim que descobrir como vai dividir as tarefas, você tem de desenvolver um esquema dessa divisão de tarefas, deixando claro a quem foi designada cada tarefa e os prazos para a execução de cada uma delas. Esse esquema de divisão de tarefas é apresentado na página 376.

Reavaliação de pressupostos

Quase no final do processo de planejamento, antes de elaborar o plano por escrito e a apresentação, reveja seus pressupostos originais e avalie os aspectos do negócio que precisam mudar. Como resultado da pesquisa e dos dados – e da sua familiarização com o setor, o mercado e os concorrentes –, você terá uma ideia muito melhor do que poderá de fato fazer sucesso. Está na hora de reunir-se, como grupo, para reavaliar seus pressupostos originais e reajustar o conceito do negócio ou estratégia.

Reserve um tempo durante o processo de planejamento para essa reunião de avaliação; é fácil ver-se de repente no fim do prazo de entrega com tempo apenas para montar o plano. Em alguns cursos, o professor pode exigir que você faça uma revisão como parte da atividade.

Esteja disposto a mudar. Pode ser difícil reconsiderar ou reescrever parte do plano e da estratégia de negócios, uma vez que você já redigiu algumas seções do plano de negócios e pretende apenas entregá-lo e encerrar o trabalho, mas vale a pena. Você verá que não só planeja um negócio mais realista como também tem uma chance maior de obter boa nota ou ganhar uma competição.

A integração do trabalho: preparação e apresentação do plano

Assim que todas as atividades tiverem sido concluídas e as seções individuais do plano tiverem sido desenvolvidas pelos membros da equipe, você precisará preparar o plano de negócios por escrito e/ou a apresentação digital. Embora possa ser solicitado a cada membro da equipe o relatório escrito da sua parte do plano, você está longe de ter terminado quando eles entregarem suas respectivas seções.

Provavelmente você verá que tem um documento bastante desigual: algumas seções são mais completas que outras, algumas são escritas com mais clareza do que outras etc. Você terá de decidir primeiro como o grupo tratará as seções consideradas insuficientes. Normalmente, seu futuro está amarrado aos companheiros da equipe, seja por uma nota, seja por um prêmio de competição, portanto provavelmente você não vai querer que uma seção seja visivelmente inferior a outras. Responsabilize um membro, ou no máximo dois, pela conclusão do plano escrito. É difícil escrever um documento muito bom por um grupo de pessoas. Outros membros podem ficar responsáveis pela diagramação, apresentação de slides etc.

Por fim, decida quem fará a apresentação do plano, se for o caso, e depois ensaie essa apresentação. Você não quer ser pego despreparado na última hora, sem saber que vai apresentar o plano.

O Capítulo 18 apresenta outros detalhes sobre a preparação e apresentação do plano, e você também pode querer preparar sua "apresentação-relâmpago", como descrevemos no Capítulo 19.

Considerações especiais para cursos

Muitos cursos de negócios, finanças ou empreendedorismo exigem o desenvolvimento de um plano de negócios, em geral como parte da conclusão do curso. O processo de montar um plano de negócios persuasivo tem como objetivo demonstrar que é possível integrar o conhecimento adquirido nos vários cursos e relacioná-los entre si e com uma situação real.

Geralmente, as questões relacionadas com a preparação de um plano de negócios bem-sucedido em sala de aula – e conseguir uma boa nota – são as mesmas relacionadas com a preparação de qualquer plano de negócios. Há algumas áreas em que os planos dos cursos se diferenciam. Os professores provavelmente darão mais ênfase ao seguinte:

- A integração das diferentes seções do plano.
- O modo como as fontes de informação foram documentadas.
- O quanto o plano é realista; o modo como ele reflete uma avaliação precisa da situação real.
- Se o plano apresenta um relato claro de premissas, e se essas premissas são realistas.
- Se a avaliação de risco é ou não adequada, refletindo limitações reais.

Em uma sala de aula, provavelmente você também será julgado pelo resultado final obtido pelo grupo – pela sua capacidade de gerenciar o processo da elaboração do plano – portanto, preste muita atenção à dinâmica de grupo.

Por fim, em uma sala de aula, a qualidade do plano escrito é sempre crucial. Não seja desleixado. Preste atenção não só ao conteúdo do plano – verificando se abordou por completo todas as seções –, mas também à aparência e qualidade do próprio documento escrito. Consulte os Capítulos 3 e 18 para ver como tornar a aparência do plano atraente.

Considerações especiais para competições de plano de negócios

Há dezenas, senão centenas, de competições de planos de negócios patrocinadas nos Estados Unidos. Muitas são organizadas pelas principais universidades e faculdades de negócios, como o Massachusetts Institute of Technology (MIT), Stanford University,

Universidade do Texas e Universidade da Califórnia, só para citar algumas. Outras são patrocinadas pelo setor privado ou por empresas de consultoria, ainda outras são realizadas por centros de desenvolvimento de pequenos negócios, associações e até publicações da área de negócios.

A maior parte dessas competições oferece prêmios em dinheiro aos ganhadores. Em algumas delas, os prêmios podem ser elevadas somas em dinheiro. Mas, talvez, ainda mais importante do que o dinheiro seja o fato de as maiores competições de plano de negócios chamarem a atenção de investidores de capital de risco e corporações em busca de novos empreendimentos promissores. O sucesso em uma competição de plano de negócios pode resultar diretamente em sucesso na obtenção de financiamento para sua empresa.

Toda competição de plano de negócios tem regras e requisitos próprios. A maior parte das competições realizadas pelas faculdades de administração requer que alguns ou todos os membros da equipe da empresa sejam alunos (em alguns casos, ex-alunos). Algumas competições podem ser limitadas apenas a novos negócios; outras podem permitir planos de empreendedores que já estão administrando seus negócios, mas que desejam se expandir.

> *O segredo para ganhar? Mostrar a propensão de que você está desenvolvendo um plano para iniciar um negócio real em vez de escrevê-lo apenas como exercício. Ter uma equipe inicial bem equilibrada. Fazer o dever de casa conta ainda mais em uma competição porque normalmente os aspectos financeiros não são bem elaborados; ter um conjunto realista de dados financeiros que espelhe um negócio real tende a ser muito mais autêntico em uma competição e mostra o nível de sofisticação. Ter um plano que estuda o mercado primeiro, em lugar dos produtos — isso é extremamente positivo e tende a caracterizar a maior parte dos planos vencedores. Negócios baseados em uma tecnologia singular tendem a receber mais atenção do que na vida real, na qual o tamanho do mercado normalmente é visto como algo mais crucial do que a singularidade do produto.*
>
> **Mark Gorenberg**
> **Investidor de capital de risco e juiz de competições**

Truques para aprimorar suas chances em competições de plano de negócios

- **Conheça a natureza da competição.** Uma competição de planos de negócios patrocinada pelo MIT terá uma ênfase (e um grupo de juízes) diferente de uma competição realizada para ajudar a abertura de pequenos negócios.
- **Reúna uma equipe multifuncional.** Busque membros com formação e habilidades complementares. Os juízes costumam ver se você tem a experiência necessária. Se sua formação for voltada para marketing, equilibre sua equipe com membros experientes em outras atividades, como tecnologia, operações, finanças.
- **No caso de competições anuais, fale com ex-vencedores ou participantes, se possível.** Eles podem dar dicas sobre como realmente funciona a competição e o que os juízes procuram. Se o patrocinador da competição oferecer exemplos de planos vencedores dos anos anteriores, examine os planos de vários participantes — não só o primeiro lugar; você terá uma ideia melhor de como eles foram avaliados.

- **Pesquise os juízes.** Que áreas de interesse e experiência eles têm? Se forem os próprios investidores (por exemplo, investidores de capital de risco), em que tipos de negócios investem? Essas informações lhe dão uma ideia do nível do conhecimento de tecnologia e do setor que eles terão no julgamento.
- **No caso de competições universitárias, aconselhe-se e informe-se com ex-alunos.** Essa pode ser, de fato, uma oportunidade perfeita para encontrar-se com um possível investidor (ou empregador) que, por acaso, pode ser um ex-aluno da sua faculdade de administração.
- **Seja realista.** A menos que a competição esteja procurando especificamente planos de negócios visionários, é muito mais provável que os juízes fiquem impressionados com um conceito que tenha boa possibilidade de acontecer no mundo real, mesmo que seja em uma escala menor do que um conceito totalmente inovador.

Resumo

Preparar um plano de negócios para um curso ou competição assemelha-se muito à preparação de um plano no "mundo real". Mas, provavelmente, será um trabalho em equipe; portanto, enfrentará os desafios da tomada de decisão e gerenciamento do processo em grupo. A qualidade do documento escrito é especialmente importante nas aulas, até mais do que no mundo real. Seja o mais realista possível; você aumentará suas chances de obter uma boa nota – ou vencer uma competição – se o seu plano de negócios refletir uma situação real. Boa sorte!

Lista de verificação do trabalho em equipe

No espaço a seguir, descreva as especificidades e defina prazos para a concretização de cada passo no processo do trabalho em equipe. Isso é muito parecido com a definição dos marcos de um negócio – só que, desta vez, você está estabelecendo marcos para sua equipe com o objetivo de assegurar um bom resultado em um curso ou uma competição!

TAREFA	ESPECIFICAÇÕES	DATA DE CONCLUSÃO
Escolha dos membros da equipe		
Elaboração de um processo decisório		
Seleção do negócio		
Identificação das questões-chave		
Atribuição de tarefas (consulte a planilha de atividades na próxima página)		
Reavaliação de pressupostos		
Integração do trabalho, preparação e apresentação do plano		

Divisão de tarefas

Utilize esta planilha para indicar a divisão de tarefas entre os membros de equipe e a data de conclusão de cada uma delas.

TAREFA	ATRIBUÍDA A	DATA DE CONCLUSÃO	CONCLUÍDA
Setor			
Mercado			
Concorrência			
Estratégia			
Marketing			
Operações			
Tecnologia			
Gerência			
Responsabilidade social			
Desenvolvimento			
Finanças			

21
Planejamento interno para negócios e corporações existentes

Planejamento não é só o que você faz para entrar no negócio; é o que você tem de fazer para continuar no negócio.

Se você já tiver um negócio

Embora todo o processo de planejamento de negócio descrito neste livro seja direcionado tanto para negócios novos como para os existentes, as empresas que já estão em operação têm a capacidade, e a necessidade, de examinar mais detalhadamente as principais atividades de marketing, operações e finanças. Essa análise detalhada beneficia em particular aquelas empresas que se ocupam do processo de planejamento do negócio para propósitos de planejamento interno e não como um método de obter financiamento externo.

O planejamento interno contínuo é um dever de todo negócio; é o que lhe permite manter a competitividade. Um processo de planejamento completo nos obriga a examinar de perto a dinâmica da situação de mercado atual, em vez de confiar em velhas concepções. O planejamento regular e contínuo permite que uma empresa se adapte mais rapidamente a novas forças de mercado e incorpore novos avanços tecnológicos.

O planejamento interno oferece a oportunidade de examinar formas de controlar custos e aumentar a rentabilidade. Na constante pressão no dia a dia do negócio, reservar tempo para pensar no que você faz e na direção que a empresa está tomando lhe dá mais controle sobre o futuro da empresa e melhores informações nas quais basear decisões cruciais.

O propósito do planejamento interno

Ao realizar o processo de planejamento interno, devemos primeiro avaliar os objetivos e o propósito do processo.

Geralmente, o planejamento interno pode assumir uma das três formas:

- **Avaliação.** Fornece informações sobre o desempenho da empresa.
- **Definição de metas.** Estabelece objetivos anuais ou periódicos.
- **Solução de problemas.** Aborda determinada questão ou interesse.

Esses tipos de planos diferem uns dos outros apenas em termos de metas e escopo; o processo em si é relativamente semelhante. Todos três requerem reunir ou desenvolver informações suficientes para permitir a avaliação das condições atuais da empresa; envolver empregados necessários na avaliação dos dados compilados; e ser capaz de analisar a situação da empresa com visão crítica e honesta.

O plano de avaliação

Um plano de avaliação fornece à gerência as informações necessárias para a tomada de decisões. Esse tipo de plano enfatiza a coleta e a avaliação de dados, em vez da recomendação de ações específicas ou formulação de objetivos de desempenho específicos.

Tal plano em particular beneficia uma empresa que não realizou um exame criterioso das suas operações ou condições de mercado há algum tempo, ou pode ser utilizado anualmente por uma empresa que realiza uma análise detalhada desses fatores regularmente. Um plano de avaliação pode ser o tipo mais apropriado para uma empresa na qual todas as decisões são tomadas apenas nos níveis gerenciais mais altos e onde a contribuição da gerência de nível médio e do pessoal como um todo tem peso relativamente pequeno.

O plano de estabelecimento de metas

Provavelmente, o tipo mais utilizado de plano de negócios corporativo é o plano com o propósito de estabelecer metas anuais ou periódicas.

A função desse plano não é só avaliar as condições atuais e passadas dentro da empresa e o seu ambiente, mas estabelecer objetivos específicos e mensuráveis que os departamentos e/ou indivíduos devem alcançar.

Algumas áreas nas quais os objetivos específicos podem ser estabelecidos são:

- Receitas totais
- Vendas por empregado
- Receitas por cliente
- Margem de lucro
- Níveis de estoque
- Tempo de produção
- Atividade de cobrança

Muitas empresas definem anualmente objetivos de desempenho nessas e em outras áreas, com base no desempenho passado e em projeções de futuras condições.

Os objetivos de desempenho devem ser:

- **Mensuráveis.** Com números específicos ou valores monetários estabelecidos, em vez de meras qualidades ou quantidades subjetivas.
- **Razoáveis.** Baseados em uma avaliação razoável da atividade atual e passada, e em uma projeção realista de futuras condições, e não em um ideal inalcançável.
- **Específicos no tempo.** Definição de um prazo claro no qual os objetivos devem ser alcançados.
- **Motivacionais.** Nem impossíveis de alcançar nem tão facilmente realizáveis, pois tanto um como outro reduzirão a motivação do empregado.

O plano de solução de problemas

Outra opção do planejamento interno é restringir o processo de planejamento a algumas questões-chave a serem resolvidas. Esse tipo de processo de solução de problemas concentra-se nas mais altas prioridades para a melhoria operacional e menos na avaliação total do desempenho de empresa. O planejamento para a solução de problemas, porém, não deve tomar o lugar do planejamento mais abrangente; você ainda precisará examinar suas operações como um todo. Mas oferece um método que permite concentrar recursos e criatividade em uma ou duas áreas, a fim de obter ganhos de desempenho significativos.

A solução de problemas pode ser atribuída a um departamento ou divisão, mas muitas vezes é aconselhável montar uma força-tarefa para abordar a questão. Essa força-tarefa permite à gerência articular o pessoal entre diferentes divisões da empresa ou departamentos.

Tenha em mente que, em grande parte, quem você escolhe para participar da força-tarefa determinará o resultado. Se a força-tarefa for composta apenas de membros que estão na empresa há 20 anos ou mais, é improvável que você apresente abordagens novas para o problema. Se os membros forem muito inexperientes, por outro lado, nem eles terão o conhecimento necessário das realidades do negócio nem suas recomendações serão vistas com muita autoridade.

> *"Os marcos são essenciais. Se fizermos um negócio de US$1 milhão, inicialmente só lhes daremos US$500.000; depois, quando eles alcançarem a meta trimestral, analisaremos o plano liberaremos mais 20%, e assim por diante."*
> **Damon Doe**
> **Diretor-geral, Montage Capital**

O processo de solução de problemas consiste em:

- **Definir o problema.** A gerência ou o departamento pessoal pode esboçar as áreas de interesse ou os desafios.
- **Montar a equipe.** Limite o número de pessoas envolvidas e reúna somente aquelas cuja contribuição fará o processo avançar; escolha membros da equipe mais pela inteligência, atitude e conhecimento do que pelo cargo ou acesso a dados.
- **Considerar soluções.** Em geral, os problemas persistentes requerem soluções criativas; esteja disposto a fazer mudanças para alcançar resultados.
- **Recomendar atividades específicas.** Sugerir mudanças ou melhorias necessárias para resolver o problema.

Grandes corporações

Muitas, senão a maioria, das grandes corporações desenvolvem hoje planos de negócios anualmente para toda a empresa ou em nível divisional, departamental ou de equipe. *Planos de negócios vencedores* serve como guia para desenvolver um plano em todos esses níveis, seja para a empresa como um todo, seja para uma só equipe. Para planejamento departamental ou de equipe, algumas seções podem requerer modificações para dar conta de circunstâncias específicas ou talvez não se apliquem.

À medida que for lendo o livro, utilize os processos descritos e os roteiros, mas adapte o material à sua situação e às suas necessidades específicas. Embora o pronome "você" seja utilizado em todo o livro, determinadas ações podem ser executadas por um subordinado, um departamento de pesquisa ou outros membros da equipe de planejamento. Ainda assim, a pessoa que toma as decisões finais deve estar suficientemente informada a respeito do processo de planejamento e ter acesso aos dados brutos que permitam avaliar com competência os planos de ação recomendados por outros.

Se o seu negócio for especialmente grande ou complexo, você talvez queira separar seu plano de negócios em duas seções, uma contendo os objetivos de desempenho financeiros específicos e a outra examinando questões mais estratégicas e de longo prazo enfrentadas pela empresa.

Decisões de baixo para cima e de cima para baixo

O processo de planejamento de negócios em grandes corporações é mais bem-sucedido quando realizado como um esforço cooperativo entre aqueles no alto da escada de tomada de decisão e aqueles que, de fato, colocam as decisões em prática. Um processo de planejamento unilateral, sem o envolvimento da gerência e dos empregados resulta em falta de comprometimento com o plano em toda a empresa e inevitavelmente mina sua eficácia.

Ao definir o processo de planejamento do negócio e participar dele, a gerência tem as seguintes responsabilidades:

- Comunicar claramente as metas específicas e a importância do processo de planejamento.
- Definir o cronograma de realização e execução.
- Montar as equipes apropriadas e lhes disponibilizar tempo para participação.
- Contratar expertise externa adicional, se necessário.
- Colocar à disposição os recursos necessários do processo de planejamento.
- Ser aberta e responsiva a resultados e recomendações do plano.

De maneira análoga, cabe ao staff:

- Identificar áreas de interesse e problemas específicos.
- Definir os recursos e expertise externa necessários ao processo de planejamento.
- Fornecer as informações e os dados necessários.
- Avaliar os dados coletados com honestidade e cuidado.
- Examinar o processo de planejamento quando for necessário e benéfico.
- Perceber as limitações dos seus papéis nos processos decisórios.

Análise de indicadores

Você pode se surpreender com o quanto pode aprender sobre sua empresa e rentabilidade, com base em alguns cálculos relativamente simples. Mesmo se acreditar que essa coisa de "mexer com números" é apenas para contadores com "óculos de fundo de garrafa", você descobrirá que os números são ferramentas vitais para a gerência dos negócios. Os índices (ou indicadores) mais importantes mostram de que maneira uma atividade se relaciona com outra ou um número com outro.

Por exemplo, o indicador de retorno sobre o patrimônio compara o lucro líquido total depois de descontados os impostos com o volume total de dinheiro investido na empresa. Dividir o lucro pelo patrimônio permite ver exatamente quanto se ganhou em cada dólar investido. Esse é um número vital para o seu negócio, pois mostra a eficiência com que você utilizou o dinheiro que teve de gastar. O retorno sobre o patrimônio é especialmente importante para investidores que querem saber com que eficiência o dinheiro que investiram está sendo utilizado para gerar lucros.

Ao avaliar esses indicadores e utilizá-los como ferramenta de planejamento, é recomendável procurar modos de aumentar a produtividade reduzindo a quantidade de ativos necessários para gerar vendas, por meio da redução de dívidas e aumento dos lucros sobre cada venda.

O principal valor de calcular os indicadores da sua empresa está em compará-los entre diferentes períodos de tempo. Desse modo, você pode avaliar os progressos que a sua empresa fez no controle de preços e aumento de lucros, e as tendências que você enxerga nessas áreas.

Outro modo importante de utilizar essas informações é comparar esses indicadores-chave da empresa com o de outras empresas semelhantes no setor. Esses números estão disponíveis em publicações financeiras, como o relatório anual da Dun & Bradstreet, o *Almanac of Business and Industrial Financial Ratios*, publicado pela Prentice-Hall, e os relatórios de associações comerciais setoriais. Uma comparação de seus índices com o de outras empresas lhe dará uma ideia melhor do desempenho e da posição competitiva da sua empresa.

O roteiro sobre análise de indicadores-chave apresentado nas páginas 384-385 demonstra como calcular muitas das avaliações mais importantes do seu negócio. Os indicadores apresentados no roteiro ajudam a entender melhor a rentabilidade e as operações específicas da empresa, a capacidade da empresa de gerenciar seus próprios ativos e a situação de fluxo de caixa. Uma breve discussão dos quatro índices que você localizará no roteiro é fornecida a seguir.

Indicadores de liquidez

Os indicadores de liquidez mostram a margem dos ativos prontamente disponíveis, indicando a capacidade da sua empresa de liquidar dívidas no curto prazo. Geralmente, você quer aumentar a liquidez e reduzir o capital empatado em estoque. Os tipos específicos de indicadores de liquidez são:

- **Circulante.** A capacidade que a empresa tem de cobrir as dívidas de curto prazo com ativos de curto prazo. (Certifique-se de utilizar ativos circulantes, em vez de totais de ativos e passivos nos balanços patrimoniais.)
- **"Teste definitivo".** Maneira como a empresa poderia fazer a cobertura de dívidas no curto prazo sem desfazer-se do estoque; esse indicador deve ser sempre maior que 1.

- **Estoque para capital de giro líquido.** Quantia, em dinheiro, que a empresa tem empatado em estoque.

Indicadores de rentabilidade

Os indicadores de rentabilidade mostram quanto a empresa ganhou e os lucros gerados com as vendas. Sua meta é atingir o mais alto percentual possível. Entre os indicadores de rentabilidade estão:

- **Rentabilidade das vendas.** Relação de vendas totais para a rentabilidade real depois de subtraídas todas as despesas.
- **Retorno sobre o patrimônio.** Rentabilidade comparada com o investimento dos acionistas.
- **Retorno sobre ativos.** Rentabilidade comparada tanto com o investimento quanto com empréstimos; produtividade dos ativos totais da empresa na geração de lucros.
- **Margem de lucro bruta.** Receita depois de deduzidos os custos das vendas.
- **Margem de lucro líquida.** Rentabilidade depois de deduzidas todas as despesas.
- **Ganhos por ação.** Valor da receita expressa em termos de cada ação ordinária.

Indicadores de endividamento

Os indicadores de endividamento mostram a extensão do endividamento da empresa e a sua capacidade de atrair mais empréstimos; geralmente, quanto menores os percentuais, mais forte a posição financeira da empresa. Os indicadores de endividamento são:

- **Índice de liquidez.** Quanto a empresa tem contado com empréstimos para financiar suas operações.
- **Coeficiente de endividamento.** Quanto a empresa deve a credores em comparação com o valor de propriedade de acionistas.

Indicadores de atividade

Os indicadores de atividade mostram quão produtivamente a empresa utiliza os ativos e quanto de valor a empresa obtém com o estoque ou outros ativos. Quanto maior o valor do indicador, mais alto o dinheiro (exceto com o prazo médio de cobrança, que idealmente é um número baixo). Entre os indicadores de atividade estão:

- **Giro de estoque.** Valor monetário do estoque necessário para a empresa gerar vendas.
- **Utilização de estoque.** Valor médio (em dinheiro) que a empresa investiu em estoque.
- **Giro de unidades do estoque.** Quanto de estoque a empresa tem disponível em relação ao estoque vendido.
- **Utilização de ativos fixos.** Quantidade da fábrica e equipamentos utilizados para gerar vendas.
- **Utilização total de ativos.** Volume de ativos necessários para gerar as vendas para a empresa.
- **Prazo médio de cobrança.** Tempo médio em que a receita da empresa fica atrelada a contas a receber.

Clientes-chave

Na maior parte dos negócios, a "regra do 80-20" aplica-se às receitas. Essa regra sustenta que 80% da receita são provenientes de 20% dos seus clientes. Isso significa que, em geral, um número relativamente pequeno de clientes é fundamental para o seu sucesso.

Na maior parte dos casos, esses 20% são na realidade representados por um só cliente. Entretanto, em alguns casos, pode ser um tipo específico de cliente que compõe o maior volume do seu negócio.

Se de fato o seu negócio for dominado por alguns clientes-chave (ou tipos de clientes), você deve estudar atentamente os padrões de consumo e as motivações deles. Esses clientes são essenciais ao seu bem-estar financeiro permanente; portanto, é preciso ter a visão mais clara possível do comportamento do seu consumidor.

Além disso, você pode ter uma ideia muito melhor dos seus clientes estudando os clientes significativos conquistados recentemente e os clientes importantes perdidos recentemente. Esse tipo de avaliação de tendências na sua base de cliente lhe dá uma noção de como o mercado vê sua empresa e sua futura direção de vendas.

O roteiro sobre análise de clientes-chave, que se segue ao roteiro de análise dos indicadores-chave, ajuda a avaliar a atividade dos seus clientes-chave.

Mantendo seu plano ativo

No planejamento de negócios nas empresas, há uma tendência natural de se investir muito tempo e energia montando um plano de negócios ou um plano anual e, assim que o processo de planejamento está pronto, esquece-se das conclusões alcançadas e volta-se ao negócio como de costume. Isso não só desperdiça muitos recursos como também cria alto nível de ceticismo sobre a importância e o valor do processo de planejamento.

Para tornar o planejamento do negócio um documento significativo e funcional, agende reuniões de avaliação periódicas para manter seu plano ativo. Talvez uma vez por mês, em uma reunião com os empregados, o plano possa ser analisado, e o progresso avaliado. No mínimo, o plano deve ser revisado a cada três meses, tanto pelo pessoal da gerência quanto pelos empregados que participam da avaliação. Não deixe que o plano de negócios acumule poeira; use-o.

Resumo

Os estabelecimentos existentes exigem planejamento de negócio da mesma maneira que as empresas iniciantes. O planejamento é uma necessidade de toda empresa que busque aprimorar as operações, aumentar a rentabilidade, manter ou expandir sua participação no mercado. O planejamento é uma parte regular do negócio, não algo que ocorra uma vez no negócio ou uma vez na década. O sucesso no longo prazo depende do planejamento adequado: é o único modo de acompanhar a concorrência.

Análise dos indicadores-chave

Indicadores de liquidez

$$\text{Circulantes} = \frac{\text{Ativo}}{\text{Passivo}}$$

$$\text{"Teste definitivo"} = \frac{\text{Ativo circulante} - \text{estoque}}{\text{Passivo circulante}}$$

$$\text{Estoque para capital de giro líquido} = \frac{\text{Estoque}}{\text{Ativo circulante} - \text{Passivo}}$$

Indicadores de rentabilidade

$$\text{Lucro das vendas} = \frac{\text{Receita líquida depois de descontados os impostos}}{\text{Vendas}}$$

$$\text{Retorno sobre o patrimônio} = \frac{\text{Receita líquida depois de descontados os impostos}}{\text{Patrimônio}}$$

$$\text{Retorno sobre ativos} = \frac{\text{Receita líquida depois de impostos}}{\text{Média de ativos totais}}$$

$$\text{Margem de lucros bruta} = \frac{\text{Vendas} - \text{Custo das vendas}}{\text{Vendas}}$$

$$\text{Margem de lucros líquida} = \frac{\text{Receita líquida depois de descontados os impostos}}{\text{Vendas}}$$

$$\text{Lucros por ação} = \frac{\text{Receita líquida depois de descontados os impostos}}{\text{Número de ações ordinárias em circulação}}$$

Análise dos indicadores-chave *(continuação)*

Indicadores de endividamento

$$\text{Índice de liquidez} = \frac{\text{Total de endividamento}}{\text{Total de ativos}}$$

$$\text{Índice de endividamento} = \frac{\text{Total de endividamento}}{\text{Patrimônio total}}$$

Indicadores de atividade

$$\text{Giro de estoque} = \frac{\text{Custo de vendas}}{\text{Estoque}}$$

$$\text{Utilização de estoque} = \frac{\text{Custo de mercadorias vendidas}}{\text{Estoque médio a preço de custo}}$$

$$\text{Giro do estoque em unidades} = \frac{\text{Número total de unidades vendidas}}{\text{Número médio de unidades no estoque}}$$

$$\text{Utilização de ativos fixos} = \frac{\text{Vendas}}{\text{Ativos fixos líquidos médios}}$$

$$\text{Utilização de ativos total} = \frac{\text{Vendas}}{\text{Ativos totais médios}}$$

$$\text{Período de cobrança médio} = \frac{\text{Vendas anuais de contas a receber}}{365}$$

Análise de cliente-chave

Descreva os padrões de consumo e motivações dos ex-clientes, dos clientes atuais e dos novos.

Clientes-chave atuais

Cliente	Produtos/ serviços comprados	Número de unidades compradas	Vendas este ano	Vendas no ano passado	Vendas no ano anterior
1.					
2.					
3.					
4.					
5.					
6.					
7.					

Principais novos clientes

Cliente	Razão da compra	Como foi feita a venda	Vendas neste ano	Vendas no ano passado	Vendas no ano anterior
1.					
2.					
3.					
4.					
5.					
6.					
7.					

Principais clientes perdidos

Cliente	Produtos/ serviços comprados	Razão da perda	Potencial de recuperação	Última compra anual	Maior compra anual anterior
1.					
2.					
3.					
4.					
5.					
6.					
7.					

22
Dicas para otimização do tempo

Já estive em um calendário, mas nunca fui pontual.
Marilyn Monroe

Acelerando o processo

Desenvolver um plano de negócios leva tempo. É muito comum que o processo inteiro, do conceito do negócio à conclusão, consuma muitos meses, especialmente no caso de um novo negócio. Um plano para um novo negócio leva muito mais tempo do que um plano de expansão ou crescimento de um negócio existente.

Entretanto, há vários atalhos que podem poupar tempo e acelerar a conclusão de um plano. Lembre-se, seu objetivo não é apressar o processo, mas também não vale a pena passar tanto tempo preparando um plano que acabe não colocando o negócio em prática.

Há ocasiões em que é necessário ter um plano de negócios rápido, e só temos tempo para montar uma visão geral do negócio. Embora essa não seja a maneira ideal de apresentar seu plano de negócios, há momentos em que não existem outras escolhas. A seção "Quando você está realmente com pressa" ensina, em linhas gerais, a preparar um plano de negócios muito rapidamente.

Dicas gerais para economizar tempo

Eis como tornar o processo de planejamento de negócio mais rápido e fácil:

- **Dê prioridade às áreas mais importantes.** Nem todas as partes do plano são igualmente importantes. Dedique tempo suficiente à elaboração dos aspectos do negócio que mais influenciam o sucesso no longo prazo ou aumentam as possibilidades de obter financiamento (se esse for o objetivo do seu plano de negócios). Não desperdice tempo em áreas que você já conhece bem ou que são relativamente menos importantes para as suas metas. Ao iniciar a preparação do plano, identifique quais são os tópicos mais importantes e aborde-os primeiro.

- **Desenvolva um plano de pesquisa.** Durante a preparação do plano, você terá de coletar grande quantidade de informações. Embora possa começar pela internet, em breve terá de sair do seu escritório ou de casa para comparecer a reuniões do setor, conversar com outros empresários ou visitar possíveis fornecedores. Para evitar ter de repetir essas tarefas inúmeras vezes, basta descrever todas as informações de que provavelmente precisará no início do processo de planejamento do negócio. Por exemplo, um vendedor não só pode lhe informar o tipo e os custos das mercadorias, mas também pode saber muito sobre seus possíveis concorrentes e conhecer as preferências do cliente. Você vai querer perguntar tudo isso em uma única reunião, sem precisar voltar mais tarde.

  Assim, inicie o plano de pesquisa elaborando uma lista de todas as informações desejadas e as possíveis fontes dessas informações. Em seguida, coloque-as em uma ordem lógica. Ao fazê-lo, você descobrirá que, naturalmente, precisa de mais informações, mas um plano de pesquisa reduzirá o número de vezes que terá de voltar à mesma fonte e permitirá que você continue progredindo.

- **Organize toda essa papelada!** Você acumulará uma quantidade assombrosa de papel durante o processo de desenvolvimento de um plano de negócios, e a busca de informações em pilhas de relatórios, notas e folhetos pode consumir muito tempo. Assim, desde o começo, organize materiais para consultá-los de forma rápida e fácil quando precisar. Reserve uma gaveta ou arquivo para os materiais de planejamento. Crie arquivos que correspondam às seções do plano de negócios, como mercado-alvo, competição e operações, e seções para materiais diversos e possíveis anexos. Um truque é usar uma pasta A4 ou pastas com guias que separam as seções do plano. Se estiver buscando informações importantes na internet, imprima as páginas relevantes e guarde-as no arquivo ou salve-as em arquivo adequado no computador (veja adiante). Reúna todo o material em um único lugar e comece imediatamente a arquivar os papéis em seções apropriadas.

- **Monitore as informações mais importantes.** Ao realizar pesquisas sobre o seu negócio, você encontrará dados importantes que vai querer utilizar no plano. Alguns deles serão informações interessantes, por exemplo, pesquisas demográficas sobre o tamanho do mercado-alvo, estatísticas de crescimento do setor etc. Evite ter de voltar e ler artigos do começo ao fim ou relatórios de pesquisa, elaborando um sistema de monitoramento para arquivar informações importantes à medida que as encontra. A melhor maneira de fazer isso é criar um arquivo eletrônico separado em um processador de texto para cada seção do plano de negócios (mais um para informações diversas) e para inserir dados importantes no arquivo aplicável ao encontrá-los. Podem ser apenas anotações; não é necessário que sejam frases inteiras ou blocos de informações.

No entanto, lembre-se de indicar de onde vieram as informações, para poder atribuir os créditos necessários sem precisar voltar e procurar a fonte. Quando não estiver usando um computador, utilize um marcador de texto colorido para indicar as informações importantes em cada documento, transfira esses dados para o arquivo de computador apropriado assim que possível e, em seguida, arquive o material em pastas eletrônicas de maneira correspondente à divisão em gavetas dos arquivos físicos. Você deve providenciar cópias de alguns itens porque muitos documentos estarão relacionados com mais de uma seção do plano. Esse método realmente economiza tempo. Quando começar a redigir o plano, você terá quase todas as informações necessárias à mão, exatamente no lugar certo. E será capaz de identificar as seções que precisarem de um nível de detalhamento maior.

- **Utilize uma planilha eletrônica.** Se você não tiver computador e nunca tiver usado um antes, isso não significa que deva comprar um e aprender a usá-lo, bem como o software que o acompanha. Isso não poupará tempo nem dinheiro. Mas, se você tem computador e for um usuário com boas habilidades, a utilização de uma planilha eletrônica (por exemplo, uma planilha do Microsoft Excel™) facilita e acelera as modificações constantes, necessárias nas projeções financeiras. Se não for possível trabalhar com uma planilha, o uso de um software de contabilidade simples (por exemplo, o Quicken™) tornará mais rápido o recálculo dos seus dados financeiros.
- **Peça ajuda.** Você não precisa se responsabilizar sozinho por todas as partes do plano de negócios. Pode poupar muito tempo se investir um pouco na contratação de um consultor para ajudá-lo. Muitos serviços profissionais podem tornar o processo de planejamento de negócio mais rápido e melhorar a qualidade do produto final. Talvez você queira recorrer à ajuda de um consultor de plano de negócios profissional e/ou serviços de pesquisa (Capítulo 2). Embora talvez seja um pouco caro, se você não entender formulários financeiros, se estiver procurando fundos de investidores muito sofisticados ou tiver um negócio existente, pense em utilizar uma firma de contabilidade para preparar seus dados financeiros. Isso costuma economizar tempo, mas, o que é ainda mais importante, aumenta a confiança do investidor nos seus números.

Quando você está realmente com pressa

Às vezes, você não tem tempo, e a perfeição do plano não é tão importante quanto a rapidez com que ele precisa ser preparado. E se um potencial investidor pedir para ver seu plano de negócios antes de deixar a cidade, na próxima semana? E se um departamento de planejamento precisar do seu plano de negócios para aprovar a licença de construção?

Nunca é uma boa ideia correr demais para montar um plano de negócios, e deve-se tentar evitar isso sempre que possível. (Você pode perguntar ao possível investidor se é possível apresentar-lhe o plano quando ele voltar, por exemplo.) Às vezes, porém, não há escolha. Nessas circunstâncias, você pode utilizar os passos a seguir para simplificar o processo:

1. Descubra quais são as informações mais importantes. Se estiver em busca de um investidor, geralmente as questões mais cruciais são:
   - O conceito do negócio
   - O tamanho e a natureza do mercado
   - O que está ocorrendo com a concorrência
   - O tipo de crescimento que você projeta
   - Quem faz parte da sua equipe

   Concentre-se em abordar essas questões em primeiro lugar.
2. Consulte os formulários de preparação do plano apresentados ao final de cada capítulo e preencha-os. Esses formulários servem como um esboço para o texto do plano.
3. Consulte os formulários financeiros apresentados no Capítulo 16. Os três formulários financeiros essenciais são o demonstrativo de resultados do exercício, o fluxo de caixa e o balanço patrimonial. Concentre-se neles. Se não souber bem onde obter os números, consulte os formulários para transferência de informações financeiras. O Capítulo 16 apresenta uma lista desses formulários. Eles lhe proporcionarão uma estrutura para entender as informações necessárias para preencher todos os formulários financeiros.
4. Consulte o Capítulo 18. Lá, você encontrará dicas sobre o layout do plano para a melhor apresentação e como preparar uma apresentação eletrônica (o que você talvez também precise fazer apressadamente).
5. Se estiver em busca de financiamento, prepare uma "apresentação-relâmpago" (Capítulo 19). Isso ajudará a explicar seu negócio com rapidez e confiança.

Esses passos lhe permitirão preparar um plano rapidamente – talvez em um fim de semana! Mas lembre-se, você não deve acelerar o processo a ponto de o plano acabar não sendo uma boa representação do seu negócio; nunca temos uma segunda chance para causar uma boa primeira impressão.

O que evitar

Uma das piores maneiras de economizar tempo em um plano de negócios é adquirir um programa de computador com textos padronizados, em que se acrescentam apenas o nome, o setor e os formulários financeiros da empresa. Isso pode ser tentador, pois parece que a maior parte do trabalho já está pronta. Entretanto, essa abordagem generalizada pode ser contraproducente, especialmente se você estiver utilizando o plano de negócios para levantar dinheiro. Os possíveis financiadores podem fazer algumas perguntas difíceis, e vão querer ver se você entende o que está por trás das informações que colocou no papel.

Lembre-se, a parte mais importante do desenvolvimento de um plano de negócios é o planejamento. Você precisa se fazer as perguntas e preparar as respostas para entender quais são os fatores mais importantes para seu sucesso.

Resumo

É natural sentir-se intimidado diante da perspectiva de preparar um plano de negócios se você nunca fez isso antes. E essa sensação pode facilmente levar a um adiamento do plano, o que desperdiça muito tempo. Tente livrar-se do medo e levar o processo adiante, um passo por vez. Por outro lado, você não quer acelerar o processo de plano de negócios apenas para gerar um documento por escrito. Você tem de saber o que está por trás das palavras que forem colocadas no papel.

Lembre-se: Um plano de negócios não precisa ser perfeito; nenhum plano é. Você só precisa fazer um esforço honesto, e fazer o melhor que puder. Não é necessário prever todas as situações possíveis nem realizar intermináveis revisões para chegar a um resultado absolutamente correto. Nenhum plano de negócios chega realmente a ser dado como finalizado. Todo plano pode ser aprimorado, e todo plano continua a mudar, mesmo depois de supostamente estar pronto. Portanto, não deixe que o processo o sobrecarregue. Vá em frente e coloque a mão na massa!

PARTE IV

Referência

Esboço de um plano de negócios

Glossário de termos de negócios

Fontes de financiamento

Fontes de pesquisa

Fontes para empreendedores

Índice

Esboço de um Plano de Negócios

Os planos de negócios variam. Você pode não ter necessidade de usar os mesmos componentes listados aqui. Use o esboço a seguir como um guia.

I. Sumário executivo

II. Descrição da empresa
    A. Nome da empresa
    B. Declaração de missão/objetivos
    C. Forma do negócio
    D. Marcas comerciais, direitos autorais e outras questões legais
    E. Produtos ou serviços
    F. Gerência/liderança
    G. Localização e informações geográficas
    H. Estágios do desenvolvimento
    I. Marcos alcançados até agora
    J. Informações sobre especialidades do negócio
    K. Situação financeira

III. Análise e tendências setoriais
    A. Tamanho e ritmo de crescimento do setor
    B. Maturidade do setor
    C. Sensibilidade aos ciclos econômicos
    D. Fatores sazonais
    E. Fatores tecnológicos
    F. Regulamentação/certificação
    G. Abastecimento e distribuição
    H. Características financeiras

I. Mudanças esperadas e tendências setoriais
   J. Preocupações globais

IV. O mercado-alvo
   A. Demografia/geografia
   B. Estilo de vida e psicografia
   C. Padrões de compra
   D. Suscetibilidades da compra
   E. Tamanho e tendências do mercado

V. A concorrência
   A. Posição competitiva
   B. Distribuição da participação no mercado
   C. Competição global
   D. Concorrência futura
   E. Barreiras à entrada

VI. Posição estratégica e avaliação de riscos
   A. Tendências do setor
   B. Mercado-alvo
   C. Ambiente competitivo
   D. Pontos fortes da empresa
   E. Avaliação de riscos
   F. Definição de posição estratégica

VII. Plano de marketing e estratégia de vendas
   A. Mensagem da empresa
   B. Estratégia de marketing
   C. Táticas de marketing
   D. Parcerias estratégicas
   E. Táticas de marketing on-line
   F. Força de vendas e estrutura

VIII. Operações
   A. Fábrica e instalações
   B. Plano de produção
   C. Necessidades de mão de obra
   D. Utilização da capacidade
   E. Controle de qualidade
   F. Equipamento e mobiliário
   G. Controle de estoque
   H. Suprimento e distribuição
   I. Atendimento de pedidos e serviço ao cliente
   J. Pesquisa e desenvolvimento

K. Controle financeiro
  L. Planos de contingência
  M Outras questões operacionais

IX. Plano de tecnologia
  A. Objetivos e posição tecnológica
  B. Objetivos e plano para internet
  C. Necessidades de software
  D. Necessidades de hardware
  E. Necessidades de telecomunicações
  F. Necessidades de pessoal de tecnologia

X. Gerência e organização
  A. Presidentes/executivos
  B. Remuneração e incentivos
  C. Conselho de administração/comitê consultivo
  D. Consultores/especialistas
  E. Executivos a serem contratados
  F. Organograma
  F. Estilo de gestão/cultura corporativa

XI. Responsabilidade social e sustentabilidade
  A. Objetivos de responsabilidade social
  B. Políticas da empresa
  C. Certificações de responsabilidade social
  D. Envolvimento comunitário
  E. Sustentabilidade

XII. Desenvolvimento, marcos e plano de saída
  A. Objetivos de longo prazo da empresa
  B. Estratégia de crescimento
  C. Marcos
  D. Avaliação dos riscos
  E. Plano de saída

XIII. Finanças
  A. Declaração de rendimentos
  B. Projeções de fluxo de caixa
  C. Balanço
  D. Fontes e utilização de fundos
  E. Pressupostos do plano
  F. Análise do ponto de equilíbrio

XIV. Anexo

Glossário de termos de negócios

Consulte também o Capítulo 16, Finanças, para ver definições de termos financeiros.

24/7. Vinte e quatro horas por dia, sete dias por semana. Termo usado para descrever um serviço, site de internet ou outra atividade disponível continuamente.
Abertura de capital. Emissão de uma oferta pública inicial de ações (ver a seguir).
Anjo. Pessoa física que investe dinheiro próprio em novas empresas.
Barreiras à entrada. Condições que dificultam ou impossibilitam a entrada de novos concorrentes no mercado: duas barreiras à entrada seriam as patentes e os altos custos iniciais das operações.
Benfeitorias em imóveis alugados. Mudanças realizadas em um estabelecimento, loja, escritório ou fábrica para acomodar o locatário e tornar o local mais adequado aos propósitos do negócio.
Capacidade. Quantidade de bens ou trabalho que pode ser produzida por uma dada empresa considerando seu nível de equipamento, trabalho e instalações.
Capital de giro. Dinheiro disponível para a empresa prosseguir nas operações do negócio.
Capital. Fundos necessários para montar ou operar um negócio.
Carta de intenção. Carta ou outro documento entre duas partes que descreve um acordo antes do fechamento de um contrato.
Comitê consultivo. Grupo não oficial de conselheiros/consultores; não tem autoridade ou obrigação legal.
Condições finais. Proposta feita por um investidor sobre os termos ou condições que nortearão um investimento em uma empresa.
Conselho de administração. Órgão administrador de uma sociedade por cotas ou sociedade anônima. Seus membros têm responsabilidade jurídica pela empresa.

Contabilidade baseada no regime de caixa. Método contábil pelo qual as receitas e as despesas são lançadas nos livros contábeis na data do pagamento ou recebimento de fundos.

Contabilidade baseada no regime de competência. Método contábil no qual receitas e despesas são inseridas em livros fiscais na data original de seu contrato e acordo, e não na data do pagamento ou recebimento dos fundos.

Desembolsos. Dinheiro gasto.

Distribuidor. Pessoa jurídica ou física organiza a venda de produtos do fabricante para lojas no varejo; o famoso "intermediário".

Dívida conversível. Empréstimos concedidos a uma empresa que podem ser liquidados por meio de participação acionária (ou uma combinação de ações e dinheiro em espécie), normalmente de acordo com a opção do credor.

Due diligence. Processo realizado por investidores de capital de risco, banqueiros de investimento ou outros para investigar uma empresa antes de financiá-la; obrigatório por lei antes de oferecer ações para venda.

e-commerce. Realização de vendas e transações na internet.

Empresas manufatureiras. Negócios que criam produtos com base em matéria-prima ou materiais inacabados, em geral para ser vendidos a intermediários (como lojas e revendedores) e não ao usuário final.

Evento. Investidores ou outros podem falar de um "evento" que ocorre normalmente quando o valor pode ser liquidado pela empresa. Geralmente, um ciclo de financiamento, aquisição ou uma oferta pública inicial de ações de uma empresa.

Financiamento convencional. Financiamento de credores consagrados, como bancos, em vez de investidores; financiamento com capital próprio.

Financiamento por endividamento. Levantamento de fundos de um negócio por empréstimo, em geral sob a forma de empréstimos bancários.

Firma individual. Empresa que pertence a um único indivíduo e é gerenciada por ele.

Fluxo de caixa. Movimentação de entrada e saída de dinheiro em uma empresa; receita real recebida e pagamentos reais realizados.

Garantia. Ativos oferecidos em troca de empréstimos.

Investidor de capital de risco. Indivíduo ou firma que investe capital em novos empreendimentos; em geral, o capital investido na empresa de capital de risco vem de outros investidores, em especial investidores institucionais.

Investidor líder. Indivíduo ou empresa de investimento responsável pelo financiamento de uma empresa; normalmente coloca outros investidores ou firmas de investimento de capital de risco no negócio e administra o investimento para todas as partes.

Licenciamento. Concessão de permissão de uma empresa a outra para utilizar seus produtos, marca comercial ou nome de maneira específica.

Liquidez. Capacidade de converter ativos em dinheiro em espécie de forma rápida e fácil; em geral, ações amplamente negociadas são um ativo líquido.

Marco. Uma realização específica de uma empresa pela qual ela pode ser julgada.

Margem de lucro. Quantidade de dinheiro obtida depois de deduzidos os custos de mercadorias (margem bruta) ou todas as despesas operacionais (margem líquida); normalmente expressa em termos de percentual.

Marketing SEM. Prática de comprar anúncios para aumentar o ranking de um site e ganhar visibilidade nas páginas de resultados relevantes de um mecanismo de busca. Conhecido também como busca paga.

Mind share. Noção relativa do nível de percepção que uma empresa alcançou no seu mercado-alvo *versus* o reconhecimento e a percepção da sua concorrência.

Oferta pública inicial (IPO – Initial Public Offering). A primeira vez em que as ações da empresa são comercializadas em bolsa ou por meio da venda de títulos e ações por meio do mercado de balcão.

Offshoring. Utilização de fornecedores externos localizados em outro país ou transferência das operações da empresa para outro país, em geral com o objetivo de reduzir custos. Inclui também montar uma subsidiária independente em outro país para reduzir custos e impostos.

Opções. Direito de compra de ações em uma empresa em data futura, normalmente a um preço prefixado; se as ações subirem acima do preço original, o portador da opção provavelmente exercerá essa opção.

Parceria. Uma relação legal na qual dois ou mais indivíduos se reúnem para administrar uma empresa.

Parcerias estratégicas. Acordo com outra empresa para assumir empreendimentos comerciais em conjunto ou em favor um do outro; pode ser por financiamento, vendas, marketing, distribuição ou outras atividades.

Participação no mercado/fatia do mercado. Percentual da base total disponível de clientes obtida por uma empresa.

Patrimônio líquido. O valor total de uma empresa, representado pelo total de ativos menos o total de passivos.

Patrimônio. Participação acionária em uma empresa.

Plano de saída. Estratégia para sair de um investimento e realizar os lucros.

Provedor de serviços de internet (ISP – Internet Service Provider). Empresa que fornece acesso à internet e/ou hospeda o site de uma empresa.

Receita/faturamento. Fundos que entram na empresa; o dinheiro real pago à empresa pelos produtos ou serviços; não é necessariamente o mesmo que receita real de uma empresa.

Redes sociais. Conteúdo criado por indivíduos e disseminado on-line por meio de sites de networking, como blogs, YouTube e Facebook. Usado para conscientização, marketing, distribuição e outras atividades.

Remuneração diferida. Salário adiado até data futura; medida frequentemente adotada por diretores como método de reduzir despesas nos primeiros anos de operação.

Risco assimétrico. Quantia máxima que pode ser perdida em um investimento.

Rodadas de financiamento. Número de vezes em que uma empresa recorre à comunidade de investimento em busca de financiamento; cada ciclo de financiamento é utilizado para alcançar novas etapas do desenvolvimento da empresa.

SEO. Otimização de sites por meio do planejamento e design do conteúdo de maneira a obter boa classificação no ranking das páginas de resultados de um mecanismo de busca quando o usuário busca palavras-chave relevantes.

Serviço da dívida. Pagamento de juros e parcelas de um empréstimo; quantia necessária para impedir que um empréstimo entre em inadimplência.

Sociedade limitada. Método de investimento por meio do qual os investidores têm responsabilidade limitada e não exercem controle algum sobre uma empresa ou empreendimento; o(s) sócio(s) geral(is) mantém(êm) o controle e a responsabilidade.

Tecnologias ou informações patenteadas. Tecnologias ou informações que pertencem a uma empresa; informações particulares que não devem ser divulgadas a terceiros.

Terceirizar. Atribuição de determinadas tarefas, trabalhos, produção industrial etc. a outra empresa mediante contrato, em vez de realizá-los internamente na própria empresa.

Fontes de Financiamento

Fontes internacionais
British Venture Capital Association
1st Floor North, Brettenham House, Lancaster Place, Londres WC2E 7EN
Reino Unido
Tel.: 020 7420 1800
Fax: 020 7420 1801
e-mail: bvca@bvca.co.uk

Private Equity and Venture Capital Association
Bastion Tower
Place du Champ de Mars
5B-1050 Bruxelas
Bélgica
Tel.: +32 2 715 00 20
Fax: +32 2 725 07 04
e-mail: info@evca.eu

Fontes de empréstimos e capital de risco
Dow Jones Financial Information Services
www.fis.dowjones.com
Dow Jones Financial Information Services oferece notícias sobre capital de risco, tanto nos Estados Unidos quanto no exterior.

Venture Capital Investing Conference
(516) 765-9005
www.vcinvestingconference.com

Publicações
Galante's Venture Capital and Private Equity Directory
publicado por Alternative Investor
Alternative Investor
170 Linden St.
Wellesley, MA 02482-7919

Publicado pelo grupo VentureOne, esse diretório lista mais de dois mil investidores anjos e de capital de risco norte-americanos e internacionais. É muito caro – seja na modalidade impressa ou para acesso via Web – por isso o ideal é buscar um exemplar em uma boa biblioteca.

Pratt's Guide to Private Equity and Venture Capital Sources
publicado pela Thomson Financial/Venture Economics
www.prattsguide.com

Esse conhecido diretório anual lista mais de 20 mil fontes de capital de risco ao redor do mundo. Inclui informações para contato e investimentos recentes; além disso, apresenta referência cruzada com preferências de investimento, estágio de investimento e outras informações importantes. É muito caro – seja na modalidade impressa ou para acesso via Web – por isso o ideal é buscar um exemplar uma boa biblioteca.

Fontes de Pesquisa

Dados sobre os Estados Unidos
Bureau of the Census, U.S. Government
www.census.gov

Informações sobre população e projeções, habitação, renda etc. O Economic Census realiza um perfil da economia dos Estados Unidos a cada cinco anos, do nível nacional ao nível local. Recursos detalhados cidade a cidade, setor por setor. Excelente fonte de médias sobre vendas, porte e número de empresas.

www.census.gov
Clique em "Economic Census".

Government Printing Office
www.gpo.gov

Informações do governo federal dos Estados Unidos sobre leis federais, departamentos governamentais etc.

Recursos internacionais
Export.gov
www.export.gov

Rica fonte de informações destinadas basicamente aos países americanos envolvidos em comércio internacional, o Export.gov oferece informações detalhadas sobre mercados e setores ao redor do mundo.

Guide to International Statistics
www.census.gov/aboutus/stat_int.html

Organizações país a país e internacionais. Excelente fonte de informação contendo as mais recentes informações sobre negócios e população de países do mundo.

Banco Mundial
www.worldbank.org

O Banco Mundial é uma organização internacional que compila dados do mundo inteiro. Oferece dados gratuitos por tópico ou país e links para bancos de dados on-line; publica, ainda, relatórios econômicos próprios.

Recursos referentes a negócios e setores
The Advertising RedBooks
121 Chanlon Road
New Providence, NJ 07974
Tel.: (800) 340-3244
www.redbooks.com

Esse diretório contém perfis detalhados de quase 13.500 agências de publicidade dos Estados Unidos e internacionais, inclusive contas e nomes de marcas representados, campos de especialização, faturamento bruto e informações para contato com o pessoal das agências.

American Management Association
1601 Broadway
New York, NY 10019
Tel.: (800) 566-9441
Fax: (518) 891-0368
e-mail: customerservice@amanet.org
www.amanet.org

Oferece relatórios e estudos sobre negócios em geral e tópicos específicos ao setor, inclusive as melhores práticas em determinados setores.

LexisNexis
Tel.: (888) 285-3947
www.lexisnexis.com

Serviço pago de banco de dados e pesquisa. Altamente usado nos negócios e no meio jurídico.

Standard & Poor's Industry Surveys
www.standardandpoors.com

Oferece informações sobre tendências e problemas do setor, relatando faturamento e lucros das principais empresas do setor. Algumas informações estão disponíveis on-line.

Indústria
ISO 9001 International Quality Standards
ISO Easy
PO Box 21
Middletown, NJ 07748

Tel.: (732) 671-7130
e-mail: info@isoeasy.org
www.easy9001.com

Marketing
Advertising Age
www.adage.com

Tecnologia e Internet
Forrester Research
400 Technology Square
Cambridge, MA 02139
Tel.: (866) 367-7378
Fax: (617) 613-5000
www.forrester.com

Gartner Group/Dataquest
56 Top Gallant Road
Stamford, CT 06904-2212
Tel.: (203) 964-0096
www.gartner.com

Responsabilidade Social
VolunteerMatch
717 California Street, 2nd Floor
San Francisco, CA 94108
Tel.: (415) 241-6868
Fax: (415) 241-6869
www.volunteermatch.org

Organização sem fins lucrativos dedicada a aumentar o trabalho voluntário através da internet.

Fontes para Empreendedores

No Brasil
Sebrae

http://www.sebrae.com.br/

O site do Sebrae disponibiliza informações sobre feiras, ideias de negócios, estudos especiais e tecnologias para quem deseja abrir um negócio.

No link http://www.sebrae.com.br/momento/quero-abrir-um-negocio/vou-abrir/consulte-a-viabilidade/plano-de-negocio, você encontrará informações sobre a elaboração de um plano de negócios, com link para um manual em pdf.

Nos Estados Unidos
The Planning Shop
555 Bryant Street, #180
Palo Alto, CA 94301
Tel.: (650) 289-9120
Fax: (650) 289-9125
www.PlanningShop.com

A Planning Shop, editora original deste livro, é um recurso importantíssimo para quem busca informações e conselhos sobre o planejamento de negócios. No site, você vai encontrar um *template* de planilhas em Excel correspondentes às planilhas financeiras apresentadas neste livro. Além das informações e ferramentas para o desenvolvimento de um plano de negócios, o site da The Planning Shop oferece informações que podem ajudá-lo a montar, desenvolver e administrar um negócio, inclusive links para as colunas de Rhonda Abrams.

Índice

A

Abastecimento e distribuição, 200, 203
Abertura do capital da empresa, 278
Ações ordinárias, 313
Ações preferenciais, 313
Acordo de confidencialidade, 336, 338
Adaptabilidade, prevendo, 11
Adiantamentos, 362
Advertising Age, 406
Advogado, consultando, 340
Ajuda, obtendo, 31
Ajuste no marketing, 158
Almanac of Business and Industrial Financial Ratios, 381
Aluguel, 192
American Management Association, 405
Amigos como fonte de financiamento, 353, 362, 363
Amostragem, 162
Amplitude da linha de produtos como fator operacional interno, 123
Análise de indicadores, 380–382
Análise de mercado, diferença entre plano de marketing e, 99
Análise de viabilidade, 32–33
  roteiro, 34–35
Análise do fluxo de caixa, 298
Análise do ponto de equilíbrio, 290, 315–317
Análise e tendências do setor, 81–97
  canais de suprimento e distribuição, 91–92
  características financeiras, 91, 94
  maturidade do setor, 84–86
  mudança tecnológica, 89
  negócio e setor, 81–82
  preocupações globais, 92, 93
  preparando a seção sobre, 95
  regulamentação/certificação, 90
  sazonalidade, 88
  segmento do exemplo sobre, 96–97
  sensibilidade aos ciclos econômicos, 86–87
  setor econômico, 82
  setor, 82
  tamanho e ritmo de crescimento do setor, 74–84
Análise profunda, 377
Anexo, 329–331
  conteúdo, 330–331
  definição, 329
  diretrizes, 329
  equipe de gerência, 231
  limitando, 40
  recursos visuais, 44, 45
  reforçando o conteúdo do plano de negócios, 329
Anker, Andrew (investidor de capital de risco), x, 4, 13, 26, 37, 39, 45, 118, 119, 137, 140, 143, 145, 219, 221, 223, 230, 268, 295, 343
Apoio, 268
Aporte de capital, 298
Apresentação de slides, 342–344
  marcadores, 43
Apresentação eletrônica atraente, 45
Apresentação em Powerpoint, uso de marcadores, 44
Apresentação-relâmpago, 360–361
Aquisição, 278
Associações comerciais, 27, 190
Associações setoriais, 27
Atendimento de pedidos, 175, 202, 204
  tecnologia, 221

Atividades de vendas, 155, 171
  internacionais, 175, 177, 179
Ativos, 291
  circulantes, 291
  fixos, 292
  intangíveis, 292
Aulas, competição de planos de negócios em, 372
Avaliação de risco, 274
Avaliação de riscos, 145–147, 148. *Ver também* Posição estratégica
  equilibrando oportunidades e, 147
  risco competitivo, 146
  risco de capitalização, 146
  risco de execução, 146
  risco de mercado, 146
  risco de produto, 146
  risco de tecnologia, 146
  risco global, 146, 149
  seção do exemplo sobre, 152–153

B
Balanço, 307, 311, 326
  definição, 290
  período de abrangência, 291
Banco Mundial, 24, 405
Bancos, como fonte de financiamento, 362
Barreiras à entrada
  para novos concorrentes, 127, 130
  sites usados para reduzir, 124
Base de usuários instalada na concorrência, 123–124
Bibliotecas, 27
Blogs, 165
Bonificações, 234
Branding na posição estratégica, 145
British Venture Capital Association, 402
Bureau of the Census, 404
Business Week, 25

C
Canais de suprimento na análise e tendências do setor, 91–92
Canais de vendas na posição estratégica, 143
Canal de distribuição, 4
  na análise e tendências do setor, 91–92
Capa, 337
Capacidade
  coeficiente de endividamento e, 382
  em operações, 191, 195, 197
  excesso, 195
  na estratégia de negócios, 268, 269
  no orçamento para contratação, 293
Capital de giro, 313
Carta de apresentação, 357–359
  exemplo, 364
Carta de intenção, 330
Cartões de crédito, 362
Censo econômico, 23
Certificação
  análise e tendências setoriais, 90
  responsabilidade social, 258
Certificação de comércio justo, 258
Certificação EnergyStar, 258
Certificação Humane, 258
Certificação LEED, 258
Certificação orgânica, 258
Ciclo de vida do setor, estágios de
  declínio, 85, 86
  estável, 85, 86
  expansão, 85, 86
  novo, 85, 86
Ciclos econômicos, sensibilidade aos, 86–87
Cidadania corporativa, 254–255
Cinco Fs, desejos do cliente e, 157, 159
Clientes
  alcançando e captando, 155–156
  análise dos clientes-chave, 383, 386
  cinco Fs nos desejos do, 157, 159
  como fonte de financiamento, 353
  conhecendo, no mercado-alvo, 99–100
  na percepção do cliente, 140
  no serviço ao cliente, 202, 204
Cobrança, 298
Códigos CNAE, 23
Coeficiente de utilização, 382, 385
Coeficiente lucros/vendas, 382, 384
Coeficiente passivo/ativo, 382, 385
Comentários positivos, usando, de terceiros, 42
Comerciais de televisão, 167
Comissões, 234
Comitê consultivo, 236, 237
Competição, 117–135. *Ver também* Competições de planos de negócios
  aprendendo com, 118
  avaliação dos pontos fortes, 119
  barreiras à entrada para novas empresas, 127, 130
  base instalada de usuários, 123–124
  características, 117–118
  conversando com, 31

distribuição da participação de mercado, 126, 128
exemplo de segmento sobre, 132–135
futuro, 127, 130
global, 124, 125
inércia, 124
percepção do cliente, 119, 120, 123
posição competitiva, 118–123
preparação de segmento sobre, 127, 129, 131
reagindo a oportunidades e tendências globais, 12
sites, 124
vantagem dos primeiros a chegar, 123
Competições de planos de negócio, 365–376
atribuindo tarefas em, 370–371, 376
aumentando as chances, 373–374
como processo de equipe, 366–372, 375
considerações especiais, 372–374
empreendedorismo, 365
escolhendo projetos em, 368–370
fontes de financiamento, 403
identificação das questões fundamentais, 369
integrando o trabalho em, 371–372
mundo real e, 366
para aulas, 372
processos decisórios, 368
reavaliando pressupostos, 371
Comunicação
na formação de equipes, 244
poder da mensagem indireta, 158
Conceito do negócio, 4, 5, 387
aperfeiçoando, 4, 18
como fator para o sucesso, 3, 6
elaboração do conceito básico, 17
em competições de planos de negócios, 366, 368, 369, 371
foco, 253
na análise de viabilidade, 32, 33
na busca de investidores, 389
na descrição da empresa, 76
nas operações, 189
no sumário executivo, 52, 53, 55
visão na avaliação, 266–268
Condições financeiras, 76
Confidencialidade
declaração, na capa, 337
em acordos de confidencialidade, 336, 338
isenção de responsabilidade, 340
pesquisa de mercado, 30
Conhecimento como poder, 18

Consciência social na percepção do cliente, 123
Conselho de administração
comitê consultivo, 236, 237
investidores como parte de, 349
investidores de capital de risco como parte do, 234, 351
na descrição da empresa, 71
na estrutura organizacional, 242
no sumário executivo, 38
sobre equipe gerencial, 230, 234, 237
Consultores em administração, 236
Consultores em estratégias de negócios. *Ver* Glaser, Nancy (consultora em estratégias de negócios)
Consultores, 31, 236, 240
Contabilidade
regime de caixa, 284
regime de competência, 284
Contabilidade em regime de caixa, 284
Contas a pagar, 291
Contas a receber, 291
Contrato de distribuição, 164
Contratos-chave, 330
Controle
financeiro, 10–11, 209, 211
satisfação pessoal e, 14
Controle de estoque, 199, 200
método, 199, 200
tecnologia, 221
Controle de qualidade, 195, 197
serviço ao cliente e, 202
Controle financeiro, 10–11
nas operações, 209, 211
Conveniência na percepção do cliente, 140
Cooperativas de créditos, 348
Corporações, 253
grandes, 380
Correio de voz, 359–360
Corretores de imóveis, 190
Craigslist, 168
Criatividade, satisfação pessoal e, 14
Cronograma de trabalho, 331
Currículos dos gerentes-chave, 330
Custos. *Ver também* Preço
das vendas, 292
de mercadorias, 291, 298
fixos, 292
indiretos/periféricos, na percepção do cliente, 119
iniciais, 127, 190, 213, 214, 290
Custos fixos, 292

Custos iniciais, 190, 213, 214
    como barreira à entrada, 127
    definição, 290

D
Dados
    avaliação dos dados coletados, 31
    no plano de negócios, 339
Decisões, números como reflexo de, 283
Declaração de missão da empresa, 8, 67, 68–69
    desenvolvendo, 65–66
    roteiro para elaboração, 68–69
    usando superlativos como parte do objetivo, 41
Demanda de mercado, avaliando, 6
Demonstrativo de resultados, 295–297, 302–306, 321–323
    definição, 290
    período de abrangência, 291
Demonstrativos e relatórios específicos. *Ver também formulários específicos*
    lendo, 284
Depreciação, 292
    acumulada, 291
Desafio, satisfação pessoal e, 14
Descrição da empresa, 65–80
    condições financeiras, 76
    declaração de missão, 67, 68–69
    estágio de desenvolvimento alcançado até o momento, 75
    formulário de preparação, 77–78
    gerência/liderança, 71
    globalização e, 70, 74
    localização do negócio na, 71
    nome da empresa, 66
    produtos e serviços, 70, 71
    questões legais, 67, 70, 72–74
    transmitindo os aspectos básicos do negócio, 65–76
Descrição demográfica do mercado-alvo, 101, 103
Descrição do estilo de vida do mercado-alvo, 105, 106
    descrição das suscetibilidades para compra, 107–108, 109
    descrição dos padrões de compra, 107, 108
    descrição psicodemográfica, 105, 107
Descrição geográfica do mercado-alvo, 102, 104
Descrição psidemocográfica do mercado-alvo, 105, 107
Desempenho histórico da empresa, 28

Desenvolvimento, marcos e plano de saída, 265–282
    avaliação de riscos e, 274
    estratégias, 268–270
    exemplo sobre, 280–282
    globalização, 274–275
    marcos alcançados até o momento, 270, 272
    marcos futuros, 270, 273, 274
    objetivos, 266–268
    plano de saída, 276–277
    prioridades, 269, 270
    seção sobre preparação, 277, 279
Designers, 238
Despesas de capital, 87, 313
Despesas operacionais, 298
Destinatários
    adequando o plano de negócios aos, 357–359
    pesquisando, 354–356
Dicas, 175
Dicas para poupar tempo, 387–390
Dinheiro, 291
    satisfação pessoal e, 15
Diretórios on-line, 167
Distribuição
    importância da distribuição confiável, 200
    preparação do plano de negócios para, 336, 337–342
Distribuição de lucros, 234
Diversificação, 268
Dívida conversível, 313
Dívida, 292
Doe, Damon (gerente geral, Montage Capital), x, 12, 81, 110, 129, 195, 242, 283, 284, 379
Doerr, John, ix
Durabilidade na percepção do cliente, 119

E
e-commerce. Ver Internet, sites
Economias de escala como fator operacional interno, 123
Economias, globalização e, 258
Edison, Thomas, 4
Educação da equipe gerencial, 231
Empreendedores
    envolvimento comunitário, 253
    fontes de informação, 407
    inspiração para, 4
    na escolha das pessoas, 229
Empreendimentos sociais, 256–258

Empregados. *Ver também* Empregados-chave
  capacidade de atrair, motivar e reter, 9
  moral, 10
  remuneração, 173
  treinamento, 173, 202
Empregados-chave, 230–233
  avaliação, 232–233
  contratando, 241
Empresa
  desempenho histórico da sua, 28
  mensagem, 156–158
  moral na empresa como fator operacional interno, 123
  posicionamento, 7
  site, 160
  valores e integridade, 11
  voltada para o mercado, 99
Empresas de serviços públicos, 192
Empresas iniciantes, histórico de conquistas, 75
Empresas socialmente responsáveis, 256
Empréstimos. *Ver* Financiamento
Empréstimos de longo prazo, 313
Endossos, 330
Entrevistas informativas, 29, 356
Envolvimento da comunidade, 253, 254, 255
Epinions.com, 165
Época de Natal, 88
Equipamentos, 199
  relação de, 198
Equipe gerencial, 230–239
  comitê consultivo, 230, 236, 237
  comunicação, 244
  Conselho de administração, 230, 234, 237
  consultores e especialistas em, 230, 238, 239
  empregados-chave, avaliação, 232–233
  experiência, 231
  formação, 231
  necessidades, 239
  pontos fortes, 231
  remuneração e incentivos, 234, 235
  sucesso, 231
Esforços de acompanhamento, 175, 359
Especialistas do setor, 239
Especialistas em tecnologia, 239
Especialistas, 238, 240
Espírito empreendedor, 365
Estágio de desenvolvimento, 75
Estatísticas internacionais, 24
Estilo de redação no sumário executivo, 55
Estilo na percepção do cliente, 119

Estilo, 42–45
Estoque LIFO (*last in, first* out – último a entrar, primeiro a sair), 200
Estoque, no balanço, 307
Estratégia de mercado, 158, 160–162
Estrutura de vendas, 171, 173–177
Ética, responsabilidade social e, 255
Executivos, investimento de, 313
Expansão, 268
Experiência, 9
  da equipe gerencial, 231
Expertise como barreira à entrada, 127
Export.gov, 24, 404

F

Facebook, 164
Família como fonte de financiamento, 353, 362, 363
Fatores operacionais internos na competição, 121, 123
Fatores-chave, 192
Fatos, corretos, 39
Fechamento como opção de saída, 278
Feiras comerciais, 27
Feiras comerciais, encontrando, 160
Finanças, 283–328
  análise do ponto de equilíbrio, 315–317
  aumentando as chances de conseguir, 354–357
  balanço, 299, 311, 326
  características, na análise e tendências do setor, 91, 94
  controlando, 283–284
  controle das finanças, 283–284
  demonstrativos de resultado, 295–297, 302–306, 321–323
  desejos do cliente e, 157
  exemplo, 321–323
  fontes e utilização de fundos, 313, 314–315, 327
  globalização e, 285–287
  lidando com números e formulários financeiros, 283
  método Abrams, 286, 288–289
  orçamentos para contratação, 293–294, 298–299
  orientações para preparação dos formulários, 293
  períodos de abrangência, 291
  premissas, 315, 318–320, 328
  projeções de caixa, 295, 300–301

projeções de fluxo de caixa, 298–299, 308–310, 313, 324–325
termos gerais, 291–293
tipos de formulários, 290
Financiamento
acompanhando, 359–360
apresentação-relâmpago, 360–361
convencional, 348
curto prazo, 313, 348
dívida, 348, 362
fontes, 350–354
hipoteca, 313
longo prazo, 313
patrimônio, 348–350, 363
Financiamento com capital próprio, 313, 348–350
fontes, 363
Financiamento convencional, 348
Financiamento da dívida, 313, 348
fonte de, 362
Financiamento, fontes de, 402–403
Financiamento no curto prazo, 313, 348
Firma individual, 67
Flexibilidade, 9
Fluxo de caixa
inicial, 307
líquido, 298
período de tempo, 291
Fluxogramas/organogramas, 46
estrutura organizacional, 242–244
Foco, aumentando, 268
Folhetos, 160
Fontes de pesquisa internacionais, 23
Fontes de pesquisa, 404–405
Fontes e estatísticas governamentais, códigos NAICS, 23
Fontes e utilização de fundos, 290, 312, 314–315, 327
Forbes, 25
Força de vendas, 171, 173, 172
Formulários financeiros. *Ver também formulários específicos*
período de abrangência, 291
tipo, 290
Fornecedores
reagindo a oportunidades e ameaças globais, 12
selecionando, que entendam as necessidades, 200
Forrester Research, 26, 406
Fotografias, 45, 330

Franquias, 278
Friendster, 164
Funções, desejos do cliente e, 157
Fusões, 278
Futuro, desejos do cliente e, 158

G, H

Ganhos por ação, 382, 384
Ganhos/lucros não distribuídos, 293
Gerência e organização, 229–252
competência, 8–10
equipe gerencial, 230–239
estrutura e estilo, 239, 242–244
papel das pessoas no sucesso, 229–230
preparando a seção sobre, 247, 249
remuneração e incentivos, 234, 235
seção do exemplo sobre, 250–252
Gerentes-chave, currículos, 330
Glaser, Nancy (consultora de estratégias de negócio), x, 55, 101, 118, 158, 191, 356
Globalização
análise e tendências setoriais, 91, 93
como estratégia de negócio, 268
competição, 124, 125
desenvolvimento futuro e, 274–275
finanças e, 285–287
fontes de financiamento e, 402–403
fontes de pesquisa e, 404
gerência e, 245–247
marketing e, 168, 170, 171
mercado-alvo e, 102, 104, 112
operações, 204–209
oportunidades e tendências, 11–12
questões legais, 70, 74
responsabilidade social, 12, 258–259
riscos, 146, 149
tecnologia e, 223
vendas internacionais e, 175, 177, 179
Gorenberg, Mark (investidor de capital de risco), x, 111, 256, 316, 342, 344, 347, 359, 366, 367, 373
Gráficos, 45, 340
de barra, 46
fluxo, 46, 242–244
linha, 46
setores, 46
SWOT, 147, 150
Grupos de foco, 29
Guide to International Statistics, 404
Hipotecas, 313

I

Ilustrações, 45
  necessidade de qualidade nas, 45
Imagem corporativa, necessidade de forte
  imagem, 7
Imagem na percepção do cliente, 119
Imagem positiva, responsabilidade social e, 254
Impacto social na percepção do cliente, 140
Impacto, usando números para gerar, 43
Incorporação, 67
Indicador de retorno sobre o patrimônio, 382, 384
Indicador de retorno sobre os ativos, 382, 384
Indicador de utilização total de ativos, 382, 385
Indicadores de atividade, 382–382, 385
Indicadores de endividamento, 382, 385
Indicadores de giro de estoque, 382, 385
Indicadores de giro de unidades de estoque, 382, 385
Indicadores de rentabilidade, 382, 384
Indicadores e estoque para capital de giro líquido, 382, 384
Índice do prazo médio de cobrança, 382, 385
Índices de liquidez, 382, 384
Inércia na concorrência, 124
Informações
  coleta, 18–20
  demográficas, 101, 103
  determinando a quantidade necessária, 18–19
  fontes, 21
  geográficas, 102, 104
  manufatura, 331
  padrões de compra, 107, 108
  psicodemográficas, 105, 107
  suscetibilidade de compra, 108, 109
  técnicas, 331
Informações sobre produção, 331
Informações técnicas, 331
    vantagens tecnológicas na posição estratégica, 142
Instalações, 190–192, 307
Integridade, empresa, 11
Intermediário, encontrando um, 356–357
International Organization for Standardization, 195
Internet. *Ver também* Sites
  classificados, 167–168
  cobrados, 26
  colocando o plano de negócios na, 344–345
  como fonte de informação, 21–26
  efeitos da, sobre mudanças no setor, 89
  propaganda na, 162, 167–168
  recursos de pesquisa sobre, 21–27
  táticas de marketing, 164–168, 169
  vendas sobre vendas, 173
Investidores anjo, 351–352, 355. *Ver também Definição de Investidores privados*
  diferenças entre investidores de capital de risco e, 352
Investidores de capital de risco, 350, 402. *Ver também* Anker, Andrew; Gorenberg, Mark; Kleiner, Eugene; Myers, Gib; Winblad, Ann
  acordos de confidencialidade e, 336
  apresentação-relâmpago, 360
  como fonte de financiamento, 363
  diferenças entre anjos e, 352
  em busca de, 349, 350
  estratégia de negócios, 268
  necessidade de apresentação eletrônica, 342
  plano de saída para, 276
  responsabilidade social e, 256
  sobre conselho de administração, 234, 351
Investidores privados, 351–352, 355, 402. *Ver também* Anjos
  como fonte de financiamento, 363
Investimento dos executivos, 313
Isenção de responsabilidade, 340
ISO 9000, 195
ISO 9001 International Quality Standards, 405

J, K

Just-in-time, controle de estoque, 199
Kleiner, Eugene (investidor de capital de risco), ix, 3, 8, 14, 38, 40, 40, 44, 55, 83, 100, 101, 124, 127, 265, 277, 286, 336, 351, 356

L

Leigon, Larry (fundador da Ariel Vineyards), xi, 6, 28, 31, 91, 92, 99, 102, 123, 200, 236, 266, 307, 349
Leilões afiliados, 168
Leitor
  adequando o sumário executivo ao, 52
  aumentando o interesse, 38
Lewis, Pauline (proprietária, oovoo design), xi, 42, 67, 89, 110, 156, 192, 348, 349
LexisNexis, 26, 405
Liberdade, desejos do cliente e, 158
Licenciamento, 163
Líder em preços, 164
Liderança em preço, 164

Linguagem, 342
  específica, 41
  palavras da moda, 42
  positiva, 42
  superlativos, 41
  termos de negócios, 42
  transmitindo o sucesso, 41–42
Linhas de autoridade, 239
LinkedIn, 164
Lista de locais, 330
Localização, 192
Lucros, 292
  brutos, 292
  líquidos, 292
Lugar em marketing, 156

M

Mahoney, Robert (*corporate banker*), xi, 10, 41, 52, 297, 335, 340, 353, 357
Mala direta por e-mail, 160, 359–360
Mala direta, 160
Manutenção
  na percepção do cliente, 119
  operações, 194
Mão de obra, 196
  oportunidades e tendências globais, 12
  variável, 194, 195
Marcadores
  na apresentação de slides, 44
  no plano de negócios, 43
  no sumário executivo, 55
Marcos
  alcançados até hoje, 75, 270, 272
  futuro, 270, 273, 274
Margem de lucro bruto, 382, 384
Margem de lucro líquido, 382, 384
Marketing
  atividades, 155
  baseado no cliente, 162
  consultores, 236
  global, 168, 170, 171
  informal, 160
  material, 331
  mecanismo de busca, 166
  orçamento, 180–181
  quatro Ps, 156
  recursos, 406
  táticas on-line, 164–168, 169
  táticas tradicionais, 162–164
  veículos, 161
Marketing baseado no cliente, 162

Marketing informal, 162
Marketing SEM, 166
Material, de ponta, 20
Meio ambiente, regulamentação governamental, 89
Melhorias, 192
Mensagem indireta, poder, 158
Mercado(s). *Ver também* Nichos de mercado;
  Mercado-alvo
  conhecendo, 4, 6
Mercados-alvo, 99–116
  concorrência e, 119
  conhecendo clientes em, 99–100
  definição, 100–104
  descrição das suscetibilidades de compra dos, 108, 109
  descrição de estilo de vida/negócios, 105, 106
  descrição demográfica, 101, 103
  descrição dos padrões de compra, 107, 108
  descrição geográfica, 102, 104
  descrição psicodemográfica, 105, 107
  exemplo, 114–116
  globalização, 102, 104, 112
  preparando seção sobre, 111, 113
  reagindo a oportunidades e ameaças globais, 11
  tamanho e tendências do mercado, 108–112
Método de Abrams de transferência de dados financeiros, 286, 288–289
Mídia impressa, 160
Mind share
  participação de mercado e, 142
Mix de marketing, 158
Modelo do negócio, 344, 366
Modismo, 42
Monroe, Marilyn, 387
Moral, empregado, 10
Motivação dos empregados, 10
Móveis, 199
Mudança
  na concorrência, 11
  prevendo, 11
  sociológica, 11
  tecnológica, 11, 89
Mudança competitiva, 11
Mudança sociológica, 11
Mudança tecnológica
  na análise e tendências do setor, 89
  prevendo, 11
Mullis, Deborah (empresária), xii, 105, 274, 353
Myers, Gib (investidor de capital de risco), xii, 247, 253, 254, 255, 256, 258

N

Negócios
  análise profunda, 377
  aprendendo com outros, 30–31
  capacidade de atrair, motivar e reter
     empregados, 9
  conceito do negócio, 4, 5
  conhecendo o mercado, 4, 6
  controle financeiro, 10–11
  fatores para um negócio vencedor, 3–12
  gerência capaz, 8–9
  posição estratégica clara e foco consistente no
     negócio, 7–8
  prevendo a mudança e a adaptabilidade, 11
  saúde e tendências do setor, 6–7
  transmitindo os aspectos básicos do negócio na
     descrição da empresa, 65–76
  valores e integridade da empresa, 11
Negócios de tecnologia, planejamento, 220
Networking, 160
  redes sociais, 160, 164–165
Newsletters por e-mail, 166–167
Newsletters, por e-mail, 166–167
Nichos de mercado, 4
  tamanho, 108
  posição estratégica, 141
Nome da marca, 118
Notas promissórias de curto prazo, 307
Números
  como reflexo das decisões, 283
  usando números para causar impacto, 43
Número de cópias, 339
Números de páginas, 339

O

Objetivos
  futuros, 266–268
  vendas, 175
Observação pessoal, 29
Ofertas especiais, 163
Offshoring, 206, 207
On-line. *Ver* Internet
Opções de compra de ação, 234
Operações, 189–218
  atendimento de pedido, 202–205
  controle de estoque, 199, 200
  controle financeiro, 209, 211
  descrição, 189–190
  eficiências como fator interno, 123
  exemplo, 216–218
  instalações, 190–192

na análise de viabilidade, 32
pesquisa e desenvolvimento, 208, 209
plano de contingência em, 210, 213
preparação da seção sobre, 213, 215
produção, 194–199, 196–198
questões globais, 205–209
serviço ao cliente em, 202–205
suprimento e distribuição, 200, 203
vantagens, na posição estratégica, 142
Oportunidades, equilibrando riscos e, 147
Orçamento
  contratação de pessoal, 293–294, 298–299
  de marketing, 180–181
  tecnologia, 225
Otimização de sites, 166

P

Pacote, 163
Padrões de compra, na descrição do mercado-alvo,
  107, 108
Paige, Satchel, 117
Parceiros/sócios reagindo a oportunidades e
  tendências globais, 12
Parcerias, 67
  estratégicas, 123, 162–163, 173
Parcerias estratégicas, 162–163
  buscando, 173
  como fator operacional interno, 123
Participação/fatia de mercado
  conquistando participação suficiente no
     mercado, 126, 128
  distribuição, na concorrência, 126, 128
  na posição estratégica, 142
Passivo, 292
  circulante, 292
  de longo prazo, 292
  outros passivos circulantes, 307
Patentes como barreira à entrada, 127
Patrimônio líquido, 234, 292
Patrocínios, 167
Penetração no mercado, 268
Percepção do cliente
  na concorrência, 119, 120, 123
  na definição da posição estratégica, 140–141
Perguntas
  iniciando a pesquisa, respondendo, 19–20, 22
  mais comuns, 38
Períodos de abrangência, para formulários
  financeiros, 291
Pesquisa de mercado
  fontes acessíveis, 30–31

métodos, 6
realização, 28–30
resultados, 330
Pesquisa e desenvolvimento, 208, 209
    necessidade, 209
Pesquisa, iniciando, respondendo a perguntas, 19–20, 22
Pesquisas para identificar tendências, 29
Pessoal de vendas externo, 173
Pessoal de vendas interno, 173
Pessoas, capacidade de trabalhar bem com, 8
Picasso, Pablo, 219
Planejamento interno, 377
    contínuo, 377
    propósito, 377–379
Planilhas eletrônicas financeiras, 286
Planilhas, usando, 389
Plano de avaliação, 378
Plano de contingência, 210
Plano de definição de metas, 378–379
Plano de marketing, 155–158
    alcançando e captando clientes, 155–156
    diferenças entre análise de mercado e, 99
    mensagem da empresa, 157
    na análise de viabilidade, 32
    preparando a seção sobre, 177–178, 180–184
    seção do exemplo sobre, 185–186
Plano de negócios
    análise e tendências do setor, 81–97
    anexo (ver Anexo)
    atualizando, 345
    aumentando o interesse do leitor, 38
    avaliando, 38
    capa, 337
    colocando on-line, 344–345
    como documento de trabalho, 335
    concorrência, 117–135
    confidencialidade, 336
    data, 339
    definição de metas, 378
    descrição da empresa, 65–80
    desenvolvimento, marcos e plano de saída, 265–282
    editando, 342
    esboço, 395–397
    estilo, 42–44
    finanças, 283–328
    gerência e organização, 229–252
    layout, design e apresentação, 340–341
    linguagem, 41–42, 342

marcadores, 43
mercado-alvo em, 99–116
na análise de viabilidade, 32
número de cópias, 339
número de páginas, 339
números, 43
objetivo de desenvolver, 3
operações, 189–218
para avaliação, 378
perguntas comuns, 38
personalizando aos destinatários, 357–359
plano de marketing e estratégia de vendas, 155–186
posição estratégica e avaliação de riscos, 137–153
prazo, 40–41
precisão dos fatos, 39
preparação de apresentação eletrônica, 342–344
preparando para distribuição, 336, 337–341
produtos, 70, 71
qualidade do raciocínio em, 44
recursos visuais, 44–45, 340
redigindo, 14
redundância, 44
renúncia de responsabilidade, 340
resolução de problemas, 379
serviços, 70, 71
sumário, 339
sumário executivo, 51–64
tamanho, 39
tecnologia em, 219–227
tornando atraente, 37–45
Plano de pesquisa, desenvolvendo, 388
Plano de saída, 276
    desenvolvimento, 276–277
    opções, 277, 278
Plano para resolução de problemas, 379
Planos de tecnologia, 219–227
    exemplo, 227
    na análise de viabilidade, 32
    preparação, 226
    razões para ter, 219–220
Planta baixa, 331
Podcasts, 165
Poder, conhecimento como, 18
Políticas, definição e adesão a, 284
Ponto de equilíbrio, definição, 315
Pontos fortes da equipe gerencial, 231
Portais, 167
Posição competitiva, 118–123

Posição estratégica, 137–145. *Ver também*
Avaliação de risco
branding, 144-145
canais de vendas, 143
como algo além da propaganda, 139–140
definição, 7–8, 138, 139
participação de mercado, 142
percepção do cliente, 140–141
preparando seção sobre, 151
produtos patenteados, 143
seção do exemplo, 152–153
segmento de mercado, 141
tipos, 140–145
vantagem do pioneiro, 143-144
vantagens operacionais e/ou tecnológicas, 142

Preço. *Ver também* Custos
em marketing, 156
na percepção do cliente, 140

Prêmios, 164
Prioridades, definição, 269, 270, 387
Pro forma, 292
Processo de planejamento do negócio
coletando informações no, 18–20
de baixo para cima/de cima para baixo, 380
etapas, 17
Processo de vendas, 175, 176
Produção, 194–199, 196–198
avaliando plano, 195–199
qualidade, 195
roteiro para, 196–198
Produtividade, 175, 195, 197
Produto Interno Bruto (PIB), 83
Produtos
descrição, no plano de negócios, 70, 71
na percepção do cliente, 119
no marketing, 156
patenteados, na posição estratégica, 143
recursos objetivos, 118
Programa e orçamento de marketing como fator operacional interno, 123
Programas afiliados, 168
Projeções de caixa, 295, 300–301
Projeções de fluxo de caixa, 286, 298–299, 308–310, 312, 324–325
Projeções de vendas, 182–183
Promoções
como estratégia de marketing, 156, 164
como estratégia de negócios, 268
Promoções no ponto de compra, 163
Prontidão do mercado, 6

Propaganda
classificados, 167–168
cooperativa, 163
Craigslist, 168
especialidades, 160
intersticial, 167
mala direta, 160
mecanismo de busca, 166
mídia, 160
on-line, 160, 167–168
posição estratégica como algo além, 139–140
site, 167
Propaganda na mídia, 162
Publicidade intersticial, 167

Q, R

Qualidade, na percepção do cliente, 119, 140
Quatro Cs, 13–16
Quatro Cs, 13–16
Quatro Ps do marketing, 156
Questões legais
globalização, 70, 74
na descrição da empresa, 67, 70
reagindo a oportunidades e ameaças globais, 12
roteiro para, 72–74
QWERTY, teclado, 124
Realismo, 9
Recrutamento, responsabilidade social e, 254
Recursos financeiros como fator operacional interno, 123
Recursos na percepção do cliente, 140
Recursos on-line pagos, 26
Recursos visuais, 44–45
fotografias, 45
gráficos, 45, 46
ilustrações, 45
tabelas, 45, 46
Redefinindo o foco, 268
Redundância, evitando, 44
Regra dos 80-20, 383
Regulamentação na análise e tendências do setor, 90
Regulamentações governamentais, sensibilidade do setor às, 90
Relacionamentos com o cliente na percepção do cliente, 123
Relacionamentos informais, 242, 244
Relações públicas, 162
Renda dos juros, 298
Repetição em marketing, 160
Reserva, 298

Responsabilidade social
   atividades e projetos, 261
   benefícios, 258
   certificações, 258
   cidadania corporativa, 254–255
   empreendimentos sociais e, 256–258
   ética, 255
   exemplos, 263–264
   globalização, 12, 258–259
   recursos, 406
   seção de planejamento, 260
   sustentabilidade, 253–264
   tripé da sustentabilidade, 256
Retenção de empregados, 9
Retirada do proprietário, 298
Risco competitivo, avaliação, 146
Risco de capitalização, avaliação do, 146
Risco de execução, avaliação de, 146
Risco de mercado, avaliação, 146
Risco do produto, avaliação do, 146
Risco global, avaliação do, 146
Risco tecnológico, avaliação, 146
Rodadas de financiamento, 312
Roteiros de premissas, 290, 315, 318–320, 328

S
Salário, 234
Satisfação pessoal, 13–16
Saturação do mercado como barreira à entrada, 127
Saúde e tendências do setor, 6–7
Sazonalidade, 88
Schweitzer, Albert, 253
Segmento de mercado na posição estratégica, 141
Sensibilidade aos ciclos econômicos, 86–87
Sentimentos, desejos do cliente e, 157
Serviços
   características objetivas, 118
   na percepção do cliente, 119
   no plano de negócios, 70, 71
Serviços de pesquisa pagos, 27
Setor de distribuição, 82
Setor de serviços, 82
Setor de varejo, 82
Setor industrial, 82
Setor relacionado ao turismo, 88
Setores econômicos
   distribuição, 82
   serviços, 82
   setor manufatureiro, 82
   varejo, 82
Setores relacionados à construção, 88

Shah, Premal (presidente da Kiva), xii, 11, 38, 157, 258
Símbolos financeiros, 293
Sistema de entrega, 4
Sistema de estoque FIFO (*first in, first out* – primeiro que entra, primeiro que sai), 200
Sistemas de informações gerenciais (SIG), 199
sites. *Ver também* Internet
   anunciando em, 167
   da empresa, 160
   e concorrência, 124
   otimização, 175
Standard & Poor's Industry Surveys, 405
Subcontratação, 194
Sucesso
   da equipe gerencial, 231
   das reuniões, 160
   linguagem ao transmitir, 41–42
Sumário, 339
Sumário executivo, 51–64, 270
   definição de alvo, 53
   elaboração, 55
   equipe gerencial no, 231
   exemplo, 60–62
   exemplo, 63–64
   formulário de preparação, sumário executivo narrativo, 58–59
   formulário de preparação, sumário executivo sucinto, 53, 56, 57
   importância, 51–52
   marcadores, 55
   objetivo, 52
   redigindo, 55
   tamanho, 55
   timing, 51–52
Sumário executivo conciso, 53, 55
   exemplo, 60–62
   formulário para preparação, 56–58
Sumário executivo narrativo, 53–54
   exemplo, 63–64
   formulário para preparação, 58–59
Superlativos, 41
Sustentabilidade. *Ver também* Responsabilidade social
SWOT, análise, 147, 150

T
Tamanho do mercado-alvo, 108–109, 112
Tamanho do sumário executivo, 55
Tatibouet, Andre (fundador, Aston Hotels), xii, 86, 171, 175, 202, 244

Tática de marketing tradicional, 162–164
Taxa de câmbio, 292
Taxa de utilização de estoque, 382, 385
Tecnologia
  escolha, 222
  orçamento, 225
  preocupações globais com, 223
  usos, 221–223
Tempo
  diretrizes para o plano de negócios, 39–41
  valor, 37
Tendências demográficas, 9
Tendências
  demográficas, 9
  globais, 11–12
  no mercado-alvo, 111, 112
  pesquisas para identificação, 29
  setoriais, 6–7
Terceiros, usando comentários positivos de, 42
Teste definitivo, 381, 384
The Advertising RedBooks, 405
The Economist, 25
The Planning Shop, 204, 407
ThomasNet, 190
Tipo, escolhendo, 341
Transmissão, 278
Tripé da sustentabilidade, 256
Twitter, 164

U
U.S. Census Bureau, 23
  lista de sites com estatísticas de outros países, 24
U.S. Census Bureau, lista de estatísticas internacionais, 24

V
Valor percebido na percepção do cliente, 119
Valor total, 312
Valores, empresa, 11
Vantagem dos pioneiros
  na concorrência, 123
  no posicionamento estratégico, 143-144
Venda como opção de saída, 278
Vendas à vista, 298
Vendas internacionais, 175, 177, 179
Visão
  na análise de viabilidade, 32
  na avaliação do conceito de negócio, 266–268
Visibilidade, responsabilidade social e, 254
VolunteerMatch, 406

W, Y
Wall Street Journal, 25
Walsh, Bill (ex-treinador e presidente, S.F. 49ers), xiii, 17, 117, 123, 155, 171, 190, 234, 239, 246, 270
Winblad, Ann (investidora de capital de risco), xiii, 43, 51, 53, 76, 274, 276, 312, 315, 329, 331, 351, 355, 357
Yelp.com, 165
YouTube, 165

Ao contarmos que sua resposta nos ajuda a aperfeiçoar continuamente nosso trabalho para atendê-lo(la) melhor e aos outros leitores.
Por favor, preencha o formulário abaixo e envie pelos correios ou acesse www.elsevier.com.br/cartaoresposta. Agradecemos sua colaboração.

Seu nome: _____

Sexo: ☐ Feminino ☐ Masculino   CPF: _____

Endereço: _____

E-mail: _____

Curso ou Profissão: _____

Ano/Período em que estuda: _____

Livro adquirido e autor: _____

Como conheceu o livro?

☐ Mala direta   ☐ E-mail da Campus/Elsevier
☐ Recomendação de amigo   ☐ Anúncio (onde?) _____
☐ Recomendação de professor
☐ Site (qual?) _____   ☐ Resenha em jornal, revista ou blog
☐ Evento (qual?) _____   ☐ Outros (quais?) _____

Onde costuma comprar livros?

☐ Internet. Quais sites? _____
☐ Livrarias ☐ Feiras e eventos ☐ Mala direta

☐ Quero receber informações e ofertas especiais sobre livros da Campus/Elsevier e Parceiros.

Siga-nos no twitter @CampusElsevier

Cartão Resposta
05012048-7/2003-DR/RJ
Elsevier Editora Ltda
·····CORREIOS·····

ELSEVIER

SAC | 0800 026 53 40
ELSEVIER | sac@elsevier.com.br

CARTÃO RESPOSTA
Não é necessário selar

O SELO SERÁ PAGO POR
Elsevier Editora Ltda

20299-999 - Rio de Janeiro - RJ

Qual(is) o(s) conteúdo(s) de seu interesse?

Concursos
- [ ] Administração Pública e Orçamento
- [ ] Arquivologia
- [ ] Atualidades
- [ ] Ciências Exatas
- [ ] Contabilidade
- [ ] Direito e Legislação
- [ ] Economia
- [ ] Educação Física
- [ ] Engenharia
- [ ] Física
- [ ] Gestão de Pessoas
- [ ] Informática
- [ ] Língua Portuguesa
- [ ] Línguas Estrangeiras
- [ ] Saúde
- [ ] Sistema Financeiro e Bancário
- [ ] Técnicas de Estudo e Motivação
- [ ] Todas as Áreas
- [ ] Outros (quais?)

Educação & Referência
- [ ] Comportamento
- [ ] Desenvolvimento Sustentável
- [ ] Dicionários e Enciclopédias
- [ ] Divulgação Científica
- [ ] Educação Familiar
- [ ] Finanças Pessoais
- [ ] Idiomas
- [ ] Interesse Geral
- [ ] Motivação
- [ ] Qualidade de Vida
- [ ] Sociedade e Política

Jurídicos
- [ ] Direito e Processo do Trabalho/Previdenciário
- [ ] Direito Processual Civil
- [ ] Direito e Processo Penal
- [ ] Direito Administrativo
- [ ] Direito Constitucional
- [ ] Direito Civil
- [ ] Direito Empresarial
- [ ] Direito Econômico e Concorrencial
- [ ] Direito do Consumidor
- [ ] Linguagem Jurídica/Argumentação/Monografia
- [ ] Direito Ambiental
- [ ] Filosofia e Teoria do Direito/Ética
- [ ] Direito Internacional
- [ ] História e Introdução ao Direito
- [ ] Sociologia Jurídica
- [ ] Todas as Áreas

Media Technology
- [ ] Animação e Computação Gráfica
- [ ] Áudio
- [ ] Filme e Vídeo
- [ ] Fotografia
- [ ] Jogos
- [ ] Multimídia e Web

Negócios
- [ ] Administração/Gestão Empresarial
- [ ] Biografias
- [ ] Carreira e Liderança Empresariais
- [ ] E-business
- [ ] Estratégia
- [ ] Light Business
- [ ] Marketing/Vendas
- [ ] RH/Gestão de Pessoas
- [ ] Tecnologia

Universitários
- [ ] Administração
- [ ] Ciências Políticas
- [ ] Computação
- [ ] Comunicação
- [ ] Economia
- [ ] Engenharia
- [ ] Estatística
- [ ] Finanças
- [ ] Física
- [ ] História
- [ ] Psicologia
- [ ] Relações Internacionais
- [ ] Turismo

Áreas da Saúde
- [ ]

Outras áreas (quais?): _____

Tem algum comentário sobre este livro que deseja compartilhar conosco?

_____

Atenção:
- As informações que você está fornecendo serão usadas apenas pela Campus/Elsevier e não serão vendidas, alugadas ou distribuídas por terceiros sem permissão preliminar.